GRAMÁTICA DE USO DEL ESPAÑOL
Teoría y práctica
한국어판

A1-B2

소개 Presentación

이 책은 어떤 책인가요? ¿Cómo es?

*Gramática de uso del español A1-B2*는 유럽 언어 공통 기준(Marco Común Europeo de Referencia para las Lenguas)에 따른 초급(A1)부터 중급(B2) 수준의 문법 학습자를 대상으로 개발되었습니다.

이 책은 총 126개의 단원으로 구성되어 구체적이고 유기적인 방식으로 주제 문법을 다루며, 각 단원은 주제별 문법 이론 한 페이지와 해당 이론을 다양한 방식으로 연습할 수 있는 연습 문제 한 페이지의 총 2면으로 구성되어 있습니다.

- ■ 명확한 이론 설명을 제공하는 완벽한 문법서!
- ■ 다양한 예문와 연습 문제를 다량 보유한 실용적인 문법서!
- ■ 실제 사용되는 유익한 어휘를 풍부하게 활용한 문법서!

표와 같은 도식을 활용하여 간단하고 순차적인 방식으로 주제 문법을 설명합니다.

목표 문법을 활용하는 도입 삽화 또는 예문을 통해 목표 문법에 더욱 쉽게 다가갈 수 있습니다.

이론 파트에서 배운 내용을 폭넓게 다루는 다양한 종류의 연습 문제를 제공합니다. 연습 문제의 정답 및 번역은 P.269에 있는 QR 코드를 통해 확인하실 수 있습니다.

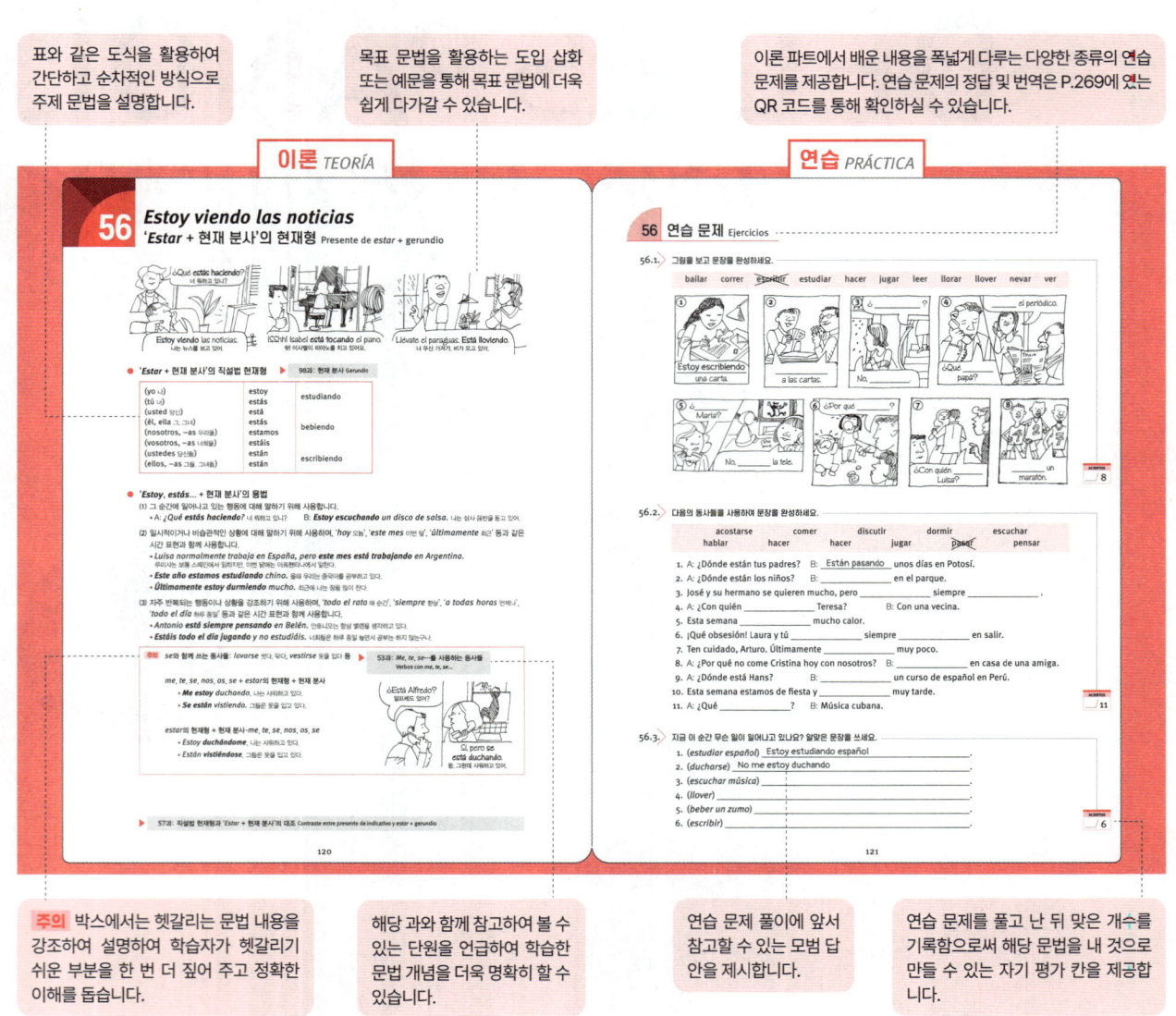

주의 박스에서는 헷갈리는 문법 내용을 강조하여 설명하여 학습자가 헷갈리기 쉬운 부분을 한 번 더 짚어 주고 정확한 이해를 돕습니다.

해당 과와 함께 참고하여 볼 수 있는 단원을 언급하여 학습한 문법 개념을 더욱 명확히 할 수 있습니다.

연습 문제 풀이에 앞서 참고할 수 있는 모범 답안을 제시합니다.

연습 문제를 풀고 난 뒤 맞은 개수를 기록함으로써 해당 문법을 내 것으로 만들 수 있는 자기 평가 칸을 제공합니다.

이 책의 활용법 ¿Cómo se usa?

이 책은 활용법에 따라 **교실용**으로도 **독학용 학습서**로도 사용할 수 있습니다.
A1부터 B2 수준에 해당하는 필수 문법 이론을 체계적으로 공부하고 **다량의 연습 문제 풀이**를 통해 문법 지식을 견고히 하고자 하는 모든 학습자들을 위해 이 책의 모든 연습 문제의 정답 및 번역을 담고 있는 **부가 자료를 QR 코드 (P.269)를 통해 무료 PDF 파일로 제공**합니다.

이 책의 각 단원은 독립적인 주제 문법을 다루고 있어 **순서대로 공부할 필요가 없습니다.**
즉, 이 책을 사용하는 교사와 학습자는 그날 학습에 필요한 주제를 다루는 단원을 찾아 **문법 대백과처럼 활용**할 수 있습니다.

학습을 원하는 문법 이론을 찾기 위해서는 **주제별로 단원을 제시하는 목차** 또는 문법 개념과 핵심 단어를 **알파벳순으로 정리한 색인**을 참고할 수 있습니다.

학습 방법 제안 Una propuesta de trabajo

새로운 문법을 학습하는 방법

1. 문법 이론을 학습합니다.
2. PDF 파일로 제공되는 정답 및 번역을 참고하여 풀이한 연습 문제를 채점하고 틀린 문제에 주의하여 복습합니다.
3. 연습 문제 풀이에서 틀린 문제에 관련된 설명과 정보를 다시 찾는 것에 집중하여 이론 설명을 다시 한 번 읽습니다.
4. 다시 한 번 연습 문제를 풀고 같은 방법으로 검토합니다.
5. 며칠 후 이 과정을 반복합니다.

이미 알고 있는 문법을 학습하는 방법

이미 알고 있는 문법을 공부할 때는 문법 이론을 보지 않고 먼저 연습 문제를 풀이하면서 학습자가 알고 있는 부분과 모르는 부분을 파악하는 것도 좋은 방법입니다. 이 경우 **해당 문법 이론의 연습 문제를 먼저 풀이한 후 틀린 문제에 관련된 문법을 이론 페이지에서 다시 학습**합니다.

공통적인 문법적·주제적 측면을 포함하거나 서로 관련된 단원들을 함께 학습하는 방법

새로운 단원을 더 완벽하게 이해하기 위해 필요한 이전 내용을 복습하려면 참조 표시에 언급된 단원으로 돌아가 관련 이론 설명을 다시 학습합니다.
주제나 문법 내용에 대한 공부를 심화하고 발전시키려면, 참조에 언급된 단원으로 이동하여 이론을 공부하고 해당 연습 문제 풀이를 수행합니다.

각 단원의 연습 문제를 풀이한 후 **자기 평가를 수행**하기 위해 각 연습 문제의 **가장 자리에 있는 칸에 맞은 개수를 기입**합니다.

이 책의 **마지막 3개 단원**에서는 스페인어 철자와 관련된 **기타 문법 사항**을 부록으로 제공합니다. 이 단원들은 학습자의 학습 계획에 상관 없이 언제든지 참고 및 활용할 수 있습니다.

목차 *Índice*

1. **el hijo, la hija**
   남성형과 여성형 (1) Masculino, femenino (1) — 10

2. **el libro, la mesa**
   남성형과 여성형 (2) Masculino, femenino (2) — 12

3. **libro, libros**
   단수형과 복수형 Singular, plural — 14

4. **un, una, unos, unas**
   부정 관사 El artículo indeterminado — 16

5. **un coche / coche**
   관사의 생략 Ausencia de artículo — 18

6. **el, la, los, las**
   정관사 El artículo determinado — 20

7. **un perro / el perro**
   정관사와 부정 관사의 비교 Contraste entre el artículo determinado y el indeterminado — 22

8. **el señor Alonso, la calle Mayor**
   고유 명사와 함께 쓰이는 정관사 El artículo determinado con nombres propios — 24

9. **el seis de enero**
   시간 및 수량 표현과 함께 쓰는 정관사
   El artículo determinado con expresiones de tiempo y de cantidad — 26

10. **tocar la guitarra**
    정관사의 기타 용법 Otros usos del artículo determinado — 28

11. **el rojo, uno rojo**
    명사의 생략 Omisión del nombre — 30

12. **este, ese, aquel...**
    지시사 Demostrativos — 32

13. **un coche pequeño**
    품질 형용사 Adjetivos calificativos — 34

14. **una amiga chilena**
    국적 형용사 Adjetivos de nacionalidad — 36

15. **más caro, menos trabajador**
    형용사의 비교 구문 (1) Forma comparativa de los adjetivos (1) — 38

16. **tan alto, igual de alto**
    형용사의 비교 구문 (2) Forma comparativa de los adjetivos (2) — 40

17. **la más alta, el menos trabajador**
    최상급 Superlativo — 42

18. **mí, tu, su...**
    소유사 (1) Posesivos (1) — 44

19. **mío, tuyo, suyo...**
    소유사 (2) Posesivos (2) — 46

20. **todos, algunos, unos, ninguno...**
    부정(不定)어 (1) Indefinidos (1) — 48

21. **uno, otro, cualquiera**
    부정(不定)어 (2) Indefinidos (2) — 50

22 *mucho, poco, demasiado, suficiente...*
부정(不定)어 (3) Indefinidos (3) — 52

23 *alguien, algo, nadie, nada*
부정(不定)어 (4) Indefinidos (4) — 54

24 *más, menos, tanto como*
명사 비교 Comparación con nombres — 56

25 *uno, dos, tres...*
기수 (1) Números cardinales (1) — 58

26 *cien, mil, un millón...*
기수 (2) Números cardinales (2) — 60

27 *primero, segundo, tercero...*
서수 Números ordinales — 62

28 *que, el que, quien...*
관계사 (1) Relativos (1) — 64

29 *cuyo, donde, cuando...*
관계사 (2) Relativos (2) — 66

30 *¿quién?, ¿qué?...*
의문사 (1) Interrogativos (1) — 68

31 *¿cuál?, ¿qué?...*
의문사 (2) Interrogativos (2) — 70

32 *¿cuándo?, ¿dónde?...*
의문사 (3) Interrogativos (3) — 72

33 *¡qué!, ¡cuánto!, ¡cómo!...*
감탄사 Exclamativos — 74

34 *yo, tú, él...*
주격 인칭 대명사 Pronombres personales de sujeto — 76

35 *Te amo*
직접 목적격 대명사 Pronombres personales de complemento directo — 78

36 *Me han regalado un reloj*
간접 목적격 대명사 Pronombres personales de complemento indirecto — 80

37 *Se lo he dado. Te lo he dado*
간접 및 직접 목적격 대명사 Pronombres de complemento indirecto y directo — 82

38 *lo/la/le*
목적격 대명사의 구별과 사용
Confusión entre pronombres personales de complemento — 84

39 *mame, dámelo*
명령형, 동사 원형 및 현재 분사에서의 목적격 대명사
Pronombres de complemento con el imperativo, el infinitivo y el gerundio — 86

40 *me ducho, nos queremos*
재귀 대명사와 상호의 의미 Pronombres reflexivos y con valor recíproco — 88

41 *para mí, contigo...*
전치격 대명사 Pronombres personales con preposiciones — 90

42 *soy, eres, es...*
Ser 동사의 직설법 현재 Presente de indicativo de *ser* — 92

43 *estoy, estás, está...*
Estar 동사의 직설법 현재 Presente de indicativo de *estar* — 94

44 ***soy alegre / estoy alegre***
Ser 동사와 estar 동사의 대조 Contraste entre *ser* y *estar* ⋯⋯⋯⋯⋯⋯ 96

45 ***tengo, tienes, tiene…***
Tener 동사의 직설법 현재 Presente de indicativo de *tener* ⋯⋯⋯⋯⋯⋯ 98

46 ***Hay un vaso en la mesa***
무인칭 haber 동사의 직설법 현재 Presente de indicativo de *haber* impersonal ⋯⋯⋯⋯ 100

47 ***Hay un cine. Está en la calle Mayor***
Haber 동사와 estar 동사의 대조 Contraste entre *haber* y *estar* ⋯⋯⋯⋯⋯⋯ 102

48 ***trabajo, como, vivo…***
직설법 현재: 규칙 동사 Presente de indicativo: verbos regulares ⋯⋯⋯⋯⋯⋯ 104

49 ***quiero, mido, sueño…***
직설법 현재: 불규칙 동사 (1) Presente de indicativo: verbos irregulares (1) ⋯⋯⋯⋯ 106

50 ***voy, hago, conozco…***
직설법 현재: 불규칙 동사 (2) Presente de indicativo: verbos irregulares (2) ⋯⋯⋯⋯ 108

51 ***Mañana voy al medico***
직설법 현재: 기타 용법 Presente de indicativo: otros usos ⋯⋯⋯⋯⋯⋯ 110

52 ***Vivo en México desde 1998***
기간을 표현하기 위한 현재 시제 Presente para expresar períodos de tiempo ⋯⋯⋯⋯ 112

53 ***me levanto***
Me, te, se…를 사용하는 동사들 Verbos con *me, te, se*… ⋯⋯⋯⋯⋯⋯ 114

54 ***me lavo / lavo***
Me, te, se…를 사용하는 동사들과 사용하지 않는 동사들의 대조
Contraste entre verbos con y sin *me, te, se*… ⋯⋯⋯⋯⋯⋯ 116

55 ***Me gusta la ópera***
Me, te, le…를 사용하는 동사들 Verbos con *me, te, le*… ⋯⋯⋯⋯⋯⋯ 118

56 ***Estoy viendo las noticias***
'Estar + 현재 분사'의 현재형 Presente de *estar* + gerundio ⋯⋯⋯⋯⋯⋯ 120

57 ***hago / estoy haciendo***
직설법 현재형과 'estar + 현재 분사'의 대조
Contraste entre presente de indicativo y *estar* + gerundio ⋯⋯⋯⋯⋯⋯ 122

58 ***trabajé, comí, viví***
부정 과거: 규칙 동사 Preterito indefinido: verbos regulares ⋯⋯⋯⋯⋯⋯ 124

59 ***durmió, leyó, hizo…***
부정 과거: 불규칙 동사 Preterito indefinido: verbos irregulares ⋯⋯⋯⋯⋯⋯ 126

60 ***he trabajado***
직설법 현재 완료 (1) Pretérito perfecto de indicativo (1) ⋯⋯⋯⋯⋯⋯ 128

61 ***He viajado mucho***
직설법 현재 완료 (2) Pretérito perfecto de indicativo (2) ⋯⋯⋯⋯⋯⋯ 130

62 ***he trabajado / trabajé***
현재 완료와 부정 과거의 대조
Contraste entre pretérito perfecto y pretérito indefinido ⋯⋯⋯⋯⋯⋯ 132

63 ***trabajaba, comía, vivía***
불완료 과거 Pretérito imperfecto ⋯⋯⋯⋯⋯⋯ 134

64 ***trabajé/trabajaba***
부정 과거와 불완료 과거의 대조
Contraste entre pretérito indefinido y pretérito imperfecto ⋯⋯⋯⋯⋯⋯ 136

65	***estaba trabajando / trabajé*** 'Estaba + 현재 분사'와 부정 과거의 대조 *estaba* + gerundio y contraste con el pretérito indefinido	138
66	***había trabajado*** 과거 완료 Pretérito pluscuamperfecto	140
67	***trabajaré, comeré, viviré*** 단순 미래: 규칙 동사 Futuro simple: verbos regulares	142
68	***habré, podré...*** 단순 미래: 불규칙 동사 Futuro simple: verbos irregulares	144
69	***voy a salir...*** 'Ir a + 동사 원형'의 현재형 Presente de *ir a* + infinitivo	146
70	***haré / hago / voy a hacer*** 다양한 미래 표현의 대조 Contraste entre las diversas formas de hablar del futuro	148
71	***trabajaría, comería, viviría*** 단순 조건법: 규칙 동사 Condicional simple: verbos regulares	150
72	***habría, podría...*** 단순 조건법: 불규칙 동사 Condicional simple: verbos irregulares	152
73	***Abre la ventana*** 긍정 명령형: 규칙 동사 Imperativo afirmativo: verbos regulares	154
74	***No abras la ventana*** 부정 명령형: 규칙 동사 Imperativo negativo: verbos regulares	156
75	***Cierra la ventana*** 명령형: 불규칙 동사 (1) Imperativo: verbos irregulares (1)	158
76	***Pon la mesa*** 명령형: 불규칙 동사 (2) Imperativo: verbos irregulares (2)	160
77	***lávate*** Se 동사의 명령형 Imperativo de verbos con *se*	162
78	***dámelo, no me lo des*** 명령문에서의 목적격 대명사 사용 Imperativo con pronombres de complemento	164
79	***trabaje, coma, viva*** 접속법 현재: 규칙 동사 Presente de subjuntivo: verbos regulares	166
80	***quiera, juegue...*** 접속법 현재: 불규칙 동사 (1) Presente de subjuntivo: verbos irregulares (1)	168
81	***conozca, diga, vaya...*** 접속법 현재: 불규칙 동사 (2) Presente de subjuntivo: verbos irregulares (2)	170
82	***trabajara, comiera, viviera*** 접속법 불완료 과거: 규칙 동사 Pretérito imperfecto de subjuntivo: verbos regulares	172
83	***fuera, tuviera...*** 접속법 불완료 과거: 불규칙 동사 Pretérito imperfecto de subjuntivo: verbos irregulares	174
84	***Quiero que me ayudes*** 소망 표현 Expresión de deseos	176

85 *Quizás lo haga*
가능성 표현 Expresión de probabilidad 178

86 *Me gusta que venga a casa*
감정, 정서 및 평가 표현 Expresión de emociones, sentimientos y valoraciones 180

87 *Creo que es... / No creo que sea...*
직설법과 접속법의 대조 Contraste entre indicativo y subjuntivo 182

88 *Dice que vive... Dijo que vivía...*
간접 화법 (1) Estilo indirecto (1) 184

89 *Me preguntó dónde vivía*
간접 화법 (2) Estilo indirecto (2) 186

90 *Me pidió que le ayudara*
간접 화법 (3) Estilo indirecto (3) 188

91 *Si ganan serán campeones*
조건문 (1) Condicionales (1) 190

92 *Si encontrara trabajo, me casaría*
조건문 (2) Condicionales (2) 192

93 *Viajar es estupendo*
동사 원형 Infinitivo 194

94 *Me puse a trabajar. Voy a trabajar*
동사 원형을 사용하는 표현들 (1) Expresiones con infinitivo (1) 196

95 *Tengo que trabajar. ¿Puedo abrir la ventana?*
동사 원형을 사용하는 표현들 (2) Expresiones con infinitivo (2) 198

96 *Suelo comer en casa*
동사 원형을 사용하는 표현들 (3) Expresiones con infinitivo (3) 200

97 *Quiero ir / Quiero que vayas*
동사 원형 또는 접속법이 뒤에 따르는 동사들
Verbos seguidos de infinitivo o de subjuntivo 202

98 *trabajando, comiendo, viviendo*
현재 분사 Gerundio 204

99 *trabajado, comido, vivido*
과거 분사 Participio 206

100 *aquí, allí, abajo...*
장소 부사 Adverbios de lugar 208

101 *hoy, ayer, entonces, luego...*
시간 부사 (1) Adverbios de tiempo (1) 210

102 *ya, todavía, aún*
시간 부사 (2) Adverbios de tiempo (2) 212

103 *siempre, de vez en cuando, a veces...*
빈도 부사 및 표현 Adverbios y expresiones de frecuencia 214

104 *muy, mucho, bastante...*
수량 부사 Adverbios de cantidad 216

105 *muy, mucho, muchos, –ísimo...*
정도의 표현(성질·양) 비교
Contraste entre formas de expresar grados de cualidad o cantidad 218

106 *bien, fácilmente...*
양태 부사 Adverbios de modo 220

107 *más rápido, mejor, peor...*
부사의 비교 구문 Comparación de adverbios — 222

108 *no, nunca, jamás...*
부정 부사 Adverbios de negación — 224

109 *yo sí, yo no, yo también, yo tampoco*
동의 또는 비동의 표현 Expresión de coincidencia o no coincidencia — 226

110 *a las cinco, por la mañana...*
전치사 (1) Preposiciones (1) — 228

111 *a Tijuana, desde la playa...*
전치사 (2) Preposiciones (2) — 230

112 *encima de la mesa, dentro de la caja...*
전치사 (3) Preposiciones (3) — 232

113 *a Pedro, de Elvira, en autobús...*
전치사 (4) Preposiciones (4) — 234

114 *para ti, por amor...*
전치사 (5) Preposiciones (5) — 236

115 *Pienso en ti*
전치사와 함께 사용하는 동사들 Verbos con preposiciones — 238

116 *y, o, pero...*
접속사 Conjunciones — 240

117 *para, para que*
목적 구문 Oraciones finales — 242

118 *cuando, antes de que, siempre que...*
시간 구문 Oraciones temporales — 244

119 *porque, como, puesto que...*
이유 구문 Oraciones causales — 246

120 *aunque, a pesar de que...*
양보 구문 Oraciones concesivas — 248

121 *por eso, así que, tanto... que*
결과 구문 Oraciones consecutivas — 250

122 *Aquí se trabaja mucho*
비인칭 구문 Oraciones impersonales — 252

기타 문법 사항 Otras cuestiones

123 *médico, árbol, inglés*
강세 규칙 (1) Reglas de acentuación (1) — 256

124 *adiós, león, continúa*
강세 규칙 (2) Reglas de acentuación (2) — 258

125 *Arturo Sánchez*
대문자의 사용 규정 Uso de mayúsculas — 260

126 Vos 동사의 활용법 Conjugación verbal con *vos* — 262

어휘 및 문법 색인 Índice analítico — 263

연습 문제 정답 및 번역 QR
QR para las Soluciones y traducciones de los ejercicios — 269

1 *el libro, la mesa*
남성형과 여성형 (1) Masculino, femenino (1)

El hijo 아들, *el padre* 아버지는 남성형 명사입니다.

La hija 딸, *la madre* 어머니는 여성형 명사입니다.

● 스페인어에서 명사는 남성형과 여성형으로 나뉩니다.

(1) 남성을 가리키는 다음 명사들은 남성형입니다.
  el hijo 아들
  el padre 아버지
  el camarero (남) 종업원
  el doctor (남) 의사
  el estudiante (남) 학생
  el taxista (남) 택시 기사

(2) 여성을 가리키는 다음 명사들은 여성형입니다.
  la hija 딸
  la madre 어머니
  la camarera (여) 종업원
  la doctora (여) 의사
  la estudiante (여) 학생
  la taxista (여) 택시 기사

● 여성 명사의 형태

(1) 대다수의 남성형 명사와 여성형 명사는 어미에 의해 구분됩니다.

남성형	여성형	예외
-o, -e *el niño* 남자아이 *el cocinero* (남) 요리사 *el dependiente* (남) 점원	**-a** *la niña* 여자아이 *la cocinera* (여) 요리사 *la dependienta* (여) 점원	*el piloto* (남) 조종사 – *la piloto* (여) 조종사 *el paciente* (남) 환자 – *la paciente* (여) 환자 *el modelo* (남) 모델 – *la modelo* (여) 모델
-자음 *el profesor* (남) 선생님 *el director* (남) 교장, 감독 *el marqués* 후작	**+a** *la profesora* (여) 선생님 *la directora* (여) 교장, 감독 *la marquesa* 후작 부인	예외 *el joven* (남) 젊은이 – *la joven* (여) 젊은이

(2) -ante, -ista로 끝나는 명사들은 남성형과 여성형이 동일합니다.
  el estudiante 남학생 – *la estudiante* 여학생
  el pianista (남) 피아니스트 – *la pianista* (여) 피아니스트

(3) 일부 명사들은 여성형을 만들 때 규칙적이지 않은 다른 형태의 어미를 추가합니다.
  el actor (남) 배우 – *la actriz* (여) 배우
  el alcalde (남) 시장 – *la alcaldesa* (여) 시장
  el rey 왕 – *la reina* 여왕, 왕비

(4) 일부 명사들은 남성형과 여성형의 형태가 다릅니다.
  el marido 남편 – *la mujer* 아내
  el hombre 남자 – *la mujer* 여자
  el papá 아빠 – *la mamá* 엄마
  el padre 아버지 – *la madre* 어머니

(5) 일부 명사들의 여성형은 두 가지입니다.
  el médico (남) 의사 – *la médica / la médico* (여) 의사
  el jefe (남) 상사 – *la jefa / la jefe* (여) 상사

> **주의** 명사를 수식하는 몇몇 단어들은 명사의 성에 따라 달라집니다.
> *aquel chico rubio* 저 금발 남자아이
> *aquella chica rubia* 저 금발 여자아이
> *un hombre alto* 한 명의 키 큰 남자
> *una mujer alta* 한 명의 키 큰 여자

▶ 2과: 남성형과 여성형 (2) Masculino, femenino (2)   4과: 부정 관사 El artículo indeterminado
6과: 정관사 El artículo determinado   13과: 품질 형용사 Adjetivos calificativos
14과: 국적 형용사 Adjetivos de nacionalidad

1 연습 문제 Ejercicios

1.1. 그림을 보고 남성형 명사에는 M을, 여성형 명사에는 F를 쓰세요. 그리고 예시와 같이 제시된 단어를 el 또는 la와 함께 사용하여 완성하세요.

cantante	cocinero	estudiante	modelo	paciente
~~periodista~~	pianista	piloto	rey	taxista

① F la periodista
② ___
③ ___
④ ___
⑤ ___
⑥ ___
⑦ ___
⑧ ___
⑨ ___
⑩ ___

ACIERTOS ...../10

1.2. 주어진 명사에 해당하는 여성형을 쓰세요.

1. señor — señora
2. jefe _____
3. marido _____
4. pintor _____
5. actor _____
6. turista _____
7. escritor _____
8. bailarín _____
9. rey _____
10. joven _____
11. hombre _____
12. niño _____
13. dependiente _____
14. amigo _____
15. médico _____

ACIERTOS ...../15

1.3. 다음 가족 관계도를 보고 제시된 단어를 사용하여 문장을 완성하세요.

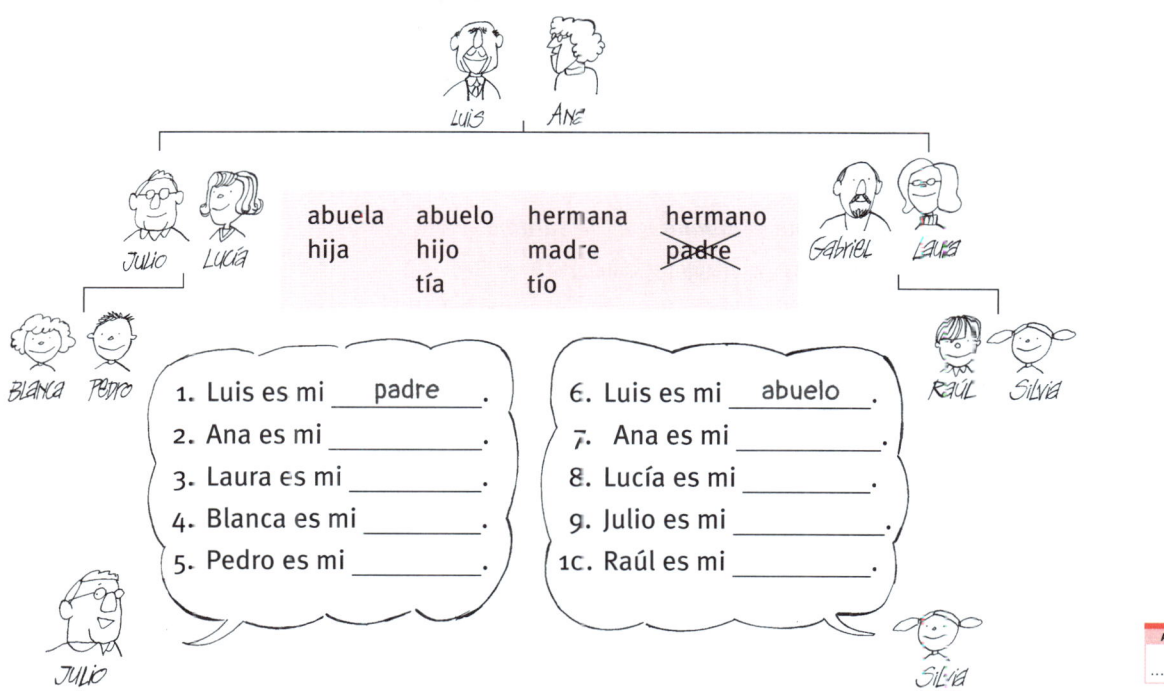

abuela abuelo hermana ~~hermano~~
hija   hijo   madre   ~~padre~~
tía   tío

1. Luis es mi __padre__.
2. Ana es mi _____.
3. Laura es mi _____.
4. Blanca es mi _____.
5. Pedro es mi _____.
6. Luis es mi __abuelo__.
7. Ana es mi _____.
8. Lucía es mi _____.
9. Julio es mi _____.
10. Raúl es mi _____.

ACIERTOS ...../10

2 *el libro, la mesa*
남성형과 여성형 (2) Masculino, femenino (2)

El libro 책, *el teléfono* 전화는 남성형 명사입니다.

La mesa 식탁, 탁자, *la silla* 의자는 여성형 명사입니다.

● 스페인어에서 사물 명사는 남성형 또는 여성형일 수 있습니다.

(1) *-o*로 끝나는 명사들은 남성형입니다.
  el libro 책   *el carro* 수레, 마차, 자동차   *el teléfono* 전화기
  el vaso 잔   *el brazo* 팔   *el museo* 박물관, 미술관

  예외 다음 명사들은 *-o*로 끝나지만 여성형입니다.
  la mano 손   *la foto* 사진   *la moto* 오토바이   *la radio* 라디오

(2) *-a*로 끝나는 명사들은 여성형입니다.
  la casa 집   *la silla* 의자   *la mesa* 식탁, 탁자
  la caja 상자   *la tortilla* 오믈렛, 토르티야   *la cara* 얼굴

  예외 다음 명사들은 *-a*로 끝나지만 남성형입니다.
  el día 날, 일   *el idioma* 언어   *el mapa* 지도
  el problema 문제   *el pijama* 잠옷, 파자마   *el planeta* 행성

(3) *-e* 또는 자음으로 끝나는 명사들은 경우에 따라 남성형 또는 여성형이 될 수 있습니다.

  남성형:
  • 요일: *el lunes* 월요일, *el miércoles* 수요일
  • 합성 명사: *el paraguas* 우산, *el cumpleaños* 생일
  • 그 외: *el restaurante* 식당, 레스토랑, *el coche* 자동차, *el hotel* 호텔, *el lápiz* 연필, *el pan* 빵, *el pulóver* 스웨터

  여성형:
  • *-ción*, *-sión*으로 끝나는 명사: *la canción* 노래, *la habitación* 방, *la televisión* 텔레비전
  • *-dad*, *-tad*로 끝나는 명사: *la ciudad* 도시, *la universidad* 대학교, *la libertad* 자유
  • 그 외: *la clase* 노래, *la noche* 밤, *la leche* 우유, *la sal* 소금, *la flor* 꽃, *la luz* 빛

● 대부분의 동물 이름은 문법적으로 남성형이거나 여성형으로만 쓰이며, 실제 동물의 성별과는 관계가 없습니다.

(1) 남성형 동물 명사
  el pez 물고기, *el pájaro* 새, *el ratón* 쥐, *el conejo* 토끼

(2) 여성형 동물 명사
  la jirafa 기린, *la serpiente* 뱀, *la rana* 개구리, *la sardina* 정어리

  예외 일부 동물 명사에는 남성형과 여성형이 존재합니다.
  el gato 수코양이 – *la gata* 암코양이   *el caballo* 수말 – *la yegua* 암말
  el perro 수캐 – *la perra* 암캐   *el toro* 수소, 황소 – *la vaca* 암소
  el león 수사자 – *la leona* 암사자   *el gallo* 수탉 – *la gallina* 암탉

▶ 1과: 남성형과 여성형 (1) Masculino, femenino (1)   4과: 부정 관사 El artículo indeterminado
  6과: 정관사 El artículo determinado   13과: 품질 형용사 Adjetivos calificativos
  14과: 국적 형용사 Adjetivos de nacionalidad

2 연습 문제 Ejercicios

2.1. 다음 명사들을 표 안에 분류해 보세요.

~~atención~~   cama   casa   ~~cine~~   ciudad   cuaderno   cumpleaños
día   expresión   foto   habitación   hotel   idioma   lámpara
lápiz   leche   libro   luz   mano   minuto   museo
noche   página   planeta   problema   radio   teatro
teléfono   universidad   vaso   ventana   viernes

EL...		LA...	
cine		atención	

ACIERTOS ...... /32

2.2. 알맞은 동물 명사를 사용하여 다음 표를 완성하세요.

MASCULINO	FEMENINO	MASCULINO	FEMENINO
el gato	la gata		la perra
	la yegua	el león	
El gallo			la vaca

ACIERTOS ...... /6

2.3. 예시와 같이 각각의 그림을 정관사 el 또는 la과 함께 쓰세요. 단어의 의미를 모르면 사전을 찾아 보세요.

~~árbol~~   diccionario   gorila   hospital   llave   mariposa   nariz   pez   tenedor   tren

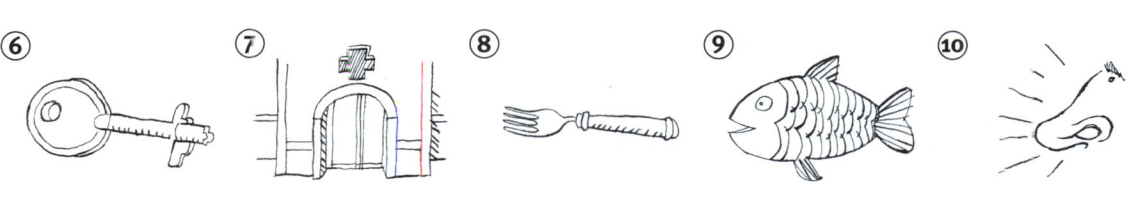

1. el árbol   2. _____   3. _____   4. _____   5. _____

6. _____   7. _____   8. _____   9. _____   10. _____

ACIERTOS ...... /10

13

3 el libro, libros
단수형과 복수형 Singular, plural

libro 책　　*reloj* 시계

단수형은 한 명의 사람, 하나의 동물 또는 하나의 사물을 가리킬 때 사용합니다.

niño 남자아이　*gato* 수코양이　*mesa* 탁자

libros 책들 (복수)　　*relojes* 시계들 (복수)

복수형은 두 명 이상의 사람, 동물 또는 사물을 가리킬 때 사용합니다.

niños 아이들　*gatos* 고양이들　*mesas* 탁자들

● 복수형의 형태

단수형	복수형	예시	
−a, −e, −i, −o, −u −á, −é, −ó, −ú	+ s	*casa* ▶ *casas* 집 *café* ▶ *cafés* 커피	*libro* ▶ *libros* 책 *menú* ▶ *menús* 메뉴판
−자음 −í, −y	+ es	*frijol* ▶ *frijoles* 강낭콩 *rubí* ▶ *rubíes* 루비	*reloj* ▶ *relojes* 시계 *ley* ▶ *leyes* 법률
−as, −es, −is, −os, −us (두 개 이상의 음절로 이루어진 단어)	단수형과 동일	(*el*) *lunes* ▶ (*los*) *lunes* 월요일 (*el*) *paraguas* ▶ (*los*) *paraguas* 우산	
−z	−z ▶ c + es	*actriz* ▶ *actrices* 여배우	*pez* ▶ *peces* 물고기

주의 *autobús* ▶ *autobuses* 버스　　*televisión* ▶ *televisiones* 텔레비전

● 일부 명사는 단수형과 복수형이 모두 복수의 형태를 가집니다.

unas tijeras 가위 한 개　　*tres tijeras* 가위 세 개

단수형	복수형
tijeras 가위 *gafas* 안경 *pantalones* 바지 *vaqueros* 청바지	*tijeras* 가위(들) *gafas* 안경(들) *pantalones* 바지(들) *vaqueros* 청바지(들)

● 남성형과 여성형이 혼합될 경우 남성형 복수 명사의 형태를 합니다. (남성형 + 여성형 = 남성형 복수)

 ＋  ＝

papá 아빠　　*mamá* 엄마　　*papás* 부모님

(1) *padre* 아버지 + *madre* 어머니 = *padres* 부모님
　• *Los padres de Miguel se llaman Antonio y Pilar.* 미겔의 부모님 성함은 안토니오와 필라르다.
(2) *hijo(s)* 아들(들) + *hija(s)* 딸(들) = *hijos* 자녀들
　• *Julia tiene tres hijos.* 훌리아는 3명의 자녀가 있다.
(3) *rey* 왕 + *reina* 왕비 = *reyes* 국왕 부부
　• *Los reyes de España son Felipe VI y Letizia.* 스페인의 왕과 왕비는 펠리페 6세와 레티시아다.

▶ 4과: 부정 관사 El artículo indeterminado　　6과: 정관사 El artículo determinado
　13과: 품질 형용사 Adjetivos calificativos　　14과: 국적 형용사 Adjetivos de nacionalidad

3 연습 문제 Ejercicios

3.1. 다음 명사들의 복수형을 쓰시오.

1. mujer _mujeres_
2. pez _____
3. autobús _____
4. actriz _____
5. habitación _____
6. mamá _____
7. pantalones _____
8. hotel _____
9. universidad _____
10. televisión _____
11. niño _____
12. hermana _____
13. león _____
14. día _____
15. clase _____
16. foto _____
17. banana _____
18. jueves _____

ACIERTOS ....../18

3.2. 주어진 단어를 사용하여 그림 속 물건의 개수를 쓰세요.

En el dibujo hay...

1 mesa   2 botellas
_____   _____
_____   _____
_____   _____

| botella | gafas | lámpara | lápiz | libro |
| ~~mesa~~ | postal | silla | tijeras | vaso |

ACIERTOS ....../10

3.3. 예시와 같이 밑줄 친 단어를 바꿔 쓰세요.

1. Amalia tiene un hijo y dos hijas.
   Amalia tiene tres hijos.
2. El abuelo y la abuela de Marta viven en Caracas.
   Los _____ de Marta viven en Caracas.
3. Un amigo y una amiga míos están en Chile.
   Dos _____ míos están en Chile.
4. Mi hermano y mi hermana son médicos.
   Mis _____ son médicos.
5. Mi padre y mi madre son muy altos.
   Mis _____ son muy altos.
6. El rey y la reina de España viven en Madrid.
   _____ de España viven en Madrid.
7. En mi clase hay tres alumnos y cinco alumnas.
   En mi clase hay ocho _____.
8. En mi escuela hay un profesor y dos profesoras.
   En mi escuela hay tres _____.
9. He mandado un correo electrónico a mi tío y a mi tía.
   He mandado un correo electrónico a mis _____.
10. Es una compañía de ballet con un bailarín y dos bailarinas.
    Es una compañía de ballet con tres _____.

ACIERTOS ....../10

4. un, una, unos, unas
부정 관사 El artículo indeterminado

● **부정 관사의 형태**

	남성형	여성형
단수형	un un chico 한 소년, un abrigo 외투 한 벌	una una chica 한 소녀, una casa 집 한 채
복수형	unos unos chicos 몇 명의 소년들, unos abrigos 몇 벌의 외투	unas unas chicas 몇 명의 소녀들, unas casas 몇 채의 집

> **주의** á, há로 시작하는 단수형 여성 명사는 여성 부정 관사 una가 아닌 남성 부정 관사 un과 함께 쓰입니다.
> un águila 독수리 한 마리　　un aula 교실 한 개　　un hacha 도끼 한 개
>
> **예외** 복수형이거나 중간에 형용사가 들어가는 경우에는 원래의 여성 부정 관사와 함께 사용됩니다.
> unas águilas 독수리 몇 마리, una buena aula 좋은 교실 한 개, una pequeña hacha 작은 도끼 한 개

● 주어진 명사가 어떤 사물이나 사람을 어느 한 부류나 집단에 속하는 것으로 나타낼 때 *un*, *una*, *unos*, *unas*와 함께 사용됩니다.
- A: ¿Qué es eso? 이게 뭐예요?　B: Es un reloj. 시계예요.
- A: ¿Quién es Chayanne? 샤이안이 누구예요?　B: Es un cantante. 가수예요.
- La papaya es una fruta. 파파야는 과일이에요.

● 수량을 나타낼 때 명사는 *un*, *una*, *unos*, *unas*와 함께 사용됩니다.

(1) un, una + 단수 가산 명사 = 한 개 (1)
- Necesito un lápiz. 연필이 한 자루 필요해요.
- Una entrada, por favor. 표 한 장 부탁합니다.

un lápiz
연필 한 자루

una entrada
표 한 장

(2) unos, unas + 복수 형태만 가지는 명사 = 한 개 (1)
- Necesito unas tijeras. 가위가 필요해요.
- Quiero unos vaqueros. 청바지를 원해요.

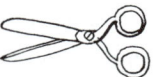
unas tijeras
가위 한 개

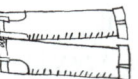
unos vaqueros
청바지 한 개

(3) unos, unas + 복수 가산 명사 = 몇몇 (3, 4, 5…)
- Me han regalado unas flores. 나에게 꽃 몇 송이를 선물했어요.
- He comprado unos libros. 나는 책 몇 권을 샀어요.

unas flores
꽃 몇 송이

unos libros
책 몇 권

▶ 5과: 관사의 생략 Ausencia de artículo
　7과: 정관사와 부정 관사의 대조 Contraste entre el artículo determinado y el indeterminado

4 연습 문제 Ejercicios

4.1. Un, una, unos, unas로 빈칸을 채우세요.

1. una flor
2. _____ sillas
3. _____ relojes
4. _____ paraguas
5. _____ alumnos
6. _____ cine
7. _____ habitación
8. _____ lápices
9. _____ chica
10. _____ aulas
11. _____ ciudad
12. _____ aula
13. _____ profesora
14. _____ pantalones
15. _____ camarero

ACIERTOS ...../15

4.2. Un, una, unos, unas와 주어진 단어를 사용하여 질문에 대답하세요.

| ciudad | ~~deporte~~ | flor | científico | escritora | director de cine |
| fruta | país | | ~~futbolista~~ | pintora | |

A: ¿Qué es...

1. .... el balonmano?   B: Es un deporte.
2. ... Sevilla?   B: Es _____ .
3. ... Colombia?   B: Es _____ .
4. ... una rosa?   B: Es _____ .
5. ... el mango?   B: Es _____ .

A: ¿Quién es...

6. .... Ronaldo?   B: Es un futbolista.
7. ... Isabel Allende?   B: Es _____ .
8. ... Frida Kahlo?   B: Es _____ .
9. ... Amenábar?   B: Es _____ .
10. ... Stephen Hawking?   B: Es _____ .

ACIERTOS ...../10

4.3. Un, una, unos, unas와 주어진 단어를 사용하여 각각의 그림을 단어로 쓰세요.

árboles caballo casa chicas ~~coche~~ gafas gato hacha libros niños televisión vacas

1. un coche
2. _____
3. _____
4. _____
5. _____
6. _____
7. _____
8. _____
9. _____
10. _____
11. _____
12. _____

ACIERTOS ...../12

4.4. Un, una, unos, unas를 사용하여 문장을 완성하세요.

1. Un melón, por favor.
2. El Orinoco es _____ río.
3. ¡Cuidado, _____ serpiente!
4. ¡Mira! _____ águila.
5. Quiero _____ vaqueros, por favor.
6. A: ¿Qué es eso? B: Es _____ radio.
7. ¿Tienes _____ mapa de Ecuador?
8. Rosa tiene _____ hija.
9. Necesitamos _____ tijeras.
10. Tengo _____ zapatos muy cómodos.

ACIERTOS ...../10

5 *un coche / coche*
관사의 생략 Ausencia de artículo

● 동사 *ser* 또는 *hacerse*가 직업, 종교, 국적 또는 정치 이념을 나타내는 명사와 함께 쓰일 때는 동사 뒤에 *un*, *una*, *unos*, *unas*를 사용하지 않습니다.
- *Soy estudiante.* 나는 학생이다.
- *Chantal es francesa. Es abogada.* 샹탈은 프랑스 여성이다. 그녀는 변호사다.
- *Lenin y Stalin eran comunistas.* 레닌과 스탈린은 공산주의자였다.

Alberto se ha hecho budista.
알베르토는 불교 신자가 되었다.

예외 다음의 경우에는 *un*, *una*, *unos*, *unas*를 사용합니다.
(1) 명사가 품질 형용사의 수식을 받을 때:
- *Chantal es una francesa muy simpática.*
  샹탈은 매우 친절한 프랑스 여성이다.
- *Es un médico extraordinario.*
  그는 비범한 의사다.

(2) 이전에 이미 언급된 사람을 직업으로 정의할 때:
- A: *¿Quiénes son las Hijas del Sol?*
  이하스 델 솔(태양의 딸들)이 누구예요?
- B: *Son unas cantantes.*
  가수예요.

Es una actriz muy famosa.
그녀는 매우 유명한 여배우다.

▶ 4과: 부정 관사 El artículo indeterminado

비교
- *La hermana de Rosa es profesora de español.*
  로사의 언니는/여동생은 스페인어 선생님이다.
- *Almodóvar es director de cine.*
  알모도바르는 영화감독이다.
- *Es una profesora muy seria.*
  그녀는 매우 엄격한 선생님이다.
- A: *¿Quién es Almodóvar?* B: *Es un director de cine.*
  알모도바르가 누구입니까? 그는 영화감독입니다.

● 구체적인 개체가 아니라, 막연히 그 부류나 범주를 말할 때는 동사의 직접목적어 앞에 *un*, *una*, *unos*, *una*를 사용하지 않습니다.
- *Lola colecciona sellos.* 롤라는 우표를 수집한다.
- *El novio de Lali es escritor. Escribe novelas.* 랄리의 남자 친구는 작가다. 그는 소설을 쓴다.
- *Están buscando piso.* 그들은 아파트를 구하는 중이다.
- *¿Tienes teléfono?* 전화기 있어?
- *No tengo coche.* 나는 자동차가 없다.
- *Siempre bebemos agua en las comidas.* 우리는 식사 때 항상 물을 마신다.
- *Ernesto no come carne.* 에르네스토는 고기를 먹지 않는다.
- *¿Hay pan?* 빵 있어요?
- *Tomás canta flamenco.* 토마스는 플라멩코 노래를 부른다.

Luis siempre lleva corbata.
루이스는 항상 넥타이를 맨다.

예외 다음의 경우 부정 관사 *un*, *una*, *unos*, *unas*를 사용합니다.
(1) 수량에 대해 말할 때:
- *La novia de José Alfonso ha publicado una novela.* (= 1)
  호세 알폰소의 여자 친구는 소설을 한 권 출판했다.
- *Me han regalado unos sellos.* (= algunos sellos)
  (그들은) 나에게 우표 몇 장을 선물했다.

(2) 명사를 형용사가 꾸며줄 때:
- *Tengo unos sellos muy raros.* 나는 매우 색다른 우표들이 몇 장 있다.
- *Aquí hacen un pan buenísimo.* 이곳에서는 진짜 맛 좋은 빵을 만듭니다.

Hoy lleva una corbata muy original.
오늘 그는 매우 독특한 넥타이를 맸다.

비교
- *Antonio vende coches.* 안토니오는 자동차를 판매한다.
- *Necesito gafas.* 나는 안경이 필요해요.
- *¿Tienes hermanos?* 너는 형제가 있니?
- *Hoy ha vendido un coche.* 오늘은 자동차 한 대를 팔았다.
- *Necesito unas gafas especiales.* 나는 특수 안경이 필요해요.
- *Tengo una hermana.* 나는 언니/여동생 한 명 있어.

▶ 46과: 무인칭 *haber* 동사의 직설법 현재형 Presente de indicativo de *haber* impersonal

5 연습 문제 Ejercicios

5.1. 그림을 보고 주어진 단어를 사용하여 문장을 완성하세요.

~~abogada~~   actriz   camarera   cocinero
estudiante   fotógrafo   médico   profesora

Eva es __abogada__.   José Luis es _____.   Mar es _____.   Félix es _____.

Roberto es _____.   Adrián es _____.   Eloísa es _____.   Leonor es _____.

ACIERTOS ...../8

5.2. 알맞은 형태를 고르세요.

1. A: ¿Quién es Luis Miguel?   B: Es (cantante / **un cantante**); es (**mexicano** / un mexicano).
2. La doctora Ramírez es (médica / una médica) buenísima; es (argentina / una argentina).
3. El marido de Luisa es (abogado / un abogado). Es (abogado / un abogado) muy caro.
4. Tomás se ha hecho (musulmán / un musulmán).
5. Los tíos de Andrea son (protestantes / unos protestantes).
6. El hermano de Patricio es (actor / un actor) famoso.
7. A: ¿Quién es Vargas Llosa?   B: Es (escritor / un escritor); es (peruano / un peruano).
8. Alberto y Lola son (estudiantes / unos estudiantes). Son (socialistas / unos socialistas).
9. Sarita quiere ser (bailarina / una bailarina).
10. García Márquez es (escritor / un escritor) de éxito.

ACIERTOS ...../10

5.3. 필요한 경우에 un, una, unos, unas를 사용하여 빈칸을 채우세요.

1. A: ¿Comes __Ø__ carne?   B: No, soy __Ø__ vegetariano.
2. Colecciono _____ monedas. Ayer me compré _____ monedas chinas.
3. Alberto tiene _____ apartamento en Benidorm.
4. A: ¿Tomas _____ café?   B: Solo _____ taza al día.
5. A: ¿Azúcar?   B: Gracias, no tomo _____ azúcar.
6. ¿Tenéis _____ hijos?
7. Chelo canta _____ ópera.
8. Ernesto es _____ músico. Escribe _____ canciones.
9. ¿Necesitas _____ dinero?
10. A: ¿Quieres _____ queso?   B: No, gracias; es _____ queso muy fuerte.
11. Carolina es _____ vendedora. Vende _____ enciclopedias.
12. ¿Tienes _____ hermanos?

ACIERTOS ...../12

6 el, la, los, las
정관사 El artículo determinado

● 정관사의 형태

	남성형	여성형
단수형	el *el padre* 아버지, *el libro* 책	la *la madre* 어머니, *la hoja* 잎, (책의) 장
복수형	los *los padres* 부모님, 아버지들, *los libros* 책들	unas *las madres* 어머니들, *las hojas* 잎들

> **주의** a, ha로 시작하면서 강세가 첫 음절에 있는 단수 여성 명사는 여성 정관사 *la*가 아닌 남성 정관사 *el*과 함께 쓰입니다.
> **el aula** 교실　　**el agua** 물　　**el hacha** 도끼　　**el águila** 독수리
> **예외** *la otra aula* 다른 교실, *las aulas* 교실들, *las hachas* 도끼들, *las águilas* 독수리들

> **주의** 전치사 *a*, *de*는 남성 정관사 단수형 *el*과 만날 때 축약이 발생합니다.
> a + el = al　　*Juego al futbol.* 나는 축구를 한다.
> de + el = del　　*El hijo del profesor está en mi clase.* 선생님의 아들은 우리 반이다.

● 다음의 경우 명사는 *el, la, los, las*와 함께 사용됩니다.

(1) 유일한 사람 또는 사물에 대해 이야기할 때:
- **La madre** de Antonio es policía. 안토니오의 어머니는 경찰이다. (안토니오는 단 한 명의 어머니가 있습니다.)
- Buenos Aires es **la capital** de Argentina.
  부에노스아이레스는 아르헨티나의 수도다. (아르헨티나는 단 하나의 수도를 가지고 있습니다.)
- ¿Quién es **el presidente** de Brasil? 브라질의 대통령이 누구입니까? (브라질에는 단 한 명의 대통령이 있습니다.)

(2) 특정한 사람 또는 사물에 대해 이야기할 때, 즉 이야기하고 있는 대상이 확실할 때:
- Quiero ver **al director**. 은행장을 만나고 싶습니다. (이 은행의 장을 의미합니다.)
- Enciende **la luz**, por favor. 불 좀 켜 주세요. (그 방의 불을 의미합니다.)
- Luis está en **la cocina**. 루이스는 부엌에 있다. (이 집의 부엌을 의미합니다.)

(3) 어떤 사물이나 사람에 대해 일반적인 의미로 이야기할 때:
- **El tabaco** es malo para la salud.
  담배는 건강에 해롭다. (모든 담배를 의미합니다.)
- **Los chilenos** hablan español.
  칠레인들은 스페인어로 말한다. (모든 칠레인을 의미합니다.)

▶ 7과: 정관사와 부정 관사의 대조 Contraste entre el artículo determinado y el indeterminado
8과: 고유 명사 함께 쓰이는 정관사 El artículo determinado con nombres propios
10과: 정관사의 기타 용법 Otros usos del artículo determinado

6 연습 문제 Ejercicios

6.1. El, la, los, las를 사용하여 빈칸을 채우세요.

1. __la__ casa
2. _____ médico
3. _____ naranjas
4. _____ coche
5. _____ ahabitación
6. _____ águila
7. _____ pantalones
8. _____ aula
9. _____ sillas
10. _____ lápices
11. _____ tijeras
12. _____ profesor
13. _____ perro
14. _____ hermana
15. _____ alumnos

ACIERTOS ...../15

6.2. 그림을 보고 el, la, los, las와 주어진 단어를 사용하여 문장을 완성하세요.

hermana	hermanos	hijas
madre	marido	
~~padre~~	tía	tío

1. __El padre__ de Marta se llama Felipe.
2. _____ de Marta se llama Claudia.
3. _____ de Marta se llama Javier.
4. _____ de Marta se llama Lucía.
5. _____ de Marta se llaman Enrique y Fernando.
6. _____ de Marta se llama Isabel.
7. _____ de Marta se llama Juan.
8. _____ de Marta se llaman Irene y Juana.

ACIERTOS ...../8

6.3. El, la, los, las와 주어진 단어를 사용하여 문장을 완성하세요.

agua   ciccionario   ~~jardín~~   luz   tijeras   ventana

① Susana está en el jardín.
② Cierra _____.
③ Pásame _____ por favor.
④ Déjame _____.
⑤ Enciende _____.
⑥ Pásame _____.

ACIERTOS ...../6

6.4. El, la, los, las을 사용하여 문장을 완성하세요. (필요한 경우 al 또는 del을 사용하세요.)

1. __Las__ águilas son aves.
2. Montevideo es _____ capital de Uruguay.
3. Queremos ver a _____ jefe de estudios.
4. Cierra _____ puerta de _____ jardín, por favor.
5. Tenéis que ir a _____ aula 15.
6. _____ agua es mi bebida preferida.
7. _____ padres de Sofía viven en Lima.
8. Me gustan _____ naranjas.
9. Vivimos cerca de _____ centro.
10. Ese coche es de _____ padre de Mónica.

ACIERTOS ...../10

7 un perro / el perro
정관사와 부정 관사의 비교 Contraste entre el artículo determinado y el indeterminado

비교

부정 관사	정관사
● 청자에게 새로운 것에 대해 최초로 말할 때 *un*, *una*, *unos*, *unas*가 사용됩니다. (새로운 정보)	● 이미 언급한 무언가에 대해 말할 때 *el*, *la*, *los*, *las*가 사용됩니다. (알고 있는 정보)

● 어떤 사람, 동물 또는 사물을 한 부류나 집단의 일부로 말할 때 *un*, *una*, *unos*, *unas*가 사용됩니다.

● 어떤 사람·동물·사물이 해당 맥락에서 유일하거나 특정될 때 *el*, *la*, *los*, *las*가 사용됩니다.

Un hijo de Andrés es médico.
안드레스의 아들 한 명은 의사입니다.
(안드레스는 세 명의 아들이 있습니다.)

Tucumán es *una* ciudad de Argentina.
투쿠만은 아르헨티나의 한 도시입니다.
(아르헨티나에는 수많은 도시가 있습니다.)

He visto *una* película de terror.
나는 공포 영화 한 편을 봤습니다.
(그런 종류의 수많은 영화가 있습니다.)

Necesito alquilar *un* coche.
나는 차 한 대를 빌려야 합니다.
(어떤 차든지 상관 없습니다.)

La hija de Rosa es escritora.
로사의 딸은 작가입니다.
(로사는 딸이 한 명 있습니다.)

Buenos Aires es *la* capital de Argentina.
부에노스아이레스는 아르헨티나의 수도입니다.
(아르헨티나에는 오직 하나의 수도만 있습니다.)

Los actores eran muy malos.
배우들이/배우들의 연기가 정말 형편없었습니다.
(그 영화에 나온 배우들을 의미합니다.)

Necesito arreglar *el* coche.
나는 차를 수리해야 합니다.
(나의 차를 의미합니다.)

● 수량을 나타낼 때 *un*, *una*, *unos*, *unas*가 사용됩니다.

● 일반적인 의미에서 무언가에 대해 말할 때 *el*, *la*, *los*, *las*가 사용됩니다.

▶ 4과: 부정 관사 El artículo indeterminado   6과: 정관사 El artículo determinado

7 연습 문제 Ejercicios

7.1. Un, una, unos, unas 또는 el, la, los, las를 사용하여 이야기를 완성하세요. (필요한 경우 al 또는 del을 사용하세요.)

① He visto (1) _una_ película preciosa. Es (2)_____ comedia. (3)_____ actores son fabulosos. (4)_____ película es sobre (5)_____ médico que se enamora de (6)_____ paciente. (7)_____ médico no sabe cómo decírselo a (8)_____ paciente. Esta tiene (9)_____ hijo y (10)_____ médico tiene (11)_____ hija. (12)_____ hijo de (13)_____ paciente y (14)_____ hija (15)_____ médico se conocen y se hacen amigos. (16)_____ día dan (17)_____ fiesta e invitan a sus padres a (18)_____ fiesta. (19)_____ película acaba con (20)_____ boda de (21)_____ padres.

② Es (1)_____ cuadro precioso. Se ve a (2)_____ hombre y (3)_____ mujer en (4)_____ jardín. (5)_____ hombre está leyendo (6)_____ libro y (7)_____ mujer está tumbada debajo de (8)_____ árbol. En (9)_____ ramas de (10)_____ árbol hay (11)_____ pájaros de muchos colores. (12)_____ pájaros tienen (13)_____ alas extendidas parece que van a echarse a volar.

③ Mis hijos tienen (1)_____ perro y (2)_____ gato. (3)_____ perro duerme en (4)_____ jardín y (5)_____ gato dentro de casa.

ACIERTOS ....../39

7.2. 예시와 같이 알맞은 형태를 고르세요.

1. Chihuahua es (la / una) ciudad de México.
2. He visto (la / una) película de acción. (El / Un) personaje principal era (el / un) detective.
3. (La / Una) nueva película de Fernando Trueba es muy buena.
4. Soy enfermero y trabajo en (el / un) hospital.
5. Estoy leyendo (el / un) libro sobre (el / un) rey Juan Carlos.
6. ¿Qué es eso? ¿Es (la / una) televisión portátil?
7. ¿Quién es (el / un) primer ministro?
8. Carmen trabaja en (el / un) hotel. Es recepcionista.
9. (La / Una) novia de Arturo es brasileña.
10. (El / Un) Sol es (la / una) estrella.
11. Paco es (el / un) nombre español.
12. A: ¿Dónde está Carlos? B: En (la / una) cocina.
13. Vivo en (el / un) centro de Lima.
14. (La / Una) moto de Pedro es italiana.
15. (La / Una) Luna gira alrededor de (la / una) Tierra.

ACIERTOS ....../15

7.3. Un, una, unos, unas 또는 el, la, los, las를 사용하여 문장을 완성하세요.

1. Me han regalado ___unos___ bombones.
2. No me gusta _____ chocolate.
3. _____ piña, por favor.
4. _____ piña es mi fruta preferida.
5. Me encantan _____ cuadros de Dalí.
6. ¿Te gustan _____ peras?
7. Me he comprado _____ vaqueros.
8. Te he comprado _____ margaritas.
9. Quiero comprarme _____ pantalones cortos.
10. Me encanta _____ agua.

ACIERTOS ....../10

8 el señor Alonso, la calle Mayor
고유 명사와 함께 쓰이는 정관사 El artículo determinado con nombres propios

- **사람 명사와 함께 쓰는 *el, la, los, las***

  el, la, los, las + *señor, señora, señorita, doctor, doctora, presidente, presidenta*와 같은 호칭 어휘 + (이름 +) 성
  - **El señor Alonso** *es mi jefe.* 알론소 씨는 나의 상사다.
  - **La señora Gómez** *es muy amable.* 고메스 여사는 매우 친절하다.
  - **La doctora Blanco** *trabaja en este hospital.*
    블랑코 의사 선생님은 이 병원에서 근무한다.

  예외 (1) 직접적으로 상대방에게 말할 때는 *el, la, los, las*를 쓰지 않습니다.
  - *Buenos días,* **señor Alonso.** 좋은 아침이에요, 알론소 씨.
  - *Una llamada para usted,* **doctora Blanco.**
    블랑코 선생님, 선생님께 전화가 한 통 와 있습니다.

  (2) 남녀 호칭어 '*don/doña* ~씨, ~님 + 이름'은 *el, la, los, las*와 함께 쓰지 않습니다.
  - **Julián** *es mi primo.* 훌리안은 나의 사촌 형제다.
  - **Doña Rosa** *es maestra.* 로사 씨는 교사다.

- **장소 명사와 함께 쓰는 *el, la, los, las***

  (1) *el, la* + *calles* 거리, *plazas* 광장, *avenidas* 대로 등의 명사
  - *Marga vive en* **la avenida de América.** 마르가는 아메리카 대로에 산다.
  - *Hay un cine nuevo en* **la calle Bolívar.**
    볼리바르 거리에 새로운 영화관이 있다.

  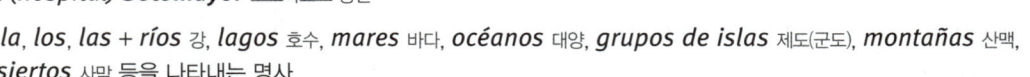

  (2) *el, la, los, las* + *cines* 영화관, *hoteles* 호텔, *museos* 박물관, 미술관 등의 명사
  - *el (hotel)* **Ritz** 리츠 호텔
  - *el (Museo del)* **Prado** 프라도 미술관
  - *el (cine)* **Gran Vía** 그란비아 영화관
  - *la (Universidad)* **Autónoma** 자치 대학교
  - *el (teatro)* **Buenos Aires** 부에노스아이레스 극장
  - *el (hospital)* **Sotomayor** 소토마요르 병원

  (3) *el, la, los, las* + *ríos* 강, *lagos* 호수, *mares* 바다, *océanos* 대양, *grupos de islas* 제도(군도), *montañas* 산맥, *desiertos* 사막 등을 나타내는 명사
  - *el (río)* **Tajo** 타호 강, *el* **Amazonas** 아마존 강
  - *el (lago)* **Titicaca** 티티카카 호수
  - *el (mar)* **Mediterráneo** 지중해, *el* **Caribe** 카리브해
  - *el (océano)* **Pacífico** 태평양, *el* **Atlántico** 대서양
  - *las (islas)* **Canarias** 카나리아스 제도, *las* **Antillas** 앤틸리스 제도
  - *los (montes)* **Pirineos** 피레네 산맥, *los* **Andes** 안데스 산맥
  - *el (desierto del)* **Sahara** 사하라 사막

  예외 단일 섬의 명사에는 *el, la, los, las*를 사용하지 않습니다.
  Mallorca 마요르카   *Sicilia* 시칠리아   *Santo Domingo* 산토도밍고

> **주의** *Ciudades* 도시, *regiones* 지역, *provincias* 지방, *comunidades autónomas* 자치주, *estados* 정부, *países* 국가, *continentes* 대륙 등의 명사는 정관사 *el, la, los, las*과 함께 사용하지 않습니다.
>
> (1) 도시: *Barcelona* 바르셀로나, *París* 파리, *Santiago de Chile* 칠레 산티아고, *Buenos Aires* 부에노스아이레스
> (2) 국가 및 지역: *España* 스페인, *Alemania* 독일, *Bolivia* 볼리비아, *Francia* 프랑스, *Galicia* 갈리시아, *Andalucía* 안달루시아, *California* 캘리포니아
> (3) 대륙: *África* 아프리카, *América del Sur* 남아메리카
>
> **예외** (1) 도시: *La Habana* 아바나, *El Escorial* 엘에스코리알, *La Haya* 헤이그, *La Paz* 라파스, *Las Palmas* 라스팔마스, *Los Ángeles* 로스앤젤레스, *El Cairo* 카이로
> (2) 국가 및 지역: *El Salvador* 엘살바도르, *(la) India* 인도, *(los) Estados Unidos* 미합중국, *La Mancha* 라만차 주, *La Rioja* 라리오하 주, *La Pampa* 라팜파 주

8 연습 문제 Ejercicios

8.1. 필요한 경우 el, la, los, las을 사용하여 빈칸을 채우세요.
1. ¿Dónde vive ___Ø___ don José?
2. A: Buenas tardes, _____ señor Alfonsín.   B: Buenas tardes, _____ Elena.
3. _____ doctora Castro está en la sexta planta.
4. ¿Quién es _____ señora Jiménez?
5. Aquí trabaja _____ Josefa.
6. A: Buenos días, _____ doctor Rojo.   B: Buenos días, _____ María.

ACIERTOS ...... / 6

8.2. 지도를 보고 주어진 문장을 완성하세요.

1. (Hotel Central) __El Hotel Central__ está en __la plaza de España__.
2. (Museo Botero) _____ está en _____.
3. (Banco Nacional) _____ está en _____.
4. (Teatro Lorca) _____ está en _____.
5. (Cine América) _____ está en _____.
6. (Hospital Universitario) _____ está en _____.

ACIERTOS ...... / 6

8.3. 필요한 경우에 정관사 el, la, los, las를 주어진 명사와 함께 사용하여 문장을 완성하세요.
1. (Habana, Cuba) __La Habana__ es la capital de __Cuba__.
2. (India, Asia) _____ está en _____.
3. (Islas Galápagos, Ecuador) _____ están en _____.
4. (Salvador, Guatemala, Honduras) _____ tiene frontera con _____ y _____.
5. (Ángeles, California) _____ está en _____.
6. (Lago Titicaca, Perú, Bolivia) _____ está entre _____ y _____.
7. (Amazonas, América del Sur) _____ es el río más largo de _____.
8. (Jamaica, mar Caribe) _____ está en _____.
9. (Puerto Rico, islas Antillas) _____ es una de _____.
10. (Francia, Europa) _____ es un país de _____.
11. (Pampa, Argentina) _____ es una región de _____.
12. (Pirineos, España, Francia) _____ separan _____ de _____.

ACIERTOS ...... / 12

8.4. 알맞은 형태를 고르세요.
1. ¿Has estado en (**el**/Ø) Museo del Prado?
2. (El/Ø) Felipe estudia en (la/Ø) Universidad de Alcalá.
3. (La/Ø) doctora Soria trabaja en (el/Ø) Hospital Doce de Octubre.
4. El hermano de Ana vive en (La/Ø) Paz.
5. (El/Ø) Cairo es la capital de (El/Ø) Egipto.
6. (El/Ø) Pancho vive en (El/Ø) Monterrey.
7. Este queso es de (La/Ø) Mancha.
8. (El/Ø) cine Cartago está en (la/Ø) calle Buenos Aires.

ACIERTOS ...... / 8

9 *el seis de enero*
시간 및 수량 표현과 함께 쓰는 정관사 El artículo determinado con expresiones de tiempo y de cantidad

● 시간을 표현할 때는 '*la, las* + 시간'이 사용됩니다.

la una y diez 1시 10분

las dos 2시

- *El partido es a **las nueve**.* 경기는 9시다.

● 특정한 날에 대해 이야기할 때는 '*el* + 요일'이 사용됩니다.
- ***El domingo** voy a una fiesta.* 일요일에 나는 파티에 간다. (다음 주 일요일을 의미합니다.)
- ***El sábado** estuve con Luisa.* 토요일에 나는 루이사와 함께 있었다. (지난 토요일을 의미합니다.)

  예외 A: *¿Qué día es hoy?* 오늘이 무슨 요일이에요?
  B: *Lunes. Ayer fue domingo.* 월요일이요. 어제가 일요일이었거든요.

● 습관적인 행동에 대해 이야기할 때는 '*los* + 요일'이 사용됩니다.
- ***Los miércoles** tengo clases de español.*
  수요일마다 나는 스페인어 수업이 있다. (매주 수요일을 의미합니다.)
- *Mariano trabaja **los domingos**.*
  마리아노는 일요일마다 근무한다. (매주 일요일을 의미합니다.)

● '*El* + 날짜'의 사용
- *Me examino **el doce** de junio.* 나는 6월 12일에 시험을 본다.

  예외 A: *¿Qué día es hoy?* 오늘이 며칠이에요?
  B: ***Cinco** de marzo. Ayer fue **cuatro** de marzo.* 3월 5일이에요. 어제가 3월 4일이었거든요.

  > 주의 요일 + 날짜 → 오직 관사 1개만 사용합니다.
  > *El examen es **el jueves**.* 시험은 목요일이다. + *El examen es **el veinte** de junio.* 시험은 6월 20일이다.
  > *El examen es **el jueves, veinte** de junio.* 시험은 6월 20일 목요일이다.
  > 달(월)을 나타내는 명사에는 관사를 사용하지 않습니다.
  > *Mi cumpleaños es en **octubre**.* 내 생일은 10월이다.

● '*Por la* + 하루의 부분을 나타내는 단어(*mañana* 오전, *tarde* 오후, *noche* 밤)'의 사용
- *Trabajo **por la mañana** y estudio **por la tarde**.* 나는 오전에 일하고 오후에 공부한다.
- *El sábado estuve con Luisa.*
  토요일에 나는 루이사와 함께 있었다. (지난 토요일을 의미합니다.)

  예외 *A mediodía* 정오에 *de madrugada* 새벽에
  - *Voy a casa **a mediodía**.* 나는 낮 12시에 집에 간다.
  - *El camión de la basura pasa **de madrugada**.*
    쓰레기 수거 차량은 새벽에 지나간다.

● '양 또는 빈도를 나타내는 표현 (*una vez* 한 번, *cautro horas* 4시간, *cinco días* 5일…) + *al/ a la* + 기간'의 사용
- *Ando **una hora al día**.* 나는 하루에 한 시간 걷는다.
- *Vamos al cine **dos veces al mes**.* 우리는 한 달에 두 번 영화관에 간다.

● '*El, la, los, las* + 측정 단위 (*kilo* 킬로, *litro* 리터, *docena* 다스, 열두 개를 묶는 단위…)'의 사용
- *El aceite de oliva ha subido veinte céntimos **el litro**.* 올리브유가 리터당 20센트 상승했다.
- *Los plátanos cuestan dos euros **el kilo**.* 바나나는 킬로당 2유로다.

9 연습 문제 Ejercicios

9.1. 주어진 단어를 la 또는 las와 함께 사용하여 시간을 쓰세요.

> cuatro menos diez · doce y cinco · dos · ocho y media · once y cuarto
> ~~tres y veinte~~ · una menos cuarto · una y veinticinco

① las tres y veinte
② _____
③ _____
④ _____
⑤ _____
⑥ _____
⑦ _____
⑧ _____

ACIERTOS ...... / 8

9.2. 필요한 경우에 el, la, los, las를 사용하여 문장을 완성하세요.

1. Mi cumpleaños es __el__ doce de febrero.
2. _____ martes tenemos clase de español.
3. Normalmente estudiamos por _____ noche.
4. Felipe se casa _____ martes, _____ trece de julio.
5. La fiesta es _____ domingo a _____ siete.
6. Hoy es _____ jueves, _____ cuatro de _____ octubre.
7. El partido es a _____ diez.
8. Trabajo por _____ tarde y estudio por _____ mañana.
9. Nací _____ dos de _____ diciembre.
10. Diana sale siempre _____ sábados.
11. Tengo vacaciones en _____ agosto.
12. Tenemos un examen _____ lunes.

ACIERTOS ...... / 12

9.3. 문장을 완성하세요.

1. (8 horas, día) Duermo __ocho horas al día__.
2. (2 días, semana) Voy al gimnasio _____.
3. (1 vez, año) Vamos de vacaciones _____.
4. (2 veces, mes) Voy al cine _____.
5. (1 noche, semana) Salimos _____.
6. (1 hora, día) Corro _____.

ACIERTOS ...... / 6

9.4. 예시와 같이 가격을 쓰세요.

Dos euros el kilo de kiwis. _____ de leche. _____ de huevos. _____ de queso.

ACIERTOS ...... / 4

10 *tocar la guitarra*
정관사의 기타 용법 Otros usos del artículo determinado

● 다음의 경우에 *el*, *la*, *los*, *las*를 사용됩니다.

(1) *tocar el piano*, *la guitarra*... 피아노/기타를 치다
- *Ana está aprendiendo a **tocar el piano**.*
  아나는 피아노 치는 것을 배우고 있다.

예외 *tener*, *necesitar*, *comprar una guitarra*, *un piano*...
기타/피아노를 하나 가지다, 필요하다, 사다
Tengo una guitarra *española.* 나는 스페인 기타를 하나 가지고 있다.

Juan **toca el piano** muy bien..., pero **necesita un piano** nuevo.
후안은 피아노를 정말 잘 치는군..., 그렇지만 새로운 피아노 한 대가 필요하겠어.

(2) *jugar al fútbol*, *al tenis*, *al ajedrez*, *a las cartas*...
축구를 하다, 테니스 치다, 체스를 두다, 카드 게임을 하다
- *¿Sabes **jugar al ajedrez**?* 너 체스를 둘 줄 아니?
- ***Jugamos al fútbol** todos los domingos.* 우리는 일요일마다 축구를 한다.

예외 *hacer gimnasia*, *natación*, *alpinismo* 체조/수영/등산하다
Hago gimnasia *todas las mañanas.* 나는 매일 아침 체조를 한다.

(3) *las matemáticas* 수학, *la lengua* 언어, *el griego* 그리스어, *el español* 스페인어...
- *Mi asignatura preferida son **las matemáticas**.* 내가 선호하는 과목은 수학이다.
- ***El griego** es una lengua muy sonora.*
  그리스어는 소리가 풍부한 언어다.

예외 *hablar* 말하다, *saber* 알다, *enseñar* 가르치다, *estudiar* 공부하다
와 같은 동사는 정관사와 함께 사용하지 않습니다.
- *Claudia **estudia Filosofía**.* 클라우디아는 철학을 공부한다.
- *¿Usted **habla chino**?* 당신은 중국어를 하시나요?

El chino *es muy difícil.* 중국어는 정말 어려워.

(4) *la policía* 경찰, *el ejército* 군대, *los bomberos* 소방관
- *El tío de Andrés es capitán **del ejército**.* 안드레스의 삼촌은 군대의 대장이다.
- *Luis quiere ingresar en **la policía**.* 루이스는 경찰이 되고 싶어한다.

(5) *la radio* 라디오, *la televisión* 텔레비전, *el periódico* 신문, *las noticias* 뉴스
- *Me gusta escuchar música en **la radio**.* 나는 라디오로 음악을 듣는 것을 좋아한다.
- *Siempre escuchamos **las noticias** de las nueve.* 우리는 항상 9시 뉴스를 듣는다.
- *¿Has leído **el periódico** hoy?* 너 오늘 신문 읽었어?

예외 *una radio* 라디오, *una televisión (aparatos)*, 텔레비전 (기계, 장치),
una noticia 소식
- *Tengo **una radio** nueva. (un aparato)* 나는 새 라디오(기계) 하나가 있다.
- *Me he comprado **una televisión**. (un aparato)*
  나는 텔레비전(기계)을 하나 샀다.
- *Tengo **una buena noticia**.* 나 좋은 소식이 하나 있어.

*¿Prefieres vivir en una ciudad o en **el campo**?* 너는 도시와 시골 중 어디에 사는 게 더 좋아?

(6) *el mar* 바다, *el campo* 시골, *la playa* 해변, *el cielo* 하늘, *la naturaleza* 자연
- *Es muy sano bañarse en **el mar**.* 바다에서 해수욕하는 것은 건강에 매우 좋다.
- *Vamos **al campo** todos los fines de semana.* 우리는 매 주말마다 시골에 간다.
- *Hay que proteger **la naturaleza**.* 자연을 보호해야 한다.

(7) *ir al... / venir del... / estar en el...* hospital, cine, teatro, dentista, médico, banco, aeropuerto, lavabo, trabajo, colegio. 병원, 영화관, 극장, 치과, 의원, 은행, 공항, 화장실, 직장, 학교에 가다/로부터 오다/에 있다.
- *¿Puedo **ir al servicio**, por favor?* 제가 화장실에 가도 될까요?
- *La madre de Rosa **está en el hospital**.* 로사의 어머니는 병원에 있다.
- *Mis padres van hoy **al teatro**.* 나의 부모님은 오늘 극장에 간다.

(8) *ir a la... / venir de la... / estar en la...* iglesia, universidad, carcel, oficina.
교회, 대학교, 감옥, 사무실에 가다/로부터 오다/에 있다.
- *Mi hermana **está en la universidad**.* 내 여동생은 대학교에 있다.
- *Los domingos voy **a la iglesia**.* 나는 일요일마다 교회에 간다.

예외 *ir a... / venir de... / estar en... casa, correos, clase.*
집, 우체국, 수업에 가다/에서 오다/에 있다.
- ***Voy a correos** a enviar un paquete.* 나는 소포를 부치러 우체국에 간다.
- *Edgar **está en casa** desde las doce.* 에드가르는 12시부터 집에 있다.

*Vengo **del** dentista.* 나 치과 다녀왔어.

10 연습 문제 Ejercicios

10.1. 그림을 보고 주어진 단어와 el, la, los, las, al을 사용하여 문장을 완성하세요.

ajedrez   cartas   fútbol   ~~guitarra~~   piano   tenis   trompeta   violín

① Santi toca _la guitarra_.
② Elsa toca _____.
③ Rosa juega a _____.
④ Elena toca _____.
⑤ Inés juega a _____.
⑥ Pepe juega a _____.
⑦ Juan toca _____.
⑧ Miguel juega a _____.

ACIERTOS ...../8

10.2. 필요한 경우에 el, la, los, las, al, del 또는 un, una, unos, unas를 사용하여 문장을 완성하세요.

1. ¡Fuego! Llamad a __los__ bomberos.
2. ¿Hablas _____ español?
3. _____ griego no es difícil.
4. Este fin de semana vamos a _____ playa.
5. ¿Has escuchado _____ noticias?
6. Susana estudia _____ Arquitectura.
7. Merche hace _____ gimnasia en el colegio.
8. El padre de Pepe es general de _____ ejército.
9. _____ Historia es una asignatura apasionante.
10. Los Martín tienen una casa en _____ campo.
11. Antonio tiene _____ guitarra eléctrica.
12. He comprado _____ televisión.
13. Escucho _____ radio por las mañanas.
14. ¡Un ladrón! Llama a _____ policía.
15. Siempre leo _____ periódico después de desayunar.

ACIERTOS ...../15

10.3. 필요한 경우에 주어진 단어와 el, la, al, del을 사용하여 문장을 완성하세요.

cárcel   casa   colegio   cine   correos   hospital   médico   ~~universidad~~

① Va a _la universidad_.
② Va a _____.
③ Lo llevan a _____.
④ Está en _____.
⑤ Va a _____.
⑥ Viene de _____.
⑦ Va a _____.
⑧ Están en _____.

ACIERTOS ...../8

11 *el rojo, uno rojo*
명사의 생략 Omisión del nombre

El, *la*, *los*, *las* 또는 *uno*, *una*, *unos*, *unas*는 이전에 언급된 명사를 대신하거나 무엇에 대해 이야기하고 있는지 이미 알고 있어 언급할 필요가 없을 때 사용됩니다.

● ***El*, *la*, *los*, *las* 또는 *uno*, *una*, *unos*, *unas* + 형용사**

- A: ¿*Qué camisa te gusta más*?
  너는 어떤 셔츠가 더 좋니?
- B: *La verde*. (la camisa verde)
  초록색 것이요. (초록색 셔츠)
- A: ¿*Qué tipo de zapatos quiere*?
  당신은 어떤 종류의 구두를 원하십니까?
- B: *Quiero unos cómodos*. (unos zapatos cómodos)
  저는 편안한 것을 원해요. (편안한 구두)
- A: ¿*Quién es don Tomás*?
  토마스 씨가 누구입니까?
- B: *El delgado*. (el señor delgado)
  마른 분입니다. (마른 남자)

> **비교** 특정한 사람 또는 사물을 이야기할 때 *el*, *la*, *los*, *las*를 사용합니다.
> - A: ¿*Quién es Susi*? 수지가 누구야?
> - B: *La alta*. (la chica alta) 키 큰 애. (키 큰 여자)
>
> 특정한 사람 또는 사물을 이야기할 때 *el*, *la*, *los*, *las*를 사용합니다.
> - A: ¿*Qué tipo de coche busca*?
>   어떤 종류의 자동차를 찾고 계십니까?
> - B: *Uno pequeño*. (un coche pequeño)
>   작은 거요. (소형 자동차)

> **주의** 형용사의 형태(남성형, 여성형, 단수형, 복수형)는 가리키는 명사와 동일해야 합니다.
> A: ¿*Qué zapatillas te gustan más*?   B: *Las rojas*.
>   너는 어떤 슬리퍼가 더 좋아?   빨간색의 것들. (슬리퍼).

● ***El*, *la*, *los*, *las* + *de* + 명사 = 소유, 상황, 주제**

- *Mi coche es peor que **el de mi hermano***. (el coche de mi hermano)
  내 자동차는 내 남동생 것보다 더 안 좋다. (내 남동생의 자동차)
- A: ¿*Quién es Alicia*? 누가 알리시아야?
  B: *La del vestido blanco*. (la chica que tiene el vestido blanco)
  하얀색 드레스를 입은 여자애. (하얀색 드레스를 입은 여자애)
- *Esas gafas no me gustan. Prefiero **las de la derecha***.
  (las gafas que están a la derecha)
  나는 그 안경 싫어. 오른쪽에 있는 것이 더 좋아. (오른쪽에 위치한 안경)
- A: ¿*Qué pendientes te vas a poner*? 너는 어떤 귀걸이를 할 거야?
  B: *Los de oro*. (los pendientes de oro) 금으로 된 거. (금으로 된 귀걸이)

● ***Lo* + 남성 단수 형용사 = ~것, ~점은**

- *Lo bueno del verano son las vacaciones*. (la cosa buena del verano)
  여름의 좋은 점은 휴가 기간이다. (여름의 좋은 것)
- *Lo mejor de Perú es la gente*. (la mejor cosa de Perú)
  페루의 가장 좋은 것은 사람들이다.
- *Me gusta lo salado*. (las cosas saladas)
  나는 짠 것을 좋아한다. (짠 것들)
- *Lo más bonito de la vida son los amigos*. (la cosa más bonita)
  인생에서 가장 아름다운 것은 친구들이다. (인생에서 가장 아름다운 것)

***Lo difícil* del español son los verbos.**
스페인어의 어려운 점은 동사입니다.

11 연습 문제 Ejercicios

11.1. 괄호 안의 형용사를 el, la, los, las 또는 uno, una, unos, unas와 함께 사용하여 문장을 완성하세요.

1. ¿Qué zapatos prefieres, (negro, blanco) __los negros__ o __los blancos__?
2. A: ¿Qué tipo de cuaderno quiere? B: (pequeño) _____.
3. A: ¿Te gustan estos sombreros? B: (negro, marrón) Me gusta _____, pero no _____.
4. A: ¿Qué pantalones prefieres? B: (rojo) _____. (blanco) _____ son muy caros.
5. ¿Ves a esas dos chicas? (alto) _____ es Marta.
6. A: ¿Qué tipo de libro quieres leer? B: (entretenido) _____.
7. ¿Qué manzanas prefiere, (verde) _____ o (rojo) _____?
8. Esta taza está sucia. Dame (limpio) _____, por favor.
9. A: ¿Qué clase de cámara quiere? B: Quiero (bueno) _____, aunque sea cara.
10. A: ¿Tienes ordenador? B: Sí, tengo (portátil) _____.

ACIERTOS ...... /10

11.2. 그림을 보고 주어진 단어를 'el, la, los, las, lo, los + 형용사'의 형식으로 문장을 완성하세요.

1. ¿Qué gafas le gustan? — Las de la derecha. — derecha/izquierda
2. ¿Quién es Alberto? — pelo corto/pelo largo
3. Me gusta más _____ — derecha/izquierda
4. ¿Qué galletas te gustan más? — chocolate/coco
5. ¿Quién es Rosi? — falda corta/falda larga
6. ¿Qué zapatos le gustan más? — abajo/arriba
7. Quiero _____ — José Crespo/Sandra Arenas
8. ¿Cuál es tu padre? — barba/bigote

ACIERTOS ...... /8

11.3. 괄호 안의 형용사를 'el, la, los, las, lo, los + 형용사'의 형식으로 문장을 완성하세요.

1. ¿Qué es (mejor) __lo mejor__ de Cuba?
2. ¿Qué naranjas prefiere, (caro, barato) _____ o _____?
3. No me gusta (amargo) _____.
4. (barato) _____ es siempre caro.
5. ¿Veis a aquel grupo de chicas? Mis hermanas son (moreno) _____.
6. (importante) _____ es ser feliz.
7. (malo) _____ del invierno es el frío.
8. ¿Qué pendientes te gustan más, (largo, corto) _____ o _____?
9. A: ¿Qué coche es el tuyo? B: (pequeño) _____.
10. (pequeño) _____ es hermoso.

ACIERTOS ...... /10

12 *este, ese, aquel...*
지시사 Demostrativos

Este 이, ***ese*** 그, ***aquel*** 저…는 사물 또는 사람을 지시하기 위해 사용됩니다. 이 때 형태(남성형, 여성형, 단수형, 복수형)는 가리키는 명사에 일치해야 합니다.

	대상이 나와 가까이 있을 때		대상이 상대방과 가까이 있을 때		대상이 나와 상대방과 멀리 있을 때	
	단수형	복수형	단수형	복수형	단수형	복수형
남성형	este	estos	ese	esos	aquel	aquellos
여성형	esta	estas	esa	esas	aquella	aquellas

¿Cuánto cuesta **esta** revista? 이 잡지 얼마예요?
¿Cuánto cuesta **esa** revista? 그 잡지 얼마예요?
¿Quiénes son **aquellas** chicas? 저 여자 아이들은 누구인가요?

[예외] 경우에 따라 *ese, esa, esos, esas*도 나와 상대방으로부터 멀리 있는 대상을 가리킬 때도 사용될 수 있습니다.

Me gusta **esa** casa. 나는 저 집이 좋아.

● ***Este, ese, aquel***…은 명사와 함께 사용됩니다. 이 경우 수식하는 명사와 같은 형태(남성형, 여성형, 단수형, 복수형)를 가집니다.
  • **Esa chica** es amiga de Ana. 그 여자애는 아나의 친구다. • **Estos zapatos** son muy caros. 이 구두는 매우 비싸다.

● ***Este, ese, aquel***…은 단독으로도 사용될 수 있습니다.
  • ¿Cuál es tu maleta, **esta, esa** o **aquella**? 어떤 것이 너의 가방이야? 이것? 그것? 아니면 저것?
  • **Este** es Juan, mi novio. 이쪽은 후안, 내 남자 친구야.

● ***Este, ese, aquel***…은 시간을 가리킬 때도 사용됩니다.
  (1) *este* → 현재 또는 가까운 미래
    • **Este año** ha sido muy frío. 올해는 정말 춥다.
  (2) *ese* → 과거
    • Estuve en Perú en 1999. **Ese año** hubo elecciones. 나는 1999년에 페루에 있었다. 그해에는 선거가 있었다.
  (3) *aquel* → 까마득한 과거
    • Los españoles llegaron a América en 1492. **En aquella época**, el imperio inca iba de Chile a Ecuador.
    스페인 사람들은 1492년에 아메리카에 도착했다. 당시 잉카 제국은 칠레에서 에콰도르까지 진출해 있었다.

● 명사를 언급하지 않고 무언가를 지시하기 위해서는 ***esto, eso, aquello***를 사용합니다.
  (1) 지시하는 대상이 무엇인지 모를 때:
  (2) 대상을 언급할 필요가 없을 때:

12 연습 문제 Ejercicios

12.1. 주어진 단어와 este, ese, aquel...을 사용하여 밑줄을 채우세요.

árboles   bolso   gafas   llaves   ~~llaves~~   maleta   paraguas   revista

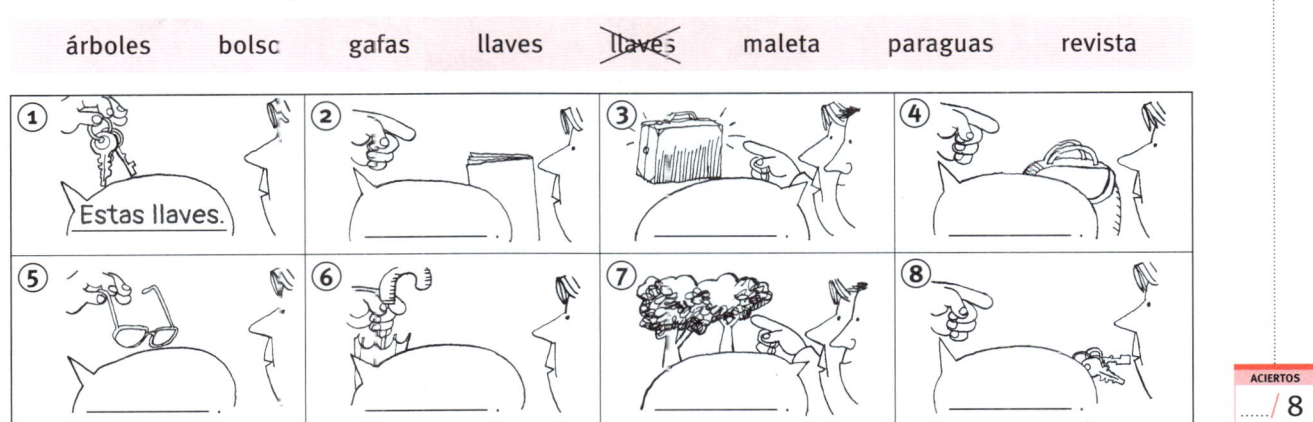

12.2. Este, ese, aquel...을 사용하여 빈칸을 채우세요.

12.3. Este, ese, aquel...을 사용하여 문장을 완성하세요.

1. ___Este___ verano vamos a ir a Ibiza.
2. Nací en 1983. _____ mismo año nació mi prima.
3. A: Qué haces _____ noche?   B: Nada. _____ semana tengo mucho trabajo.
4. 2001 fue un año extraordinario. _____ verano conocí a Maite.
5. Mis padres vivieron en Perú entre 1950 y 1965. _____ fueron los mejores años de su vida.
6. _____ mes ha sido fabuloso. He encontrado piso y trabajo.
7. Luis se casó en 1970. En _____ época yo vivía en México.
8. _____ tarde tengo un examen.

12.4. Esto, eso, aquello를 사용하여 빈칸을 채우세요.

13 un coche pequeño
품질 형용사 Adjetivos calificativos

un coche pequeño
작은 자동차

una casa pequeña
작은 집

Rosi es alta. 1'82m
로시는 키가 크다.

Estamos cansados.
우리는 지쳤어.

*Pequeño, pequeña, alta, cansados*는 품질 형용사로, 사람, 동물 또는 사물에 대한 정보를 덧붙이는 기능을 합니다.

● 품질 형용사: 여성형 및 복수형의 형태

단수형		복수형	
남성형	여성형	남성형	여성형
-o, un coche pequeño 작은 자동차	-a una casa pequeña 작은 집	-os unos chicos altos 키 큰 아이들	-as unas chicas altas 키 큰 여자아이들
-e un chico inteligente 똑똑한 남자아이	-e una chica inteligente 똑똑한 여자아이	-es unos pantalones verdes 초록색 바지(들)	-es unas flores verdes 초록색 꽃들
-자음 un chico joven 젊은 남자	-자음 una chica joven 젊은 여자	+es unos calcetines azules 파란색 양말(들)	+es unas camisas azules 파란색 셔츠들
-or, -án, -ón, -ín un chico encantador 매력적인 소년	+a una chica encantadora 매력적인 소녀	+es unos hombres charlatanes 수다스러운 남자들	+as unas mujeres charlatanas 수다스러운 여자들
예외 un gorro marrón 갈색 모자	una bufanda marrón 갈색 목도리	unos pantalones marrones 갈색 바지(들)	unas faldas marrones 갈색 치마들

주의 *feliz – felices* 행복한 *joven – jóvenes* 젊은 *charlatán – charlatana* 수다스러운 *marrón – marrones* 갈색의

● 형용사는 수식하는 사람, 동물 또는 사물과 같은 형태(남성형, 여성형, 단수형, 복수형)를 가집니다.

Yo soy moreno.
내(남성)는 가무잡잡한 피부다.

Yo soy morena.
내(여성)는 가무잡잡한 피부다.

- *Susana y Elena* son muy *trabajadoras*.
  수사나와 엘레나는 매우 성실하다.
- *Me he comprado unos zapatos negros*.
  나는 검은색 구두를 샀다.
- *En Guatemala hay ruinas muy antiguas*.
  과테말라에는 매우 오래된 유적이 있다.

주의 남성형 명사 + 여성형 명사 = 남성형 복수 명사
- *Antonio y Marta* son *altos y morenos*. 안토니오와 마르타는 키가 크고 가무잡잡한 피부다.
- *Gabi lleva una camisa y un pantalón negros*. 가비는 검은색 셔츠와 바지를 입고 있다.

● 형용사의 위치
(1) Ser/estar 동사 + 형용사:
- *Roberto es simpático*. 로베르토는 상냥하다.
- *Juan está muy delgado*. 후안은 매우 마른 상태다.

(2) 명사 + 형용사:
- *María tiene los ojos azules*. 마리아는 푸른 눈을 가지고 있다.

예외 *buen/buena* 좋은 + 명사:
- *Julio es un buen escritor*. 훌리오는 훌륭한 작가다.
- *Luisa es una buena profesora*. 루이사는 훌륭한 교수다.

mal/mala 나쁜 + 명사:
- *Felipe es un mal ejemplo para sus hijos*. 펠리페는 그의 자녀들에게 좋지 않은 본보기다.
- *Tengo una mala noticia*. 나는 나쁜 소식이 하나 있다.

13 연습 문제 Ejercicios

13.1. 괄호 안의 형용사를 올바른 형태로 사용하여 문장을 완성하세요.
1. Vivo en un piso (pequeño) _pequeño_.
2. Rosa tiene los ojos (verde) _____. Es (rubio) _____ y tiene el pelo (corto) _____ y (rizado) _____. Es muy (simpático) _____ y (alegre) _____, y muy (charlatán) _____.
3. Gerardo y Ana son muy (inteligente) _____.
4. Me gustan las rosas (blanco) _____.
5. Don Santiago es una persona (encantador) _____.
6. Chus y Lolo no son (feliz) _____. Están siempre (enfadado) _____.
7. Me he comprado una camisa (rojo) _____ y unos pantalones (gris) _____.
8. Eduardo es (alto) _____ y (fuerte) _____. Es (moreno) _____ y tiene los ojos (negro) _____. Es muy (guapo) _____, pero es un poco (antipático) _____.
9. Begoña lleva una falda (marrón) _____ y una blusa (amarillo) _____.
10. Concha y Rodrigo son muy (simpático) _____ y muy (trabajador) _____. Además son muy (amable) _____.
11. Las hijas de Andrés son muy (joven) _____.

ACIERTOS ....../11

13.2. 주어진 형용사를 사용하여 문장을 완성하세요.

| alegre | campeón | cansado | enfermo | fuerte | gordo | ~~rubio~~ | triste |

1. Somos rubias.
2. Estoy muy _____
3. Esta gata está _____
4. Estamos _____
5. Marga es muy _____
6. Estamos _____
7. Julia es muy _____
8. ¡Somos _____!

ACIERTOS ....../8

13.3. 주어진 명사와 형용사를 사용하여 문장을 완성하세요.
1. Susana tiene los _ojos azules_.
2. La amapola es una _____.
3. El español es un _____.
4. Don Tomás es un _____.
5. La _____ de Peter es la tortilla de patatas.
6. En Toledo hay muchos _____.
7. Esta camisa y estos pantalones están muy viejos. Necesito _____.
8. Mi _____ es el rojo.

color	comida
edificio	flor
idioma	~~ojo~~
profesor	ropa

antiguo	~~azul~~
rojo	bueno
fácil	nuevo
preferido	preferido

ACIERTOS ....../8

14 *una amiga chilena*
국적 형용사 Adjetivos de nacionalidad

● 국적 형용사: 여성형 및 복수형의 형태

단수형		복수형	
남성형	여성형	남성형	여성형
-o chile**no**, cuba**no** 칠레 남자, 쿠바 남자	**-a** chile**na**, cuba**na** 칠레 여자, 쿠바 여자	**-os** chile**nos**, cuba**nos** 칠레 남자(사람)들, 쿠바 남자(사람)들	**-as** chile**nas**, cuba**nas** 칠레 여자들, 쿠바 여자들
• Donoso es **un escritor chileno**. 도노소는 칠레 국적의 작가다. • Isabel Allende es **una escritora chilena**. 이사벨 아옌데는 칠레 국적의 작가다.		• **Los puros cubanos** son de gran calidad. 쿠바산 시가는 품질이 매우 좋다.	
-a, -e, -í belg**a** 벨기에 남자 canadiens**e** 캐나다 남자 marroqu**í** 모로코 남자	**-a, -e, -í** belg**a** 벨기에 여자 canadiens**e** 캐나다 여자 marroqu**í** 모로코 여자	**-as, -es, -ís (o -íes)** belg**as** 벨기에 남자(사람)들 canadiens**es** 캐나다 남자(사람)들 marroqu**ís** / marroqu**íes** 모로코 남자(사람)들	**-as, -es, -ís (o -íes)** belg**as** 벨기에 여자들 canadiens**es** 캐나다 여자들 marroqu**ís** / marroqu**íes** 모로코 여자들
• **La capital belga** es Bruselas. 벨기에의 수도는 브뤼셀이다. • **La bandera canadiense** es roja y blanca. 캐나다 국기는 빨간색과 하얀색이다. • **La capital marroquí** es Rabat. 모로코의 수도는 라바트다.		• Me encantan **los bombones belgas**. 나는 벨기에산 초콜릿이 정말 좋다.	
-자음 portugu**és** 포르투갈 남자 alem**án** 독일 남자 español 스페인 남자	**+a** portugu**esa** 포르투갈 여자 alem**ana** 독일 여자 español**a** 스페인 여자	**+es** portugu**eses** 포르투갈 남자(사람)들 alem**anes** 독일 남자(사람)들 español**es** 스페인 남자(사람)들	**+as** portugu**esas** 포르투갈 여자들 alem**anas** 독일 여자들 español**as** 스페인 여자들
• Bild es **una revista alemana**. 빌트는 독일 잡지다. • A Carla le gusta mucho **la comida española**. 카를라는 스페인 음식을 매우 좋아한다.		• Faro y Oporto son **ciudades portuguesas**. 파로와 오포르투는 포르투갈의 도시들이다.	

> **주의** portug**és** ▶ portug**esa**, portug**eses**, portug**esas**
> alem**án** ▶ alem**ana**, alem**anes**, alem**anas**

● 남성형 + 여성형 = 남성형 복수
  • Iván es **cubano**. Haydée es **cubana**. → Iván y Haydée son **cubanos**.
    이반은 쿠바 남자다. 아이데는 쿠바 여자다. 이반과 아이데는 쿠바 사람들이다.
  • Tengo **unos sellos y unas monedas rusos**.
    나는 러시아산 우표와 동전을 가지고 있다.

● 형용사의 위치
  (1) Ser 동사 + 형용사: • Gabriel García Márquez **es colombiano**. 가브리엘 가르시아 마르케스는 콜롬비아 사람이다.
  (2) 명사 + 형용사: • **La bandera argentina** es azul y blanca. 아르헨티나의 국기는 푸른색과 하얀색이다.

14 연습 문제 Ejercicios

14.1. 표를 완성하세요.

SINGULAR		PLURAL	
MASCULINO	FEMENINO	MASCULINO	FEMENINO
1. brasileño	brasileña		
2. costarricense			
3. escocés			
4. iraní			
5. japonés			
6. nicaragüense			
7. venezolano			
8. vietnamita			

ACIERTOS ...... /8

14.2. 주어진 형용사를 사용하여 문장을 완성하세요.

chino   egipcio   francés   indio   italiano   mexicano   ~~peruano~~   ruso

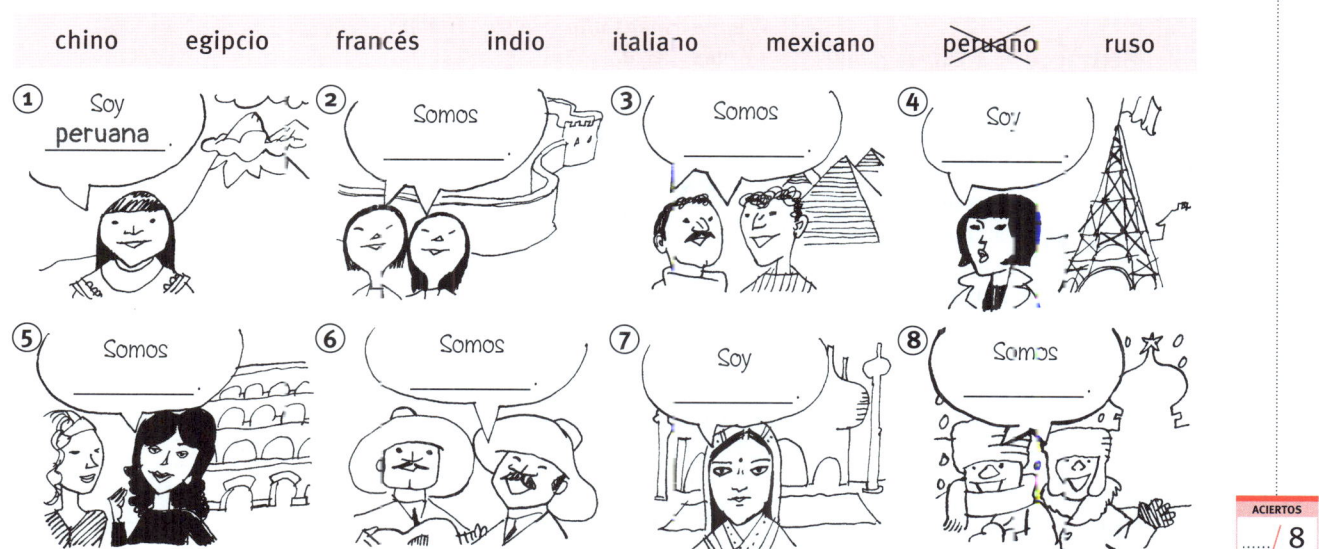

① Soy peruana.
② Somos _____
③ Somos _____
④ Soy _____
⑤ Somos _____
⑥ Somos _____
⑦ Soy _____
⑧ Somos _____

ACIERTOS ...... /8

14.3. 주어진 명사와 형용사를 각각 하나씩 사용하여 문장을 완성하세요.

actriz   capital   capital   ciudad   ciudad   canadiense   colombiano   estadounidense   francés
escritor   moneda   ~~moneda~~   ~~japonés~~   marroquí   portugués   vietnamita

1. El yen es la __moneda japonesa__.
2. El dirham es la _____.
3. Gabriel García Márquez es un _____.
4. Burdeos es una _____.
5. Julia Roberts es una _____.
6. Hanoi es la _____.
7. Montreal y Edmonton son _____.
8. Lisboa es la _____.

ACIERTOS ...... /8

15 *más caro, menos trabajador*
형용사의 비교 구문 (1) Forma comparativa de los adjetivos (1)

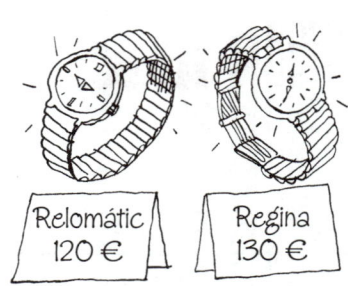

El Regina es **más caro** que el Relomátic.
레히나가 렐로마틱보다 더 비싸다.

Una jirafa es **más alta** que un oso.
기린은 곰보다 키가 크다.

Marta es **menos trabajadora** que Laura.
마르타는 라우라보다 덜 성실하다.

*Más caro, más alta, menos trabajadora*는 형용사의 비교 구문으로, 두 사람, 두 동물 또는 두 가지의 사물을 비교하기 위해 사용됩니다.

● 비교 구문의 형태

우등 (+) → *más* + 형용사 (+ *que*)	• *Felipe es **más alto** que su hermana.* 펠리페는 그의 여동생보다 키가 크다. • *Y **más fuerte**.* 그리고 더 힘이 세다. • *Necesitamos un piso **más grande**.* 우리는 더 큰 아파트가 필요하다.
열등 (−) → *menos* + 형용사 (+ *que*)	• *Clara es **menos trabajadora** que Gilberto.* 클라라는 힐베르토보다 덜 성실하다.
불규칙 형태 + *viejo* 늙은 ▶ *mayor* 더 나이가 많은 − *viejo* 늙은 ▶ *menor* 더 나이가 적은 + *bueno* 좋은 ▶ *mejor* 더 좋은 − *bueno* 좋은 ▶ *peor* 더 나쁜	 Eva, 24 Javi, 20 • *Eva es **mayor** que Javi.* 에바는 하비보다 나이가 많다. • *Javi es **menor** que Eva.* 하비는 에바보다 나이가 어리다.	• *El coche de Ana es **mejor** que el de Álvaro.* 아나의 자동차가 알바로의 것보다 더 좋다. • *El coche de Álvaro es **peor** que el de Ana.* 알바로의 자동차가 아나의 것보다 덜 좋다.

● 형용사는 그것이 지시하는 사람, 동물 또는 사물과 동일한 형태(남성형 또는 여성형, 단수형 또는 복수형)를 가집니다.
• *Mis **hermanos** son más **altos** que yo.* 나의 남자 형제들은 나보다 키가 크다.
• *Marta es menos **trabajadora** que Raúl.* 마르타는 라울보다 덜 부지런하다.
• *Estas **camisas** son más **caras**.* 이 셔츠들이 더 비싸다.

예외 *mayor/menor/mejor/peor* → 단수형 (남성형 및 여성형)
mayores/menores/mejores/peores → 복수형 (남성형 및 여성형)
• *Eva es **mayor** que Javi, pero Javi es **mayor** que su hermano.*
에바는 하비보다 나이가 많지만, 하비는 그녀의 남자 형제보다 나이가 많다.
• *Estas camisas son más baratas, pero son **peores**.* 이 셔츠들은 더 싸지만, (품질이) 더 나쁘다.

● *Más/menos...que* + 주격 인칭 대명사 ▶ 34과: 주격 인칭 대명사 Pronombres personales de sujeto
• *Eres más fuerte ~~que mí~~.* → *Eres más fuerte **que yo**.* 너는 나보다 힘이 세다.
• *Somos menos altos **que vosotros**.* 우리는 너희보다 키가 덜 크다.

● 때때로 비교 대상의 사람 또는 사물을 나타내는 명사를 언급할 필요가 없습니다.
• *Este piso es pequeño. Yo quiero uno **más grande**.* 이 아파트는 작다. 나는 더 큰 것을 원한다.

15 연습 문제 Ejercicios

15.1. 적절한 비교 구문을 사용하여 문장을 완성하세요.

1. ¿Quién es (+ guapo) _____más guapo_____, Juan o su hermano?
2. ¿Quién es (– caprichoso) _menos caprichoso_, Alberto o Luisa?
3. ¿Qué ciudad es (+ antiguo) _____, Lima o Santiago?
4. ¿Quién es (+ bueno) _____, Ronaldo o Rivaldo?
5. ¿Qué país está (– poblado) _____, Venezuela o Colombia?
6. ¿Qué deporte es (– peligroso) _____, el esquí o el alpinismo?
7. ¿Qué es (+ malo) _____, estar enfermo o no tener dinero?
8. ¿Quién es (+ viejo) _____, Sofía o su esposo?

ACIERTOS ...... / 8

15.2. 주어진 단어를 사용하여 예시와 같이 비교 구문을 쓰세요.

| ~~alto~~ | caro | caro | largo | potente | pequeño | poblado | rápido | viejo |

1. (Luis 1,90 cm; su hermano 1,82 cm) Luis es _más alto que su hermano_.
2. (Uruguay 176 220 km²; Argentina, 2 766 890 km²) Uruguay es _____.
3. (Paraguay, 5,5 millones de habitantes; Ecuador, 13 millones) Paraguay está _____.
4. (Luisa 19 años; Clara, 25 años) Luisa es _____.
5. (fresas 3,50 euros/kilo; plátanos, 1,75 euros/kilo) Las fresas son _____.
6. (Amazonas 6 788 km; Paraná, 3 780 km) El Amazonas es _____.
7. (televisión 345 euros; radio, 60 euros) Esta televisión es _____.
8. (Suiko, disco duro 20 GB; Misima, disco duro 80 GB) Los ordenadores Suiko son _____.
9. (león 80 km/h; canguro, 50 km/h) El canguro es _____.

ACIERTOS ...... / 9

15.3. 주어진 형용사를 사용하여 비교 구문 문장을 완성하세요.

| alto | ~~fuerte~~ | rápido | viejo |

① Soy _más fuerte que tú_
② Soy _____
③ Sois _____
④ Eres _____

ACIERTOS ...... / 4

15.4. 적절한 비교 구문을 사용하여 문장을 완성하세요.

1. Este piso es muy antiguo. Prefiero uno (antiguo) _menos antiguo_____.
2. Esta casa es muy cara. Prefiero una (barato) _más barata_____.
3. Estos pantalones son muy grandes. Necesito unos (pequeño) _____.
4. Esta cama es incómoda. Prefiero una (cómodo) _____.
5. Mi trabajo es muy malo. Quiero uno (bueno) _____.
6. Este postre está muy dulce. Prefiero los postres (dulce) _____.
7. Este libro es un poco aburrido. Prefiero uno (entretenido) _____.
8. Esta falda es muy corta. Quiero una (largo) _____.

ACIERTOS ...... / 8

16 *tan alto, igual de alto*
형용사의 비교 구문 (2) Forma comparativa de los adjetivos (2)

Martín   Carlos

*Martín es **tan alto** como Carlos.*
마르틴은 카를로스만큼 키가 크다.
*Martín es **igual de alto** que Carlos.*
마르틴은 카를로스와 똑같이 키가 크다.
*Martín y Carlos son **igual de altos**.*
마르틴과 카를로스는 똑같이 키가 크다.

*Un caballo no es **tan grande** como un elefante.*
말은 코끼리만큼 거대하지 않다.
*Un caballo no es **igual de grande** que un elefante.*
말은 코끼리와 동일한 정도로 거대하지 않다.
*Un elefante y un caballo no son **igual de grandes**.*
코끼리와 말은 동일한 정도로 거대하지 않다.

Tan alto**, **tan grande**, **igual de alto**, **igual de grande는 동등 비교 표현입니다. *alto* 키가 큰, *grande* 거대한 이라는 특정한 특성이 두 사람, 두 동물 또는 두 가지의 사물을 대상으로 동등한지의 여부를 나타내기 위해 사용됩니다.
- *Sonia es igual de guapa que su madre.* 소니아는 그녀의 어머니만큼 예쁘다.
- *El tren no es tan rápido como el avión.* 기차는 비행기만큼 빠르지 않다.

● 동등 비교 구문의 형태

동등 (=)	tan + 형용사 + como	• *Soy **tan alto** como tú, pero no soy **tan fuerte**.* 나는 너만큼 키가 크지만 (너만큼) 힘이 세지는 않다. • *Un toro no es **tan rápido como** un caballo.* 황소는 말만큼 빠르지 않다.
	igual de + 형용사 (+ que)	• *Soy **igual de alto** que mi hermano.* 나는 나의 형만큼 키가 크다. • *Mi hermano y yo somos **igual de altos**.* 나의 형과 나는 똑같이 키가 크다.

● 형용사는 그것이 지시하는 사람, 동물 또는 사물과 동일한 형태(남성형 또는 여성형, 단수형 또는 복수형)를 가집니다.
- *Mi **piso** es igual de **pequeño** que el tuyo.*
  내 아파트는 너의 아파트처럼 작다.
- *Sonia y su madre son igual de **guapas**.*
  소니아와 그녀의 어머니는 똑같이 예쁘다.
- *Mi **hermana** es tan **alta** como yo.*
  나의 언니는 나만큼 키가 크다.
- *Estos dos televisores son igual de **caros**.*
  이 두 텔레비전은 똑같이 비싸다.

● *Que/como* + 주격 인칭 대명사
- *Los hijos de Andrés no son tan guapos **como él**.* 안드레스의 아이들은 그(아버지)만큼 잘생기지 않았다.
- *Yo soy igual de trabajadora **que vosotros**.* 나는 너희만큼 부지런하다.

비교	• A: *Juani es simpática.* 후아니는 상냥해.
	  B: *Pues Loli es ~~tan simpática~~.*
	      *Pues Loli es **tan simpática como ella**.* /
	      *Pues Loli es **igual de simpática**.*
	      음, 롤리는 그녀만큼/그녀와 똑같이 상냥해.
		• A: *Felipe es muy trabajador.* 펠리페는 매우 성실해.
		  B: *Pues sus hermanos no son **tan trabajadores**.* /
		      *Pues sus hermanos no son **tan trabajadores como él**.* /
		      *Pues sus hermanos no son **igual de trabajadores**.*
		      음, 그의 형제들은 그만큼/그와 동일한 정도로 성실하지 않아.

주의	때때로 '*más* + 부정 형용사' 또는 '*menos* + 긍정 형용사'보다 '*no tan* + 긍정 형용사'가 더 많이 사용됩니다.
	• *Adolfo es **más feo** que Jorge.* → *Adolfo **no es tan guapo** como Jorge.*
	  아돌포는 호르헤보다 더 못생겼다. 아돌포는 호르헤만큼 잘생기지 않았다.
	• *Luisa es **menos fuerte** que Ana.* → *Luisa **no es tan fuerte** como Ana.*
	  루이사는 아나보다 덜 힘이 세다. 루이사는 아나만큼 힘이 세지 않다.

16 연습 문제 Ejercicios

16.1. 주어진 단어를 사용하여 동등 비교 구문 문장을 완성하세요.

> alegre   ~~alto~~   alto   caro   inteligente   ~~joven~~   rápido

1. (David, 52 años; Alonso, 40 años) David _no es tan joven como Alonso_.
2. (Ana, 1,72 m; María, 1,72 m) Ana y María _son igual de altas_.
3. (Darío, 90/100; Margarita, 90/100) Darío y Margarita _____.
4. (naranjas, 2,20 euros el kilo; manzanas, 1,90 euros el kilo) Las manzanas _____.
5. (Antonio, 100 m/9,5 s; Paco, 100 m/ 9,5 s) Antonio y Paco _____.
6. (Esther, alegre ++; Pilar, alegre +) Pilar _____.
7. (Fermín, 1,75 m; Álvaro, 1,78 m) Fermín _____.

ACIERTOS ..../7

16.2. 주어진 형용사를 사용하여 동등 비교 구문 문장을 완성하세요.

> alto   bueno   entretenido   ~~fácil~~   fuerte   malo   peligroso   rápido

1. El italiano es _tan fácil como / igual de fácil que_ el español.
2. Un coche no es _tan rápido como_ un avión.
3. Un gorila no es _____ una jirafa.
4. Un oso y un gorila son _____.
5. El café de Brasil es _____ el de México.
6. El teatro es _____ el cine.
7. El esquí no es _____ el alpinismo.
8. El tabaco y el alcohol son _____.

ACIERTOS ..../8

16.3. 주어진 문장을 동등 비교 구문 문장으로 다시 쓰세요. 필요한 경우 형용사를 바꾸세요.

1. Jorge es más feo que yo. Jorge _no es tan guapo como yo_.
2. Elio es más bajo que su padre. Elio _____.
3. La silla es más incómoda que el sillón. La silla _____.
4. Vosotras sois más simpáticas que Hugo. Hugo _____.
5. Eres más fuerte que yo. (Yo) _____.
6. Él es peor que Rinaldo. Él _____.

ACIERTOS ..../6

16.4. 동등 비교 구문을 사용하여 대화를 완성하세요.

1. A: Luis es muy listo. B: Pues su hermano es _igual de listo / tan listo como él_.
2. A: Rosario es muy elegante. B: Pues sus hijas no son _tan elegantes_.
3. A: Jesús es muy simpático. B: Pues su hermana no es _____.
4. A: Los peruanos son muy amables. B: Pues los colombianos son _____.
5. A: Esta cama es muy cómoda. B: Pues la mía no es _____.
6. A: Juan es muy amable. B: Pues sus hijos no son _____.
7. A: Este piso es viejo. B: Pues el mío es _____.
8. A: Elvira es muy guapa. B: Pues sus hermanas son _____.

ACIERTOS ..../8

17 la más alta, el menos trabajador
최상급 Superlativo

*Carla es **la más alta** de sus hermanos.*
카를라는 그녀의 형제들 중 가장 키가 크다.

*Zapatos Loto, **los más cómodos**.*
가장 편한 신발, 로토 슈즈.

*David es **el menos trabajador** de sus amigos.*
다비드는 그의 친구들 중에서 가장 덜 성실하다.

la más alta, **los más cómodos**, **el menos trabajador**는 최상급 형태입니다. 사람 또는 사물을 한 집단과 비교하기 위해 사용됩니다.
- ***El Teide** es la montaña más alta **de España**.* 테이데는 스페인에서 가장 높은 산이다.
- ***Soraya** es la más cariñosa **de su familia**.* 소라야는 그녀의 가족들 중 가장 다정하다.

● 최상급의 형태

상위 (+) → el/la/los/las (+ 명사) + *más* + 형용사 (+ *de*)
• *Alberto es **el más trabajador** de su familia.* 알베르토는 그의 가족들 중 가장 부지런하다.
• *El Everest es **la montaña más alta** del mundo.* 에베레스트는 세계에서 가장 높다.

하위 (−) → el/la/los/las (+ 명사) + *menos* + 형용사 (+ *de*)
• *Hugo es **el menos hablador** de mis amigos.* 우고는 그의 친구들 중 가장 덜 수다스럽다.
• *Paraguay es **el país menos poblado** de América del Sur.* 파라과이는 남미에서 가장 인구가 적은 나라다.

불규칙 형태
+ *viejo* 늙은 ▶ el/la mayor, los/las mayores 가장 나이가 많은 → • *Eva es **la mayor** de sus hermanos.* 에바는 그녀의 형제들 중 가장 나이가 많다.
− *viejo* 늙은 ▶ el/la menor, los/las menores 가장 나이가 적은/어린
+ *bueno* 좋은 ▶ el/la mejor, los/las mejores 가장 좋은 → • *Estas naranjas son **las mejores** de España.* 이 오렌지들이 스페인에서 가장 맛있다.
− *bueno* 좋은 ▶ el/la peor, los/las peores 가장 나쁜

| 주의 | *mejor / peor* (+ 명사) + *de* + 명사
최상급 + *de* + 명사
최상급 + *que* + 동사 | • *Julián es **el mejor alumno** de la clase.* 훌리안은 반에서 가장 우수한 학생이다.
• *Hoy es el día **más feliz** de mi vida.* 오늘은 내 인생에서 가장 행복한 날이다.
• *Elena es la chica **más alegre** que he conocido.* 엘레나는 내가 만난 소녀들 중 가장 명랑한 소녀다. |

● 형용사는 그것이 지시하는 사람, 동물 또는 사물과 동일한 형태(남성형 또는 여성형, 단수형 또는 복수형)를 가집니다.
- *Raúl es **el más cariñoso** de sus hermanos.* 라울은 그의 형제들 중 가장 다정하다.
- *Carola y Elena son **las más simpáticas** del grupo.* 카롤라와 엘레나는 무리에서 가장 상냥하다.

● 문장 내에서 비교 대상의 그룹이 명확할 경우 그 비교 대상을 나타내는 명사를 생략할 수 있습니다.

*Este televisor es **el más caro**.*
(de todos los televisores de esta tienda)
이 텔레비전은 (이 가게의 모든 텔레비전들 중에서) 가장 비싸다.

*Laura es **la más alta**. (de la clase)*
라우라는 (반에서) 키가 가장 크다.

17 연습 문제 Ejercicios

17.1. 최상급을 사용하여 문장을 완성하세요.
1. ¿Cuál es (ciudad, + bonito) __la ciudad más bonita__ de Cuba?
2. ¿Cuál es (país, – poblado) __el país menos poblado__ de América Latina?
3. ¿Cuál es (ciudad, – contaminado) _____ de España?
4. ¿Cuál es (río, + largo) _____ de México?
5. ¿Cuál es (capital, + alto) _____ de América del Sur?
6. ¿Cuál es (país, + grande) _____ de América Latina?
7. ¿Cuál es (isla, + pequeño) _____ del Caribe?
8. ¿Cuál es (catedral, + antiguo) _____ de México?

ACIERTOS ...... / 8

17.2. 친구들에 대하여 다음과 같이 문장을 쓰세요.
1. (simpático: Lucas –+, Marina –, Leo +) Lucas es __el más simpático__ de sus amigos.
2. (simpático: Lucas –+, Marina –, Leo +) Marina es __la menos simpática__.
3. (trabajador: Lucas +, Marina ++, Leo ++) Marina y Leo son _____.
4. (trabajador: Lucas +, Marina ++, Leo ++) Lucas es _____.
5. (elegante: Lucas –, Marina ++, Leo +) Marina es _____.
6. (elegante: Lucas –, Marina ++, Leo +) Lucas es _____.
7. (atractivo: Lucas +, Marina +, Leo –) Lucas y Marina son _____.
8. (atractivo: Lucas +, Marina +, Leo –) Leo es _____.

ACIERTOS ...... / 8

17.3. 다음 광고 문구를 완성하세요.
1. Agua de Monteviejo, (bebida, + sano) __la bebida más sana__ y (+ refrescante) __la más refrescante__.
2. Regina, (reloj, + caro) _____ del mundo.
3. Ordenadores portátiles Misima, (+ pequeño) _____ y (+ potente) _____.
4. Ropa deportiva Libre, (+ cómodo) _____ y (+ elegante) _____.
5. Galletas Artaneda, (+ bueno) _____ para el desayuno.
6. Supermercados García, (+ económico) _____.
7. Zumos Frutasol, (+ sano) _____.
8. Leche fresca Norte, (+ bueno) _____ para su familia.

ACIERTOS ...... / 8

17.4. 최상급과 de 또는 que를 사용하여 문장을 완성하세요.
1. Julia es (chica, + alegre) __la chica más alegre que__ conozco.
2. Para mí, el café de Colombia es (+ bueno) _____ el mundo.
3. Las ruinas de Machu Picchu son (+ impresionante) _____ he visto.
4. El día de mi boda fue (+ feliz) _____ mi vida.
5. ¿Cuál es (país, + interesante) _____ has visitado?
6. Esther es (+ viejo) _____ mis hermanas.

ACIERTOS ...... / 6

43

18 mi, tu, su...
소유사 (1) Posesivos (1)

Mi, **tu**, **nuestro**는 소유사입니다. 소유관계 및 사람, 동물 또는 사물과의 기타 관계(가족, 출신지 등)를 나타내기 위해 사용됩니다.

- **Mi madre** trabaja en un laboratorio.
  나의 어머니는 실험실에서 근무하신다.
- A: ¿Dónde es la fiesta? B: En **mi casa**.
  파티가 어디에서 열려? 우리집에서.
- Jimena tiene un pequeño chalé en **su pueblo**.
  히메나는 그녀의 마을에 작은 별장을 한 채 가지고 있다.
- A: ¿Cuál es **tu color** preferido? B: El blanco.
  네가 선호하는 색깔은 무엇이니? 하얀색.

● 소유사의 형태

소유사의 주체	소유사			
	단수형		복수형	
	남성형	여성형	남성형	여성형
yo 나	mi	mi	mis	mis
tú 너	tu	tu	tus	tus
usted 당신	su	su	sus	sus
él, ella 그, 그녀	su	su	sus	sus
nosotros, –as 우리들	nuestro	nuestra	nuestros	nuestras
vosotros, –as 너희들	vuestro	vuestra	vuestros	vuestras
ustedes 당신들	su	su	sus	sus
ellos, ellas 그들, 그녀들	su	su	sus	sus

● '**Mi**, **tu**, **su**… + 명사'의 순서로 사용합니다.
- ¿Quién es **tu profesor**? 누가 너의 교수님이니?
- Ayer vi a Ignacio con **sus primas**. 어제 나는 이그나시오가 그의 여자 사촌 형제들과 함께 있는 것을 보았다.
- ¿Dónde están **vuestras cosas**? 너희들의 물건들이 어디에 있니?

> **주의** su, sus = de él 그의; de ella 그녀의; de usted 당신의; de ellos 그들의; de ellas 그녀들의; de ustedes 당신들의
>
>
>
> **Jorge y sus hijas.** 호르헤와 그의 딸들.
> **Alicia en su coche.** 그녀의 자동차 안(에 있는) 알리시아.
> **Los señores Puebla en su casa.** 그들의 집 안(에 있는) 푸에블라 부부.
> **Abel, es su mujer.** 아벨, 당신의 아내 (로부터의 전화)입니다.
>
> 일반적으로 상황이 su와 sus가 누구를 가리키는지 말해 줍니다.
> - Mire, don Raúl. Ahí va Jorge con **sus hijas**. 저기 봐요, 라울 씨. 저기 호르헤가 그의 딸들과 가고 있네요.
> (라울은 화자가 말하는 딸들이 (그와 호르헤 중) 누구의 딸인지 알고 있습니다.)

● 신체 부위, 의복 또는 기타 개인 소지품의 경우에는 **mi**, **tu**, **su**…가 아닌 **el**, **la**, **los**, **las**를 사용합니다.
- Me duele ~~mi~~ cabeza. → Me duele **la cabeza**. 나는 머리가 아프다.
- Quítate ~~tu~~ abrigo. → Quítate **el abrigo**. 너 외투 벗어.
- Tengo que lavar ~~mi~~ coche. → Tengo que lavar **el coche**. 나는 세차해야 한다.

18 연습 문제 Ejercicios

18.1. 가계도를 보고 mi, tu, su... 를 사용하여 문장을 완성하세요.

Familia Suárez
- Lucas – María
  - Rosa
  - Begoña – Alfonso
    - Arturo
    - Carlota

Familia Salina
- Julio – Rosario
  - Carmelo – Justa
    - Blanca
    - Lucía
    - Emilio
  - Lupe

1. Arturo: ¿Cómo se llaman ___tus___ padres, Blanca?
2. Emilio: _____ hermanas se llaman Blanca y Lucía.
3. Carlota: ¿Cómo se llama _____ mujer, don Carmelo?
4. Blanca y Lucía: _____ abuela se llama Rosario.
5. Emilio: Arturo, Carlota, ¿cómo se llaman _____ abuelos?
6. Alfonso: _____ madre se llama María.
7. Blanca: ¿Cómo se llama _____ tía, Arturo?
8. Carlota: ¿Cómo se llaman _____ hijos, don Julio?
9. Carmelo y Lupe: _____ padres se llaman Julio y Rosario.
10. Arturo: Blanca, Lucía, ¿cómo se llama _____ madre?

ACIERTOS ...... /10

18.2. mi, tu, su...를 사용하여 문장을 완성하세요.

1. A: ¿Cuál es ___tu___ color preferido, Berta?   B: El azul.
2. Mi hermano y yo jugamos mucho al tenis. Es _____ deporte preferido.
3. La señora Valverde y _____ hijas son muy agradables.
4. A: ¿Dónde están Sol y Rocío?   B: En _____ casa.
5. Anoche fui al cine con _____ padre y _____ hermanos.
6. Jorge, Juan, ¿dónde están _____ libros?
7. A: ¿Cuál es _____ comida preferida, Enrique?   B: La paella.
8. Ayer conocí a _____ padres, Verónica. Son muy simpáticos.

ACIERTOS ...... /8

18.3. 알맞은 형태를 고르세요.

1. Me estoy lavando (*mi*/*el*) pelo.
2. Átate (*tus*/*los*) zapatos.
3. Rodrigo trabaja con (*su*/*el*) padre.
4. Tenéis (*vuestros*/*los*) ojos rojos.
5. (*Mis*/*Los*) tíos viven en Puerto Rico.
6. Le di (*mi*/*la*) mano.
7. (*Su*/*La*) abuela tiene 85 años.
8. Tienes una mancha en (*tu*/*la*) nariz.
9. Quitaos (*vuestras*/*las*) chaquetas.
10. Al señor Alfonsín se le ha estropeado (*su*/*el*) coche.

ACIERTOS ...... /10

19 mío, tuyo, suyo...
소유사 (2) Posesivos (2)

Mía, **tuyo**, **nuestro**는 소유사입니다. 소유관계 및 사람, 동물 또는 사물과의 기타 관계(가족, 출신지 등)를 나타내기 위해 사용됩니다.

- A: *Mi madre trabaja en un banco. ¿Y la tuya?*
  나의 어머니는 은행에서 근무하셔. 너의 어머니는?
  B: *La mía trabaja en una agencia de viajes.*
  나의 어머니는 여행사에서 근무하셔.
- A: *Mi pueblo es muy bonito y moderno.*
  나의 마을은 매우 예쁘고 현대적이야.
  B: *El nuestro es muy antiguo.*
  우리 마을은 매우 오래됐어.

● 소유사의 형태

소유사의 주체	소유사			
	단수형		복수형	
	남성형	여성형	남성형	여성형
yo 나	mío	mía	míos	mías
tú 너	tuyo	tuya	tuyos	tuyas
usted 당신	suyo	suya	suyos	suyas
él, ella 그, 그녀	suyo	suya	suyos	suyas
nosotros, -as 우리들	nuestro	nuestra	nuestros	nuestras
vosotros, -as 너희들	vuestro	vuestra	vuestros	vuestras
ustedes 당신들	suyo	suya	suyos	suyas
ellos, ellas 그들, 그녀들	suyo	suya	suyos	suyas

● 소유를 나타내기 위해 'ser 동사 + *mío*, *tuyo*…'가 사용됩니다.
- *Esta bolsa no es mía. ¿Es tuya, Amparo?* 이 봉지는 내 것이 아니야. 네 것이니, 암파로?
- A: *¿Es esto nuestro?* 이거 우리 거야? B: *No, es suyo.* 아니, 그(녀)들의 거야.

● 이전에 언급된 사물 또는 사람에 대해 이야기할 때 '*el*, *la*, *los*, *las* + *mío*, *tuyo*…'가 사용됩니다.
- A: *¿Es tuya esa bolsa?* 그 봉지 네 것이니? B: *No, la mía es más pequeña.* 아니, 내 것은 더 작아.
- *Como se estropeó el coche de Jaime, fuimos en el nuestro.* 하이메의 자동차가 고장이 나서 우리는 우리 자동차로 갔다.

● 그룹의 일원으로서 사물 또는 사람에 대해 말할 때 '(*un*, *una*, *unos*, *unas* +) 명사 + *mío*, *tuyo*…'가 사용됩니다.
- A: *¿Conoces a Julián?* 너 훌리안을 알아?
  B: *Sí, hombre. Es amigo mío.* (*Es uno de mis amigos.*) 그럼, 물론이지. 그는 내 친구야. (나의 친구들 중 하나)
- *Una tía nuestra vive en Panamá.* (*una de nuestras tías*) 우리의 이모 한 분은 파나마에 사신다. (우리 이모들 중 하나)

> **주의** *suyo*, *suya*, *suyos*, *suyas* = *de él*, *de ella*, *de usted*, *de ellos*, *de ellas*, *de ustedes*
> 그의, 그녀의, 당신의, 그들의, 그녀들의, 당신들의
> 일반적으로 상황이 *suyo*, *suyos*, *suya*, *suyas*가 누구를 가리키는지 말해 줍니다.
> - A: *¿Son estas las maletas de Felisa?* B: *No, las suyas son azules.* (*las de Felisa*)
>   이 가방들은 펠리사의 것들이니? 아니, 그녀의 가방들은 파란색이야. (펠리사의 것들)
> - A: *¿Son estas mis maletas?* B: *No, las suyas son más pequeñas.* (*las de usted*)
>   이 가방들 내 거예요? 아니요, 당신 가방들은 더 작아요. (당신의 것들)

▶ 11과: 명사의 생략 Omisión del nombre

19 연습 문제 Ejercicios

19.1. 예시와 같이 문장을 완성하세요.

① ¿De quién son estas llaves? Son **mías**.
② ¿De quién es este libro? Es _____.
③ ¿De quién es este paraguas? Es _____.
④ ¿De quién son estos CD? Son _____.
⑤ ¿Son _____ estos libros?
⑥ ¿Son _____ estas maletas?
⑦ ¿Es _____ este reloj?
⑧ ¿Es _____ esta bufanda?

ACIERTOS ....../8

19.2. 주어진 문장에 알맞게 el mío, la tuya, los suyos...를 쓰세요.

1. Estas llaves no son mías. **Las mías** son más pequeñas.
2. A: ¿Es ese vuestro coche? B: No, _____ es más grande.
3. Este abrigo no es de Pedro. _____ es azul.
4. A: Perdona, ¿es este mi asiento? B: No, _____ está más atrás.
5. A: ¿Es ese nuestro profesor? B: No, _____ es mayor.
6. A: Mi deporte preferido es el fútbol. ¿Y _____? B: _____ es el esquí.
7. A: Mis hijos practican muchos deportes. ¿Y _____, Manuel?
   B: _____ juegan al tenis.
8. A: ¿Son esos los padres de Arturo? B: No, _____ son más jóvenes.
9. A: Mi profesora es peruana. B: _____ es argentina.
10. A: Nuestros hijos son muy trabajadores. B: _____ son un poco vagos.

ACIERTOS ....../10

19.3. Mío, tuyo, suyo...를 사용하여 문장을 완성하세요. 필요한 경우 un, una, unos, unas도 사용하세요.

1. (amigo, yo) **Un amigo mío** es pintor.
2. (amiga, yo) _____ ha ganado un premio.
3. Ayer estuve con (primo, vosotros) _____.
4. El director del banco es (amigo, ellos) _____.
5. Raquel es (prima, nosotros) _____.
6. ¿Es Alicia (tía, tú) _____?
7. A: ¿Conocéis a Mariano? B: Sí, es (amigo, nosotros) _____.
8. El domingo conocimos a (familiares, ustedes) _____.

ACIERTOS ....../8

20 todos, algunos, unos, ninguno...
부정(不定)어 (1) Indefinidos (1)

Todos los niños están llorando.
모든 아이들이 울고 있다.

Algunos niños están llorando.
몇몇 아이들이 울고 있다.

Un niño está llorando.
한 아이가 울고 있다.

Ningún niño está llorando.
어떤 아이도 울고 있지 않다.

Todos, algunos, un, ningún은 한 그룹의 구성원 또는 구성 요소를 언급하기 위해 사용됩니다.

todos = 그룹의 전체를 의미합니다.
algunos = 그룹의 일부를 의미합니다.
un = 그룹에서 정해지지 않은 구성원(요소)로, 정확히 언급되지 않습니다.
ningún = 그룹에서 누구도 무엇도 해당하지 않음을 의미합니다.

● **Todo, toda, todos, todas** 모든

todo, toda	+ el, la + mi, tu... + este, ese, aquel...	+ 단수 명사	• Dame **todo el pan**. 나에게 모든 빵을 줘. • **Toda tu familia** es muy alegre. 너의 가족 모두는 매우 명랑하다. • Tira **toda esa basura** al contenedor. 　그 쓰레기 모두를 컨테이너에 버려라.
todos, todas	+ nosotros, vosotros... + los, las + mis, tus... + estos, esos, aquellos...	+ 복수 명사	• Sois muy amables **todos vosotros**. 너희들 모두는 매우 친절하다. • Voy a México **todos los veranos**. 나는 매년 여름에 멕시코에 간다. • **Todos mis hermanos** hablan francés. 　나의 형제들은 모두 프랑스어를 한다. • Deme **todas esas manzanas**, por favor. 그 사과들 모두 주세요.

● **Un, unos** ··· 어떤, 하나의; **algún, algunos** ··· 어떤, 몇몇의; **ningún, ninguna** 어떤(아무런) ···도 아니다

un, una algún, alguna ningún, ninguna	+ 단수 명사		• He conocido a **un compañero** tuyo. 나는 너의 동료 한 명을 만났다. • ¿Ha venido **algún alumno**? 학생이 (불특정한 누군가가) 왔나요? • Alicia no sale **ningún domingo**. 알리시아는 어떤 일요일에도 나가지 않는다.
unos, unas algunos, algunas	+ 복수 명사		• Conozco a **unos chicos** que estudian quechua. 　나는 케추아어를 공부하는 몇몇 청년들을 안다. • He recorrido **algunas zonas** de Perú. 나는 페루의 몇몇 지역을 일주했다.
uno, una alguno, -a, algunos, -as ninguno, ninguna	+ de +	nosotros, vosotros... los, las... + 복수 명사 mis, tus... + 복수 명사 estos, esos... + 복수 명사	• ¿**Alguno de vosotros** conduce? 　너희들 중 누군가는 운전하니? • No veo a **ninguno de los niños**. 　아이들 중 아무도 보이지 않는다. • **Uno de mis tíos** vive en Caracas. 　나의 삼촌들 중 한 분은 카라카스에 사신다. • **Alguno de estos** es mío, seguro. 　이 중 몇몇은 내 거야, 확실해.

Algún, alguno, alguna는 정해지지 않은 수량 또는 신원을 표현합니다. (얼만큼의 양인지나 무엇인지는 언급하지 않습니다.) 따라서 의문문에 많이 사용됩니다.

• A: ¿**Alguno** de vosotros habla árabe?　　B: No, **ninguno**.
　　너희 중 누군가는 아랍어를 하니?　　　　　아니, 아무도 (못 해).

● **Uno, ninguno, alguno, todo**는 지시 대상이 명확한 경우 단독으로 사용될 수 있습니다.
• **Todos** quieren venir a la fiesta. (todos nuestros amigos) 모두 파티에 참석하기를 바란다. (우리의 친구들 모두)
• A: ¿Has visto a **alguno** de mis compañeros?　　B: No, no he visto a **ninguno**.
　　너 내 동료 중 누군가 보았니?　　　　　　　　　아니, 아무도 못 봤어.

주의 ninguno + 긍정형 동사 →	• **Ninguno** de mis amigos ha salido. 내 친구들 중 아무도 나가지 않았다.
부정형 동사 + ninguno →	• No ha salido **ninguno** de mis amigos. 내 친구들 중 아무도 나가지 않았다.

20 연습 문제 Ejercicios

20.1. 그림을 보고 주어진 단어와 todo, algún, un, ningún...을 사용하여 문장을 완성하세요.

~~caja~~   caja   coche   manzana   pera   plato   vaso   vaso

1. _Todas las cajas_ están vacías.
2. _____ están cerradas.
3. _____ están rotos.
4. _____ está roto.
5. _____ están parados.
6. _____ está podrida.
7. _____ está podrida.
8. _____ están relucientes.

ACIERTOS ...... / 8

20.2. Todo, algún, un, ningún...을 알맞은 형태로 쓰세요.

1. Alicia está estudiando con ___unos___ compañeros.
2. En _____ países de África se habla español.
3. ¿Has estado en _____ país de América?
4. _____ mi familia habla español.
5. _____ mis amigas son simpáticas.
6. _____ aves no pueden volar.
7. _____ elefante come carne.

ACIERTOS ...... / 7

20.3. Uno, alguno, ninguno...를 사용하여 문장을 완성하세요. 필요한 경우 de도 함께 사용하세요.

1. Ayer conocí a ___uno de___ tus hermanos.
2. ¿_____ ustedes habla quechua?
3. No he conocido a _____ mis abuelas.
4. ¿Trabaja _____ tus hermanos?
5. Felipe sale con _____ mis amigas.
6. _____ nosotros ha estado en la Isla de Pascua, pero nos gustaría ir.

ACIERTOS ...... / 6

20.4. Todo, algún, ningún...을 사용하여 대화를 완성하세요.

1. A: ¿Conoces a los amigos de Pedro?   B: Conozco a ___algunos___, pero no a ___todos___.
2. A: ¿Has comprado ya los libros?   B: Sí, los he comprado _____.
3. A: ¿Conoces algún país de Asia?   B: No, no conozco _____.
4. A: ¿Has visto a alguna de mis hermanas?   B: No, no he visto a _____.
5. Me encantan las mariposas. _____ tienen las alas muy bonitas.

ACIERTOS ...... / 5

49

21 uno, otro, cualquiera
부정(不定)어 (2) Indefinidos (2)

● **Un, una, unos, unas** 어떤 ▶ 11과: 부정(不定)어 (1) Indefinidos (1)

un, una = 정해지지 않은 요소로 무엇인지 언급되지 않습니다.

unos, unas = 정해지지 않은 신원 및 수량으로, 무엇인지도 얼만큼인지도 언급되지 않습니다.

- *Necesito un móvil nuevo.*
  나는 새 휴대폰이 필요하다.
- *Ana está con unas compañeras.*
  아나는 몇몇 여자 동료들과 함께 있다.

● **Otro, otra, otros, otras** 다른

(1) 같은 종류의 하나 또는 그 이상의 요소를 나타냅니다.
- *Toma otra galleta.* (una galleta más) 과자 하나 더 받아. (과자 한 개 더)
- *Otros dos bocadillos, por favor.* (dos bocadillos más)
  보카디요 두 개 더 부탁드립니다. (보카디요 두 개 더)

(2) 다른 종류의 하나 또는 몇몇 요소를 나타냅니다.
- *Déjame otro libro. Este no me gusta.* (un libro diferente)
  나에게 다른 책을 줘. 이건 맘에 들지 않아. (다른 책)

Otro zumo, por favor. 주스 한 잔 더 부탁드려요.

otro, otra	+ 단수 명사		• *Tráiganos otra cuchara, por favor.* 우리에게 다른 숟가락을 가져다 주세요.
otros, otras	+ 복수 명사		• *Enséñeme otros zapatos. Estos no me gustan.* 나에게 다른 구두를 보여 주세요. 이건 마음에 들지 않아요.
	+ dos, tres... + 복수 명사		• *Necesitamos otras dos jugadoras.* 우리는 두 명의 선수가 더 필요하다.
otro, otra + de	+ nosotros, vosotros...		• *Quiere que vayamos otro de nosotros.* 그는 우리 중 한 명이 더 가기를 원한다.
	+ los, las...	+ 복수 명사	• *Pásame otro de los pasteles de chocolate.* 나에게 초콜릿 케이크 한 쪽 더 줘.
	+ mis, tus...		• *He perdido otra de mis plumas.* 나는 만년필 한 개를 더 잃어버렸다.
	+ estos, esos...		• *Dame otra de esas ciruelas.* 그 자두 하나 더 주세요.

● **Cualquier, cualquiera** 어떤 …라도

특정하지 않고, 어느 것이든 상관없는 하나를 가리킬 때 사용합니다.
- *Dame cualquier libro.* (Uno, pero no importa cuál)
  나에게 어떤 책이든 줘. (책 한 권, 어떤 책이든 상관없다.)
- *Puedes llamarme a cualquier hora.* 나에게 언제든지 전화해.

¿Cuál le gusta? 어떤 것이 마음에 드세요?
Deme una cualquiera. 아무나 주세요.

cualquier + 단수 명사			• *Cualquier día voy a verte.* 언제든 널 보러 갈게.
단수 명사 + cualquiera			• *Dame un libro cualquiera.* 나에게 어떤 책이든 줘.
cualquiera + de	+ nosotros, vosotros...		• *Cualquiera de ustedes puede hacerlo.* 당신들 중 누구든 그것을 할 수 있다.
	+ los, las...	+ 복수 명사	• *Pásame cualquiera de los bolígrafos.* 나에게 아무 볼펜이나 줘.
	+ mis, tus...		• *Ponte cualquiera de mis trajes.* 내 옷들 중 아무거나 입어.
	+ estos, esos, aquellos...		• *Cualquiera de esos chicos es más amable que tú.* 그 소년들 중 누구든 너보다 친절해.
uno, una + cualquiera			• *Es igual. Deme uno cualquiera.* 상관없어요. 아무거나 주세요.

● **Uno, una, unos, unas, otro, otra, otros, otras**와 **cualquiera**는 지시 대상이 명확할 경우 단독으로 사용할 수 있습니다.

- A: *Necesitamos sillas nuevas.* 우리는 새 의자들이 필요해.
  B: *He visto unas preciosas.* 나 아주 근사한 것들을 봤어.
- *Hay muchos bocadillos. Toma otro.* 보카디요가 많아. 하나 더 먹어.

21 연습 문제 Ejercicios

21.1. 주어진 상황을 보고 un, una... 또는 otro, otros...를 사용하여 문장을 완성하세요.

1. **Una** tónica, por favor.
2. Deme _____ bolsa, por favor. Esta está rota.
3. Préstame _____ libro, por favor.
4. _____ tónica, por favor.
5. Préstame _____ libros. Estos los he leído.
6. Deme _____ bolsa, por favor.
7. Tráiganos _____ cucharas, por favor. Estas están sucias.
8. ¡Qué rica estaba! ¿Me das _____ manzana?

ACIERTOS ...... /8

21.2. 주어진 표현을 사용하여 문장을 완성하세요.

cualquier
cualquiera
cualquiera de

1. Esto lo puedes encontrar en **cualquier** tienda.
2. Eso es complicado. No lo puede hacer _____ nosotros.
3. Si quieres que te ayude, ven _____ mañana. Estoy siempre libre.
4. Usa _____ esos ordenadores. Todos funcionan.
5. Dale una excusa _____. No le importará.

ACIERTOS ...... /5

21.3. Uno, cualquier, otro...를 사용하여 문장을 완성하세요. 필요한 경우 de도 함께 사용하세요.

1. ¿Te gustan las galletas? Toma **una**.
2. Este helado estaba riquísimo. Quiero _____.
3. Diez euros no son suficientes. Necesitamos _____ cinco.
4. A: ¿Dónde estabas? B: Con _____ amigas.
5. Ayer jugué al tenis con _____ tus primos.
6. Si vienen Arnaldo y Marta al concierto necesitaremos _____ dos entradas.
7. Quiero _____ esas corbatas.
8. Han llegado _____ libros para la biblioteca.

ACIERTOS ...... /8

21.4. Otro, otra, otros, otras 및 cualquiera를 사용하여 문장을 완성하세요.

1. A: ¿Le gustan estos zapatos? B: No, enséñeme **otros**, por favor.
2. No es muy difícil. _____ puede hacerlo.
3. A: ¿Qué trabajo quieres hacer? B: _____. Necesito trabajar.
4. He perdido el tren a Cuzco. ¿Cuándo hay _____?
5. A: ¿Le gustan estos plátanos? B: No, deme _____. Esos están muy verdes.

ACIERTOS ...... /5

22 mucho, poco, demasiado, suficiente...
부정(不定)어 (3) Indefinidos (3)

mucho dinero
많은 돈

poco dinero
적은 돈

demasiado dinero
지나치게 많은 돈

suficiente dinero
충분한 돈

Mucho, poco, demasiado, suficiente는 수량을 나타내기 위해 사용됩니다.
mucho 많은 = 많은 양을 나타냅니다.   demasiado 너무 많은, 지나친 = 필요한 것보다 더 많은 양을 나타냅니다.
poco 적은 = 적은 양을 나타냅니다.   suficiente 충분한 = 필요한 만큼의 양을 나타냅니다.

● **mucho** 많은, **poco** 적은, **demasiado** 너무 많은, 지나친, **suficiente** 충분한

mucho, mucha	+ 불가산 단수 명사	No tengo **mucha hambre**. 나는 배가 많이 고프지 않다.
poco, poca		Martín tiene **poco tiempo para estudiar**. 마르틴은 공부하기 위한 시간이 적다. (시간이 거의 없다.)
demasiado, demasiada		Rodri come **demasiado chocolate**. 로드리는 초콜릿을 지나치게 많이 먹는다.
suficiente		No tengo **suficiente dinero** para el avión. 나는 비행기를 탈 충분한 돈이 없다.
muchos, muchas	+ 복수 명사	Mis hijos duermen **muchas horas**. 내 아이들은 잠을 많이 잔다.
pocos, pocas		Marcela tiene **pocas amigas**. 마르셀라는 친구가 거의 없다.
demasiados, demasiadas		Alejo come **demasiados pasteles**. 알레호는 케이크를 너무 많이 먹는다.
suficientes		Tenemos **suficientes patatas** para hoy. 우리는 오늘 먹을 감자가 충분히 있다.

주의 suficiente는 명사의 앞과 뒤에서 모두 수식할 수 있습니다.
  suficiente(s) + 명사 ▶ Hay **suficiente agua**. 충분한 물이 있다.
  명사 + suficiente(s) ▶ Hay **agua suficiente**. 충분한 물이 있다.

● **Bastante, bastantes** 꽤, 상당한
(1) 꽤 많은 양이지만 아주 많지는 않은 양을 나타냅니다.

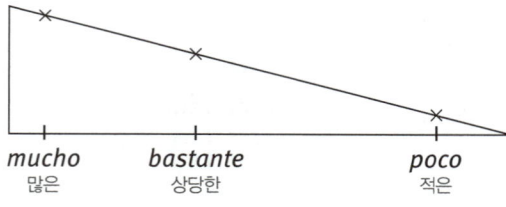
mucho 많은   bastante 상당한   poco 적은

mucha gente
많은 사람들

bastante gente
상당한 수의 사람들

(2) 필요한 양, 충분한 만큼의 양을 나타냅니다.
• A: ¿Crees que hay **bastante comida**?   B: Sí, solo somos tres.
  음식이 충분할 거라고 생각해?   응, 우리 겨우 세 명이잖아.
• No podemos ir de vacaciones. No tenemos **bastante dinero**. 우리는 휴가를 갈 수 없어. 충분한 돈이 없거든.

● **Mucho, poco, demasiado, suficiente, bastante**는 지시 대상이 명확할 경우 단독으로 사용할 수 있습니다.
• A: ¿Cuántos **huevos** hay?   B: Tres. Son **suficientes** para una tortilla.
  달걀이 몇 개 있어?   세 개. 오믈렛을 하나 만드는 데 충분해.
• A: ¿Tienes **tiempo**?   B: No tengo **mucho**. Me voy en diez minutos.
  너 시간 있어?   많이 없어. 나 10분 내로 가야 돼.

22 연습 문제 Ejercicios

22.1. 밑줄 친 수량을 mucho, mucha... 또는 poco, pocos...로 바꿔 쓰세요.

1. Sonia tiene <u>unos doscientos</u> libros. — Sonia tiene muchos libros.
2. Alberto tiene <u>dos</u> amigos. — _____.
3. Ayer dormimos <u>diez</u> horas. — _____.
4. Bebo <u>tres litros de</u> agua al día. — _____.
5. Hemos comprado <u>diez litros de</u> aceite. — _____.
6. Quedan <u>dos</u> patatas. — _____.
7. Luisa toma <u>media cucharada de</u> azúcar en el café. — _____.

ACIERTOS ....../7

22.2. 제시된 양이 지나치게 많은지 충분한지 문장으로 쓰세요.

1. Javier trabaja doce horas todos los días. — Trabaja demasiadas horas.
2. Enrique duerme cuatro horas todos los días. — No duerme suficientes horas.
3. Jacinta bebe un vaso de agua al día. — _____.
4. Como cinco plátanos al día. — _____.
5. Inés bebe litro y medio de agua al día. — _____.
6. Gabriel come medio kilo de carne todos los días. — _____.
7. Tenemos una patata para hacer una tortilla. — _____.

ACIERTOS ....../7

22.3. Mucho, poco, bastante...와 주어진 단어를 사용하여 그림을 묘사하세요.

agua   árboles   árboles   ~~coches~~   comida   gente   gente   gente

1. Muchos coches
2. _____
3. _____
4. _____
5. _____
6. _____
7. _____
8. _____

ACIERTOS ....../8

22.4. Mucho, poco, demasiado, suficiente, bastante...를 사용하여 문장을 완성하세요.

1. A: ¿Tienes hambre? B: No tengo ___mucha___. Puedo esperar.
2. A: ¿Cuántas manzanas tienes? B: Tres. Son _____ para una tarta.
3. A: ¿Cuánto dinero tienes?
   B: Veinticinco euros. Es _____. Las entradas cuestan veinte.
4. A: ¿Cuánta gente hay? B: No hay _____. Unas diez personas.
5. A: ¿Cuántas horas duermes al día? B: _____. Cinco o seis. Tengo que estudiar.
6. A: ¿Crees que veinte bocadillos serán suficientes? B: Son _____. Solo somos tres.

ACIERTOS ....../6

23 alguien, algo, nadie, nada
부정(不定)어 (4) Indefinidos (4)

Hay **alguien** detrás de la puerta.	No hay **nadie** detrás de la puerta.	Hay **algo** detrás de la puerta.	No hay **nada** detrás de la puerta.
문 뒤에 누군가 있다.	문 뒤에 아무도 없다.	문 뒤에 무언가 있다.	문 뒤에 아무 것도 없다.

Alguien, algo, nadie, nada는 신원이 확인되지 않은 사람 또는 사물을 가리키기 위해 사용됩니다.
- alguien 누군가 = 한 사람 (또는 다수)를 나타내며 누군인지는 알 수 없습니다.
- algo 무언가 = 한 개 (또는 다수)를 나타내며 무엇인지는 알 수 없습니다.
- nadie 아무도 = 아무도 없음을 나타냅니다
- nada 아무것도 = 아무것도 없음을 나타냅니다.

● **Alguien** 누군가, **algo** 무언가, **nadie** 아무도, **nada** 아무 것도

	사람	사물
긍정문 또는 의문문	alguien 누군가 • **Alguien** ha roto la silla. 누군가 의자를 망가뜨렸다. • ¿Hay **alguien** ahí dentro? 거기 안에 누구 있나요?	algo 무언가 • Hay **algo** en la sopa. 수프에 무언가 있다. • ¿Has dicho **algo**? 너 뭐라고 했어?
부정문	nadie 아무도 • No ha venido **nadie**. 아무도 오지 않았다.	nada 아무 것도 • Hoy no he vendido **nada**. 오늘 아무 것도 팔지 못했다.

주의 nadie, nada + 긍정형 동사	• **Nadie** me ha visto. 아무도 나를 보지 못했다.	• **Nada** le importa. 아무것도 그에게 중요하지 않다.
부정형 동사 + nadie, nada	• No me ha visto **nadie**. 아무도 나를 보지 못했다.	• No le importa **nada**. 아무것도 그에게 중요하지 않다.

 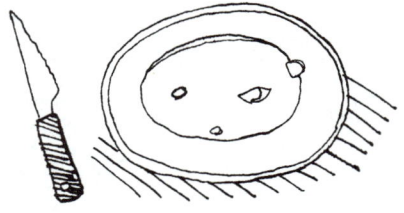

Hay **algo de queso** en la nevera. (un poco)	No hay **nada de queso**.
냉장고에 약간의 치즈가 있다. (약간)	치즈가 하나도 없다.

● **algo de**, **nada de**는 불가산 명사(*agua* 물, *queso* 치즈 등) 앞에 사용되어 수량을 표현합니다.

● **Algo**와 **nada**는 이전에 언급된 명사를 지칭하는 경우 단독으로 사용될 수 있습니다.

- A: ¿Tienes **dinero**? 돈 있어?   B: Tengo **algo**. 약간 있어.   C: Pues yo no tengo **nada**. 나는 하나도 없어.

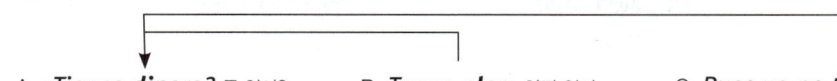

104과: 수량 부사 Adverbios de cantidad   108과: 부정 부사 Adverbios de negación

23 연습 문제 Ejercicios

23.1. 그림을 보고 'hay, no hay + alguien, algo, nadie 또는 nada' 구문을 사용하여 문장을 완성하세요.

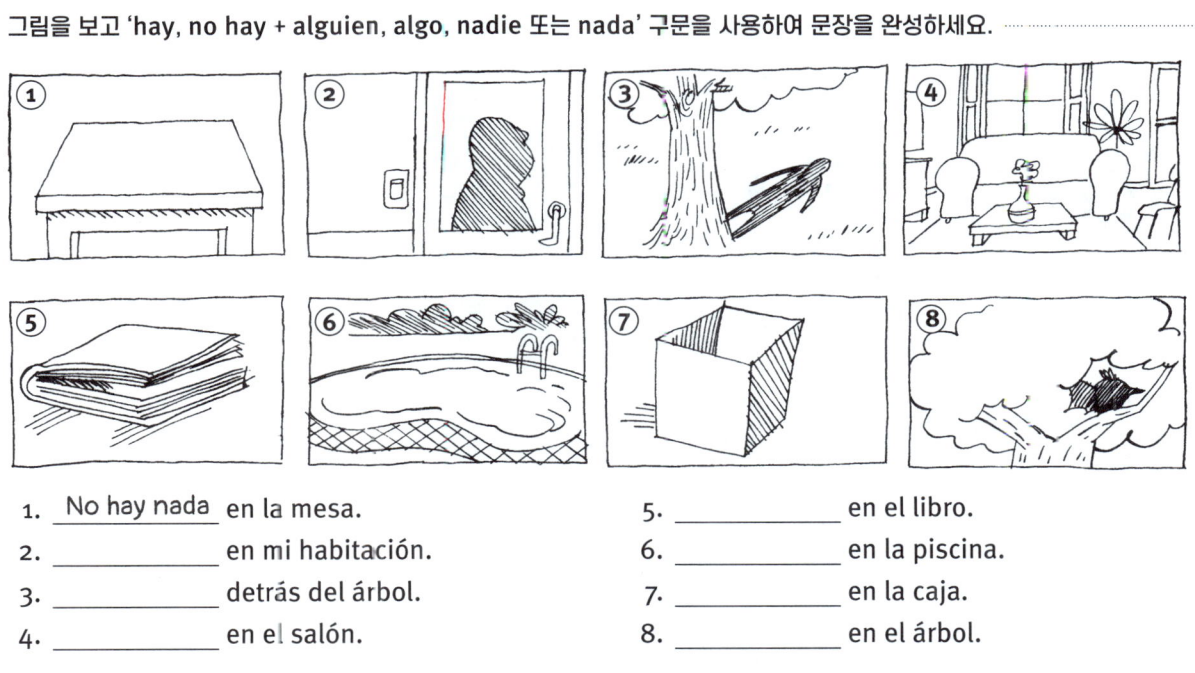

1. __No hay nada__ en la mesa.
2. _____ en mi habitación.
3. _____ detrás del árbol.
4. _____ en el salón.
5. _____ en el libro.
6. _____ en la piscina.
7. _____ en la caja.
8. _____ en el árbol.

ACIERTOS ...... / 8

23.2. Alguien, algo, nadie 또는 nada를 사용하여 문장으로 완성하세요.

1. Hay ___alguien___ esperándole en recepción.
2. Me han dado _____ para ti.
3. _____ huele mal en la cocina.
4. Hoy no he hecho _____ .
5. ¿Ha visto _____ mi bolígrafo?
6. _____ quiere acompañarme al cine.
7. Necesito que _____ me ayude con este ejercicio.
8. Hay mucha gente en la calle. ¿Ha pasado _____ ?
9. No ha pasado _____ . Ha sido una falsa alarma.
10. No hay _____ en casa de Tomás. No contestan el teléfono.

ACIERTOS ...... / 10

23.3. Algo, nada, algo de 또는 nada de를 사용하여 질문에 답하세요.

1. A: ¿Hay comida?
2. A: ¿Queda pan?
3. A: ¿Y leche?
4. A: Necesitamos comprar comida. ¿Tenéis dinero?
5. A: ¿Qué podemos comprar?
6. A: ¿Y fruta?

B: No queda __nada de__ queso, pero queda _____ jamón.
B: Queda _____, pero poco.
B: No queda _____, pero queda _____ zumo.
B: Tenemos _____, pero poco.
B: Bueno, podemos comprar _____ pan y _____ queso.
B: No podemos comprar _____ fruta. No tenemos suficiente dinero.

ACIERTOS ...... / 6

24 más, menos, tanto
명사 비교 Comparación con nombres

Belén tiene **más libros** que yo.
벨렌은 나보다 책이 많다.

Ahora tengo **menos pelo** que cuando era joven.
지금 나는 젊었을 때보다 머리카락이 적다.

Hoy no tengo **tanto trabajo** como ayer.
오늘은 어제처럼 일이 많지 않다.

Más, **menos**, **tanto**는 명사를 비교하기 위해 사용됩니다.
 más 더 많은 = 더 많은 양(+)을 의미합니다.
 menos 더 적은 = 더 적은 양(-)을 의미합니다.
 tanto ~만큼 = 동일한 양(=)을 의미합니다.

● 명사 비교

+	**más** + 명사 (+ *que*) • Ernesto tiene **más alumnos** que Guadalupe. 에르네스토는 과달루페보다 학생이 많다. • Pedro tiene **más amigos** que Antonio. 페드로는 안토니오보다 친구가 많다.
−	**menos** + 명사 (+ *que*) • Antes había **menos coches** que ahora. 예전에는 지금보다 자동차가 적었다. • Ahora tengo **menos sueño** (que antes). 지금 나는 전보다 덜 졸리다.
=	**tanto, tanta, tantos, tantas** + 명사 (+ *como*) • Hoy no hay **tanta gente** como ayer. 오늘은 어제처럼 사람이 많지 않다. • No tengo **tantos amigos** como mi hermana. 나는 내 언니만큼 친구가 많지 않다.

(1) *Que*, *como* + 주격 인칭 대명사 ▶ 34과: 주격 인칭 대명사 Pronombres personales de sujeto

• *Rodolfo tiene más vacaciones **que tú**, pero tú haces más viajes **que él**.*
  로돌포는 너보다 휴가 일수가 많지만 네가 그보다 여행을 더 많이 한다.
• *¿Tienes tanta hambre **como yo**?* 너도 나만큼 배가 고프니?

(2) 보통 비교 대상이 확실하면 '*que*, *como* + 비교 용어'의 구문이 사용되지 않습니다.
• *Ahora tengo **menos hambre**. (que antes de la comida)* 지금은 덜 배고파. (식사 전보다)
• *Hoy no hay **tanta gente**. (como ayer)* 오늘은 사람이 그렇게 많지 않네. (어제만큼)

● **Más**, **menos**, **tanto**...는 명사가 이전에 언급된 경우에만 단독으로 사용될 수 있습니다.

• A: *Sonia tiene cerca de cien **CD**.* B: *Yo tengo **más**.* C: *Pues yo no tengo **tantos**.*
  소니아는 100장 가까이의 CD가 있어.   나는 더 많아.   난 그렇게 많지 않아.

그러나 긍정문의 경우 *tanto, tanta, tantos, tantas*는 항상 '*como* + 비교 용어'의 구문으로 사용됩니다.

• A: *Elisa tiene una gran colección de **CD**.* B: *Yo ~~tengo~~ tantos.* → *Yo tengo tantos como ella.*
  엘리사는 아주 많은 양의 CD를 수집하고 있어.   나도 그녀만큼 많이 가지고 있어.

24 연습 문제 Ejercicios

24.1. Más, menos 또는 tanto, tanta, tantos, tantas를 사용하여 문장을 완성하세요.

1. Buenos Aires tiene (+) __más__ habitantes que Madrid.
2. Ahora bebo (−) _____ leche que cuando era pequeño.
3. Sol ha leído (+) _____ libros que yo.
4. No tengo (=) _____ amigos como mi hermana.
5. En Canarias no hace (=) _____ calor como en Cuba.
6. José Manuel trabaja (−) _____ horas que tú.
7. Tenemos (=) _____ prisa como tú.
8. Samuel tiene (+) _____ ropa que yo.
9. En La Paz hace (+) _____ frío que en Caracas.

ACIERTOS ...... / 9

24.2. 주어진 단어를 사용하여 비교 구문을 완성하세요.

años   calor   corbatas   ~~dinero~~   estudiantes   frío   habitantes   hambre   ~~leche~~   postales

1. Roberto tiene 200 pesos. Clara tiene 20. Clara tiene __menos dinero que Roberto__.
2. Elsa bebe 1/2 litro de leche al día. Eloy bebe 1 litro. Elsa no bebe __tanta leche como Eloy__.
3. Hoy hace 30°. Ayer hizo 25°. Hoy hace _____.
4. Rosario tiene un millón de habitantes; Mendoza tiene un millón y medio de habitantes. Rosario no tiene _____.
5. Simón tiene 30 años; yo tengo 28. Simón tiene _____.
6. Ayer vinieron doce estudiantes; hoy han venido diez. Hoy no han venido _____.
7. Ayer hizo 5°. Hoy hace 10°. Hoy no hace _____.
8. No he comido nada desde esta mañana; Irene no ha comido nada desde anoche. Irene tiene _____.
9. Tengo dos corbatas; tú también tienes dos corbatas. Tengo _____.
10. Habéis recibido cinco postales este verano; yo he recibido tres. He recibido _____.

ACIERTOS ...... /10

24.3. 예시와 같이 질문에 대한 대답을 완성하세요.

1. A: Felipe tiene dos hijos.   B: Yo tengo __más__. Tengo cuatro.
2. A: Tengo siete hermanos.   B: Yo tengo casi __tantos como tú__. Tengo seis.
3. A: Aurora tiene 30 días de vacaciones.   B: Yo tengo _____. Tengo 22.
4. A: Tengo unos quinientos libros.   B: Yo no tengo _____. Tengo unos trescientos.
5. A: Tengo sueño. He dormido solo cuatro horas.   B: Yo tengo _____. He dormido solo dos horas.
6. A: Hoy hay cerca de doscientos espectadores.   B: Ayer había _____. Había solo cincuenta.
7. A: Hemos estado en diez países diferentes.   B: Yo he estado en _____. He estado en doce.
8. A: Trabajo ocho horas al día.   B: Yo trabajo _____. También trabajo ocho.

ACIERTOS ...... / 8

25 *uno, dos, tres...*
기수 (1) Números cardinales (1)

● 기수 0-99

0	cero	11	once	21	veintiuno/veintiun, veintiuna
1	uno/un, una	12	doce	22	veintidós
2	dos	13	trece	23	veintitrés
3	tres	14	catorce	24	veinticuatro
4	cuatro	15	quince	25	veinticinco
5	cinco	16	dieciséis	26	veintiséis
6	seis	17	diecisiete	27	veintisiete
7	siete	18	dieciocho	28	veintiocho
8	ocho	19	diecinueve	29	veintinueve
9	nueve	20	veinte		
10	diez				

30	40	50	60	70	80	90
treinta	cuarenta	cincuenta	sesenta	setenta	ochenta	noventa

31	treinta y uno	43	cuarenta y tres	78	setenta y ocho
	treinta y un	44	cuarenta y cuatro	89	ochenta y nueve
	treinta y una	56	cincuenta y seis	99	noventa y nueve
32	treinta y dos	67	sesenta y siete		

> **주의** *uno, una* → • A: ¿*Cuántos años tienes*? 너 몇 살이니? B: *Treinta y uno*. 31살.
> • A: ¿*Cuántas chicas hay en tu clase*? 너희 반에 몇 명의 여학생이 있니? B: *Veintiuna*. 21명.
> *un* + 남성 명사 → • *En mi oficina hay veintiún hombres*. 내 사무실에는 21명의 남자가 있다.
> *á* 또는 *há*로 시작하면서 강세가 첫 음절에 있는 단수 여성 *á* 또는 *há*로 시작하면서 강세가 첫 음절에 있는 단수 여성 명사
> → • *En esa montaña vive un águila*. 저 산에는 독수리 한 마리가 산다.
> *un* + 여성 명사 → • *Tengo treinta y una libras*. 나는 31파운드 있다.

● 기수는 다음과 같은 사항들을 나타내기 위해 사용됩니다.
(1) 정확한 수량: • *En mi clase hay catorce alumnos*. 나의 반에는 14명의 학생이 있다.
  • *Solo tengo quince pesos*. 나는 15페소밖에 없다.
(2) 치수, 무게, 거리: • *Peso setenta y cinco kilos*. 나는 75킬로 나간다.
(3) 나이: • A: ¿*Cuántos años tienes*? 너 몇 살이니? B: *Veinticuatro*. 24살.
(4) 날짜: • *Hoy es cuatro de febrero*. *La boda es el día trece*.
  오늘은 2월 4일이다. 결혼식은 13일이다.
(5) 시간: • *Las tres y veinte*. 3시 20분. / *Las quince veinte*. 15시 20분.

De Madrid a Toledo hay **ochenta kilómetros.**
마드리드에서 톨레도까지는 80km이다.

la **una** *en punto*   *las* **tres** *y diez*   *las* **cuatro** *y cuarto*   *las* **cinco** *menos cuarto*
1시 정각   3시 10분   4시 15분   5시 15분 전

(6) 전화번호: 46596703 = cuatro, seis, cinco, nueve, seis, siete, cero, tres.
  902 32 46 01 = nueve cero dos, treinta y dos, cuarenta y seis, cero uno.

25 연습 문제 Ejercicios

25.1. 다음 숫자들을 기수로 바꿔 쓰세요.

1. 21 euros   Veintiún euros
2. 10 de enero _____
3. 31 días _____
4. 49 kilos _____
5. 15 de diciembre _____
6. 88 centímetros _____
7. 31 aulas _____
8. 28 de febrero _____
9. 25 años _____
10. 61 semanas _____
11. 1 de mayo _____
12. 45 kilómetros _____
13. 34 metros _____
14. 53 años _____
15. 92 kilos _____
16. 21 alumnas _____
17. 5 de agosto _____
18. 11 alumnos _____
19. 76 años _____
20. 51 libras _____

ACIERTOS ...../20

25.2. 몇 시인가요? 그림을 보고 시간을 쓰세요.

   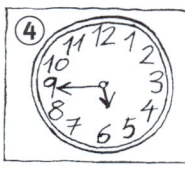 
 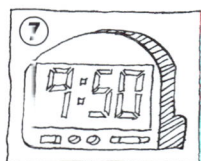 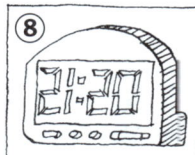  

1. las tres y veinte
2. _____
3. _____
4. _____
5. _____
6. _____
7. _____
8. _____
9. _____
10. _____

ACIERTOS ...../10

25.3. 예시와 같이 전화번호를 쓰세요.

1. PILAR 93 5478902
2. ELVIRA 92 478 9016
3. Tomás 512.02.96
4. José Luis 91 464 3358
5. Antonia 96 352 6361
6. Virginia (01) 823-7192
7. Ramón 5543 1298
8. Alicia 650 22 3459

1. nueve tres, cinco cuarenta y siete, ochenta y nueve, cero dos
2. _____
3. _____
4. _____
5. _____
6. _____
7. _____
8. _____

ACIERTOS ...../8

26 cien, mil, un millón...
기수 (2) Números cardinales (2)

● 기수: 100, 1 000...

100	cien	1 000	mil
101	ciento uno/un, ciento una	2 000	dos mil
125	ciento veinticinco	10 000	diez mil
200	doscientos, doscientas	100 000	cien mil
300	trescientos, trescientas		
400	cuatrocientos, cuatrocientas		
500	quinientos, quinientas		
600	seiscientos, seiscientas	1 000 000	un millón
700	setecientos, setecientas	2 000 000	dos millones
800	ochocientos, ochocientas		
900	novecientos, novecientas		

137	ciento treinta y siete
2 079	dos mil setenta y nueve
864 325	ochocientos sesenta y cuatro mil trescientos veinticinco
1 537 982	un millón quinientos treinta y siete mil novecientos ochenta y dos
10 410 212	diez millones cuatrocientos diez mil doscientos doce

주의
- *un millón **de** euros* 백만 유로
- *tres millones **de** habitantes* 3백만 인구

예외
- *un millón doscientos mil euros* 120만 유로
- *tres millones cien mil habitantes* 310만 명의 주민

¡Un millón de pesos!
백만 페소!

(1) *cien* 100 + 남성/여성 명사 → *cien euros* 100유로; *cien personas* 100명
doscientos 200, *trescientos* 300... + 남성 명사 → *doscientos euros* 200유로
doscientas 200, *trescientas* 300... + 여성 명사 → *doscientas personas* 200명

(2) *mil* 천, *millón* 백만
- 1 212 *mil doscientos doce* 천이백십이
- 2 400 000 *dos millones cuatrocientos mil* 이백사십만

(3) (,) *coma* 소수점
- 3,1416 *tres coma catorce dieciseis* 3.1416
- 6,10 *seis (con) diez* 6.10

● 기수는 다음과 같은 사항들을 나타내기 위해 사용됩니다.

(1) 수량: • *Jorge gana **ciento veinticinco mil pesos** al mes.*
호르헤는 한달에 12만 5천 페소를 번다.
• *Este piso cuesta cerca de **ciento cincuenta mil euros**.*
이 아파트는 대략 15만 유로이다.

(2) 치수, 무게, 거리: • *Esta mesa mide **ciento cincuenta centímetros**.*
이 탁자는 150cm이다.
• *De Barcelona a Madrid hay casi **seiscientos kilómetros**.*
바르셀로나에서 마드리드까지의 거리는 거의 600km이다.

(3) 나이: • *El hombre más viejo del mundo tiene **ciento doce años**.*
세계에서 가장 나이가 많은 사람은 112살이다.
• *La catedral de Lima tiene más de **cuatrocientos años**.*
리마 대성당은 400년 이상되었다.

(4) 년도: • 1989 *mil novecientos ochenta y nueve* 1989년
• 2002 *dos mil dos* 2002년

Doce de marzo de dos mil tres
2003년 3월 12일

▶ 25과: 기수(1) Numeros cardinales (1)

60

26 연습 문제 Ejercicios

26.1. 다음 숫자들을 기수로 쓰세요.
1. 183 ciento ochenta y tres
2. 1 070 _____
3. 3 561 _____
4. 115,10 _____
5. 1 231 758 _____
6. 3 050 947 _____
7. 415,25 _____
8. 22 891 604 _____

ACIERTOS ...... / 8

26.2. 다음 가격들을 기수로 쓰세요.
1. $ 205 Doscientos cinco dólares
2. € 301 _____
3. ¥ 2 612 _____
4. € 83 195 _____
5. BRL 568 _____
6. DKK 1 421 _____
7. IRL 833 _____
8. MXN 471 950 _____

| 1 $ = un dólar |
| 1 € = un euro |
| 1 ¥ = un yen |
| 1 BRL = un real |
| 1 DKK = una corona danesa |
| 1 IRL = una lira turca |
| 1 MXN = un peso mexicano |

ACIERTOS ...... / 8

26.3. 괄호 안의 숫자를 기수로 적어 문장을 완성하세요.
1. La Habana tiene (2 000 000) dos millones de habitantes.
2. María gana (2 085) _____ euros al mes.
3. Rafael tiene una colección de más de (300) _____ mariposas.
4. La mujer más vieja del mundo tiene (118) _____ años.
5. De Cartagena a Bogotá hay (1 274) _____ kilómetros.
6. Alberto pesa (108) _____ kilos.
7. Machu Picchu tiene más de (500) _____ años.
8. Esta televisión cuesta (310) _____ bolívares.

ACIERTOS ...... / 8

26.4. 다음 날짜들을 기수로 쓰세요.

ENERO 21 1812 | MAYO 2 2001 | OCTUBRE 25 1954 | DICIEMBRE 31 2008 | Julio 10 1613

1. Veintiuno de enero de mil ochocientos doce
2. _____
3. _____
4. _____
5. _____

ACIERTOS ...... / 5

61

27 primero, segundo, tercero...
서수 Números ordinales

Cuarto와 segunda는 서수입니다. 서수는 분류 또는 연속된 상황에서 순서를 나타낼 때 사용됩니다.

- Javier acabó **sexto** en el maratón. 하비에르는 마라톤을 6등으로 완주했다.
- Ana es mi **tercera** profesora de español. 아나는 나의 세번째 스페인어 선생님이다.

● 서수

1.º/1.ª	primero/primer, primera 첫 번째의	6.º/6.ª	sexto, sexta 여섯 번째의
2.º/2.ª	segundo, segunda 두 번째의	7.º/7.ª	séptimo, séptima 일곱 번째의
3.º/3.ª	tercero/tercer, tercera 세 번째의	8.º/8.ª	octavo, octava 여덟 번째의
4.º/4.ª	cuarto, cuarta 네 번째의	9.º/9.ª	noveno, novena 아홉 번째의
5.º/5.ª	quinto, quinta 다섯 번째의	10.º/10.ª	décimo, décima 열 번째의

주의 primero, tercero 첫 번째의, 세 번째의 + 남성 단수 명사 = primer, tercer
- El **primer** tren sale a las 7.20. 첫 기차는 7시 20분에 출발한다.
- Hoy es nuestro **tercer** día en Bolivia. 오늘은 볼리비아에서의 셋째 날이다.

(1) 열한 번째(11.º)부터는 보통 서수 대신에 기수를 사용합니다. ▶ 25과: 기수(1) Numeros cardinales (1)
- Alfonso **XIII** (trece) es el abuelo de Juan Carlos **I** (primero). 알폰소 13세는 후안 카를로스 1세의 할아버지다.
- La oficina de Maribel está en el piso **diecisiete**. 마리벨의 사무실은 17층이다.
- Federico García Lorca nació a finales del siglo **XIX** (diecinueve). 페데리코 가르시아 로르카는 19세기 말에 태어났다.

(2) 서수는 그것이 지시하는 명사와 동일한 형태(남성형 또는 여성형, 단수형 또는 복수형)를 가집니다.
- Las oficinas de Intersa están en la **tercera planta**. 인테르사의 사무실은 3층에 있다.
- Chus y yo quedamos **segundos** en un campeonato de tenis. 추스와 나는 테니스 선수권 대회에서 2등을 차지했다.

(3) 경우에 따라 서수는 명사의 앞과 뒤에 모두 올 수 있으며, 이 경우 의미가 달라집니다.
- Vivo en el **segundo piso**. 나는 2층에 산다. / Vivo en el **piso segundo**. 나는 2호에 산다.

예외 고유 명사의 경우에는 뒤에만 서수를 쓸 수 있습니다.
- Carlos **V** (quinto) 카를로스 5세

(4) 서수는 지시하는 명사가 분명할 때만 단독으로 쓰일 수 있습니다.
- El Universidad de Chile va **primero** en la liga. 칠레 대학교 팀이 리그에서 1위를 하고 있다.
- A: ¿Por qué capítulo vas? 몇 장을 읽고 있니? B: Por el **quinto**. 5장.

(5) 서수를 숫자로 쓸 때, 남성형에는 º, 여성형에는 ª를 붙입니다. 또는 로마 숫자를 사용할 수 있습니다.
- Fernando **III** 페르난도 3세
- Capítulo **VIII** 8장

로돌포 미용실 1층 오른쪽

27 연습 문제 Ejercicios

27.1. 그림을 보고 문장을 완성하세요.

| Antonio Oliva 2º C | Servicios de Gas 11º A | Sastrería MODERNA 10º D | Moreno-Arribas abogados 3º D | Molina Cardoso 12º A |
| Gestoría Salvado 1º A | Hispanosa 14º D | Academia Cervantes 4º B | Julia Salinas 7º C | Editorial Mundisa 9º D |

1. Antonio Oliva vive en el __segundo__ piso.
2. Las oficinas de Servicios de Gas están en el piso _____.
3. La sastrería Moderna está en la _____ planta.
4. Hay un despacho de abogados en el _____ piso.
5. La familia Molina Cardoso vive en el piso _____.
6. La gestoría Salvado está en el _____ piso.
7. Las oficinas de Hispanosa están en el piso _____.
8. La academia Cervantes está en la _____ planta.
9. Julia Salinas vive en el piso _____.
10. La editorial Mundisa está en el _____ piso.

ACIERTOS ...../10

27.2. 인물의 이름을 단어로 쓰세요.

1. Juan Carlos I __Juan Carlos primero__.
2. Isabel I _____.
3. Juan XXIII _____.
4. Alfonso XII _____.
5. Luis XV _____.
6. Iván IV _____.
7. Margarita II _____.
8. Pío XI _____.
9. Juana III _____.
10. Juan Pablo II _____.

ACIERTOS ...../10

27.3. 괄호 안의 숫자를 쓰세요.

1. Estudio (2.º) __segundo__ curso de Arquitectura.
2. Enero es el (1.º) _____ mes del año.
3. Estoy leyendo un libro con (15) _____ capítulos. Voy por el capítulo (11.º) _____.
4. El Valencia es el (1.º) _____ en la Liga de fútbol.
5. Javi es el (3.º) _____ de sus hermanos.
6. Ellas han sido las (1.ª) _____ en llegar.
7. La ñ es la letra (15.ª) _____ del alfabeto.
8. El despacho de José está en el (8.º) _____ piso.
9. Tuerza por la (2.ª) _____ calle a la izquierda.
10. Nos vamos de vacaciones la (3.ª) _____ semana de agosto.
11. El siglo XVIII _____ fue el Siglo de las Luces.
12. Tina y Carla acabaron (4.ªs) _____ en el campeonato de tenis.

ACIERTOS ...../12

28 que, el que, quien...
관계사 (1) Relativos (1)

¿Has visto el paquete **que** ha llegado?
너는 도착한 소포를 봤니?

El chico con **el que** sale Nieves es bombero.
니에베스와 데이트하는 남자는 소방관이야.

Que와 **el que**는 관계사입니다. 관계사는 이전에 언급한 명사를 다시 언급하지 않고 그 명사에 대한 정보를 덧붙이기 위해 사용됩니다.

- Tengo **un loro**. **El loro** habla. 나는 앵무새 한 마리가 있다. 그 앵무새는 말을 한다.
  → Tengo **un loro que habla**. 나는 말하는 앵무새 한 마리가 있다.
- He recibido **una revista**. Clara escribe en **esta revista**. 나는 한 잡지를 받았다. 클라라는 이 잡지에 글을 쓴다.
  → He recibido **una revista en la que escribe Clara**. 나는 클라라가 글을 쓰는 잡지를 받았다.

(1) 어떤 경우에는 그 정보가 지칭하는 명사를 식별하는 데 사용됩니다.
- A: ¿Quién es Begoña? 베고냐가 누구입니까?
  B: Es **la chica que está bailando** con Pedro. 페드로와 춤추고 있는 여자예요.
- **El coche que está delante del banco** es el mío. 은행 앞에 있는 자동차는 내 것이다.

(2) 또 다른 경우 그 정보가 지칭하는 명사를 정의하는 데 사용됩니다.
- **Un carnicero** es una persona **que vende carne**. 정육점 주인이란 고기를 파는 사람을 말한다.

● 관계사의 형태

	que
(전치사 +)	el que, la que, los que, las que quien, quienes

(1) 관계사는 사람, 동물 또는 사물을 지칭하기 위해 사용됩니다.
- **Las chicas que conocimos ayer** son de Córdoba. 어제 우리가 만난 여자애들은 코르도바 출신이다.
- El cóndor es **un ave que procede de América del Sur**. 콘도르는 남아메리카로부터 온 새다.
- No me gusta **el libro que estoy leyendo**. 나는 지금 읽고 있는 책이 맘에 들지 않아.

(2) 전치사 뒤에서는 **el que**, **la que**, **los que**, **las que**를 사용하여 사람, 동물 또는 사물을 지칭합니다. 이때 관계사는 수식하는 명사와 같은 형태(남성형, 여성형, 단수형, 복수형)을 가집니다.
- Ese es **el perro del que te hablé**. 저 개가 내가 너에게 말한 그 개야.
- **Las chicas con las que estaba jugando** son mis sobrinas. 내가 함께 놀고 있던 여자애들은 나의 조카들이야.

(3) **quien**과 **quienes**은 전치사 뒤에서 사람을 지칭하는 경우에만 사용할 수 있습니다.
- **El chico con quien sale Nieves** es bombero. 니에베스와 데이트하는 남자는 소방관이야.
- **Las chicas con quienes estaba jugando** son mis sobrinas. 내가 함께 놀고 있던 여자애들은 나의 조카들이야.

● **El que**, **la que**, **los que**, **las que** 이전에 언급된 명사 대신 사용됩니다.
- A: ¿Cuál es tu maleta?   B: **La que** tiene ruedas. (La maleta que tiene ruedas.)
  어느 것이 너의 가방이니?   바퀴가 있는 것. (바퀴가 있는 가방)
- Me gusta más **este libro** que **el que** me recomendó Luis. (El libro que me recomendó Luis.)
  나는 루이스가 나에게 추천한 것보다 이 책이 더 좋아. (루이스가 나에게 추천한 책)

● **Lo que**는 이전 진술 또는 어떤 의도나 생각을 지칭하기 위해 사용됩니다.
- **Lo que** has dicho es una tontería. 네가 한 말은 완전히 헛소리야.
- **Lo que** tú necesitas es mucho cariño. 너에게 필요한 것은 많은 애정이야.

28 연습 문제 Ejercicios

28.1. 알맞은 형태를 고르세요.

1. Ese es el señor con (que / **quien**) tienes que hablar.
2. Necesito el libro (que / el que) te presté.
3. Tengo un amigo (que / quien) vive en Panamá.
4. Este es el restaurante (que / el que) me han recomendado.
5. Este es el agujero por (que / el que) entran los ratones.
6. Sebastián es el chico (que / quien) está hablando con Lola.
7. ¿Conoces a la señora (que / la que) nos ha saludado?
8. Ese es el equipo contra (que / el que) jugamos el domingo.
9. Usa los pañuelos (que / los que) están en el baño.
10. La academia a (que / la que) voy está en el centro.

28.2. 두 개의 문장을 que, quien, quienes, el que, la que, los que 또는 las que를 사용하여 하나의 문장으로 만드세요.

1. Tengo un ventilador. Funciona con pilas. Tengo _un ventilador que funciona con pilas_.
2. La vicuña es un mamífero. Vive en los Andes. La vicuña _____.
3. Ayer comimos ostras. ¿Te gustaron? ¿Te gustaron _____?
4. Estoy leyendo un libro. Me gusta mucho. Me gusta mucho _____.
5. Paco sale con una chica. La chica es piloto. La chica _____.
6. He comprado unos cuadros. Te había hablado de ellos. He comprado _____.
7. Ayer conocí a unas chicas. Ana vivía con ellas. Ayer conocí _____.

28.3. 괄호 안의 단어들을 적절한 관계사와 사용하여 질문에 대답하세요.

1. ¿Quién es Roberto? (Un chico. Lo conocí en el parque.) _Un chico que conocí en el parque_.
2. ¿Qué es un "abstemio"? (Una persona. No bebe alcohol.) _____.
3. ¿Qué le has regalado a Cristóbal? (Un cuadro. Lo he pintado yo.) _____.
4. ¿Quién hace tanto ruido? (Unos obreros. Están arreglando la calle.) _____.
5. ¿Quién es Óscar? (Un chico. Trabajo con él.) _____.
6. ¿Qué es un "ateo"? (Una persona. No cree en Dios.) _____.
7. ¿Qué es un "canguro"? (Una persona. Cuida niños.) _____.
8. ¿Qué te ha enseñado? (Una pluma. Quevedo escribía con ella.) _____.

28.4. Que, el que, la que, los que, las que 또는 lo que를 사용하여 문장을 완성하세요.

1. A: ¿Quién es esa chica?   B: _La que_ trabaja con Eduardo.
2. _____ tú quieres es imposible.
3. A: ¿Qué libro estás leyendo?   B: _____ me prestó Antonio.
4. Mi casa es _____ está en aquella esquina.
5. ¿Recuerdas _____ dijiste ayer?
6. A: ¿Quiénes son esas chicas?   B: _____ estuvieron en mi fiesta.
7. A: ¿Quiénes son Guille y Silverio?   B: _____ viven en el sexto.

29 *cuyo, donde, cuando...*
관계사 (1) Relativos (1)

Esa es la persona **cuyo perro** ganó el concurso.
그 사람이 콘테스트에서 우승을 차지한 강아지의 주인이야.

● ***Cuyo**, **cuya**, **cuyos**, **cuyas***는 소유 및 혈연 또는 출신 등의 관계를 나타내기 위해 사용됩니다.

- *Tengo **un amigo**. **Su** padre es fotógrafo.* → *Tengo un amigo **cuyo padre** es fotógrafo.*
  나는 친구가 하나 있다. 그의 아버지는 사진가다.   나는 아버지가 사진가인 친구가 하나 있다.
- *Los alumnos **cuyos nombres** diga pueden salir.* 내가 이름을 호명한 학생들은 나갈 수 있다.

> (전치사) + *cuyo, cuya, cuyos, cuyas* + 명사

- *Ese señor es **un escritor**. Te he hablado **de sus** libros.* → *Ese es el escritor **de cuyos libros** te he hablado.*
  그 남자는 작가다. 나는 너에게 그의 책들에 대해 말했다.   그는 내가 너에게 말한 그 책들의 작가다.
- *Ese es el profesor **en cuya casa** fue la fiesta.* 그 사람이 파티가 있었던 집의 그 교수예요.

Cuyo**, **cuya**, **cuyos**, **cuyas는 수식하는 명사와 같은 형태(남성형, 여성형, 단수형, 복수형)을 가집니다.

- *Conozco a una chica. **Su** hermana ha escalado el Aconcagua.* 나는 한 소녀를 안다. 그녀의 언니는 아콩카과를 등반했다.
  → *Conozco a una chica **cuya hermana** ha escalado el Aconcagua.* 나는 (그녀의) 언니가 아콩카과를 등반한 한 소녀를 안다.
- *Conozco a un señor. **Sus** hijos han estudiado Físicas.* 나는 한 남자를 안다. 그의 아이들은 물리학을 공부한다.
  → *Conozco a un señor **cuyos hijos** han estudiado Físicas.* 나는 아이들이 물리학을 공부하는 한 남자를 안다.

● 장소를 지칭하기 위해 ***donde**와 **adonde***를 사용할 수 있습니다.

(1) *Donde*: *en el que, en la que, en los que, en las que* 대신 사용할 수 있습니다.
- *Esta es **la casa donde** nació Cervantes.*
  (en la que nació Cervantes)
  이곳은 세르반테스가 태어난 집이다.
- *Me gustó mucho **el restaurante donde** comimos ayer.*
  (en el que comimos ayer)
  나는 우리가 어제 식사한 그 레스토랑이 정말 좋았어.

Esta es la curva **donde** tuve el accidente.
이곳이 내가 사고가 났던 그 커브 길이야.

(2) *Adonde*: *al que, a la que, a los que, a las que* 대신 사용할 수 있습니다.
- *Esta es la piscina **adonde** van los niños en verano.*
  (a la que van los niños en verano)
  이곳이 아이들이 여름에 가는 수영장이다.

● ***Cuando***는 시간 표현을 나타내기 위해 사용됩니다.
- *El verano **cuando** nos conocimos fue muy especial.* 우리가 만난 그 여름은 정말 특별했어.

29 연습 문제 Ejercicios

29.1. Cuyo, cuya, cuyos, cuyas를 사용하여 두 문장을 연결하세요.

1. Esa es la tienda. Su dueño es mi tío. _Esa es la tienda cuyo dueño es mi tío_.
2. Mi madre tiene una amiga. Su hija está en mi clase. _____.
3. Conozco a un chico. Su madre es capitán del ejército. _____.
4. Lorenzo conoce a un profesor. Sus hijos hablan cuatro idiomas. _____.
5. Tengo un primo. Su mujer dirige una multinacional. _____.
6. Tengo una abuela. Paso las vacaciones en su pueblo. _____.
7. El verano pasado ayudamos a una familia. Su coche se había averiado. _____.
8. Tengo unas amigas. Sus padres veranean en Asturias. _____.
9. Me encontré con un chico. Viajé a Guatemala con su hermana. _____.
10. Me he encontrado con una señora. Estoy haciendo un mueble para sus hijas. _____.

ACIERTOS ...../10

29.2. 건물 내 이웃들에 대한 정보를 읽고 질문에 답하세요.

Sr. Palacios	Su mujer da clases en la universidad.
Alba y Silvia	Su piso está enfrente del nuestro.
Familia Torroja	Sus perros ladran por las noches.
Alberto	Hicimos una fiesta en su casa.
Sra. Albéniz	Sus hijas bailan muy bien.
Pablo y Teresa	Su gata nos visita todas las tardes.

1. ¿Quién es el Sr. Palacios? _Es el hombre cuya mujer da clases en la universidad_.
2. ¿Quiénes son Alba y Silvia? _____.
3. ¿Quiénes son los Torroja? _____.
4. ¿Quién es Alberto? _____.
5. ¿Quién es la Sra. Albéniz? _____.
6. ¿Quiénes son Pablo y Teresa? _____.

ACIERTOS ...../6

29.3. Donde, adonde 또는 cuando를 사용하여 문장을 완성하세요.

1. Rocío es la dueña de la casa __donde__ vive Matías.
2. Esta es la escuela _____ estudié.
3. Son los domingos _____ más gente viene.
4. Este es el edificio _____ trabaja Marisa.
5. Lima es la ciudad _____ está enterrado Pizarro.
6. Esta es la dirección _____ tienes que mandar el paquete.
7. Normalmente es a las dos _____ comemos.
8. El país _____ conocí a mi marido fue Colombia.
9. El pueblo _____ nació Adolfo ya no existe.
10. ¿Cuál es el pueblo _____ vais en verano?
11. Este es el hotel _____ nos alojamos el año pasado.
12. Recuerdo una época _____ no había muchos coches en Madrid.

ACIERTOS ...../12

30 ¿quién?, ¿qué?...
의문사 (1) Interrogativos (1)

Quién과 **qué**는 의문사로, 사람, 동물 또는 사물에 대한 정보를 요청하기 위해 사용됩니다.

(전치사 a, de, con... +)	quién 누구 quiénes 누구(복수) qué 무엇 qué 무엇 + 명사

- ¿**Quién** ha llamado por teléfono? 누가 전화했어요?
- ¿**Qué** vende esa señora? 그 아주머니가 무엇을 팔아요?
- ¿Para **quién** es esta carta? 이 편지는 누구 것입니까?
- ¿**Quiénes** son los ganadores? 우승자들은 누구입니까?
- ¿**Qué queso** prefieres? 너는 무슨 치즈를 선호하니?
- ¿Con **qué** has hecho el caldo? 그 국을 무엇으로 만들었니?

> **주의** 주어 기능을 하는 의문사 (quién, qué) + 동사 (+ 보어)
> - ¿**Quién** ha vendido el ordenador? 누가 컴퓨터를 팔았어요?
> - ¿**Qué** pasa? 무슨 일이야?
>
> 보어 기능을 하는 의문사 (a quién, qué) + 동사 + 주어 (+ 보어)
> - ¿**A quién** ha vendido Alejo el ordenador? 알레호가 누구에게 컴퓨터를 팔았어?
> - ¿**Qué** ha vendido Alejo? 알레호가 무엇을 팔았어?

● 사람의 신원에 대해 물을 때 **quién** 또는 **quiénes**가 사용됩니다.
- A: ¿**Quién** es esa señora? 그 여성분은 누구십니까?   B: Es mi profesora de piano. 저의 피아노 선생님이십니다.
- A: ¿**Quiénes** son los hermanos de Mercedes?   B: Los que están en la mesa del centro.
  메르세데스의 형제들이 누구야?   중앙 테이블에 있는 애들이야.
- A: ¿**Con quién** está hablando Pablo? 파블로가 누구와 말하고 있어요?   B: Con un vecino. 이웃 중 한 명과.

● 사물 또는 행동에 대해 물을 때 **qué**가 사용됩니다.
- A: ¿**Qué** tienes en la mano? 너 손에 뭘 가지고 있어?   B: Unas monedas. 동전 몇 개.
- A: ¿**Qué** hacéis? 너희들 뭐하니?   B: Estamos estudiando un poco. 우리는 공부를 조금 하고 있어.
- A: ¿**De qué** están hablando?   B: De fútbol, como siempre.
  당신들은 무엇에 대해 이야기하고 있어요?   축구요, 언제나처럼요.

사물 또는 동물이 어떤 종류인지 묻기 위해서는 '**qué** + 단수/복수 명사'를 사용합니다. (¿qué clase de...? 어떤 종류의 … 이니?)
- A: ¿**Qué queso** habéis comprado? (¿Qué clase de queso?)   B: Queso de bola.
  너희들은 무슨 치즈를 샀니? (어떤 종류의 치즈?)   원형 치즈.
- A: ¿**Qué animales** viven en la tierra y en el agua?   B: Los anfibios.
  어떤 동물들이 육지와 물 속에 살아요?   양서류.

▶ 31과: 의문사 (2) Interrogativos (2)

30 연습 문제 Ejercicios

30.1. 다음 질문의 단어들을 순서대로 나열하세요.
1. ¿tiene / en la mano / Julián / qué? ¿Qué tiene Julián en la mano?
2. ¿quién / Eloísa / está bailando / con? _____
3. ¿ese anillo / para / es / quién? _____
4. ¿anoche / pasó / qué? _____
5. ¿quién / esa bolsa / de / es? _____
6. ¿tus padres / te / qué / han regalado? _____
7. ¿la puerta / qué / has abierto / con? _____
8. ¿está escribiendo / una novela / quién? _____
9. ¿María / qué / quiere? _____
10. ¿quiere / a María / quién? _____
11. ¿es / la sopa / qué / de? _____

30.2. Quién, quiénes 또는 qué를 사용하여 질문을 완성하세요.
1. ¿___Quién___ te ha regalado ese collar?
2. ¿De _____ es esta pluma?
3. ¿_____ miel tomas normalmente?
4. ¿Con _____ fuiste a Bolivia?
5. ¿_____ estás haciendo?
6. ¿_____ van a jugar en el equipo esta semana?
7. ¿_____ libros le gustan a Teresa?
8. ¿Con _____ has abierto el paquete?
9. ¿A _____ visteis anoche en la fiesta?
10. ¿_____ visteis anoche en la tele?
11. ¿_____ quería Julián?

30.3. 밑줄 친 대답의 정보를 사용하여 질문을 만드세요.
1. A: ¿ __Con quién__ estuviste ayer? B: Ayer estuve con Águeda.
2. A: ¿ _____ está hecha esa silla? B: Esa silla está hecha de cuerda.
3. A: ¿ _____ pan coméis? B: Normalmente comemos con pan de molde.
4. A: ¿ _____ quiere comprarse Alfonso? B: Alfonso quiere comprarse un CD.
5. A: ¿ _____ son esas gafas? B: Estas gafas son de Pablo.
6. A: ¿ _____ está trabajando Georgina? B: Georgina está trabajando con su madre.
7. A: ¿ _____ han ganado? B: Han ganado Eduardo y Marisa.
8. A: ¿ _____ están haciendo esos chicos? B: Mira. Esos chicos están bailando.
9. A: ¿ _____ no quiere Belinda? B: Belinda no quiere a Ariel.
10. A: ¿ _____ son esas flores? B: Estas flores son para mi abuela.
11. A: ¿ _____ te han regalado? B: Me han regalado unos bombones.

31 ¿cuál?, ¿qué?...
의문사 (2) Interrogativos (2)

¿**Cuál** es tu coche?
어느 것이 너의 자동차야?

El que tiene muchas pegatinas.
스티커가 많이 붙어 있는 것.

¿**Cuáles** de estos países no tienen costa:
Uruguay, Paraguay, Bolivia...?
우루과이, 파라과이, 볼리비아 중 어느 나라에 해안이 없을까요?

Cuál과 **cuáles**는 의문사입니다. 사람, 동물 또는 사물에 대한 정보를 요청하기 위해 사용합니다.

	cuál, cuáles 어떤 것, 어느 것	
(전치사 a, de, con... +)	**cuál, cuáles** 어떤 것, 어느 것 + **de** +	**estos, esos** 이것들, 그것들 (+ 명사) **mis, tus** 나의, 너의 + 명사 **los** 정관사 남성 복수형 + 명사 **nosotros, vosotras, ustedes, ellos...** 우리들, 너희들, 당신들, 그들

- ¿**Cuál** es tu color preferido?
  선호하는 색이 어떤 것이니?
- ¿**Cuál de tus hermanos** vive en La Habana?
  너의 형제 중 누가 아바나에 사니?
- ¿**Cuál de estas ciudades** está en Argentina: Tucumán, Guayaquil o Arequipa?
  투쿠만, 과야킬, 아레키파 중 어떤 도시가 아르헨티나에 있니?
- ¿**Cuáles** son tus deportes preferidos?
  네가 선호하는 스포츠가 어떤 것이니?
- ¿**Cuál de vosotros** habla ruso?
  너희들 중 누가 러시아어를 하니?

● 특정 그룹의 사물 또는 사람에 대한 정보를 요청하게 위해 **cuál**과 **cuáles**가 사용됩니다. 이 의문사를 사용하는 질문은 해당 그룹에서 두 개 이상의 요소 중 선택하도록 합니다.

- A: ¿Tienes un boli? 볼펜 있니?
  B: Sí. Tengo uno azul y otro negro. ¿**Cuál** prefieres? 응, 파란색과 검은색 볼펜이 있어. 어떤 것이 더 좋아?
  A: El negro. 검은색.
- A: ¿**Cuál** de esas chicas es la hermana de Toni? 저 여자애들 중 누가 토니의 누나야?   B: La del pelo largo. 머리가 긴 여자애.
- A: ¿**Cuál** es el río más largo del mundo? 어떤 것이 세상에서 가장 긴 강이니?   B: El Nilo. 나일 강.
- A: ¿**Por cuál de estas ciudades** pasa el Ebro: Barcelona, Zaragoza o Valencia?
  바르셀로나, 사라고사, 발렌시아 중 어느 도시로 에브로 강이 지나가니?
  B: Por Zaragoza. 사라고사로.

특정 그룹에 대한 정보를 묻기 위해서는 '**qué** + 명사'도 사용할 수 있습니다.

- ¿**Qué libro** prefieres: el de Borges o el de Cortázar?
  너는 보르헤스의 책과 코르타사르의 책 중 어떤 것이 더 좋아?
- A: ¿**Qué médico** te ha visto?   B: La doctora Martín.
  어떤 의사가 너를 진찰했어?   마르틴 선생님.

¿**En qué ciudad española** está la Puerta de Alcalá?
어떤 스페인 도시에 알칼라 문이 있나요?

비교

개방형 질문		폐쇄형 질문
qué, quién, quiénes 무엇, 누구, 누구(복수)	**qué** 무엇 + 명사	**cuál, cuáles** 어떤 것, 어느 것

• ¿**Qué** quieres? 뭘 원해?
• ¿**Qué** es un OVNI? UFO가 뭐야?
• ¿**Quién** inventó el teléfono?
  누가 전화를 발명했어?
• ¿**Quiénes** han venido? 누가 왔어?
	• ¿**Qué libro** quieres? 어떤 책을 원해?
	• ¿**Qué poeta famoso** nació en Chile?
	  어떤 유명한 시인이 칠레에서 태어났어?
	• ¿**Qué** ~~es tu~~ apellido?
		• ¿**Cuál de estos libros** quieres?
		  이 책들 중 어느 것을 원해?
		• ¿**Cuál** es tu apellido? 너의 성이 어느 것이니?
		• ¿**Cuáles de estas cajas** son nuestras?
		  이 상자들 중 어느 것들이 우리 것이니?
		• ¿~~Cuál libro~~ quieres?

예외 선택지를 제시할 때 사물인 경우 ¿**qué**?를, 사람인 경우 ¿**quién**?을 사용합니다.

- ¿**Qué** prefieren, carne o pescado?
  당신들은 고기와 생선 중 무엇을 선호하십니까?
- ¿**Quién** es más alta, Rosana o Leila?
  로사나와 레일라 중 누가 더 키가 커?

31 연습 문제 Ejercicios

31.1. 주어진 의문사를 알맞은 질문과 연결하세요.

¿Cuál...
¿Cuáles...
¿Cuál de...
¿Cuáles de...

1. __Cuál de__ esos chicos es el hijo de Guillermo?
2. ... es tu bebida preferida?
3. ... tus padres nació en Panamá?
4. ... tus hermanos nacieron en Ecuador?
5. ... ustedes ha estado en la Patagonia?
6. ... los dos diccionarios prefieres?
7. ... es la montaña más alta del mundo?
8. ... son las cinco ciudades más pobladas de América?

ACIERTOS ...... / 8

31.2. Cuál, cuáles, cuál de, cuáles de 또는 qué를 사용하여 문장을 완성하세요.

1. A: ¿ __Cuál de__ tus hermanos trabaja en Aerolíneas? B: Jaime.
2. A: ¿ _____ es tu comida preferida? B: El pescado.
3. A: ¿ _____ son tus deportes preferidos? B: El baloncesto y el tenis.
4. A: ¿ _____ deportes practicas? B: Tenis y natación.
5. A: ¿ _____ quieres estudiar? B: Aún no lo sé.
6. A: ¿ _____ es tu película preferida? B: Casablanca.
7. A: ¿ _____ tus hermanas vive en Rosario? B: Cecilia.
8. A: ¿En _____ ciudad de México vive María? B: En Tijuana.
9. A: ¿Con _____ líneas aéreas va a viajar Sol? B: Con Iberia.
10. A: ¿ _____ son nuestras habitaciones? B: Las tres de la derecha.
11. A: ¿En _____ trabaja Mariano? B: Es cocinero.
12. A: ¿ _____ prefieres, té o café? B: Té.

ACIERTOS ...... / 12

31.3. Quién, quiénes, qué, cuál 또는 cuál de를 사용하여 스페인과 라틴 아메리카의 문화에 대한 퀴즈의 질문을 완성하세요.

1. ¿ __Cuál__ es la ciudad más antigua de América Latina?
2. ¿ _____ es un "huaino"?
3. ¿En _____ ciudad española está el Museo del Prado?
4. ¿ _____ es la capital de Colombia?
5. ¿ _____ escribió Trilce?
6. ¿ _____ río atraviesa Santiago de Chile?
7. ¿Entre _____ países está el lago Titicaca?
8. ¿En _____ estas ciudades está la Sagrada Familia: Barcelona, Sevilla o Valladolid?
9. ¿ _____ construyeron Machu Picchu?
10. ¿En _____ país suramericano está el volcán Inti?
11. ¿ _____ es la ciudad más poblada de América Latina?
12. ¿ _____ es un "poncho"?

ACIERTOS ...... / 12

32 ¿cuándo?, ¿dónde?...
의문사 (3) Interrogativos (3)

- **Dónde**는 장소에 대한 정보를 요청하기 위해 사용됩니다.

dónde 어디에
por 어디로, de... dónde 어디에서
adónde 어디로

  - A: **¿Dónde** vive Graciela? 그라시엘라는 어디에 사니?
    B: En Rosario. 로사리오에.
  - A: **¿Por dónde** pasa el Guadalquivir? 과달키비르 강은 어디로 흘러가니?
    B: Por Sevilla. 세비야로.

  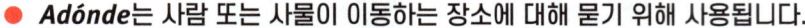
  ¿Adónde vas? 너 어디 가니? / A la playa. 해변에 가.

- **Adónde**는 사람 또는 사물이 이동하는 장소에 대해 묻기 위해 사용됩니다.
  - A: **¿Adónde** vais a ir este verano? 너희 이번 여름에 어디에 갈 거니?
    B: A Ica. 이카에 갈 거야.
  - **¿Adónde** hay que enviar este paquete? 이 소포는 어디로 보내야 하죠?

- **Cuándo**는 어떤 행위가 이루어지는 시점에 대한 정보를 물을 때 사용합니다.

cuándo 언제
desde, hasta... cuándo 언제부터, 언제까지

  - A: **¿Cuándo** se casa Sebastián? 세바스티안이 언제 결혼해?
    B: El mes que viene. 다음 달에.
  - A: **¿Desde cuándo** estudias español? 너는 언제부터 스페인어를 공부했니?
    B: Desde hace un año. 1년 전부터.

- **Cuánto, cuánta, cuántos, cuántas**의 용법

  (1) 수량에 대한 정보를 묻기 위해 사용됩니다.

cuánto, -a, -os, -as (+ 명사)
con, en... cuánto, -a, -os, -as (+ 명사)

  - A: **¿Cuántos años** tiene Rosario? 로사리오는 몇 살이에요?
    B: Doce. 12살.
  - **¿Con cuántos amigos** vas? 몇 명의 친구들과 가니?

  (2) 무엇에 대해 이야기하는지 분명한 경우에만 **cuánto**를 단독으로 사용할 수 있습니다.
  - A: **¿Cuánto** vale esa revista? (¿Cuánto dinero?) 그 잡지는 얼마만큼의 가치가 있습니까? (얼마입니까?)
    B: Cinco pesos. 5페소입니다.
  - A: **¿Cuánto** pesas? (¿Cuántos kilos?) 너는 몸무게가 얼마나 나가? (몇 킬로야?)
    B: Sesenta y cinco kilos. 65킬로.

- **Cómo**의 용법

  (1) 어떤 행위를 수행하는 방식 또는 방법에 대한 정보를 요청하기 위해 사용됩니다.
  - A: **¿Cómo** conduce Alberto? 알베르토는 어떻게 운전해?
    B: Bastante mal. Ten cuidado. 꽤 거칠게 운전해. 조심해.
  - A: **¿Cómo** has abierto la puerta? 문을 어떻게 열었어?
    B: Con la llave de Marcela. 마르셀라의 열쇠로.

  (2) 사람 또는 사물의 상태에 대한 정보를 요청하기 위해 사용됩니다.
  - A: **¿Cómo** está la madre de Julia? 훌리아의 어머니(의 상태가) 어떠시니?
    B: Ya está mejor. 이제 나아지셨어.

  (3) 사람 또는 사물의 특성에 대한 정보를 요청하기 위해 사용됩니다.
  - A: **¿Cómo** son los padres de Aurora? 아우로라의 부모님은 어떤 분들이셔?
    B: Son muy simpáticos. 매우 다정하셔.
  - A: **¿Cómo** es la casa de Ángel? 앙헬의 집이 어때?
    B: Es muy grande. Tiene diez habitaciones. 매우 커. 방이 10개 있어.

- **Por qué**는 어떤 행동의 이유 또는 동기에 대한 정보를 요청하기 위해 사용됩니다.
  - A: **¿Por qué** no viniste ayer? 너 어제 왜 안 왔어?
    B: Estaba un poco cansada. 나 좀 피곤했거든.

- **Para qué**는 어떤 행동의 목표 또는 목적이나 어떤 물건의 용도에 대한 정보를 요청하기 위해 사용됩니다.
  - A: **¿Para qué** quieres la plancha? 다리미가 왜 필요해?
    B: Quiero plancharme una camisa. 셔츠를 다리고 싶어.
  - A: **¿Para qué** sirve esa máquina? 그 기계는 무엇에 쓰는 거야?
    B: Para moler café. 커피콩을 갈기 위한 거야.

> **주의** 의문사 (dónde, cuándo...) + 동사 + 주어
> - **¿Dónde** vive Graciela? 그라시엘라가 어디에 살아?
> - **¿Por qué** se ríe Juanjo? 후안호가 왜 웃지?

32 연습 문제 Ejercicios

32.1. 주어진 단어를 나열하여 문장을 완성하세요.

1. ¿en Santander / cuándo / hasta / vais a estar? ¿Hasta cuándo vais a estar en Santander?
2. ¿a Brasil / cómo / Javier / fue? _____
3. ¿los niños / lloran / por qué? _____
4. ¿trabaja / Sebastián / dónde? _____
5. ¿este botón / para qué / sirve? _____
6. ¿dónde / Peter / de / es? _____
7. ¿la comida / para / es / cuántos? _____
8. ¿están / los enfermos / cómo? _____

ACIERTOS ...... /8

32.2. 표시된 대답의 정보를 사용하여 질문을 완성하세요.

1. A: ¿ Cuándo estuviste en Antigua? B: **El año pasado** estuve en Antigua.
2. A: ¿ _____ vais a ir el domingo? B: El domingo vamos a ir **al campo**.
3. A: ¿ _____ es el novio de Carla? B: El novio de Carla es **muy agradable**.
4. A: ¿ _____ pesos necesitas? B: Necesito **veinte** pesos.
5. A: ¿ _____ estudias? B: Normalmente estudio **por la tarde**.
6. A: ¿ _____ está Ramón? B: Ramón está **en la playa**.
7. A: ¿ _____ necesitas un cuchillo? B: Necesito un cuchillo **para la carne**.
8. A: ¿ _____ no pudiste venir anoche? B: No pude venir anoche. **Estaba cansado**.
9. A: ¿ _____ vives en Quito? B: Vivo en Quito **desde 1999**.
10. A: ¿ _____ es Martina? B: Martina es **de Bolivia**.

ACIERTOS ...... /10

32.3. 알맞은 의문사를 사용하여 인터뷰를 완성하세요.

1. A: ¿ Dónde vive actualmente?
2. A: ¿ _____ vive allí?
3. A: ¿ _____ está aprendiendo español?
4. A: ¿ _____ empezó a estudiarlo?
5. A: ¿ _____ empieza el rodaje de la próxima película?
6. A: ¿ _____ va a ser?
7. A: ¿ _____ se va a titular la película?

B: En Barcelona.
B: Me gusta la ciudad.
B: Quiero trabajar en España.
B: Hace seis meses.
B: Dentro de una semana.
B: En Brasil y Paraguay.
B: Ruta peligrosa.

ACIERTOS ...... /7

32.4. Cuánto, cuánta, cuántos 또는 cuántas로 빈칸을 채우세요.

1. A: ¿ Cuántos años tienes? B: Veinticuatro.
2. A: ¿ _____ tiempo necesitas para hacer la comida? B: Una hora.
3. A: En mi clase hay muy pocas chicas. B: ¿ _____ hay?
4. A: ¿ _____ se tarda en hacer el test? B: Media hora.
5. A: ¿ _____ gente ha venido a la conferencia? B: Unas treinta personas.

ACIERTOS ...... /5

73

33 ¡qué!, ¡cuánto!, ¡cómo!...
감탄사 Exclamativos

Qué, cuánto, cómo는 감탄사입니다. 기쁨, 놀라움, 감탄, 불쾌함 등의 다양한 감정을 표현하기 위해 사용합니다.

(1) 놀라움: *¡Qué casa más grande! Pensé que sería más pequeña.* 집이 얼마나 큰지! 더 작을 거라고 생각했어.
(2) 감탄: *¡Qué salón más bonito! Es muy moderno.* 얼마나 예쁜 거실인지! 아주 현대적인걸.
(3) 불쾌함: *¡Cuánta gente hay! No vamos a tener sitio.* 얼마나 사람이 많은지! 우리 자리가 없겠어.

● **Qué**
사람 또는 사물의 특징이나 무언가를 하는 방식에 대한 감정을 표현하기 위해 사용됩니다.

qué	+ 형용사 + 부사 + 명사	(+ 동사) (+ 주어)	• *¡Qué alta (es) Linda!* 린다가 키가 얼마나 큰지! • *¡Qué bien conduces!* 네가 운전을 얼마나 잘하는지! • *¡Qué frío (hace)!* 얼마나 추운지! • *¡Qué suerte tiene Pablo!* 파블로가 얼마나 운이 좋은지!

qué + 명사 + *tan, más* + 형용사 (+ 동사) (+ 주어)
• *¡Qué pendientes tan/más caros!* 얼마나 비싼 귀걸이인지!
• *¡Qué casa tan/más bonita (tiene Lola)!* (롤라가) 얼마나 예쁜 집을 가지고 있는지!

● **Cuánto, cuánta, cuántos, cuánta**
(1) 수량 또는 어떤 행동의 강도에 대한 놀라움, 감탄, 불쾌함 등의 감정을 표현하기 위해 사용합니다.

cuánto, -a, -os, -as + 명사 (+ 동사) *cuánto* + 동사 (+ 주어)	• *¡Cuánto dinero se gasta Pili!* 필리가 얼마나 돈을 많이 쓰는지! • *¡Cuántos sellos tienes!* 네가 얼마나 많은 우표를 가지고 있는지! • *¡Cuánto trabaja Lidia!* 리디아가 얼마나 일을 많이 하는지!

(2) *Cuánto, cuánta, cuántos, cuánta*는 그것이 지시하는 명사와 동일한 형태(남성형 또는 여성형, 단수형 또는 복수형)로 성수 일치합니다.

● **Cómo**
무언가를 하기 위한 방식 또는 어떤 행동의 강도에 대한 놀라움, 감탄, 불쾌함 등의 감정을 표현하기 위해 사용됩니다.

cómo + 동사 (+ 주어)	• *¡Cómo canta Ángela! Tiene una voz preciosa.* 앙헬라가 얼마나 노래를 잘 하는지! 그녀는 정말 아름다운 목소리를 가졌어. • *¡Cómo come! Se nota que tiene hambre.* 얼마나 잘 먹는지! 배가 고픈 게 티가 나. • *¡Cómo nieva!* 눈이 얼마나 많이 오는지!

33 연습 문제 Ejercicios

33.1. 그림을 보고 qué와 주어진 명사 및 형용사를 사용하여 적절한 감탄문을 쓰세요.

camisa chico ~~coche~~ alto barato bonito
pendientes relojes caro ~~largo~~

1. ¡Qué coche más/tan largo!
2. _____
3. _____
4. _____
5. _____

33.2. Qué, cómo 또는 cuánto, cuánta를 사용하여 문장을 완성하세요.

1. ¡ __Cuánto__ duerme José!
2. ¡ _____ noche tan fría!
3. ¡ _____ estrellas!
4. ¡ _____ corren tus hijos!
5. ¡ _____ barbaridad! ¡ _____ cuesta ese cuadro!
6. ¡ _____ llueve! Parece el diluvio.
7. ¡ _____ libros tiene Marisa!
8. ¡ _____ lloran! ¡Pobrecillos!
9. ¡ _____ vago es Lolo! No le gusta nada trabajar.
10. ¡ _____ tarde es! Tengo que irme.

33.3. Qué, cómo 또는 cuánto, cuánta를 사용하여 주어진 문장에 대한 감탄을 표현하세요.

1. Jorge tiene muy mala suerte. ¡Qué mala suerte tiene Jorge!
2. Hoy hace mucho calor. _____
3. Lotta habla español muy bien. _____
4. Estamos muy cansadas. _____
5. Alfonso conduce muy mal. _____
6. Sara y Eva son muy listas. _____
7. Rodri come muy deprisa. _____
8. Lucio es muy guapo. _____
9. Rosario duerme mucho. _____
10. Alberto gasta mucho dinero. _____
11. Hay mucha gente en la playa. _____
12. Tengo mucha suerte. _____

34 yo, tú, él...
주격 인칭 대명사 Pronombres personales de sujeto

주의	남성형 + 여성형 = 남성형 복수					
	Luisa, José y yo ▶ **nosotros** 루이사, 호세 그리고 나 / 우리들(남성형)		*Luisa, José y tú* ▶ **vosotros** 루이사, 호세 그리고 너 / 너희들(남성형)		*Luisa y José* ▶ **ellos** 루이사와 호세 / 그들(남성형)	

● **Tú** 너, **usted** 당신; **vosotros, vosotras** 너희들, **ustedes** 당신들

	친구, 동료 및 젊은 사람 등		초면인 사람, 어른, 상급자 등	
스페인	tú 너	vosotros, vosotras 너희들	usted	ustedes 당신들
라틴 아메리카[1]	tú/usted 너/당신	ustedes 당신들	usted	ustedes 당신들

[1] 스페인의 특정 지역(카나리아 제도 및 반도의 남부 지역)에서도 적용됩니다.

부모님과 같은 친밀한 관계의 상급자에게는 *tú*를 사용하지만, 상사나 교수님처럼 일반적으로 사회적 거리가 있는 상급자에게는 *usted*을 사용합니다. 한편 아르헨티나, 파라과이, 우루과이와 같은 일부 라틴 아메리카 지역에서는 *tú* 대신 *vos*를 사용합니다.

● 보통은 *yo*, *tú*, *ellos* 등과 같은 주격 인칭 대명사를 동사와 함께 쓸 필요가 없습니다.
  • ~~Yo~~ vivo en Bogotá. 나는 보고타에 살아.   • ¿Cómo te llamas ~~tú~~? 네 이름이 뭐니?

예외 *Usted, ustedes*는 3인칭 형태를 쓰기 때문에 생략하지 않고 더 자주 표기합니다.
  • Arlindo, ¿dónde vive **usted**? 아를린도, 당신은 어디에 사십니까?
  • A: **Usted** no es peruano, ¿verdad?   B: No, soy boliviano.
      당신은 페루 사람이 아니죠, 그렇죠?   네, 아니에요, 저는 볼리비아 사람입니다.

다음과 같은 경우 주격 인칭 대명사 *yo, tú, ellos*...를 사용됩니다.
(1) 대조를 극명하게 나타내기 위해 사용됩니다.
  • **Yo** compro fruta y **tú** te la comes. 나는 과일을 사고 너는 그걸 먹지.
(2) 강조하기 위해 사용됩니다.
  • **Yo** quiero trabajar, pero mis padres quieren que estudie. 나는 일하고 싶은데 나의 부모님은 내가 공부하기를 원하신다.
(3) 누구에 대해 말하고 있는지 확실히 나타내기 위해 사용됩니다.
  • Mira, allí van Silvia y Jorge. Son peruanos. **Él** es de Arequipa y **ella** es de Lima.
    저기 봐, 실비아와 호르헤가 가고 있어. 그들은 페루 사람이야. 그는 아레키파 출신이고 그녀는 리마 출신이지.
(4) 다른 사람을 지칭하는 단어와 함께 쓰일 때 사용됩니다.
  • Alicia y **tú** parecéis hermanas. 알리시아와 너는 자매처럼 닮았어.
  • Mi padre y **yo** somos buenos amigos. 나의 아버지와 나는 정말 좋은 친구야.

▶ 41과: 전치사와 함께 사용하는 인칭 대명사 Pronombres personales con preposiciones

34 연습 문제 Ejercicios

34.1. 알맞은 주격 인칭 대명사 쓰세요.

34.2. 그림을 보고 대화의 상황이 일어날 수 있는 지역을 'España(스페인)', 'América Latina(라틴 아메리카)' 또는 'España(스페인)와 América Latina(라틴 아메리카)' 중에 선택하여 쓰세요.

1. América Latina   2. _____   3. _____   4. _____

34.3. 주어진 정보를 읽고 필요한 경우에 yo, tú...등의 주격 인칭 대명사를 사용하여 문장을 완성하세요.

	Pep	Concha	Adriana	Gabriel	Rosita
Nacionalidad	española	española	argentina	mexicana	mexicana
Ciudad	Barcelona	Murcia	Córdoba	Monterrey	Mérida
Ocupación	periodista	estudiante	enfermera	periodista	estudiante

1. Pep: Concha y __yo__ somos españoles. _____ es de Murcia y _____ soy de Barcelona.
2. Concha: Gabriel y Rosita son mexicanos. _____ es de Mérida y _____ es de Monterrey.
3. Gabriel: ¿De dónde es Adriana? Pep: _____ es argentina.
4. Rosita: Concha y _____ somos estudiantes. _____ es española y _____ soy mexicana.
5. Adriana: ¿De dónde son Pep y Concha? Gabriel: _____ son españoles. _____ es estudiante y _____ es periodista.

34.4. 필요한 경우 인칭 대명사를 사용하여 문장을 완성하세요.

1. A: ¿De dónde sois Adolfo y __tú__? B: _____ somos de Uruguay.
2. A: ¿Dónde vives _____? B: _____ vivo en Murcia. ¿Y _____? A: _____ vivo en Granada.
3. A: Perdone, ¿de dónde son _____? B: _____ somos de Arequipa.
4. _____ estudiamos Medicina.
5. _____ quiero un café, y _____ ¿qué queréis?
6. Mira, Lucía y Ana. _____ son amigas de Blanca.
7. _____ quiero ser abogada, pero mis padres quieren que estudie Medicina.

35. Te amo
직접 목적격 대명사 Pronombres personales de complemento directo

Me, te, lo, nos는 알고 있거나 이미 언급된 사람, 동물 또는 사물을 지칭하기 위해 동사의 직접 목적어로서 사용됩니다.

- *Lola ama a Carlos.* 롤라는 카를로스를 사랑한다. ('A Carlos'는 직접 목적어입니다.) → *Lola lo ama.* 롤라는 그를 사랑한다.
- *No encuentro el pan.* 나는 빵을 못 찾는다. ('El pan'은 직접 목적어입니다.) → *No lo encuentro.* 나는 그것을 못 찾는다.

● 직접 목적격 대명사

단수형	복수형
me (a mí) 나를	nos (a nosotros, a nosotras) 우리들을
te (a tí) 너를	os (a vosotros, a vosotras) 너희들을
lo (a él 그를 a usted 당신을, 남성형 단수 사물 그것을) la (a ella 그녀를 a usted 당신을(여성), 여성형 단수 사물 그것을)	los (a ellos 그들을 a ustedes, 당신들을 남성형 복수 사물 그것을) las (a ellas 그녀들을 a ustedes 당신들을(여성), 여성형 복수 사물 그것을)

- *¿Quién eres? No te conozco.* 너는 누구니? 난 너를 몰라.
- A: *¿Nos recuerdas? Nos conocimos en Mallorca.* 너 우리를 기억하니? 우리 마요르카에서 만났잖아. B: *¡Ah, sí! Ahora os recuerdo.* 아, 응! 이제 너희들이 기억이 나.
- A: *¿Quieres este libro, Héctor?* 이 책을 원하니, 엑토르? B: *No, no lo quiero. Gracias.* 아니, 나는 그것을 원하지 않아. 고마워.
- A: *¿Quieres a tus padres?* 너는 너의 부모님을 사랑하니? B: *Sí, los quiero.* 응, 나는 그들을 사랑해.

> **주의** 남성형 + 여성형 = 남성형 복수
> - A: *¿Veis mucho a Almudena y a Luis?* 너희들은 알무데나와 루이스를 자주 보니? B: *No, no los vemos mucho.* 아니, 그들을 자주 보지 않아.

● 위치 ▶ 39과: 명령법, 동사 원형 및 현재 분사와 함께 사용하는 목적격 대명사
Pronombres de complemento con el imperativo, el infinitivo y el gerundio

(No) me, te, lo... + 동사

- *Yo os conozco. Vosotros sois los hermanos de Lucía.* 나는 너희들을 알아. 너희 루시아의 형제들이잖아.
- *¿Dónde está Marisa? No la veo.* 마리사가 어디에 있지? 그녀가 안 보이네.

● 다음과 같은 경우에 사람에 대해 이야기할 때 *me, te, lo*...외에도 *a mí, a ti, a él*...을 사용됩니다.

(1) 누구를 지칭하는지 확실히 하기 위해 사용됩니다.

- *Ayer las vi en el parque.* (¿A ustedes o a ellas?) 어제 공원에서 당신들을/그녀들을 봤습니다. (당신들? 아니면 그녀들?)
  → *Ayer las vi a ustedes en el parque.* 어제 공원에서 당신들을 봤습니다.
  → *Ayer las vi a ellas en el parque.* 어제 공원에서 그녀들을 봤습니다.

(2) 대조를 보여 주기 위해 사용됩니다.

- *Ramón ama a María, pero María no lo ama a él.* 라몬은 마리아를 사랑하지만, 마리아는 그를 사랑하지 않는다.

(3) 강조하기 위해 사용됩니다.

- *A mí no me conoce.* (Puede que conozca a otros, pero a mí no.) 나를 그는 모른다. (그가 다른 사람들은 알지 몰라도 나를 아는 것은 아니다.)
- *A nosotros no nos ven.* (Puede que vean a otros, pero a nosotros no.) 우리들을 그들이 안 본다. (그들이 다른 사람들은 볼지 몰라도 우리들을 보는 것은 아니다.)

35 연습 문제 Ejercicios

35.1. Lo, la, los, las를 사용하여 다음 문장을 완성하세요.
1. ¿Dónde está Andrés? No __lo__ veo.
2. ¿Dónde están las cucharas? No _____ veo.
3. ¿Dónde están tus amigos? No _____ veo.
4. ¿Dónde está el teléfono? No _____ veo.
5. ¿Dónde está Julia? No _____ veo.
6. ¿Dónde están tus padres? No _____ veo.
7. ¿Dónde está la entrada? No _____ veo.
8. ¿Dónde están las naranjas? No _____ veo.

ACIERTOS ...../8

35.2. Me, te, lo...를 사용하여 빈칸을 채우세요.
1. Yo __te__ conozco. Tú eres amigo de Ana.
2. Yo _____ conozco. Ustedes son los padres de Jesús.
3. Yo _____ conozco. Vosotros sois compañeros de Ramón.
4. Yo _____ conozco. Usted es la madre de Rosario.
5. Yo _____ conozco. Ustedes son las tías de Pepe.
6. Yo _____ conozco. Vosotras sois amigas de Raquel.
7. Yo _____ conozco. Usted es el padre de Pedro.
8. Yo _____ conozco. Tú vives en la calle Arenal.

ACIERTOS ...../8

35.3. Me, te, lo...와 알맞은 동사 형태를 사용하여 대답을 완성하세요.
1. A: ¿Amas a Luis? B: Sí, __lo amo__.
2. A: ¿Quieres esta foto? B: No, __no la quiero__.
3. A: ¿Has comprado el periódico? B: No, _____.
4. A: ¿Nos quieres, mamá? B: Sí, _____ mucho.
5. A: ¿Has visto mis zapatillas? B: No, _____.
6. A: ¿Me recuerdas? B: Sí, _____. Tú eres Julián.
7. A: ¿Ves mucho a Pepe y a Luisa? B: Sí, _____ mucho.
8. A: ¿Te quiere Elena? B: No, _____.
9. A: ¿Conoces a los Sres. Pardo? B: No, _____.
10. A: ¿Te conocen en esta tienda? B: Sí, _____ mucho.

ACIERTOS ...../10

35.4. Me, te, lo...와 a mí, a ti, a él...을 사용하여 문장을 완성하세요.
1. Yo conozco a esa chica, pero ella no __me__ conoce __a mí__.
2. Desde aquí vemos a Roberto, pero él no _____ ve _____.
3. Teresa quiere a Alfredo, pero él no _____ quiere _____.
4. Esas señoras me conocen, pero yo no _____ conozco _____.
5. Ustedes me conocen, pero yo no _____ conozco _____.
6. Esos chicos conocen a Miguel, pero Miguel no _____ conoce _____.

ACIERTOS ...../6

36 Me han regalado un reloj
간접 목적격 대명사 Pronombres personales de complemento indirecto

Me, **te**, **le**는 알고 있거나 이미 언급된 사람, 동물 또는 사물을 지칭하기 위해 동사의 간접 목적어로서 사용됩니다.

- Luis ha regalado un reloj **a Chus**. ('A Chus'는 간접 목적어입니다.) → Luis **le** ha regalado un reloj.
  루이스는 추스에게 시계를 선물했다. 　　　　　　　　　　　　　　　　　　　루이스는 그녀에게 시계를 선물했다.
- He preguntado **a Ana** por sus padres. ('A Ana'는 간접 목적어입니다.) → **Le** he preguntado por sus padres.
  나는 아나에게 그녀의 부모님에 대해 물었다. 　　　　　　　　　　　　　　　　나는 그녀에게 그녀의 부모님에 대해 물었다.

● 간접 목적격 대명사

단수형	복수형
me (a mí) 나에게	nos (a nosotros, a nosotras) 우리들에게
te (a tí) 너에게	os (a vosotros, a vosotras) 너희들에게
le (a él/a ella 그/그녀에게, a usted 당신에게, 단수 사물 그것에게)	les (a ellos/a ella 그들/그녀들에게, a ustedes 당신들에게, 복수 사물 그것들에게)

- A: *Ayer vi a Rodolfo.* 　　　　　　　　　　　B: ¿**Le** *dijiste que quiero verlo?*
  어제 로돌포를 봤어. 　　　　　　　　　　　　　　　그에게 내가 그를 보고 싶어한다고 말했어?
- A: *¿Qué* **os** *ha preguntado Leonor?* 　　　B: **Nos** *ha preguntado dónde vivimos.*
  레오노르가 너희들에게 뭘 물었어? 　　　　　　　　우리가 어디에 사는지 물었어.

● 위치

(*No*) *me, te, le..* + 동사

- A: *¿Qué* **te** *ha dicho el médico?* 　　　　B: **Me** *ha dicho que estoy bien.*
  의사가 너에게 뭐라고 말했어? 　　　　　　　　　　나에게 내(상태가) 괜찮다고 말했어.
- A: *¿Qué* **te** *ha preguntado Charo?* 　　B: *No* **me** *ha preguntado nada.*
  차로가 너에게 무엇을 물었어? 　　　　　　　　　　나에게 아무것도 묻지 않았어.

● 다음과 같은 경우에 사람에 대해 이야기할 때 *me, te, le..*와 함께 *a mí, a ti, a él...*을 사용됩니다.

(1) 누구를 지칭하는지 확실히 하기 위해 사용됩니다.

- **Le** *dije a usted que no era verdad.*
  나는 당신에게 그것은 사실이 아니라고 말했다.
- *Le dije que no era verdad.* (¿A usted, a él, a ella?) → **Le** *dije a él que no era verdad.*
  나는 그/그녀/당신에게 그것은 사실이 아니라고 말했다. (당신? 그? 아니면 그녀?) 　나는 그에게 그것은 사실이 아니라고 말했다.
- **Le** *dije a ella que no era verdad.*
  나는 그녀에게 그것은 사실이 아니라고 말했다.

(2) 강조하기 위해 사용됩니다.

- A: ¿**Te** *ha dado el dinero?* 그가 너에게 돈을 줬어?
- B: **A mí** *no me ha dado nada.* 나에게는 아무것도 안 줬어.
  (다른 사람들에게는 뭔가 줬을 수도 있지만 '나'에게는 아무 것도 주지 않았음을 의미합니다.)

> **주의** 일반적으로 사람에 대해 이야기할 때 누군가 처음으로 언급될 때는 가리키는 대상과 함께 *me, te, le...*가 사용됩니다.
> - A: ¿**Le** *has regalado algo a Pedro?* 　　B: *Sí,* **le** *he regalado una cartera.*
>   너 페드로에게 무언가 선물했니? 　　　　　　　　응, 그에게 지갑을 선물했어.
> - A: *¿Qué* **le** *has regalado a tu familia?* 　B: *A Juana* **le** *he regalado un collar y a los niños* **les** *he comprado juguetes.*
>   너는 너의 가족에게 무엇을 선물했니? 　　　　　후아나에게는 목걸이를 선물했고 아이들에게는 장난감을 사 줬어.
> - **Les** *he comprado unos bombones a mis hermanas.*
>   나는 나의 자매들에게 초콜릿을 사 줬어.

36 연습 문제 Ejercicios

36.1. Me, te, le...를 사용하여 빈칸을 채우세요.

1. ¿Qué **te** ha regalado? / **Me** ha regalado un pañuelo.
2. **Me** ha regalado unos libros.
3. **Me** ha regalado una bufanda.
4. ¿Qué **le** ha regalado a usted?
5. **Nos** ha regalado perfume.
6. ¿Qué **os** ha regalado?
7. **Nos** ha regalado un paraguas.

ACIERTOS ...... / 7

36.2. 예시와 같이 다음 질문에 답하세요.

1. ¿Qué te han dicho? _No me han dicho nada_.
2. ¿Qué le ha dicho a usted? _No me ha dicho nada_.
3. ¿Qué os ha dado? _No nos ha dado nada_.
4. ¿Qué le han preguntado a Susana? _No le han preguntado nada_.
5. ¿Qué me ha dicho? _No te ha dicho nada_.
6. ¿Qué nos han preguntado? _No os han preguntado nada_.
7. ¿Qué te ha vendido? _No me ha vendido nada_.
8. ¿Qué les han dado a ustedes? _No nos han dado nada_.
9. ¿Qué le han preguntado a Alberto? _No le han preguntado nada_.
10. ¿Qué les han regalado a tus hijas? _No les han regalado nada_.

ACIERTOS ...... /10

36.3. 예시와 같이 질문과 답변을 쓰세요.

1. ¿Te dijo algo Luis? _A mí no me dijo nada_.
   (¿a ustedes?) ¿Les dijo algo a ustedes?   _A nosotros no nos dijo nada_.
   (¿a Marcela?) ¿_Le dijo algo a Marcela_?   _A ella no le dijo nada_.
2. ¿Os ha preguntado algo Lola? _A nosotros no nos ha preguntado nada_.
   (¿a Tomás?) ¿_Le ha preguntado algo a Tomás_?   _A él no le ha preguntado nada_.
   (¿a usted?) ¿_Le ha preguntado algo a usted_?   _A mí no me ha preguntado nada_.
3. ¿Me ha comprado algo Yvonne? _A ti no te ha comprado nada_.
   (¿a nosotros?) ¿_Nos ha comprado algo_?   _A vosotros no os ha comprado nada_.
   (¿a su hermano?) ¿_Le ha comprado algo a su hermano_?   _A él no le ha comprado nada_.

ACIERTOS ...... / 3

37. Se lo he dado. Te lo he dado
간접 및 직접 목적격 대명사 Pronombres de complemento indirecto y directo

때때로 문장에 직접 목적어(**CD**)와 간접 목적어(**CI**) 모두 사용되는 경우가 있습니다.

- ¿Le has dado **tu teléfono** **a Rafa**? → ¿**Se lo** has dado?
                CD   CI   CI CD

  너의 번호를 라파에게 줬니?   그에게 그것을 줬니?

● **문장 내 대명사의 형태 및 순서**

간접 목적격 대명사		직접 목적격 대명사
me (a mí) 나에게 te (a ti) 너에게 se (a usted) 당신에게 se (a él, a ella; a una cosa) 그/그녀에게, 사물(단수)에게 nos (a nosotros, a nosotras) 우리들에게 os (a vosotros, a vosotras) 너희들에게 se (a ustedes) 당신들에게 se (a ellos, a ellas; a unas cosas) 그들/그녀들에게, 사물(복수)에게	**+**	lo (남성형 단수) 그것(남성)을 la (여성형 단수) 그것(여성)을 los (남성형 복수) 그것들(남성)을 las (여성형 복수) 그것들(여성)을

- A: ¿Les has presentado **tu novia** **a tus padres**?   B: No, no **se la** he presentado.
                               CD   CI   CI CD

  너의 여자 친구를 너의 부모님께 소개했니?   아니, 그들에게 그녀를 소개하지 않았어.

> **주의** 직접 목적격 대명사와 간접 목적격 대명사가 함께 올 때, *usted*, *ustedes*, *él*, *ella*, *ellos*, *ellas*의 간접 목적격 대명사는 *le*, *les* 대신 *se*를 사용합니다.
> - ~~Le~~ lo he dado. → **Se** lo he dado. 나는 그/그녀/당신/그들/그녀들/당신들에게 그것을 줬다.

● **용법**

(1) 간접 목적격 대명사로 사용한 *se*는 지칭하는 사람을 처음 언급할 때 함께 사용합니다.
- A: ¿Qué has hecho con el coche? ¿**Se** lo has regalado **a Pepe**?   B: No, **se lo** he vendido.
  그 차 어떻게 했어? 너는 그것을 페페에게 선물했니?   아니, 나는 그것을 그에게 팔았어.

(2) 직접 목적어에 해당하는 사람이나 사물을 문두에 둘 때 *lo*, *la*, *los*, *las*를 함께 사용합니다.
- *Esta corbata* me **la** regaló Andrea. 이 넥타이는 안드레아가 나에게 선물했어.
- *Esos libros* se **los** regalé yo. 그 책들은 내가 그/그녀(들)에게 선물했어.

● 다음과 같은 경우에 사람에 대해 이야기할 때 *me*, *te*, *se*..와 함께 *a mí*, *a ti*, *a él*...을 사용됩니다.

(1) 누구에 대해 말하는지 확실히 하기 위해 사용됩니다.

- **Se** lo ha enseñado. (¿A usted, a él, a ella, a ustedes, a ellos, a ellas?)
  나는 당신/그/그녀/당신들/그들/그녀들에게 그것을 가르쳤다.
  - **Se** lo ha enseñado **a usted**. 나는 당신에게 그것을 가르쳤다.
  - **Se** lo ha enseñado **a él**. 나는 그에게 그것을 가르쳤다.
  - **Se** lo ha enseñado **a ella**. 나는 그녀에게 그것을 가르쳤다.
  - **Se** lo ha enseñado **a ustedes**. 나는 당신들에게 그것을 가르쳤다.
  - **Se** lo ha enseñado **a ellos**. 나는 그들에게 그것을 가르쳤다.
  - **Se** lo ha enseñado **a ellas**. 나는 그녀에게 그것을 가르쳤다.

(2) 강조하기 위해 사용됩니다.
- A: ¿**Te** ha dado el dinero? (그/그녀가) 너에게 돈을 줬니?   B: **A mí** no **me** lo ha dado. 나에게는 그것을 안 줬어.

37 연습 문제 Ejercicios

37.1. Me, te, se...와 lo, la, los, las를 사용하여 질문에 답하세요.

1. A: ¿Quién te ha regalado esos bombones?   B: __Me__ __los__ ha regalado Anita.
2. A: ¿Quién les ha prestado el dinero a tus padres? B: _____ _____ ha prestado Juan.
3. A: ¿Quién os ha enviado ese paquete?   B: _____ _____ ha enviado mi tía Rosa.
4. A: ¿Quién me envía estas flores?   B: _____ _____ envía Raúl.
5. A: ¿Quién le ha regalado esa corbata, Antonio?   B: _____ _____ ha regalado mi mujer.
6. A: ¿Quién les ha enseñado el museo a ustedes?   B: _____ _____ ha enseñado un guía turístico.

ACIERTOS ...... / 6

37.2. 질문에 답하세요.

1. A: ¿Te ha dado Pepe el regalo?   B: No, _no me lo ha dado_.
2. A: ¿Os ha prestado Pablo el dinero?   B: Sí, _____.
3. A: ¿Les ha presentado Sara su novio a sus padres?   B: No, _____.
4. A: ¿Le ha enseñado a usted su casa Marta?   B: Sí, _____.
5. A: ¿Les ha presentado Hugo sus amigos a sus padres?   B: Sí, _____.
6. A: ¿Le ha vendido Jesús su coche a Antonia?   B: No, _____.
7. A: ¿Les ha enseñado a ustedes los cuadros Ramón?   B: Sí, _____.
8. A: ¿Me ha traído Rita las entradas?   B: Sí, _____.

ACIERTOS ...... / 8

37.3. Me, te, se...와 lo, la, los, las를 사용하여 문장을 완성하세요.

1. Este paraguas (*a él*) __se__ __lo__ regaló Andrea.
2. Esta corbata (*a mí*) _____ _____ regaló mi novia.
3. Ese coche (*a ellos*) _____ _____ ha vendido un amigo.
4. Esa lámpara (*a nosotros*) _____ _____ ha regalado una tía de Alberto.
5. Esas flores (*a ella*) _____ _____ ha traído su novio.
6. Este paquete (*a usted*) _____ _____ ha traído un mensajero.
7. Esos bombones (*a ellas*) _____ _____ ha comprado su hermano.
8. Este libro (*a ti*) _____ _____ ha traído Víctor.
9. Esta carta (*a mí*) _____ _____ envía una amiga de Perú.
10. Estos helados (*a vosotros*) _____ _____ compro yo.

ACIERTOS ...... / 10

37.4. 예시와 같이 질문에 답하세요.

1. A: ¿Te ha dado las entradas?   B: No, _a mí no me las ha dado_.
2. A: ¿Le ha dado a usted el dinero?   B: No, _____.
3. A: ¿Os ha dado las llaves?   B: No, _____.
4. A: Me ha enviado el paquete?   B: No, _____, don Antonio.
5. A: ¿Nos han aprobado?   B: No, _____.
6. A: ¿La han aprobado a Teresa?   B: Sí, _____.
7. A: ¿Y lo han aprobado a Alfonso?   B: No, _____.
8. A: ¿Nos han invitado a la fiesta?   B: No, _____.

ACIERTOS ...... / 8

38 lo/la/le
목적격 대명사의 구별과 사용 Confusión entre pronombres personales de complemento

● **Lo, la, los, las**는 이전에 언급된 사람, 동물 또는 사물을 지칭하기 위한 동사의 직접 목적어로 사용됩니다.

▶ 35과: 직접 목적격 대명사 Pronombres personales de complemento directo

lo, los → 남성형
la, las → 여성형

- A: ¿Me dejas **el diccionario**? 사전 좀 빌려줄래?
  B: No puedo. **Lo** necesito. 안돼. 나는 그것이 필요해.
- A: ¿Me dejas **la pluma**? 펜 좀 빌려줄래?
  B: No puedo. **La** necesito. 안돼. 나는 그것이 필요해.
- A: ¿Amas a **Juan**? 너는 후안을 사랑하니?
  B: Sí, **lo** amo. 응, 나는 그를 사랑해.
- A: ¿Quieres a **tus padres**? 너는 너의 부모님을 사랑하니?
  B: Sí, **los** quiero. 응, 나는 그들을 사랑해.

예외 일부 지역(특히 스페인 중북부)에서는 직접 목적어가 남성 사람을 가리킬 때, 표준 스페인어에서 쓰이는 *lo, los* 대신 *le, les*를 사용하며, 이러한 현상을 *Leísmo*라고 합니다.
- A: ¿Amas a **Juan**? 너는 후안을 사랑하니?   B: Sí, **le** amo. 응, 나는 그를 사랑해.
- A: ¿Quieres a **tus padres**? 너는 너의 부모님을 사랑하니?   B: Sí, **les** quiero. 응, 나는 그들을 사랑해.

주의
- A: ¿Me dejas el diccionario?   B: No puedo. ~~Le~~ necesito. → No puedo. **Lo** necesito. 안돼. 나는 그것이 필요해.
- Di a Sofía que ~~le~~ llaman por teléfono. → Di a Sofía que **la** llaman por teléfono. 소피아에게 그녀에게 전화가 왔다고 말해.

● **Le, les**는 사람(남성과 여성)을 지칭하기 위한 동사의 간접 목적어로 사용됩니다.

▶ 35과: 직접 목적격 대명사 Pronombres personales de complemento directo

- A: ¿Qué **le** has regalado a **Pedro**? 넌 페드로에게 뭘 선물했니?
  B: **Le** he regalado una cartera. 나는 그에게 지갑을 선물했어.
- A: ¿Y a **María**? 마리아에게는?
  B: **Le** he regalado unos pendientes. 그녀에게는 귀걸이를 선물했어.
- A Elena **le** duele la cabeza. 엘레나는 머리가 아프다.

주의
- A María ~~la~~ he regalado unos pendientes. → A María **le** he regalado unos pendientes. 나는 마리아에게 귀걸이를 선물했다.
- A Juan ~~lo~~ han regalado un disco. → A Juan **le** han regalado un disco. (그들은) 후안에게 레코드를 선물했다.

직접 목적격 대명사와 간접 목적격 대명사가 함께 올 때, *le, les* → *se*로 바뀝니다.
- A: ¿**Le** has dado la carta a Joaquín? 호아킨에게 편지를 줬니?
  B: Sí, **se la** he dado. 응, 나는 그에게 그것을 줬어.
- A: ¿**Les** has enseñado las notas a tus padres? 너의 부모님에게 성적표를 보여 드렸니?
  B: Sí, **se las** he enseñado. 네, 저는 그들에게 그것을 보여 드렸어요.

● **Lo**는 이전에 주어진 정보를 지칭하는 동사의 직접 목적어로 사용됩니다.
- A: ¿**Le** has dicho a Juan **que me caso**? 너 후안에게 내가 결혼한다고 말했니?
  B: Sí, se **lo** he dicho, pero no se lo cree. 응, 그에게 그것을 말했지만 그는 그것을 믿지 않더라.
- A: ¿Sabes que **Chávez está muy enfermo**? 너 차베스가 매우 아픈 것을 알고 있어?
  B: Sí, **lo** sé. 응, 나는 그것을 알고 있어.

때때로 이전 정보에 대한 반대 또는 놀라움을 나타내는 표현에서도 *lo*가 사용됩니다.
- A: *Felipe no es argentino*. 펠리페는 아르헨티나 사람이 아니야.   B: Claro que **lo** es. 당연히 아르헨티나 사람이 맞지.

38 연습 문제 Ejercicios

38.1. 알맞은 형태를 고르세요.

1. A: ¿Quieres este libro? B: No, no (le/**lo**) quiero. Gracias.
2. A: ¿Me dejas el lápiz? B: No puedo. (Le/Lo) necesito.
3. A: ¿Quieres a Ana? B: Sí, (la/le) quiero.
4. A: ¿Ha visto usted mis gafas? B: No, no (las/les) he visto.
5. A: ¿(La/Le) has regalado tu chaqueta roja a Luisa?
   B: No, no (se/le) (la/le) he regalado. (Se/Le) (la/le) he prestado.
6. A: ¿Han visto ustedes a mis padres? B: No, no (se/los) hemos visto.
7. (Le/La) he prestado cien euros a Ivana.
8. A: ¿(Les/Los) has dejado el coche a tus hermanos? B: No, no (se/les) (le/lo) he dejado.
9. A: ¿Has visto a mis hermanas? B: Sí, (las/les) he visto.
10. Inés, (la/le) llaman por teléfono.
11. A: ¿Quiere ver a Andrés? B: No, no quiero (verla/verlo).
12. (Les/Los) he comprado una televisión a mis padres.
13. (La/Le) dije a Juana que no tengo dinero.
14. Ayer (la/le) vi en el parque, Elisa.
15. A: ¿Qué (la/le) pasa a Elsa? B: (La/Le) duele la cabeza.

ACIERTOS ...... /15

38.2. Lo, la, los, las, le, les 또는 se를 사용하여 문장을 완성하세요.

1. A: ¿Has visto a Juana? B: Sí, __la__ he visto.
2. _____ he regalado unos bombones a Sarita.
3. A: ¿Has llamado a tu padre, Héctor? B: Sí, _____ he llamado.
4. ¿Qué _____ has dicho a la profesora?
5. A: ¿_____ has regalado tus discos a Enrique? B: Sí, _____ _____ he regalado.
6. A: ¿Has visto a Concha? B: No, hoy no _____ he visto.
7. A Pili _____ duelen las muelas.
8. A: ¿Qué _____ has comprado a tus padres?
   B: A mi padre _____ he comprado un libro y a mi madre _____ he comprado un pañuelo.

ACIERTOS ...... /8

38.3. 알맞은 전치사를 사용하여 문장을 완성하세요.

1. A: ¿ __Le__ has dicho a Juan que necesito el coche?
   B: Sí, ____ ____ he dicho, pero dice que él también ____ necesita.
2. A: ¿Sabes que me voy a Colombia? B: No, no ____ sabía.
3. A: ¿Es verdad que Ángela tiene mucho dinero? B: ____ es, pero no ____ parece.
4. A: ¿Sabe papá que necesito dinero? B: ____ sabe, pero dice que ____ ____ pidas luego.
5. No ____ entiendo. ____ he ofrecido ayuda a Teresa, pero no ____ ha aceptado.
6. A: ¿De verdad que Ana es escritora? B: Claro que ____ es, pero no ____ sabe nadie.
7. A: Juan y Lola se han casado. B: Ya sabía que ____ harían. Él ____ quiere mucho.
8. A: Se ha muerto Momo. B: ¡Cuánto ____ siento! Yo ____ quería mucho.

ACIERTOS ...... /8

85

39 *ámame, dámelo*
명령형, 동사 원형 및 현재 분사와 함께 사용하는 목적격 대명사
Pronombres de complemento con el imperativo, el infinitivo y el gerundio

● **긍정 명령형과 사용하는 목적격 대명사**

> 73과: 긍정 명령형: 규칙 동사
> Imperativo afirmativo: verbos regulares
>
> 78과: 목적격 대명사를 사용하는 명령법
> Imperativo con pronombres de complemento

(1) 직접 목적어(CD)와 사용: 긍정 명령형 + *me / te / lo*...
- *Áma**me**.* 나를 사랑해 줘.
- *Ese coche ya está muy viejo. Vénde**lo**.*
  그 차는 이미 너무 오래 되었어. 그것을 팔아.

(2) 간접 목적어(CI)와 사용: 긍정 명령형 + *me / te / le*...
- *Roberto necesita el coche. Da**le** las llaves.*
  로베르토는 차가 필요해. 그에게 차 키를 줘.
- *Di**me** la verdad.* 나에게 사실을 말해 줘.

(3) 직접 목적어(CD) 및 간접 목적어(CI)와 사용: 긍정 명령형 + *me / te / se*... + *lo / la / los / las*
- *Esas gafas son de Lola. Dá**selas**.*
  그 안경은 롤라의 것이야. 그녀에게 그것을 줘.
- A: *¿Es tuyo este libro?* B: *Sí, dá**melo**.*
  이 책 네 것이니? 응, 나에게 그것을 줘.

● **동사 원형과 사용하는 목적격 대명사**

> 93과: 동사 원형 Infinitivo

(1) 직접 목적어(CD)와 사용: 동사 원형 + *me / te / lo*...
- *Está enfadada con nosotros. No quiere ver**nos**.*
  그녀는 우리에게 화가 났어. 우리를 보고 싶어하지 않아.
- *No hay leche. He olvidado comprar**la**.* 우유가 없어. 그것을 사는 것을 잊어버렸어.

(2) 간접 목적어(CI)와 사용: 동사 원형 + *me / te / le*...
- *Venid aquí. Quiero decir**os** algo.* 너희 여기로 와 봐. 너희에게 할 말이 있어.
- *Me gustaría preguntar**te** algo.* 나는 너에게 물어보고 싶은 것이 있어.

(3) 직접 목적어(CD) 및 간접 목적어(CI)와 사용: 동사 원형 + *me / te / se*... + *lo / la / los / las*
- *La entrada no es nuestra, pero él quiere dár**nosla**.*
  그 입장권은 우리 것이 아니지만, 그는 우리에게 그것을 주고 싶어 한다.

> **예외** *poder, querer, deber* 등 조동사적 성격의 일부 동사와 사용될 때에는 동사 원형 뒤뿐만 아니라 활용된 동사 앞에 목적격 대명사를 둘 수도 있습니다.
> - *No **los** puedo ver.*
>   나는 그들/그것들을 볼 수 없다.
> - *Te quiero decir algo.*
>   나는 너에게 말하고 싶은 것이 있어.
> - *¿**Me lo** vais a regalar?*
>   너희들은 나에게 그것을 선물할 거니?

● **현재 분사와 사용하는 목적격 대명사**

> 98과: 현재 분사 Gerundio

(1) 직접 목적어(CD)와 사용: 현재 분사 + *me / te / lo*...
- A: *¿Qué hace con el regalo?* B: *Está envolviéndo**lo**.*
  그/그녀가 선물로 뭘 하고 있어? 그것을 포장하고 있어.

(2) 간접 목적어(CI)와 사용: 현재 분사 + *me / te / le*...
- *¿Qué está diciéndo**le**?* 당신은 그/그녀에게 무슨 말을 하고 있습니까?
- A: *¿Qué haces?* 너 뭐하니? B: *Estoy escribiéndo**le** a Laura.* 나는 라우라에게 편지를 쓰고 있어.

(3) 직접 목적어(CD) 및 간접 목적어(CI)와 사용: 현재 분사 + *me / te / se*... + *lo / la / los / las*
- A: *¿Por qué tiene Susana la carta de Jaime?* B: *Está leyéndo**mela**. Yo no veo bien.*
  어째서 수사나가 하이메의 편지를 가지고 있어? 나에게 그것을 읽어 주고 있어. 나는 잘 안 보이거든.

> **예외** 이와 같은 *estar* + 현재 분사 구조에서는 목적격 대명사를 현재 분사 뒤에 붙일 수도 있고, 활용된 동사(*estar*) 앞에 둘 수도 있습니다.
> - ***Lo** está envolviendo.*
>   그/그녀는 그것을 포장하고 있습니다.
> - *¿Qué **te** está diciendo?*
>   당신은 그/그녀에게 무슨 말을 하고 있습니까?
> - ***Me lo** está leyendo.*
>   그/그녀는 나에게 그것을 읽어 주고 있습니다.

주의					
ama ▶ *ámame*		*dar* ▶ *dárnosla*		*arreglando* ▶ *arreglándola*	
사랑하라 나를 사랑해 줘		주다 우리에게 그것(여성형)을 줘		수선하고 있는 그것(여성형)을 수선하고 있는	
dame ▶ *dámelo*		*prestar* ▶ *prestármelo*		*preguntando* ▶ *preguntándote*	
나에게 줘 나에게 그것을 줘		빌려주다 나에게 그것을 빌려주다		질문하고 있는 너에게 질문하고 있는	

39 연습 문제 Ejercicios

39.1. 필요한 변형을 하여 밑줄 친 단어를 대명사로 바꾸세요.
1. Ama <u>a tus padres</u>. _Ámalos_.
2. Comprad <u>el periódico</u>. _____.
3. Dale <u>su dinero</u> <u>a Elvira</u>. _____.
4. Hazle <u>la pregunta</u> <u>a Carlos</u>. _____.
5. Pregunta <u>a tu madre</u>. _____.
6. Venda <u>la casa</u>. _____.
7. Pasa <u>el agua</u> <u>a Ramón</u>. _____.
8. Escribe <u>a Sheila</u>. _____.

39.2. 주어진 동사 원형을 적절한 대명사와 함께 사용하여 문장을 완성하세요.
1. A: ¿Has comprado el periódico?   B: He olvidado _comprarlo_.
2. Ese libro es mío, pero Carlos no quiere _____.
3. Sonia está enfadada con vosotros. No quiere _____.
4. Estos zapatos están muy viejos. Voy a _____.
5. Ven aquí, Gabriel. Quiero _____ algo.
6. Ramón quiere comprarme ese cuadro, pero yo no quiero _____.
7. He tenido carta de Antón. Tengo que _____.
8. No sabemos hacer el ejercicio, pero Hans quiere _____.
9. Mis tías viven en este barrio. Me gustaría _____.

> ayudar
> ~~comprar~~
> devolver
> escribir
> preguntar
> tirar
> vender
> ver
> visitar

39.3. 필요한 변형을 하여 밑줄 친 단어를 대명사로 바꾸세요.
1. Está limpiando <u>las ventanas</u>. _Está limpiándolas_.
2. Estoy acabando <u>la novela</u>. _____.
3. Están preguntando <u>al Sr. Oliva</u>. _____.
4. Estamos lavando <u>las camisas</u>. _____.
5. Están haciendo <u>la pregunta</u> <u>a Carla</u>. _____.
6. Está lavando <u>el pelo</u> <u>a su hijo</u>. _____.
7. Está hablando <u>a Pepa</u>. _____.
8. Está arreglando <u>la radio</u>. _____.

39.4. 필요한 강세를 넣어 단어를 문장으로 배열하세요.
1. la sal / me / pasa   _Pásame la sal_.
2. la directora / nos / ver / quiere _____.
3. no tengo pan. He olvidado / lo / comprar _____.
4. ¿me / ayudar / puedes? _____.
5. a Julio / se / pregunta / lo _____.
6. ¿quién / lo / está haciendo? _____.
7. me gustaría / a Sandra / lo / se / decir _____.
8. me / la pelota / pasa _____.

40 me ducho, nos queremos
재귀 대명사와 상호의 의미 Pronombres reflexivos y con valor recíproco

Me ducho todos los días.
나는 매일 샤워해.

Ricardo se afeita todas las mañanas.
리카르도는 매일 아침 면도해.

Me, se는 재귀 대명사입니다.

● 동작(*ducharse* 샤워하다, *afeitarse* 면도하다)의 대상이 다음과 같을 때 사용합니다.

(1) 그 행위를 수행한 사람 자신이 그 동작을 받는 경우에 사용합니다.

Me ducho.
나는 샤워한다.

(2) 그 사람의 신체 일부 또는 의복이 그 동작을 받는 경우에 사용합니다.

Me lavo el pelo.
나는 머리를 감는다.

Nos ponemos una bata para trabajar.
우리는 업무 가운을 입는다.

● 재귀 대명사

(yo 나) me	(tú 너) te	(usted 당신) se	(él, ella 그/그녀) se
(nosotros, –as 우리들) nos	(vosotros, –as 너희들) os	(ustedes 당신들) se	(ellos, –as 그들/그녀들) se

비교

Me afeito todas las mañanas.
나는 매일 아침 면도해.

Afeito a unas seis personas todas las mañanas.
나는 매일 아침 약 여섯 명의 사람들을 면도해 줘.

• **Rut se viste** después de desayunar.
루스는 아침 식사 후에 옷을 입는다.
• **Antón y yo nos quemamos** con unas cerillas.
안톤과 나는 성냥에 데었다.

• **Rut viste a los niños** después de desayunar.
루스는 아침 식사 후에 아이들을 옷을 입힌다.
• **Ayer quemamos unos troncos** en la chimenea.
어제 우리는 벽난로에 통나무를 태웠다.

● **Nos, os, se**는 두 명 이상의 사람이 서로 행동을 주고받는 경우를 나타내는 데에도 사용됩니다.
("*yo a ti y tú a mí* 나는 너에게, 너는 나에게")

• **Nos queremos.** 우리는 서로 사랑한다. (Ella me quiere a mí y yo la quiero a ella. 그녀는 나를 사랑하고 나는 그녀를 사랑한다.)
• **¿Os conocéis** Marisa y tú? 마리사와 너는 서로 알고 있니?
  (¿Conoces tú a Marisa y te conoce ella a ti? 너는 마리사를, 그녀는 너를 알고 있니?)
• Juan y su padre **se entienden** muy bien. 후안과 그의 아버지는 서로를 매우 잘 이해한다.
  (Juan entiende a su padre y su padre entiende a Juan. 후안은 그의 아버지를 이해하고, 그의 아버지는 후안을 이해한다.)

▶ 53과: *Me, te, se*...와 함께 쓰는 동사들
Verbos con *me, te, se*...

54과: *Me, te, se*...와 함께 쓰는 동사들과 사용하지 않는 동사들의 대조 Contraste entre verbos con y sin *me, te, se*...

40 연습 문제 Ejercicios

40.1. 필요한 경우에 me, te, se...를 사용하여 문장을 완성하세요.
1. Rosa __se__ cortó con un cuchillo ayer.
2. Sandra _____ mira mucho al espejo.
3. Juan _____ cortó el pan con su navaja.
4. No _____ mires tanto al espejo, Saúl.
5. ¿Cuándo _____ duchan los niños?
6. Mi hermana y yo _____ quemamos cocinando.
7. Roberto _____ ha quemado las cartas de Aurora.
8. Julio y Pedro _____ saludaron en la fiesta.
9. ¿Quién _____ ha tirado mis gafas a la basura?
10. ¿Por qué _____ pone usted el sombrero?
11. Mira. (Yo) _____ veo en el agua.
12. ¿Qué _____ ves en el agua?
13. ¿Cuándo _____ lavas el pelo, Sonia?
14. ¿Vosotros _____ afeitáis todos los días?
15. Alicia _____ rompió una pierna esquiando.

ACIERTOS ...../15

40.2. 문장에 사용된 동사의 쓰임에 주의하여 nos, os 또는 se를 사용하여 문장을 다시 쓰세요.
1. Felipe saludó a David y David saludó a Felipe. _Felipe y David se saludaron_.
2. Roque no habla a Julio y Julio no habla a Roque. _____.
3. Roque te quiere a ti y tú quieres a Roque. _____.
4. Sofía escribe a Lina y Lina escribe a Sofía. _____.
5. Andrés me conoce muy bien a mí y yo conozco muy bien a Andrés. _____.
6. Rodrigo ayuda a su hermana y su hermana ayuda a Rodrigo. _____.
7. En Navidad, mi mujer me hace un regalo y yo le hago un regalo a ella. _____.
8. Tus amigos te ven a ti y tú los ves a ellos los domingos. _____.

ACIERTOS ...../8

40.3. 필요한 경우에 me, te, se...를 사용하여 다음 문장들을 완성하세요.

1. (Yo) __Me__ conozco muy bien.
2. Teresa y Antonio _____ conocen muy bien.
3. _____ conozco muy bien a mis hijos.
4. ¿Por qué no _____ quieren Isabel y Leo?
5. ¿Por qué no _____ quieres a tu hermano?
6. ¿Por qué _____ peleáis tú y Juan?
7. ¿_____ veis mucho Alfonso y tú?
8. Raúl y Teresa no _____ hablan.
9. ¿_____ ve usted en el espejo?
10. María y Alfredo _____ ven todos los días.
11. ¿Por qué no _____ vistes, Rosa? Es tarde.
12. ¿_____ has vestido ya a los niños, Jaime?

ACIERTOS ...../12

41 para mí, contigo...
전치격 대명사 Pronombres personales con preposiciones

● 전치사 + 대명사

전치사		대명사
a ···에게, ···로 de ···부터 para ···위해 por ···때문에, ···위해 sin ···없이 등	+	mí ti usted él, ella nosotros, nosotras vosotros, vosotras ustedes ellos, ellas

예외 con + mí → conmigo
con + ti → contigo

- ¿Te quieres venir **conmigo** al cine? 너 나와 영화관에 갈래?
- Soy muy feliz **contigo**. 나는 너와 함께 있어서 매우 행복해.

- No pueden vivir **sin mí**. 그들은 나 없이는 살 수 없어.
- No quiero nada **de ti**. 나는 너에게서 아무것도 원하지 않아.
- Hay una llamada **para usted**. 당신에게 전화가 와 있습니다.
- A: Ya no tengo **coche**. 나는 이제 차가 없어.   B: ¿Qué has hecho **con él**? 그것을 어떻게 했어?
- ¿Has visto a **Dana**? Quiero hablar **con ella**. 다나를 봤니? 나는 그녀와 이야기하고 싶어.
- Siéntate junto **a nosotras**. 우리와 같이 앉아.
- ¿Me dejáis jugar **con vosotros**? 너희들과 같이 놀게 해 줄래?
- Tengo algo **para ustedes**. 나는 당신들에게 줄 것이 있습니다.
- ¿Dónde están **los gatos**? Tengo algo de comida **para ellos**.
  고양이들이 어디에 있지? 나는 그들을 위한 약간의 음식이 있어.

주의
| entre ···사이에
excepto ···을 제외하고
hasta (= incluso ···을 포함하여) ···까지
incluso ···을 포함하여
menos ···빼고, ···을 제외하고
según ···에 따르면 | + | yo
tú |

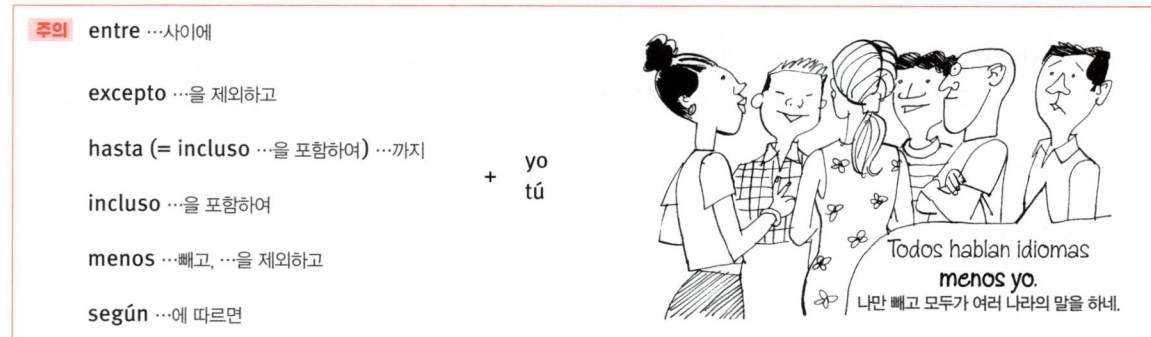

Todos hablan idiomas **menos yo**.
나만 빼고 모두가 여러 나라의 말을 하네.

- Siéntate aquí, **entre Ivana y yo**. 여기 이바나와 내 사이에 앉아.
- Saben nadar todos **menos yo**. 나 빼고 모두들 수영을 할 줄 안다.
- **Según tú**, ¿quién es el culpable? 너에 따르면, 누가 범인이야?

41 연습 문제 Ejercicios

41.1. 전치사를 사용하여 문장을 완성하세요.

 ① Para _ti_.
 ② Para ____.
 ③ Estoy enfadada con ____.
 ④ Para ____.
 ⑤ ¿Es para ____? Gracias.
 ⑥ Buenos días, don Salvador. Me gustaría hablar con ____.
 ⑦ Está hecha por ____.
 ⑧ ¿Para ____? Gracias.

41.2. 적절한 대명사를 사용하여 문장을 완성하세요.
1. ¿Has visto a Adolfo? Quiero hablar con ___él___.
2. ¿Has visto a Petra? Quiero hablar con _____.
3. ¿Has visto al señor Carmona? Tengo algo para _____.
4. Antonio te está buscando. Quiere hablar con _____.
5. ¿Dónde están Pepe y Susana? Mercedes quiere hablar con _____.
6. Aurora nos está buscando. No puede estar un momento sin _____.
7. Mi jefe me necesita. No sabe hacer nada sin _____.

41.3. *Yo, mí, -migo* 또는 *tú, ti, -tigo*를 사용하여 문장을 완성하세요.
1. Estoy triste. Luisa no quiere salir ___conmigo___.
2. Lo siento, Jaime. Han aprobado todos menos _____.
3. Toma, un regalo para _____ de parte de Ana.
4. Oye, Luis, según _____, ¿quién va a ganar el domingo?
5. ¿Esto es para _____? Gracias.
6. Ven con _____, por favor. Necesito ayuda.
7. ¿Está Berta con _____, María?

41.4. 알맞은 형태를 고르세요.
1. Según (*ti*/*tú*), ¿quién es el mejor cantante del mundo?
2. Toma. Este disco es para (*ti*/*tú*).
3. Ven. Siéntate junto a (*mí*/*yo*).
4. Luisa se sienta entre Jorge y (*mí*/*yo*).
5. ¿Quieres venir (*conmigo*/*con yo*), Sonia?
6. Sebastián se sienta delante de (*mí*/*yo*).
7. A todos les gusta el pescado menos a (*mí*/*yo*).
8. Han leído todos el Quijote menos (*mí*/*yo*).

42 soy, eres, es...
Ser 동사의 직설법 현재 Presente de indicativo de ser

● **Ser 동사: 직설법 현재**

	Ser …이다
(yo 나)	**soy**
(tú 너)	**eres**
(usted 당신)	**es**
(él, ella 그, 그녀)	**es**
(nosotros, –as 우리들)	**somos**
(vosotros, –as 너희들)	**sois**
(ustedes 당신들)	**son**
(ellos, –as 그들, 그녀들)	**son**

● **Ser 동사의 용법**

(1) 사람 또는 사물을 정의할 때 사용됩니다.
  • *Mira. Ese **es** Andrés.* 봐. 저 사람은 안드레스야.
  • A: *¿Qué **es** eso?* 그게 뭐야? B: ***Es** una cámara digital.* 디지털 카메라야.

(2) 직업, 국적 또는 이념을 말할 때 사용됩니다.
  • ***Soy** estudiante.* 나는 학생이다.
  • *El hermano de Ana **es** médico.* 아나의 오빠는 의사다.
  • *Chelo **es** peruana.* 첼로는 페루 사람이다.
  • *Laika y yo **somos** musulmanes.* 라이카와 나는 이슬람교도다.

(3) 사람 사이의 관계를 나타낼 때 사용됩니다.
  • *Luis y María **son** amigos.* 루이스와 마리아는 친구다.
  • *Pedro y yo **somos** primos.* 페드로와 나는 사촌 형제다.

(4) 특징을 표현할 때 사용됩니다.
  • *Diana **es** muy inteligente.* 디아나는 매우 똑똑하다.
  • *Estos libros no **son** muy interesantes.* 이 책들은 별로 흥미롭지 않다.
  • *El coche de Eduardo **es** rojo.* 에두아르도의 차는 빨간색이다.

(5) 시간, 수량 또는 가격을 나타낼 때 사용됩니다.
  • A: *¿Qué día **es** hoy?* 오늘 무슨 요일이야? B: ***Es** martes.* 화요일이야.
  • *En mi clase **somos** veintidós.* 우리 반은 22명이다.
  • A: *¿Cuánto **es** esto?* 이거 얼마예요? B: ***Son** sesenta euros.* 60유로입니다.

> **주의** *Es la una.* 1시입니다. *Son las dos.* 2시입니다.

(6) 어떤 사건의 장소 또는 시간에 대해 말할 때 사용됩니다.
  • *¿Dónde **es** la fiesta?* 파티 (장소)가 어디야?
  • *El partido **es** a las diez.* 경기는 10시다.

● **출신지, 재질 또는 소유를 나타내기 위해 'ser 동사 + de'를 사용합니다.**
  (1) 출신지: • *¿De dónde **son** ustedes? **Somos** de Santander.* 당신들은 어디 출신입니까? 우리는 산탄데르 출신입니다.
  (2) 재 질: • *Esta silla **es** de plástico.* 이 의자는 플라스틱으로 만들어졌다.
  (3) 소 유: • *Ese coche **es** de Eduardo.* 그 차는 에두아르도의 것이다.

42 연습 문제 Ejercicios

42.1. 그림을 보고 soy, eres, es...를 사용하여 문장을 완성하세요.

1. ¿De dónde **sois**? / **_____** mexicanos.
2. ¿Quién **_____** Liz? / **_____** yo.
3. **_____** hermanas.
4. ¿**_____** ustedes médicos? / No, **_____** enfermeros.
5. ¿De dónde **_____**? / **_____** de Barcelona.
6. 25 euros.

42.2. Soy, eres, es...를 사용하여 질문과 대답을 완성하세요.

1. ¿De dónde **eres** (tú)?
2. ¿De dónde _____ tus padres?
3. ¿Cuántos _____ en tu familia?
4. ¿_____ profesor?
5. ¿Qué hora _____?
6. ¿Qué día _____ hoy?
7. ¿_____ Rosa y tú hermanos?
8. ¿A qué hora _____ la clase?
9. ¿Cuántos _____ en clase?
10. ¿De quién _____ estos libros?

1. _____ de Quito.
2. _____ de Guayaquil.
3. _____ cuatro.
4. No, _____ estudiante.
5. _____ las tres.
6. _____ jueves.
7. No, _____ primos.
8. _____ a las ocho.
9. _____ doce.
10. _____ de la profesora.

42.3. Soy, eres, es...를 사용하여 긍정문 또는 부정문 형태로 문장을 쓰세요.

1. Elsa y Tomás / chilenos   _Elsa y Tomás son chilenos_____.
2. Usted / muy amable _____.
3. Esa mesa / de cristal _____.
4. Mi hermano y yo / no / morenos _____.
5. Vosotros / muy alegres _____.
6. Esos pantalones / no / de lana _____.
7. Ese libro / de Marta _____.
8. Ustedes / no / muy altos _____.

43 estoy, estás, está...
Estar 동사의 직설법 현재 Presente de indicativo de estar

Luis **está** en la cama. **Está** enfermo.
루이스는 침대에 있다. 그는 아프다.

● **Estar 동사: 직설법 현재**

	Estar (상태가) 이다, (장소에) 있다
(yo 나)	estoy
(tú 너)	estás
(usted 당신)	está
(él, ella 그, 그녀)	está
(nosotros, –as 우리들)	estamos
(vosotros, –as 너희들)	estáis
(ustedes 당신들)	están
(ellos, –as 그들, 그녀들)	están

● **Estar 동사의 용법**

(1) 사람이나 사물의 물리적 위치를 나타낼 때 사용됩니다.
   • **Mis** padres **están** en Caracas. 나의 부모님은 카라카스에 계신다.
   • A: ¿Dónde está Monterrey? 몬테레이는 어디에 있나요?   B: Está en el norte de México. 멕시코 북부에 있습니다.

   > 주의 estar + 사람 명사 → 집이나 사무실 등 주어가 '보통 있을 법한 장소'에 있는지를 나타낼 때 사용합니다.
   > • ¿**Está** Miguel? (¿Está Miguel en casa?) 미겔 있니? (미겔이 집에 있니?)
   > • Buenos días. ¿**Está** la señora Vasconcelos? (¿Está la señora Vasconcelos en la oficina?)
   > 좋은 아침입니다. 바스콘셀로스 씨 계신가요? (바스콘셀로스 씨가 사무실에 계신가요?)

(2) 일시적인 신체적·정신적인 상태를 나타낼 때 사용됩니다.
   enfermo 아픈, *resfriado* 감기에 걸린, *cansado* 피곤한,
   agotado 지친, *contento* 만족스러운, *triste* 슬픈, *aburrido* 지루한,
   de buen/mal humor 기분이 좋은/나쁜 등

   Estamos aburridos. 우리는 지루하다.
   • A: ¿**Cómo estás** hoy, Mónica? 오늘 (상태, 기분 등) 어때, 모니카?
   • B: **Estoy** un poco cansada. 나 약간 피곤해.

(3) 일시적인 상황을 나타낼 때 사용됩니다.
   • La casa **está** sucia. (Normalmente está limpia.)
     집이 더럽다. (보통은 깨끗하다.)
   • La sopa **está** caliente. 수프가 뜨겁다.

Las tiendas **esán** abiertas.
상점들이 문을 열었다.

Las tiendas **esán** cerradas.
상점들이 문을 닫았다.

▶ 56과: 'Estar + 현재 분사'의 현재형 Presente de estar + gerundio

43 연습 문제 Ejercicios

43.1. 그들은 어디에 있나요? estoy, estás, está...를 사용하여 문장을 완성하세요.

43.2. Estoy, estás, está...와 주어진 단어를 사용하여 문장을 완성하세요.

aburrida   agotado   contento   de buen humor   de mal humor   enfadado   ~~resfriado~~   triste

43.3. Está 또는 están과 주어진 단어를 사용하여 그림을 묘사하세요.

~~abierta~~   apagada   cerrada   limpios   nublado   sucios

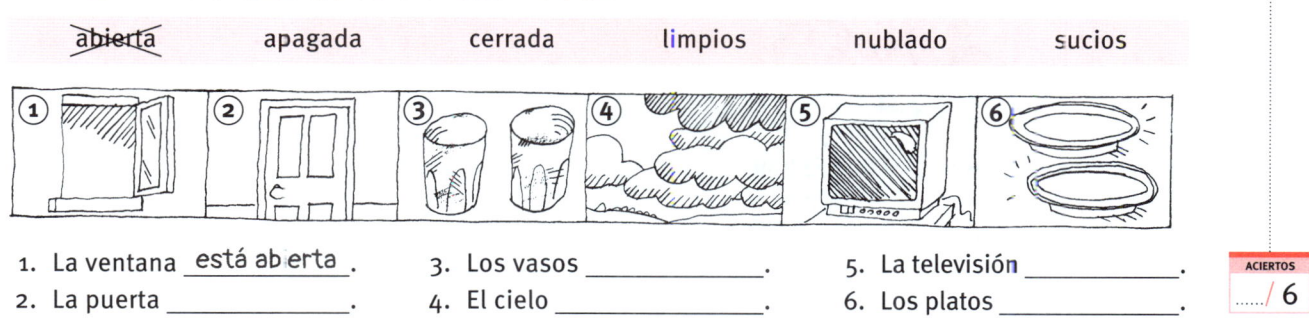

1. La ventana está abierta .
2. La puerta _____.
3. Los vasos _____.
4. El cielo _____.
5. La televisión _____.
6. Los platos _____.

43.4. Estoy, estás, está...를 사용하여 대화를 완성하세요.

1. A: ¿Cómo ___está___ usted, Elisa?   B: _____ muy bien, gracias.
2. A: ¿_____ Luisa?   B: Sí, pero _____ en la cama.
3. A: ¿_____ cansado, Virgilio?   B: No, no _____ cansado. _____ aburrido.
4. A: ¿Dónde _____ mi chaqueta nueva?   B: _____ en el armario.
5. A: ¿Dónde _____ las Islas Galápagos?   B: _____ en el Pacífico.

44 soy alegre / estoy alegre
Ser 동사와 estar 동사의 대조 Contraste entre ser y estar

> 비교

SER ▶ 42과: Ser 동사의 직설법 현재 Presente de indicativo de ser

- 사람 또는 사물의 일반적이거나 영구적인 특성 또는 성질을 말할 때 사용됩니다.

- *María es muy activa.* (Es así normalmente.)
  마리아는 매우 활동적이다. (보통 그렇다.)
- *Julián es alegre.* (Es así normalmente.)
  훌리안은 명랑하다. (보통 그렇다.)
- *El hielo es frío.* 얼음은 차갑다.

- *Sofía es delgada.* (Es así siempre.)
  소피아는 날씬하다. (항상 그렇다.)
- *Ana es muy elegante.* 아나는 매우 우아하다.

- 어떤 사건의 장소 또는 시간을 나타내기 위해 사용됩니다.
  - *La boda es en la iglesia de Santa Marta, a las cinco.*
    결혼식은 산타마르타 교회에서 5시에 열린다.

ESTAR ▶ 43과: Estar 동사의 직설법 현재 Presente de indicativo de estar

- 사람 또는 사물의 일반적이지 않거나 일시적인 특성 또는 상태를 말할 때 사용됩니다.
  - *Hoy está cansada.* (solo hoy)
    오늘 그녀는 피곤하다. (오늘만 유독)
  - *Hoy no está alegre. Está triste.*
    오늘 그는 명랑하지 않다. 슬프다.
  - *Este café está frío.*
    이 커피는 차갑다.

  > 예외 **Estar muerto.** 죽은 상태다.
  - *Esta planta está muerta.* 이 식물은 죽었다.

- 변화를 나타내기 위해 사용됩니다.

  Estás muy delgado, Pedro.
  너는 너무 말랐어, 페드로.

- 그 순간을 강조하기 위해 사용됩니다.
  - *Estás muy elegante con ese vestido.*
    너 그 옷 입으니 우아해 보여.

- 사람 또는 사물의 장소 또는 위치를 나타내기 위해 사용됩니다.
  - *La iglesia de Santa Marta está en la Plaza de Córdoba.*
    산타마르타 교회는 코르도바 광장에 있다.

- 일부 형용사는 *ser/estar* 동사 중 어느 동사와 사용되느냐에 따라 각각 다른 의미를 가집니다.

Este perro es muy malo. (Es travieso.)
이 개는 매우 나쁘다. (장난스럽다).

ser malo 나쁜 = *de mal comportamiento* 나쁜 행동을 하는,
  o mala calidad 나쁜 품질의
ser aburrido 따분한 = *soso* (성격이) 싱거운,
  que no sabe divertirse 무미건조한
ser bueno 좋은 = *de buen comportamiento* 바른 행동을 하는,
  de buena calidad 좋은 품질의
ser listo 똑똑한 = *astuto* 교활한, *inteligente* 영리한
ser moreno 어두운 색의 = *tener el pelo oscuro*
  머리색이 검거나 짙은 갈색이다
ser rico 부유한 = *tener dinero* 돈이 많다

Pepe está malo. (Está enfermo.)
페페는 상태가 안 좋다. (아프다.)

estar malo 나쁜 상태인 = *estar enfermo* 아픈
estar aburrido = *no tener nada para divertirse*
지루한   즐길 거리를 아무 것도 가지지 못하다
estar bueno (상태가) 좋은 = *sabroso* 맛이 좋은,
  recuperado de una enfermedad 병으로부터 회복된
estar listo 준비된 = *preparado*
estar moreno 구릿빛 피부인 = *bronceado* 햇볕에 그을린, 선탠한
estar rico 맛있는 = *sabroso* 맛이 좋은

▶ 56과: 'Estar + 현재 분사'의 현재형 Presente de estar + gerundio

44 연습 문제 Ejercicios

44.1. 알맞은 형태를 고르세요.

1. (*Soy*/*Estoy*) cansado.
2. Este café (*es*/*está*) muy caliente.
3. Algunas rosas (*son*/*están*) blancas.
4. Esos cristales (*son*/*están*) sucios.
5. Este árbol (*es*/*está*) muerto.
6. Ana y Sergio (*son*/*están*) casados.
7. Las margaritas (*son*/*están*) amarillas y blancas.
8. ¡Qué guapa (*eres*/*estás*) con ese sombrero, Lola!
9. Hoy no (*soy*/*estoy*) alegre.

ACIERTOS ...... /9

44.2. Ser 또는 estar의 동사의 변화형을 사용하여 문장을 완성하세요.

1. Las serpientes ___son___ peligrosas.
2. Este libro _____ muy interesante.
3. La nieve _____ blanca.
4. No os sentéis en esas sillas. _____ sucias.
5. Juan _____ muy guapo con uniforme.
6. La sopa _____ fría. Caliéntala un poco.
7. Los plátanos _____ amarillos.
8. ¡Qué guapo _____ Francisco! Tiene unos ojos grandísimos.
9. Flor y Pili _____ muy guapas con el nuevo peinado.

ACIERTOS ...... /9

44.3. Ser 또는 estar의 직설법을 사용하여 문장을 완성하세요.

1. ¿Dónde __es__ la fiesta?
2. El examen _____ a las diez.
3. ¿Dónde _____ mis gafas?
4. Mañana _____ mi cumpleaños.
5. El examen _____ en el aula 15.
6. ¿Cuándo _____ la boda?
7. ¿Dónde _____ la discoteca Futuro?
8. El examen _____ encima de la mesa.
9. El concierto _____ en el Teatro Real.
10. El Teatro Real _____ en la Plaza de la Ópera.

ACIERTOS ...... /10

44.4. Ser 또는 estar의 동사의 변화형을 사용하여 문장을 완성하세요.

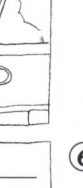

45 tengo, tienes, tiene...
Tener 동사의 직설법 현재 Presente de indicativo de tener

● **Tener 동사: 직설법 현재**

	tener 가지다
(yo 나)	tengo
(tú 너)	tienes
(usted 당신)	tiene
(él, ella 그, 그녀)	tiene
(nosotros, –as 우리들)	tenemos
(vosotros, –as 너희들)	tenéis
(ustedes 당신들)	tienen
(ellos, –as 그들, 그녀들)	tienen

Adela y Jorge no tienen hijos. 아델라와 호르헤는 자녀가 없다.

● **Tener 동사의 용법**

(1) 소유를 나타낼 때 사용됩니다.
- *¿Tienes dinero?* 너 돈 있니?
- *Tengo un ordenador nuevo.* 나는 새 컴퓨터가 있다.
- *Luis no tiene coche.* 루이스는 자동차가 없다.

(2) 질문에서 무언가를 요청할 때 사용됩니다.
- A: *¿Tienes un lápiz?* 너 연필있니?   B: *Sí, pero lo necesito.* 응, 하지만 난 그것이 필요해.

(3) 가족에 대해 이야기할 때 사용됩니다.
- *Cristina tiene siete hermanos.* 크리스티나는 7명의 형제가 있다.
- A: *¿Cuántos hijos tenéis?* 너희들은 자녀가 몇 명있니?   B: *No tenemos hijos.* 우리는 자녀가 없어.

(4) 나이를 말할 때 사용됩니다.
- *¿Cuántos años tienes?* 너 몇 살이니?
- *Mis abuelos tienen noventa años.* 나의 조부모님은 90세이시다.

(5) 사람, 사물 또는 장소를 묘사할 때 사용됩니다.
- *Enrique tiene los ojos verdes.* 엔리케의 눈은 초록색이다.
- *Mi casa no tiene jardín.* 나의 집은 정원이 없다.

(6) 일시적인 신체적·정신적 상태를 표현할 때 사용됩니다.
hambre 배고픔, *sed* 갈증, *frío* 추위, *calor* 더위, *miedo* 두려움, *sueño* 졸음, *fiebre* 열, *gripe* 감기 등
- *Tienes mala cara.* 너 안색이 안 좋다.
- *¿Tienes fiebre?* 너 열 있니?

45 연습 문제 Ejercicios

45.1. Tengo, tienes...를 사용하여 긍정문 또는 부정문으로 문장을 완성하세요.

	Julio	Pepa y Jorge		Margarita
edad	23	28	31	23
hermanos	---	una hermana	---	dos hermanos
hijos	---	3		---
color de ojos	marrones	verdes	negros	marrones

1. Pepa: Jorge __tiene__ treinta y un años, Julio y Margarita _____ veintitrés y yo _____ veintiocho.
2. Jorge: Margarita _____ dos hermanos, Pepa _____ una hermana y Julio y yo _____ hermanos.
3. Margarita: Pepa y Jorge _____ tres hijos, pero Julio y yo _____ hijos.
4. Pepa: Yo _____ los ojos marrones. Los _____ verdes.
5. Julio: Jorge _____ los ojos negros y Margarita y yo los _____ marrones.

ACIERTOS ...../5

45.2. Tengo, tienes...와 주어진 단어를 사용하여 문장을 쓰세요.

calor   fiebre   frío   gripe   hambre   miedo   ~~sed~~   sueño

ACIERTOS ...../7

45.3. Tengo, tienes...를 사용하여 문장을 쓰세요.

1. usted, sueño — ¿ __Tiene usted sueño__ ?
2. (tú) dinero — ¿_____?
3. (nosotros) no, coche — _____
4. ustedes, hijos — ¿_____?
5. mis abuelos, doce nietos — _____
6. usted, una casa grande — ¿_____?
7. (vosotras) muchos amigos — ¿_____?
8. ustedes, perro — ¿_____?
9. (tú) un diccionario — ¿_____?
10. mi casa, no, ascensor — _____

ACIERTOS ...../10

46 Hay un vaso en la mesa
무인칭 haber 동사의 직설법 현재 Presente de indicativo de haber

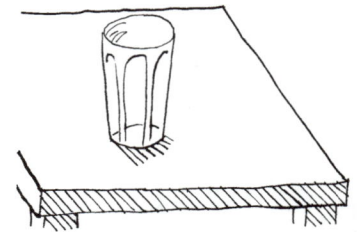

Hay un vaso en la mesa.
탁자에 유리잔이 있다.

Hay cinco alumnos en clase.
수업에 5명의 학생이 있다.

No hay leche.
우유가 없다.

● **Hay + 가산 명사** (*vaso* 유리잔, *alumno* 학생...)

hay	+ un, una + 단수 가산 명사 + uno, una	• **Hay un pájaro** en el balcón. 발코니에 새가 한 마리 있어. • A: ¿**Hay un hotel** por aquí? B: **Hay uno** en la calle Arenal. 　여기 근방에 호텔 있니? 　아레날 거리에 하나 있어.
hay (+ unos, unas; dos, tres...; muchos, pocos...) + 복수 가산 명사		• **Hay naranjas** en la nevera. 냉장고에 오렌지가 있다. • En mi calle **hay muchos árboles**. 내가 사는 거리에는 나무가 많다.
hay	+ dos, tres... + muchos, pocos...	• A: ¿**Hay muchos cines** en tu barrio? B: **Hay tres**. 　너의 동네에는 영화관이 많이 있니? 　세 개 있어.
¿Cuántos, cuántas + 복수 가산 명사 + hay?		• A: ¿**Cuántos chicos hay** en tu clase? B: **Hay nueve**. 　너의 반에 몇 명의 아이들이 있니? 　9명 있어.

no hay (단수형)	(+ ningún, ninguna) + 가산 명사	• **No hay ningún hotel** en esta calle. 이 거리에는 호텔이 하나도 없다. • En Santa Marta **no hay aeropuerto**. 산타마리아에는 공항이 없다.
no hay	(+ muchos) + 복수 가산 명사	• En mi calle **no hay árboles**. 내가 사는 거리에는 나무가 없다. • En mi barrio **no hay muchos bares**. 나의 동네에는 술집이 없다.

> **주의** *no hay* + 복수 명사는 0개일 수도 있지만, 거의 없다는 의미로도 쓰이며, *no hay ningún* + 단수 명사는 '하나도 없음'을 분명히 나타냅니다.

● **Hay + 불가산 명사** (*pan* 빵, *agua* 물...)

(no) hay	(+ mucho, poco...) + 불가산 명사 + mucho, poco	• **Hay agua** en el suelo. 바닥에 물이 있다. • **No hay mucha mantequilla**. 버터가 많지 않다. • A: ¿**Hay pan**? 빵 있니? B: **No hay mucho**. 많지 않아.
¿Cuánto, cuánta + 불가산 명사 + hay?		• ¿**Cuánta leche hay** en la nevera? 냉장고에 우유가 얼마나 있니?

● **Hay의 용법**

(1) 특정 장소의 사물 또는 사람의 존재를 나타내거나 물어볼 때 사용됩니다.
　• ¿**Hay una frutería** por aquí? 이 근방에 과일 가게가 있나요?
　• A: ¿**Hay pan** (en casa)? (집에) 빵이 있니?
　　B: Sí, **hay dos barras**. 응, 2개 있어.

(2) 존재 여부를 모르는 사물 또는 사람의 상황에 대해 물어볼 때 사용됩니다.
　• ¿**Dónde hay un estanco**?
　　(No conozco el barrio y no sé si hay un estanco.)
　　담배 가게가 어디에 있나요? (나는 그 동네를 모르고 담배 가게가 있는지 없는지 모른다.)

Perdone, ¿dónde hay un buzón? 실례합니다만, 우체통이 어디에 있나요?
Hay uno en esa esquina. 저 모퉁이에 하나 있어요.

▶ 47과: Haber 동사와 estar 동사의 대조 Contraste entre *haber* y *estar*
　95과: 동사 원형을 사용하는 표현 (2) Expresiones con infinitivo (2)

46 연습 문제 Ejercicios

46.1. 방에 무엇이 있나요? 그림을 보고 hay를 긍정형 또는 부정형 형태로 사용하여 쓰세요.

1. (mesa) Hay una mesa.
2. (espejo) No hay espejo.
3. (alfombra) _____.
4. (sillas) _____.
5. (lámpara) _____.
6. (televisor) _____.
7. (reloj) _____.
8. (cuadros) _____.
9. (cojín) _____.
10. (sillón) _____.

ACIERTOS ...../10

46.2. 시우다드누에바(Ciudad Nueva) 대한 정보를 읽고 hay를 긍정형 또는 부정형 형태로 사용하여 쓰세요.

Ciudad Nueva	
1. colegios	5
2. cines	1
3. hospitales	no
4. polideportivos	1
5. parques	2
6. estaciones de ferrocarril	no
7. estaciones de autobús	1
8. hoteles	no
9. iglesias	2
10. bibliotecas	1

1. Hay cinco colegios
2. _____
3. _____
4. _____
5. _____
6. _____
7. _____
8. _____
9. _____
10. _____

ACIERTOS ...../10

46.3. 냉장고에 무엇이 있나요? 그림을 보고 hay를 긍정형 또는 부정형 형태로 사용하여 쓰세요.

1. (leche) Hay leche.
2. (agua) _____.
3. (mantequilla) _____.
4. (queso) _____.
5. (seis huevos) _____.
6. (uvas) _____.
7. (naranjas) _____.
8. (plátanos) _____.
9. (zumo de naranja) _____.
10. (yogures) _____.

ACIERTOS ...../10

46.4. 괄호 안에 주어진 단어와 함께 hay를 긍정형 또는 부정형 형태로 사용하여 대화를 완성하세요.

1. A: ¿Dónde (buzón) hay un buzón? B: (uno) Hay uno en la esquina.
2. En mi barrio (no, metro) _____.
3. A: ¿Dónde (estanco) _____? B: (uno) _____ a cien metros.
4. A: ¿(muchas tiendas) _____ en tu barrio? B: No, (no, muchas) _____.
5. A: ¿Cuántos (huevos) _____ en la nevera? B: _____ ninguno.
6. A: ¿Cuánta (leche) _____? B: (un litro) _____.
7. A: ¿(cafetería) _____ por aquí? B: Sí, (una) _____ en la Plaza Mayor.
8. A: ¿Cuántos (yogures) _____ en la nevera? B: (tres) _____.

ACIERTOS ...../8

47 Hay un cine. Está en la calle Mayor
Haber 동사와 estar 동사의 대조 Contraste entre haber y estar

비교

HAY ▶ 46과: 무인칭 haber 동사의 직설법 현재
Presente de indicativo de haber impersonal

- 알지 못하는 사물 또는 사람의 존재에 대해 이야기하기 위해 사용됩니다. (새로운 정보)
  - **Hay un señor** que quiere hablar con usted.
    당신과 이야기하고 싶어 하는 한 남자 분이 있습니다.
    (화자는 그 남자가 누구인지 알지 못합니다.)
  - **Hay un restaurante nuevo** en el barrio.
    동네에 새로 생긴 식당이 있어.
    (화자는 그 식당에 가 본 적이 없습니다.)

- 불특정한 사물 또는 사람의 존재에 대해 이야기하기 위해 사용됩니다.
  - **Hay un cine** en la calle Monterrey.
    몬테레이 거리에 영화관이 하나 있다.
  - En Madrid **hay muchos museos**.
    마드리드에는 미술관이 많이 있다.

- 알지 못하는 사물 또는 사람의 상황에 대해 질문을 하기 위해 **hay**를 사용합니다.

Perdone, ¿dónde hay una farmacia?
실례합니다만, 약국이 어디에 있습니까?

- ¿Dónde **hay** una farmacia? 약국이 어디에 있습니까?
  (화자는 이 동네에서 어떤 약국도 알지 못합니다.)

- ¿Dónde **hay** un restaurante?
  식당이 어디에 있습니까?

ESTAR ▶ 43과: estar 동사의 직설법 현재
Presente de indicativo de estar

- 이전에 언급된 사물 또는 사람의 상황을 나타내기 위해 사용됩니다. (알고 있는 정보)
  - **Está** en la recepción. 그는 응접실에 있습니다.
    (이전 상황에서 언급한 바로 그 남자를 의미합니다.)
  - **Está** en la calle Apodaca. (그 식당은) 아포다카 거리에 있어.
    (이전 상황에서 상대방에게 언급한 그 식당을 의미합니다.)

- 유일하거나 특정한 상황에 대해 이야기하기 위해 사용됩니다.
  - **El cine América está** en la calle Monterrey.
    아메리카 영화관은 몬테레이 거리에 있다.
  - **El Museo del Prado está** en Madrid.
    프라도 미술관은 마드리드에 있다.

- 알고 있는 어떤 상황에 대해 질문하기 위해 **estar**를 사용합니다.

Oye, Marta, ¿dónde **está** la farmacia de tu tía?
저기, 마르타, 네 이모의 약국이 어디에 있니?

- ¿Dónde **está** la farmacia de tu tía?
  네 이모의 약국이 어디에 있니?
  (화자는 상대방의 이모가 약국을 가지고 있다는 것을 압니다.)

- ¿Dónde **está** Casa Pepe?
  카사 페페는 어디에 있나요?

주의 El/la/los/las와 mi/tu/su/...는 hay와 함께 사용되지 않습니다.

- Hay ~~el Museo del Táchira~~ en la Hacienda Paranillo.
  → 'Hay un museo en la Hacienda Paranillo.' 또는 'El Museo del Táchira está en la Hacienda Paranillo.'로 씁니다.
  파라뇨 농장에는 박물관이 하나 있다.   타치라 박물관은 파라뇨 농장에 있다.

- ¿Dónde hay ~~la parada~~ de autobús?
  → '¿Dónde hay una parada de autobús?' 또는 '¿Dónde está la parada de autobús más próxima?'로 씁니다.
  어디에 버스 정류장이 있나요?   어디에 가장 가까운 버스 정류장이 있나요?

- ¿Dónde hay ~~mis herramientas~~?
  → '¿Dónde hay herramientas?' 또는 '¿Dónde están mis herramientas?'로 씁니다.
  어디에 연장이 있나요?   내 연장이 어디에 있나요?
  (화자는 연장이 있는지 없는지 모릅니다.)   (화자는 연장을 가지고 있지만 어디에 있는지 모릅니다.)

| Hay + 단수형 또는 복수형 | 단수형 + está | 복수형 + están |

- **Hay un supermercado** en el pueblo.
  마을에는 슈퍼가 하나 있다.
- En este pueblo **hay tres bares**.
  이 마을에는 3개의 술집이 있다.

- **El supermercado está** en la plaza.
  슈퍼는 광장에 있다.
- **Los bares están** en el centro.
  술집들은 시내에 있다.

47 연습 문제 Ejercicios

47.1. 알맞은 형태를 고르세요.

1. (*Hay*/*Está*) un paquete para ti. (*Hay*/*Está*) en tu habitación.
2. ¿Cuántos alumnos (*hay*/*están*) en tu clase?
3. A: ¿(*Hay*/*Está*) pan? B: Sí, (*hay*/*está*) en la despensa.
4. A: ¿(*Hay*/*Está*) algo para comer? B: Sí, (*hay*/*está*) queso en la nevera.
5. ¿Qué (*hay*/*está*) en esa caja?
6. ¿(*Hay*/*Está*) una estación de metro por aquí?
7. La cafetería del hospital (*hay*/*está*) en el sótano.
8. En este edificio (*hay*/*están*) dos oficinas. (*Hay*/*Están*) en el primer piso.
9. (*Hay*/*Está*) un ratón en mi habitación. (*Hay*/*Está*) debajo de la cama.
10. (*Hay*/*Están*) muchos museos en Barcelona.

ACIERTOS ...../10

47.2. 적절한 형태를 골라 문장을 쓰세요.

| ¿Dónde | hay / está / están | una farmacia? / una parada de autobús? / la parada de autobús más próxima? / el Hospital Central? / las ruinas de Tikal? / un banco? / el Banco de Galicia? / los cines Luna? |

1. ¿Dónde hay una farmacia?
2. _____
3. _____
4. _____
5. _____
6. _____
7. _____
8. _____

ACIERTOS ...../8

47.3. Hay, está 또는 están을 사용하여 문장을 완성하세요.

1. __Hay__ diez alumnos en mi clase.
2. ¿Dónde _____ la casa de tu abuelo?
3. _____ un cine nuevo en mi barrio. _____ en la calle de Bravo Murillo.
4. Perdone, ¿_____ la calle 67 por aquí?
5. Mis compañeros _____ en la cafetería.
6. ¿Dónde _____ la parada del 61?
7. _____ un departamento nuevo en la empresa. _____ en el piso cuarto.
8. A: ¿_____ leche? B: Sí, _____ un litro. _____ en la nevera.
9. ¿Dónde _____ una parada de taxis?
10. En mi pueblo _____ dos piscinas. _____ en las afueras.
11. ¿Dónde _____ la posada La Montaña?
12. ¿_____ una papelería por aquí?
13. _____ unas cartas para usted. _____ en el salón.
14. En mi calle _____ un hotel. _____ cerca de mi casa.
15. En Bogotá _____ un museo del oro.
16. ¿Dónde _____ mis llaves?
17. En Lima _____ muchos edificios antiguos. _____ todos en el centro.

ACIERTOS ...../17

48 trabajo, como, vivo...
직설법 현재: 규칙 동사 Presente de indicativo: verbos regulares

Vives, *vivo*, *trabaja*와 *como*는 직설법 현재형입니다.

● **직설법 현재형: 규칙 동사**

	-ar (trabajar 일하다)	**-er** (comer 먹다)	**-ir** (vivir 살다)
(yo 나)	trabaj-o	com-o	viv-o
(tú 너)	trabaj-as	com-es	viv-es
(usted 당신)	trabaj-a	com-e	viv-e
(él, ella 그, 그녀)	trabaj-a	com-e	viv-e
(nosotros, –as 우리들)	trabaj-amos	com-emos	viv-imos
(vosotros, –as 너희들)	trabaj-áis	com-éis	viv-ís
(ustedes 당신들)	trabaj-an	com-en	viv-en
(ellos, –as 그들, 그녀들)	trabaj-an	com-en	viv-en

> **주의** *Ver* 보다의 동사 변형: **ve-o**, v-es, v-e, v-e, v-emos, v-eis, v-en, v-en

● **직설법 현재형의 용법**

(1) 현재에 대한 정보를 요청하거나 제공할 때 사용됩니다.
- *El hermano de Alicia **trabaja** en una empresa de informática.*
  알리시아의 오빠/남동생은 정보 처리 회사에서 근무한다.
- *Nos **alojamos** en casa de Andrés.*
  우리는 안드레스의 집에서 묵는다.

(2) 습관적으로 하는 일에 대해 이야기할 때 사용되며, *todos los días* 매일, *una vez a la semana* 일주일에 한 번, *siempre* 항상, *nunca* 절대, 결코 … 아니다 등의 표현이 주로 함께 사용됩니다. ▶ 103과: 빈도 표현 부사 Adverbios y expresiones de frecuencia

- *En mi casa **cenamos** muy temprano.*
  우리 집에서는 저녁을 매우 일찍 먹는다.
- *Cristina **lleva** siempre vaqueros.*
  크리스티나는 항상 청바지를 입는다.
- *¿**Trabajas** los domingos?*
  너는 일요일에 일하니?
- *No **bebo** vino.*
  나는 와인을 마시지 않는다.
- *Normalmente **pasamos** el fin de semana en el campo.*
  보통 우리는 시골에서 주말을 보낸다.

(3) 일반적이거나 만국 공통의 사실에 대해 이야기할 때 사용됩니다.
- *La Tierra **gira** alrededor del Sol.* 지구는 태양 주위를 돈다.
- *Los vegetarianos **no comen** carne.* 채식주의자는 고기를 먹지 않는다.

(4) 말하는 순간에 발생하고 있는 상황을 묘사할 때 사용됩니다.
▶ 56과: 'Estar + 현재 분사'의 현재형 Presente de *estar* + gerundio

▶ 49과: 직설법 현재: 불규칙 동사 (1) Presente de indicativo: verbos irregulares (1)
50과: 직설법 현재: 불규칙 동사 (2) Presente de indicativo: verbos irregulares (2)
51과: 직설법 현재: 기타 용법 Presente de indicativo: otros usos
52과: 기간을 표현하기 위한 현재 시제 Presente para expresar períodos de tiempo

48 연습 문제 Ejercicios

48.1. 주어진 정보를 읽고 estudiar, trabajar 또는 vivir 동사를 긍정형이나 부정형 형태로 사용하여 문장을 완성하세요.

	Arturo	José y Pilar		María y Ana		Pedro
Lugar de residencia	Segovia	Lima		Cali		Buenos Aires
Lugar de trabajo	fábrica	tienda	guardería	hospital	estudiante de Historia	estudiante de Economía

1. Arturo: ___Vivo___ en Segovia y _____ en una fábrica.
2. Pilar: José y yo _____ en Lima. José _____ en una tienda y yo _____ en una guardería.
3. Pedro: _____ en Buenos Aires. _____ ; _____ Economía.
4. María: Ana y yo _____ en Cali. Yo _____ en un hospital. Ana _____ ; _____ Historia.

ACIERTOS ....../ 4

48.2. 문장을 완성하세요.

1. A: ¿A qué hora (vosotros, cenar) ___cenáis___? B: _____ a las nueve.
2. A: ¿Dónde (tú, pasar) _____ los veranos? B: _____ los veranos en Punta del Este.
3. Las ballenas (vivir) _____ en aguas frías.
4. A: ¿Dónde (trabajar) _____ usted? B: _____ en unos grandes almacenes.
5. Los argentinos (hablar) _____ español.
6. A: ¿Qué (beber) _____ ustedes en las comidas? B: Normalmente _____ agua.
7. A: ¿Dónde (vosotros, vivir) _____? B: _____ en Mérida.
8. Lalo y yo (no viajar) _____ nunca en avión.
9. A: ¿Qué idiomas (hablar) _____ ustedes? B: _____ español e italiano.
10. A: ¿Qué (estudiar) _____ tus hermanas? B: Ana _____ Económicas y Pilar _____ Medicina.
11. (Nosotros, no ver) _____ mucho la tele.
12. ¿A qué hora (abrir) _____ las tiendas?

ACIERTOS ....../ 12

48.3. 주어진 동사를 긍정형 또는 부정형 형태로 사용하여 문장을 완성하세요.

| beber | comer | llevar | llevar | pasar | ~~ver~~ |

① ¿ _Ves_ algo?
② ¿Qué ____?
③ ¿Qué ____?
④ Mira a Lucía. ____ un sombrero muy bonito.
⑤ ¿Qué ____?
⑥ ¿Qué ____ en la cabeza?

ACIERTOS ....../ 6

105

49 *quiero, mido, sueño...*
직설법 현재: 불규칙 동사 (1) Presente de indicativo: verbos irregulares (1)

직설법 현재형: 불규칙 동사

● e → ie

	querer 원하다
(yo 나)	quier-o
(tú 너)	quier-es
(usted 당신)	quier-e
(él, ella 그, 그녀)	quier-e
(nosotros, –as 우리들)	quer-emos
(vosotros, –as 너희들)	quer-éis
(ustedes 당신들)	quier-en
(ellos, –as 그들, 그녀들)	quier-en

그 외
- –ar: *empezar* 시작하다, *fregar* 문지르다, 설거지하다, *pensar* 생각하다, *regar* 살수하다, 물을 뿌리다, *cerrar* 닫다
- –er: *entender* 이해하다, *perder* 잃다, 놓치다
- –ir: *mentir* 거짓말하다, *preferir* 선호하다

주의 *venir* 오다: **vengo, vienes, viene, viene, venimos, venís, vienen, vienen**

● e → i

	pedir 요청하다
(yo 나)	pid-o
(tú 너)	pid-es
(usted 당신)	pid-e
(él, ella 그, 그녀)	pid-e
(nosotros, –as 우리들)	ped-imos
(vosotros, –as 너희들)	ped-ís
(ustedes 당신들)	pid-en
(ellos, –as 그들, 그녀들)	pid-en

그 외 *elegir* 선택하다, *conseguir* 얻다, 달성하다, *freír* 튀기다, *medir* 측정하다, *reír* 웃다, *repetir* 반복하다, *seguir* 계속하다, *sonreír* 미소 짓다

주의 *decir* 말하다: **digo, dices, dice, dice, decimos, decís, dicen, dicen**

● o/u → ue

	dormir 자다	jugar 놀다, 경기를 하다
(yo 나)	duerm-o	jueg-o
(tú 너)	duerm-es	jueg-as
(usted 당신)	duerm-e	jueg-a
(él, ella 그, 그녀)	duerm-e	jueg-a
(nosotros, –as 우리들)	dorm-imos	jug-amos
(vosotros, –as 너희들)	dorm-ís	jugá-is
(ustedes 당신들)	duerm-en	jueg-an
(ellos, –as 그들, 그녀들)	duerm-en	jueg-an

Solo **duermo** 5 horas al día.
나는 고작 하루에 5시간만 자.

그 외
- –ar: *comprobar* 확인하다, *contar* 이야기하다, *costar* 비용이 들다, *encontrar* 찾다, 만나다, *recordar* 기억하다, *sonar* 울리다, 소리가 나다, *volar* 날다
- –er: *morder* 물다, *mover* 움직이다, *volver* 돌아가다, 돌아오다, *poder* 할 수 있다
- –ir: *morir* 죽다

주의 *oler* 냄새를 맡다: **huelo, hueles, huele, olemos, oléis, huelen**

● 직설법 현재형 용법

(1) 현재에 대해 이야기합니다.: • *No juego muy bien al tenis.* 나는 테니스를 잘 못 쳐.

(2) 일반적인 사실에 대해 이야기합니다.: • *Las gallinas no vuelan.* 암탉들은 날지 않는다.

(3) 말하고 있는 그 순간에 발생하고 있는 것에 대해 이야기합니다.: • *¿En qué piensas?* 너 무슨 생각하고 있어?

▶ 48과: 직설법 현재: 규칙 동사
Presente de indicativo: verbos regulares

51과: 직설법 현재: 기타 용법
Presente de indicativo: otros usos

49 연습 문제 Ejercicios

49.1. 괄호 안의 동사를 적절한 시제로 사용하여 문장을 완성하세요.

1. Antonio (querer) __quiere__ ser médico.
2. En verano (yo, regar) _____ las plantas todos los días.
3. La clase (empezar) _____ a las ocho.
4. Luis y Pili (jugar) _____ muy mal al golf. Siempre (perder) _____.
5. Los bancos (cerrar) _____ a las dos.
6. (yo, pensar) _____ mucho en mis amigos.
7. Algunos alumnos (venir) _____ mucho a la biblioteca.
8. Antonia (no mentir) _____ nunca. Siempre (decir) _____ la verdad.
9. Estoy muy nerviosa. (no poder) _____ dormir.
10. ¿Cuánto (medir) _____ una jirafa?
11. A veces (yo, decir) _____ muchas tonterías.
12. ¿A qué velocidad (volar) _____ un avión?

ACIERTOS ....../12

49.2. 질문을 완성하고 대답하세요.

1. A: ¿Cuánto (tú, medir) __mides__? B: _____ 1,75 metros.
2. A: ¿Cuántas horas (tú, dormir) _____ al día? B: _____ unas ocho horas.
3. A: ¿(preferir) _____ usted carne o pescado? B: _____ el pescado.
4. A: ¿A qué hora (empezar) _____ ustedes a trabajar? B: _____ a las nueve.
5. A: ¿Quién (fregar) _____ los platos en tu casa? B: Los _____ yo.
6. A: ¿Qué (tú, querer) _____ ser de mayor? B: _____ ser arquitecto.
7. A: ¿A qué hora (tú, volver) _____ por la noche? B: Normalmente _____ sobre las diez.
8. A: ¿Cómo (tú, venir) _____ a la academia? B: _____ en autobús.

ACIERTOS ....../8

49.3. 그림을 보고 긍정형 또는 부정형으로 주어진 동사를 사용하여 문장을 완성하세요.

costar   decir   encontrar   morder   oler   poder   querer   sonar   ~~venir~~

ACIERTOS ....../8

107

50 voy, hago, conozco...
직설법 현재: 불규칙 동사 (2) Presente de indicativo: verbos irregulares (2)

직설법 현재형: 불규칙 동사

● **1인칭 단수 (yo) 불규칙형 동사들**

(1) dar 주다: **doy** das da da
damos dais dan dan

(2) traer 가져오다: **traigo** traes trae trae
traemos traéis traen traen

(3) hacer 하다: **hago** haces hace hace
hacemos hacéis hacen hacen

(4) saber 알다: **sé** sabes sabe sabe
sabemos sabéis saben saben

(5) poner 놓다, 두다: **pongo** pones pone pone
ponemos ponéis ponen ponen

(6) conocer 알다: **conozco** conoces conoce conoce
conocemos conocéis conocen conocen

(7) conducir 운전하다: **conduzco** conduces conduce conduce
conducimos conducís conducen conducen

　그 외 *parecer* 닮다, *traducir* 번역하다

(8) salir 나가다: **salgo** sales sale sale
salimos salís salen salen

Hago gimnasia todas las mañanas.
나는 매일 아침마다 체조를 해.

Te conozco. Tú eres Berta.
난 너를 알아. 너는 베르타야.

● **1인칭 복수형(nosotros, –as)과 2인칭 복수형(vosotros, –as)외 모든 인칭이 불규칙한 동사들**

(1) huir 도망치다: **huyo**, **huyes**, **huye**, huye, huimos, huis, **huyen**, huyen

　그 외 *construir* 짓다, 건축하다, *destruir* 파괴하다, 부수다

(2) oír 듣다: **oigo**, **oyes**, **oye**, oye, oímos, oís, **oyen**, oyen

● **전체 불규칙형 동사**

	ir 가다
(yo 나)	voy
(tú 너)	vas
(usted 당신)	va
(él, ella 그, 그녀)	va
(nosotros, –as 우리들)	vamos
(vosotros, –as 너희들)	vais
(ustedes 당신들)	van
(ellos, –as 그들, 그녀들)	van

Tomás no oye nada.
토마스는 아무것도 듣지 못 해.

¿Adónde vas? 너 어디 가니?
Voy a casa. 나 집에 가.

● **직설법 현재형의 용법**

▶ 48과: 직설법 현재: 규칙 동사 Presente de indicativo: verbos regulares
51과: 직설법 현재: 기타 용법 Presente de indicativo: otros usos

• *Los domingos **doy** una vuelta por el parque.*
　나는 일요일마다 공원을 한 바퀴 돈다.

• *Las cigüeña **hacen** nidos en las torres.*
　황새는 탑에 둥지를 튼다.

• *No **sé** conducir.*
　나는 운전할 줄 모른다.

• *¿Qué dices? No **oigo**.*
　뭐라고? 안 들려.

50 연습 문제 Ejercicios

50.1. 주어진 동사를 사용하여 문장을 완성하세요.

1. Guillermo no _____sabe_____ nadar.
2. Soy profesor. _____ clases de Filosofía.
3. Mi familia _____ a Punta del Este todos los veranos.
4. Julia es profesora. _____ clases de Biología.
5. Las cigüeñas _____ sus nidos en lugares altos.
6. (yo) _____ la radio cuando me despierto.
7. Mis padres _____ un viaje todos los años.
8. Marta no _____ esquiar.
9. La mayoría de animales _____ cuando hay peligro.
10. Soy traductor. _____ libros del francés al español.

dar
dar
hacer
huir
ir
poner
poner
~~saber~~
saber
traducir

ACIERTOS ...... /10

50.2. 다음의 동사들(conducir, conocer, dar, hacer, ir, saber, salir)을 사용하여 질문과 대답을 완성하세요.

1. A: ¿_Sabes_ conducir? B: Sí, pero no _____ muy bien.
2. A: ¿Cómo _____ a la oficina? B: Normalmente _____ en metro.
3. A: ¿Qué _____ los fines de semana? B: _____ con mis amigos.
4. A: ¿_____ usted hacer empanadas? B: Sí, pero no las _____ muy bien.
5. A: ¿_____ usted hablar inglés? B: No, solo _____ hablar español.
6. A: ¿_____ usted La Habana? B: No, no la _____.
7. A: ¿Adónde _____ usted en verano? B: Normalmente _____ a la playa.
8. A: ¿Qué _____ (vosotros) los domingos? B: _____ una vuelta o _____ a bailar.
9. A: ¿_____ (vosotros) mucho al cine? B: _____ dos o tres veces al mes.
10. A: ¿_____ ustedes España? B: Sí, la _____ muy bien. _____ allí con frecuencia.

ACIERTOS ...... /10

50.3. 긍정형 또는 부정형으로 주어진 동사를 사용하여 말풍선을 채우세요.

conocer   huir   ~~ir~~   ir   oír   parecer   saber   traer

1. ¿Adónde _vais_ ?
2. ¿Por qué _____ ?
3. ¡Socorro! _____ nadar.
4. Habla más alto. _____ bien.
5. _____ una bruja.
6. Perdone, ¿adónde _____ este autobús?
7. ¡_____ pasteles!
8. Perdona, _____ te ___. ¿Cómo te llamas?

ACIERTOS ...... /8

51 *Mañana voy al médico*
직설법 현재: 기타 용법 Presente de indicativo: otros usos

● 직설법 현재형의 용법

▶ 48과: 직설법 현재: 규칙 동사 Presente de indicativo: verbos regulares

● 직설법 현재형의 기타 용법

(1) 무언가가 이미 합의되거나 예정되어 있을 때 가까운 미래에 대해 이야기하기 위해 사용하며, *hoy* 오늘, *esta noche* 오늘 밤, *mañana* 내일, *la semana que viene* 다음 주 등의 표현을 함께 사용할 수 있습니다.
- Luis **regresa** la semana que viene. 루이스는 다음 주에 돌아온다.
- Mañana **voy** al médico. 내일 나는 의사를 보러 간다.
- Nos **vemos** el domingo. 우리 일요일에 봐.
- El curso **termina** en diciembre. (강의) 과정은 12월에 끝난다.
- ¿Qué **haces** esta noche? 너 오늘 밤에 뭐하니?
- La película **empieza** a las 10. 영화는 10시에 시작한다.
- El avión **sale** a las 4:35. 비행기는 4시 35분에 출발한다.

(2) 지시를 하기 위해 사용됩니다.
이때 *primero* 첫 번째, 먼저, *luego* 그다음 등을 함께 사용할 수 있습니다.
- Primero **pelas** los tomates y luego los **partes**.
먼저 토마토 껍질을 벗기고 그다음에 그것들을 자르세요.

(3) 제안을 하기 위해 사용됩니다.
- A: ¿Por qué no le **pides** el coche a Jesús?
헤수스에게 자동차를 빌리는 게 어때?
B: No me atrevo.
엄두가 안나.
- A: ¿**Llamamos** a Nuria?
누리아에게 전화할까?
B: Sí, ¡venga!
좋아, 어서!

(4) 조언 또는 의견을 구하기 위해 사용합니다.
- A: ¿**Invito** a Julio? 훌리오를 초대할까?
B: Si tú quieres. 네가 원한다면.

(5) 도움을 제공하기 위해 사용합니다.
- A: ¿Le **abro** la puerta? 문 열어 드릴까요?
B: Gracias. Muy amable. 고맙습니다. 정말 친절하시네요.

(6) 부탁하기 위해 사용됩니다.
- ¿Me **prestas** cincuenta euros? 나에게 50유로만 빌려줄래?

▶ 52과: 기간을 표현하기 위한 현재 시제 Presente para expresar periodos de tiempo

51 연습 문제 Ejercicios

51.1. 오늘은 일요일입니다. 카를로스의 다음 주 일정을 보고 주어진 동사를 사용하여 그의 계획을 완성하세요.

Agenda:
- LUNES: Consulta Dr. Prieto
- MARTES: reunión con Sr. Chávez
- MIÉRCOLES: Ópera
- JUEVES: Cenar con el director
- VIERNES: visita fábrica en Tarragona
- SÁBADO: Tenis con Rodolfo
- DOMINGO: Salir con Laura

1. El lunes _voy al médico_.
2. El martes _____.
3. El miércoles _____.
4. El jueves _____.
5. El viernes _____.
6. El sábado _____.
7. El domingo _____.

cenar ~~ir~~ ir jugar salir tener visitar

ACIERTOS ...... /7

51.2. 주어진 동사를 사용하여 문장을 완성하세요.

acabar   casarse   dar   empezar   hacer   ir   ~~irse~~   irse   regresar   salir   tener

1. (yo) _Me voy_ a Lisboa mañana.
2. Jorge y Elisa _____ el sábado.
3. Susana _____ una fiesta esta noche.
4. (nosotros) _____ al teatro el domingo.
5. Daniel _____ hoy de vacaciones. El tren _____ a las 2.
6. La Feria de Turismo _____ el lunes.
7. Mis padres _____ esta noche.
8. La semana que viene (yo) _____ dos exámenes.
9. ¿Qué (vosotros) _____ este domingo?
10. Lucía _____ la carrera el año que viene.

ACIERTOS ...... /10

51.3. 주어진 동사를 사용하여 조리법을 완성하세요.

Para hacer gazpacho, primero _pelas_ los tomates y _____ un poco de cebolla y pimiento. _____ todo en un recipiente y _____ sal, aceite, ajo y pan mojado. Lo _____ todo y lo _____ a enfriar en la nevera.

añadir   cortar   ~~pelar~~   poner   poner   triturar

ACIERTOS ...... /6

51.4. 주어진 동사를 사용하여 대화를 완성하세요.

ayudar   decir   dejar   dejar   hacer   ir   llevar   poner   ~~salir~~

1. A: ¿_Salimos_ a cenar esta noche?   B: Buena idea.
2. A: ¿Me _____ el coche?   B: Lo siento. Lo necesito.
3. A: ¿Qué me _____, la falda o los pantalones?   B: Ponte la falda. Es más elegante.
4. A: ¿Me _____ a preparar la cena?   B: Por supuesto. ¿Qué _____?
5. A: ¿_____ al campo el domingo?   B: No puedo. Tengo que estudiar.
6. A: ¿Le _____ las bolsas?   B: Gracias, hijo.
7. A: ¿Por qué no se lo _____ a tus padres?   B: Me da vergüenza.
8. A: ¿Me _____ un boli?   B: Sí, toma.

ACIERTOS ...... /8

52 *Vivo en México desde 1998*
기간을 표현하기 위한 현재 시제 <small>Presente para expresar períodos de tiempo</small>

Elsa llegó a México en 1998.
엘사는 1998년에 멕시코에 도착했다.

Elsa sigue viviendo en México.
엘사는 계속 멕시코에 살고 있다.

Vivo en México desde 1998.
나는 1998년부터 멕시코에 살아.

● 과거에 시작되어 현재까지도 지속되고 있는 행동 또는 상황을 언급하기 위해 직설법 현재형을 사용합니다.

(1) 직설법 현재형 + *desde* + *fecha*

Conozco a Elsa desde 2002.
나는 엘사를 2002년부터 알고 지냈어.

```
       2002  2002년                              ahora 현재
       x----------------------------------------x
```

Julio conoció a Elsa.   Julio sigue viendo a Elsa.
훌리오는 엘사를 만났다.   훌리오는 계속 엘사를 만나 오고 있다.

- *Trabajo* en un banco *desde el año pasado*.
  작년부터 나는 은행에서 근무한다.
- *Vivimos* en este piso *desde enero*.
  우리는 이 아파트에서 1월부터 살고 있다.
- *No voy* al teatro *desde Navidad*.
  나는 크리스마스부터 극장에 가지 않는다.
- *¿Desde cuándo conoces* a Charo?
  너 언제부터 차로를 알고 지내고 있니?

(2) 직설법 현재형 + *desde hace* + 기간

```
       septiembre 9월    3 meses 3달        ahora 현재 : diciembre 12월
       x--------------------------------------x
```

Keiko empezó a estudiar español.   Keiko sigue estudiando español.
케이코는 스페인어를 공부하기 시작했다.   케이코는 계속 스페인어를 공부하고 있다.

- *Keiko estudia* español *desde hace tres meses*. 케이코는 3달 전부터 스페인어를 공부한다.
- *Rosana y Alberto viven* en Argentina *desde hace dos años*. 로사나와 알베르토는 2년 전부터 아르헨티나에 살고 있다.
- *No veo* a Pili *desde hace mucho tiempo*. 나는 오래전부터 필리를 보지 않았다. (나는 필리를 못 본 지 오래 되었다.)

(3) *hace* + 기간 + *que* + 직설법 현재형

```
       lunes 월요일                    hoy 오늘
                                       miércoles 수요일
                    2 días 이틀
       x------------------------------x
```

Hace dos días que no miro
el correo electrónico.
나는 2일 전부터 이메일을 보지 않았어.

Clara miró el correo   Clara sigue sin mirar
electrónico por última vez.   el correo electrónico.
클라라는 마지막으로 이메일을 봤다. 클라라는 계속 이메일을 보지 않고 있다.

- *Hace un año que estudio* español. 나는 1년 전부터 스페인어를 공부하고 있다.
- *¿Cuánto tiempo hace que trabajas* aquí? 너 여기에서 일한 지 얼마나 되었니?
- *Hace mucho tiempo que no veo* a Luis. 나는 오랫동안 루이스를 보지 못했다.

52 연습 문제 Ejercicios

52.1. 주어진 동사를 사용하여 대화를 완성하세요.

1. ¿Cuánto tiempo hace que (vivir) ___vive___ usted en Caracas?
2. A: ¿Hablas español? B: Sí, lo (hablar) _____ desde que era pequeño.
3. A: ¿Hace mucho que (conocer) _____ a Ronaldo? B: Sí, lo _____ desde 1995.
4. A: ¿Cuánto tiempo hace que (vivir) _____ ustedes en Quito? B: Diez meses.
5. A: ¿Desde cuándo (ser) _____ amigos Jorge y tú?
   B: _____ amigos desde hace unos cinco años.
6. A: Hace dos semanas que (trabajar) _____ en este bar. Me gusta.
7. A: ¿Desde cuándo no (ver) _____ a Petra? B: No la _____ desde el verano pasado.
8. Lucas y Alba no (tener) _____ vacaciones desde hace cuatro años.
9. ¿Hace mucho que (conducir) _____ usted?
10. ¿Cuánto tiempo hace que (conocerse) _____ Elisa y Mario?

ACIERTOS ...... /10

52.2. 주어진 정보를 제시된 단어로 시작하여 긍정형 또는 부정형 현재 시제로 표현하세요.

1. Lupe conoce a Jaime. Lo conoció en 2001. Lupe ___conoce a Jaime desde 2001___.
2. Yasir estudia español. Empezó a estudiarlo hace seis meses. Yasir _____.
3. La última vez que vimos el mar fue hace un año. Hace _____.
4. Patricia dejó de venir el día de su cumpleaños. Patricia _____.
5. La última vez que mis padres me escribieron fue en Navidad. Mis padres _____.
6. Salgo con Rosario. Empecé a salir con ella hace un mes. Hace _____.
7. La última vez que fui al cine fue hace dos semanas. Hace _____.
8. Vivo en Guayaquil. Llegué allí en 1999. (Yo) _____.
9. Estoy buscando mis gafas. Empecé a buscarlas hace una hora. Hace _____.
10. La última vez que mis padres comieron carne fue hace cinco años. Hace _____.
11. Tengo móvil. Lo compré en julio. (Yo) _____.
12. La última vez que José vio a Marisa fue en verano. José _____.

ACIERTOS ...... /12

52.3. 주어진 대답이 나오도록 질문을 만들어 보세요.

1. ¿___Cuánto tiempo hace que conoces a César___? Hace cinco años que conozco a César.
2. ¿___Desde cuándo no fumas___? No fumo desde hace un mes.
3. ¿_____? Hace dos años que vivimos en Mérida.
4. ¿_____? Asún y yo salimos juntos desde que teníamos dieciséis años.
5. ¿_____? Mi padre trabaja en esta empresa desde que tenía veinte años.
6. ¿_____? Hace dos años que estudiamos español.
7. ¿_____? No vamos al cine desde las pasadas Navidades.
8. ¿_____? Hace muchísimo tiempo que no como un helado.

ACIERTOS ...... /8

53 me levanto
Me, te, se…를 사용하는 동사들 Verbos con me, te, se…

● **Se를 사용하는 규칙 동사들**

▶ 49과: 직설법 현재: 불규칙 동사 (1)   50과: 직설법 현재: 불규칙 동사 (2)
Presente de indicativo: verbos irregulares (1)   Presente de indicativo: verbos irregulares (2)

	-ar (levantarse) 일어나다	**-er** (atreverse) 감히 … 하다	**-ir** (aburrirse) 따분해 하다
(yo 나)	me levanto	me atrevo	me aburro
(tú 너)	te levantas	te atreves	te aburres
(usted 당신)	se levanta	se atreve	se aburre
(él, ella 그, 그녀)	se levanta	se atreve	se aburre
(nosotros, –as 우리들)	nos levantamos	nos atrevemos	nos aburrimos
(vosotros, –as 너희들)	os levantáis	os atrevéis	os aburrís
(ustedes 당신들)	se levantan	se atreven	se aburren
(ellos, –as 그들, 그녀들)	se levantan	se atreven	se aburren

Ana se levanta a las siete.
아나는 7시에 일어난다.

- *¿**Te atreves** a venir al lago?* 너 호수로 올 용기 있어?
- *En verano no **nos aburrimos** nunca.* 여름에 우리는 절대 지루할 일이 없다.

● **Se를 사용하는 일부 불규칙 동사들: 직설법 현재형**

(1) e → ie: *divertirse* 즐기다: *me divierto, te diviertes, se divierte, se divierte, nos divertimos, os divertís, se divierten, se divierten*

    그외 *arrepentirse* 후회하다, *despertarse* 잠에서 깨다, *defenderse* 방어하다, 변호하다

(2) e → i: *vestirse* 옷을 입다: *me visto, te vistes, se viste, se viste, nos vestimos, os vestís, se visten, se visten*

(3) o → ue: *acostarse* 눕다, 자다: *me acuesto, te acuestas, se acuesta, se acuesta, nos acostamos, os acostáis, se acuestan, se acuestan*

    그외 *dormirse* 잠들다

(4) *ponerse* 착용하다: *me pongo, te pones, se pone, se pone, nos ponemos, os ponéis, se ponen, se ponen*

● **Se를 사용하는 일부 동사들의 행동 또는 그 행동으로 인한 효과가 다음의 요소에 미칠 수 있습니다.**

(1) 그 행동을 수행하는 본인에게:

*Luis **se lava**,*   *se afeita*   *y luego **se viste**.*
루이스는 씻고,   면도하고   그다음 옷을 입는다.

(2) 본인의 신체 일부 또는 옷:

- *Siempre **me lavo la cara** con agua fría.*
  나는 항상 차가운 물로 얼굴을 씻는다.
- *Los niños **se manchan** mucho **la ropa**.*
  아이들은 옷을 많이 더럽힌다.
- *Laura **se pinta las uñas**.*
  라우라는 손톱을 칠한다.
- *Luis **se plancha** sus camisas.*
  루이스는 그의 셔츠들을 다린다.

▶ 39과: 명령형, 동사 원형 및 현재 분사에서의 목적격 대명사 Pronombres de complemento con el imperativo, el infinitivo y el gerundio

53 연습 문제 Ejercicios

53.1. 그림을 보고 주어진 동사를 사용하여 문장을 완성하세요.

| acostarse | ~~despertarse~~ | ducharse | levantarse | vestirse |

1. Arturo ___se despierta___ a las ocho.
2. Merche y Ernesto _____ a las ocho y media.
3. Jaime _____ todas las mañanas.
4. Jaime _____ después de ducharse.
5. Merche y Ernesto _____ a las once y media.

ACIERTOS ...../5

53.2. 주어진 동사를 긍정형 또는 부정형 형태로 사용하여 문장을 완성하세요.

| aburrirse | afeitarse | atreverse | cansarse | defenderse | divertirse |
| lavarse | ~~lavarse~~ | mancharse | pintarse | ponerse | subirse |

1. Javi ___se lava___ con un jabón especial.
2. (yo) _____ traje para ir a trabajar.
3. Los gatos _____ a los árboles.
4. José _____ todavía. No tiene barba.
5. Susana _____ los ojos algunas veces.
6. Ángel y yo _____ mucho en las fiestas.
7. Pepe es muy sucio. _____ mucho la ropa.
8. Alberto es muy tímido. _____ a hablar con Sarita.
9. A Iván no le gusta el cine; _____ mucho cuando va.
10. Mi hermana y yo _____ el pelo todos los días.
11. Los canguros _____ con las patas cuando los atacan.
12. Mi abuela _____ cuando sube escaleras.

ACIERTOS ...../12

53.3. 괄호 안의 동사를 사용하여 질문과 대답을 완성하세요.

1. A: ¿A qué hora (tú, levantarse) ___te levantas___? B: _____ a las siete.
2. A: ¿(tú, ponerse) _____ pijama para dormir? B: No, _____ camisón.
3. A: ¿(vosotros, bañarse) _____ en el mar en verano? B: No, pero _____ en la piscina.
4. A: ¿Qué (vosotros, ponerse) _____ los domingos?
   B: _____ ropa normal: vaqueros y una camisa.
5. A: ¿Con qué (afeitarse) _____ usted? B: _____ con maquinilla eléctrica.
6. A: ¿(usted, vestirse) _____ antes o después de desayunar?
   B: _____ después de desayunar.
7. A: ¿A qué hora (levantarse) _____ ustedes los domingos?
   B: _____ temprano, sobre las nueve.
8. A: ¿Y a qué hora (ustedes, acostarse) _____? B: _____ también temprano, sobre las diez.

ACIERTOS ...../8

54. me lavo / lavo
Me, te, se…를 사용하는 동사들과 사용하지 않는 동사들의 대조
Contraste entre verbos con y sin *me, te, se*…

비교

ME, TE, SE…를 사용하지 않는 동사
- 동사의 행동 또는 그 행동에 따른 효과를 동작을 수행하는 사람이 아닌 다른 사람 또는 사물이 받습니다.

ME, TE, SE…를 사용하는 동사
- 동사의 행동 또는 그 행동에 따른 효과를 본인 또는 그 사람의 신체 일부나 옷이 받습니다.

Lavo el pelo a las clientas.
저는 손님들의 머리를 감겨요.

Gonzalo acuesta a los niños a las nueve.
곤살로는 9시에 아이들을 재운다.

Me lavo el pelo todos los días.
나는 매일 머리를 감아.

Gonzalo se acuesta a las once.
곤살로는 11시에 잠자리에 든다.

● **Se와 함께 쓰일 때 의미가 달라지는 일부 동사들**

despedir 해고하다 = *echar de un trabajo* 직장에서 내쫓다

dormir 자다 = *descansar* 쉬다

dejar 빌려주다 = *prestar* 빌려주다
encontrar 찾아내다 = *hallar, descubrir* 발견하다
ir 가다 = *dirigirse* 향하다, *asistir* 참석하다
llamar 전화하다 = *telefonear* 전화하다
parecer …인 것 같다 = *tener apariencia* 외양을 가지다

despedirse 헤어지다 = *decir adiós* 안녕을 고하다, *irse de un trabajo voluntariamente* 자발적으로 직장을 그만두다

dormirse 잠들다 = *quedarse dormido* 잠들다, *aburrirse* 지루해지다

dejarse 남기다 = *olvidarse* 잊어버리다
encontrarse 만나다 = *reunirse* 모이다, *sentirse* (감정, 상태를) 느끼다
irse 가버리다 = *marcharse* 떠나다
llamarse …를 부르다 = *tener un nombre* 이름을 가지다
parecerse (누구를) 닮다 = *ser similar* 비슷하다

Te llama Jorge.
호르헤가 너를 불러.

¡Hola! Me llamo Juana.
안녕! 내 이름은 후아나야.

- Ana **duerme** siete horas al día. 아나는 하루에 7시간 잔다.
- **Voy** a clase todos los días. 나는 매일 수업에 간다.
- ¿**Me dejas** este libro? 내게 이 책을 빌려줄래?
- Emilio **parece** listo. 에밀리오는 똑똑해 보인다.
- No **encontramos** las entradas. 우리는 입장권을 못 찾는다.
- No **me encuentro** bien. 나는 몸 상태가 좋지 않다.

- Ana **se duerme** en la ópera. 아나는 오페라 공연에서 졸고 있다.
- ¡Adiós! **Me voy** a clase. 안녕! 나는 수업에 갈게.
- ¡Espera! **Te dejas** un libro. 기다려! 너 책을 두고 갔어.
- **Se parece** a su madre. 그는 그의 어머니를 닮았다.
- Ayer **nos encontramos** con Pepa en el supermercado. 우리는 어제 슈퍼마켓에서 페파와 만났다.

54 연습 문제 Ejercicios

54.1. 그림을 보고 주어진 동사를 사용하여 문장을 완성하세요.

bañar   bañarse   despertar   despertarse   ~~lavar~~   lavarse   manchar   mancharse

1. Raúl lava coches.
2. Siempre _____ la camisa.
3. María _____ a los niños a las ocho.
4. _____ a los niños todas las noches.
5. _____ los dientes antes de acostarme.
6. Lucas _____ mucho los cuadernos.
7. En verano _____ en el mar.
8. Los domingos _____ tarde.

ACIERTOS ...../8

54.2. 주어진 동사를 사용하여 문장을 완성하세요.

1. Felipe __se aburre__ viendo la tele.
2. (yo) _____ las manos antes de las comidas.
3. Clara _____ a los niños después de desayunar y después _____ ella.
4. (yo) _____ muy tarde los sábados por la noche.
5. Alicia _____ las blusas a mano.
6. Juan _____ a sus hijos a las diez de la noche.
7. Miguel _____ mucho en el espejo.
8. Los payasos _____ a los niños.

~~aburrirse~~
acostar
acostarse
divertir
lavar
lavarse
mirarse
vestir
vestirse

ACIERTOS ...../8

54.3. 알맞은 형태를 고르세요.

1. (Llamo / *Me llamo*) Andrés.
2. Tania siempre (despide / se despide) con un beso.
3. ¿A quién (pareces / te pareces), a tu padre o a tu madre?
4. (Vamos / Nos vamos) al cine dos veces al mes.
5. Rita (parece / se parece) muy amable.
6. ¡Hasta luego! (Vamos / Nos vamos) al cine.
7. Anoche (encontré / me encontré) con Marina en la discoteca.
8. No (encuentro / me encuentro) mis gafas.
9. ¿Cuántas horas (duermes / te duermes) al día?
10. Siempre (dejo / me dejo) las llaves en casa.

ACIERTOS ...../10

55 Me gusta la ópera
Me, te, le…를 사용하는 동사들 Verbos con *me, te, le…*

● ***Gustar*** 마음에 들다, 좋아하다, ***encantar*** 무척 마음에 들다의 직설법 현재형

(a mí 나에게)	me		
(a ti 너에게)	te	gusta	+ 단수
(a usted 당신에게)	le	encanta	
(a él, a ella 그, 그녀에게)	le		
(a nosotros, –as 우리들에게)	nos		
(a vosotros, –as 너희들에게)	os	gustan	+ 복수
(a ustedes 당신들에게)	les	encantan	
(a ellos, –as 그들, 그녀들에게)	les		

A mi hijo le encantan los pasteles.
나의 아들은 케이크를 엄청 좋아해요.

- *¿Te gusta este traje?* 이 정장이 너의 마음에 드니?
- *Nos gustan la paella y el marisco.*
  우리는 파에야와 해산물을 좋아한다.
- *¿Os gustan las naranjas?* 너희들은 오렌지를 좋아하니?
- *A Ricardo no le gusta nada estudiar.*
  리카르도는 공부하는 것을 전혀 좋아하지 않는다.

> **주의** *me, te… gusta* + 동사 원형/동사 원형 2개 이상:
> - *Me gusta bailar.* → *A Concha le gusta cantar y bailar.* 콘차는 노래와 춤추는 것을 좋아한다.
>   나는 춤추는 것을 좋아한다.
> - *A Luis le ~~gustan~~ nadar y jugar al tenis.* → *A Luis le gusta nadar y jugar al tenis.*
>   루이스는 수영하는 것과 테니스를 치는 것을 좋아한다.
>
> *a* + 명사/고유 명사:
> - *A mis padres les gusta mucho viajar.* → *A Elsa no le gusta cocinar.*
>   나의 부모님은 여행하는 것을 매우 좋아하신다.   엘사는 요리하는 것을 좋아하지 않는다.

● 동일한 구조로 사용되는 동사들은 다음과 같습니다: ***apetecer*** 가지고 싶다, ***doler*** 아프다, ***importar*** 중요하다, 상관이 있다, ***interesar*** 흥미를 가지게 하다, ***quedar*** 남다, …에게 어울리다 (***tener*** 가지다 또는 ***sentar*** 어울리다의 의미), ***sentar*** 어울리다, …하게 느끼다 등

- *Te sienta muy bien ese vestido.*
  그 원피스가 너에게 정말 잘 어울려.
- *¿Te apetece dar un paseo?* 너 산책하고 싶니?
- *Esta chaqueta te queda corta.* 이 재킷은 너에게 짧네.
  (*Es corta para ti.* 이것은 너에게는 짧다.)
- *¿Te duele la cabeza?* 너 머리 아프니?
- *No me importa madrugar.* 난 일찍 일어나는 거 상관 없어.
- *¿Me sientan bien estos pendientes?*
  이 귀걸이가 나에게 잘 어울리니?
- *A Luisa le duelen las muelas.* 루이사는 어금니가 아프다.
- *Solo nos quedan veinte euros.*
  우리에게 단지 20유로가 남았어.
  (*Tenemos solo veinte euros.* 우리는 단지 20유로만 가지고 있다.)
- *Me duelen los pies.* 나는 발이 아프다.
- *¿Te interesan las matemáticas?* 너는 수학에 흥미가 있니?

● ***A mí, a ti…*의 사용**

(1) 강조하기 위해 사용됩니다.
- *A nosotros nos encanta la ópera.* 우리는 오페라를 정말 좋아한다.

(2) 대조를 위해 사용됩니다.
- A: *Me encanta el fútbol.* 나는 축구를 정말 좋아해. B: *A mí no me gusta nada.* 나는 전혀 좋아하지 않아.
- *A Pedro le gusta Luisa, pero a ella no le gusta Pedro.* 페드로는 루이사를 좋아하지만, 그녀는 페드로를 좋아하지 않는다.

(3) 누구를 지칭하는지 확실히 하기 위해 사용됩니다.

- *¿Le gusta el pescado?* → *¿Le gusta a usted el pescado?* 당신은 생선을 좋아합니까?
  당신은/그는/그녀는 생선을 좋아합니까? → *¿Le gusta a él el pescado?* 그는 생선을 좋아합니까?
  → *¿Le gusta a ella el pescado?* 그녀는 생선을 좋아합니까?

55 연습 문제 Ejercicios

55.1. 표를 보고 gustar 또는 encantar를 긍정형 또는 부정형 형태로 사용하여 대화를 완성하세요.

	tortilla	queso	paella	fabada	calamares	gambas
Nati	☺	X	☺☺	X	☺	☺☺
Gerardo	X	X	☺☺	☺	X	☺☺
don Jesús	☺	☺	X	☺☺	☺	X

☺ = gustar
☺☺ = encantar
X = no gustar

1. Don Jesús: ¿ __Te gusta__ la tortilla, Gerardo?   Gerardo: No, _____.
2. Gerardo: A Nati _____ la tortilla.
3. Nati: ¿_____ el queso, don Jesús?   Don Jesús: Sí, _____.
4. Don Jesús: A Nati y a Gerardo _____ el queso.
5. Gerardo: A Nati y a mí _____ la paella.
6. Nati: ¿_____ la fabada, don Jesús?   Don Jesús: Sí, _____.
7. Don Jesús: ¿_____ los calamares, Nati?   Nati: Sí, _____ mucho.
8. Gerardo: A mí _____ los calamares.
9. Don Jesús: ¿_____ las gambas a Nati y a ti, Gerardo?   Gerardo: Sí, _____.
10. Nati: ¿_____ a usted las gambas, don Jesús?   Don Jesús: No, _____.

ACIERTOS ....../10

55.2. Gustar 또는 encantar를 긍정형 또는 부정형 형태로 사용하여 문장을 완성하세요.

1. A: ¿ __Te gusta__ (☺) bailar, Sara?   B: Sí, __me encanta__ (☺☺). ¿Y a ti?   A: __A mí no me gusta__ (x).
2. A: ¿_____ (☺) leer a Rubén y a ti?   B: A mí _____ (☺☺), pero _____ (x) mucho.
3. A Nacho _____ (☺) Cristina, pero a Cristina _____ (x) Nacho.
4. A: ¿_____ (☺) viajar, Manuel?   B: Sí, mucho. ¿Y a vosotras?   A: _____ (☺☺).
5. A: ¿Qué _____ (☺) a ustedes hacer en vacaciones?   B: _____ (☺) ir a la playa y descansar.
6. A: _____ (☺☺) hacer deporte. ¿Y a ti, Norma?   B: _____ (☺) pasear y nadar.

ACIERTOS ....../6

55.3. 다음 동사들(apetecer, doler, importar, interesar, quedar, sentar)을 사용하여 문장을 완성하세요.

1. A mi abuela __le duelen__ mucho las piernas.
2. A: ¿_____ salir esta noche, Luis?   B: No, estoy cansado.
3. A Elena y a ti _____ muy bien el color verde.
4. A: ¿(a vosotros) _____ mucho dinero?   B: A mí solo _____ un peso.
5. Tengo que ir al dentista. _____ las muelas.
6. A José y a mí no _____ madrugar.
7. A: ¿_____ a ustedes comer algo?   B: No, gracias. No tenemos hambre.
8. A Jordi y a Gonzalo _____ bien la corbata.
9. La informática es muy útil, pero a mí no _____ nada.
10. Lo siento, Gema, pero esos pantalones _____ grandes.
11. A ti _____ muy bien los sombreros, Amalia.
12. A: ¿_____ a usted un gazpacho, Matías?   B: No, gracias. _____ el estómago.

ACIERTOS ....../12

56 Estoy viendo las noticias
'Estar + 현재 분사'의 현재형 Presente de estar + gerundio

Estoy viendo las noticias. 나는 뉴스를 보고 있어.

¡SShh! Isabel está tocando el piano. 쉿! 이사벨이 피아노를 치고 있어요.

Llévate el paraguas. Está lloviendo. 너 우산 가져가. 비가 오고 있어.

● 'Estar + 현재 분사'의 직설법 현재형 ▶ 98과: 현재 분사 Gerundio

(yo 나)	estoy	estudiando
(tú 너)	estás	
(usted 당신)	está	
(él, ella 그, 그녀)	está	bebiendo
(nosotros, -as 우리들)	estamos	
(vosotros, -as 너희들)	estáis	
(ustedes 당신들)	están	escribiendo
(ellos, -as 그들, 그녀들)	están	

● 'Estoy, estás... + 현재 분사'의 용법

(1) 그 순간에 일어나고 있는 행동에 대해 말하기 위해 사용합니다.
  • A: ¿Qué estás haciendo? 너 뭐하고 있니?   B: Estoy escuchando un disco de salsa. 나는 살사 음반을 듣고 있어.

(2) 일시적이거나 비습관적인 상황에 대해 말하기 위해 사용하며, hoy 오늘, este mes 이번 달, últimamente 최근 등과 같은 시간 표현과 함께 사용합니다.
  • Luisa normalmente trabaja en España, pero este mes está trabajando en Argentina.
    루이사는 보통 스페인에서 일하지만, 이번 달에는 아르헨티나에서 일한다.
  • Este año estamos estudiando chino. 올해 우리는 중국어를 공부하고 있다.
  • Últimamente estoy durmiendo mucho. 최근에 나는 잠을 많이 잔다.

(3) 자주 반복되는 행동이나 상황을 강조하기 위해 사용하며, todo el rato 매 순간, siempre 항상, a todas horas 언제나, todo el día 하루 종일 등과 같은 시간 표현과 함께 사용합니다.
  • Antonio está siempre pensando en Belén. 안토니오는 항상 벨렌을 생각하고 있다.
  • Estáis todo el día jugando y no estudiáis. 너희들은 하루 종일 놀면서 공부는 하지 않는구나.

> **주의** se와 함께 쓰는 동사들: lavarse 씻다, 닦다, vestirse 옷을 입다 등 ▶ 53과: Me, te, se…를 사용하는 동사들 Verbos con me, te, se…
>
> me, te, se, nos, os, se + estar의 현재형 + 현재 분사
>   • Me estoy duchando. 나는 샤워하고 있다.
>   • Se están vistiendo. 그들은 옷을 입고 있다.
>
> estar의 현재형 + 현재 분사-me, te, se, nos, os, se
>   • Estoy duchándome. 나는 샤워하고 있다.
>   • Están vistiéndose. 그들은 옷을 입고 있다.

¿Está Alfredo? 알프레도 있어?

Sí, pero se está duchando. 응, 그런데 샤워하고 있어.

▶ 57과: 직설법 현재형과 'Estar + 현재 분사'의 대조 Contraste entre presente de indicativo y estar + gerundio

56 연습 문제 Ejercicios

56.1. 그림을 보고 문장을 완성하세요.

bailar　correr　~~escribir~~　estudiar　hacer　jugar　leer　llorar　llover　nevar　ver

1. Estoy escribiendo una carta.
2. _____ a las cartas.
3. ¿_____? No, _____.
4. _____ el periódico. ¿Qué _____ papá?
5. ¿_____ María? No, _____ la tele.
6. ¿Por qué _____?
7. ¿Con quién _____ Luisa?
8. _____ un maratón.

ACIERTOS ...... / 8

56.2. 다음의 동사들을 사용하여 문장을 완성하세요.

acostarse　comer　discutir　dormir　escuchar
hablar　hacer　hacer　jugar　~~pasar~~　pensar

1. A: ¿Dónde están tus padres?　B: _Están pasando_ unos días en Potosí.
2. A: ¿Dónde están los niños?　B: _____ en el parque.
3. José y su hermano se quieren mucho, pero _____ siempre _____.
4. A: ¿Con quién _____ Teresa?　B: Con una vecina.
5. Esta semana _____ mucho calor.
6. ¡Qué obsesión! Laura y tú _____ siempre _____ en salir.
7. Ten cuidado, Arturo. Últimamente _____ muy poco.
8. A: ¿Por qué no come Cristina hoy con nosotros?　B: _____ en casa de una amiga.
9. A: ¿Dónde está Hans?　B: _____ un curso de español en Perú.
10. Esta semana estamos de fiesta y _____ muy tarde.
11. A: ¿Qué _____?　B: Música cubana.

ACIERTOS ...... / 11

56.3. 지금 이 순간 무슨 일이 일어나고 있나요? 알맞은 문장을 쓰세요.

1. (estudiar español) _Estoy estudiando español_.
2. (ducharse) _No me estoy duchando_.
3. (escuchar música) _____.
4. (llover) _____.
5. (beber un zumo) _____.
6. (escribir) _____.

ACIERTOS ...... / 6

57 me lavo / lavo
직설법 현재형과 'estar + 현재 분사'의 대조
Contraste entre presente de indicativo y estar + gerundio

비교

직설법 현재형

● 습관적인 행동에 대해 이야기 위해 직설법 현재형을 사용합니다.

Hago gimnasia todas las mañanas.
나는 매일 아침 체조를 합니다.

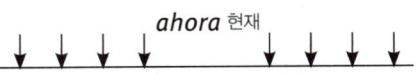
ahora 현재

Hago gimnasia todas las mañanas.
나는 매일 아침 체조를 합니다.

- En mi casa **comemos** a las dos.
  우리집에서는 2시에 점심 식사를 한다.
- Olga **toca** la guitarra en un grupo.
  올가는 그룹에서 기타를 연주한다.

● 일반적이거나 보편적인 사실에 대해 이야기하기 위해 사용합니다.
- En Galicia **llueve** mucho.
  갈리시아에는 비가 많이 온다.
- En Acapulco **hace** calor en verano.
  아카풀코는 여름에 매우 덥다.
- **Trabajo** en Santiago.
  나는 산티아고에서 일한다.

ESTAR + 현재 분사

● 말하는 순간에 발생하고 있는 짧은 행동을 이야기하기 위해 'ESTAR + 현재 분사'를 사용합니다.

Estoy haciendo un rompecabezas.
나는 퍼즐을 하고 있어요.

ahora 현재

Estoy haciendo un rompecabezas.
나는 퍼즐을 하고 있어요.

- ¿Qué **estáis comiendo**? 너희들 뭐 먹고 있니?
- **Está tocando** una canción mexicana.
  그녀는 멕시코 음악을 연주하고 있다.
- No salgas ahora. **Está lloviendo** mucho.
  너 지금 나가지 마. 비가 많이 오고 있어.

● 일시적이고 비습관적인 행동에 대해 이야기하기 위해 사용하며, 'esta semana 이번 주', 'este mes 이번 달', 'últimamente 최근' 등과 같은 표현과 함께 사용합니다.
- Este verano **está haciendo** frío.
  이번 여름에는 추워지고 있다.
- Esta semana **estoy trabajando** en Iquique.
  이번 주에는 이키케에서 일한다.

주의 다음과 같은 경우 보통 'estar + 현재 분사'를 사용하지 않습니다.

(1) 'ir 가다, venir 오다' 동사와 함께 사용할 때:
- **Vamos** a Viña todos los años. 우리는 매년 포도밭에 간다.
- A: ¿Adónde **vais**? 너희들 어디에 가니? B: **Vamos** a la playa. 우리는 해변에 가요.
- Las cigüeñas **vienen** a España en primavera. 황새는 봄에 스페인에 온다.
- A: Es muy tarde. ¿De dónde **vienes**? 많이 늦었네. 너 어디에서 오는 거니? B: **Vengo** de una fiesta. 파티 다녀왔어.

(2) 'conocer 알다, comprender 이해하다, entender 이해하다, querer 원하다, necesitar 필요로 하다, amar 사랑하다, preferir 선호하다, odiar 미워하다, parecer …인 것 같다, tener 가지다, llevar 가져가다, 지니다' 동사와 함께 사용할 때:
- Alicia **no lleva** nunca vaqueros.
  알리시아는 절대 청바지를 입지 않는다.
- Rodrigo **tiene** dos hermanos.
  로드리고는 2명의 형제자매가 있다.
- ¿Qué **lleva** Jesús en la cabeza?
  헤수스가 머리에 뭘 쓰고 있어?
- ¿**Tienes** dinero? **Necesito** 50 euros.
  너 돈 있니? 50유로가 필요해.

(3) 감각 기관의 기능으로서의 'ver 보다, oír 듣다' 동사와 함께 사용할 때 (보고 듣는 행위로서의 'mirar 보다, escuchar 듣다'의 의미가 아닐 경우):
- Félix no **oye** nada por el oído izquierdo. 펠릭스는 왼쪽 귀로 아무것도 듣지 못한다.
- A: ¿**Oyes** algo? 너 뭔가 들려? B: Nada. **Hablan** muy bajo. 아니, 그들은 너무 작게 말해.

예외 **Estoy oyendo** la radio. 나는 라디오를 듣고 있다. (escuchando, 즉 듣는 행위로서의 사용됩니다.)

● 말하는 순간에 수행되고 있는 행동을 이야기하기 위해서도 직설법 현재형이 사용될 수 있습니다.
- A: ¿Qué **haces**? 너 뭐해? B: Nada. **Leo** un rato. 아무것도 아니야. 잠깐 읽고 있어.
- A: ¿Qué **estás haciendo**? 너 뭐하고 있니? B: **Estoy leyendo** el periódico. 나는 신문을 읽고 있어.

57 연습 문제 Ejercicios

57.1. 동사 dar, estudiar, jugar, tocar, ver를 사용하여 문장을 완성하세요.

1. Jorge y Santi son músicos. _Tocan_ en una orquesta. Jorge _____ la batería y Santi _____ la guitarra. Ahora no _____. _____ al ajedrez.

2. Daniela es profesora. _____ clases de Matemáticas. Ahora no _____ clase. _____ la tele en casa.

3. Cristina es estudiante. _____ Medicina. Ahora no _____. _____ al tenis con una amiga.

57.2. 직설법 또는 'estar + 현재 분사'의 현재형을 사용하여 문장을 완성하세요.

1. En el desierto de Atacama (no llover) _no llueve_ nunca.
2. Este invierno (no hacer) _____ mucho frío.
3. ¿Me dejas un paraguas? (Llover) _____ mucho.
4. A: ¿Está Rosa?   B: Sí, pero (dormir) _____.
5. Los vegetarianos (no comer) _____ carne.
6. A: ¿(tú, tocar) _____ algún instrumento?   B: Sí, (tocar) _____ el violín.
7. A: ¿Qué (cantar) _____ Carlos?   B: Un tango.
8. Algunos bebés (llorar) _____ mucho.

57.3. 알맞은 형태를 고르세요.

1. ¿Adónde (*vais*/estáis yendo)?
2. ¿(Oyes/Estás oyendo) algo?
3. ¿Qué (quieres/estás queriendo)?
4. No (entiendo/estoy entendiendo).   ¿Puedes repetir?
5. A: ¿Dónde están tus padres?   B: (Viajan/Están viajando) por América.
6. Esta semana no (estudio/estoy estudiando) mucho.
7. Está muy oscuro. No (veo/estoy viendo) nada.

57.4. 직설법 또는 'estar + 현재 분사'의 현재형을 사용하여 문장을 완성하세요.

1. A: ¿Adónde (ir) _vas_?   B: (Ir) _Voy_ a casa.
2. ¿(tú, conocer) _____ a esa chica?
3. ¿Qué (tú, tener) _____ en la mano?
4. A: ¿Qué (tú, ver) _____?   B: Un concurso.
5. No (oír) _____ nada. Tengo que ir al médico.
6. A: Mira. Lola (llevar) _____ un vestido de lunares.   B: Sí, (parecer) _____ una bailaora.
7. A: ¿Qué (querer) _____ ustedes?   B: (Necesitar) _____ cucharas.
8. A: ¿De dónde (tú, venir) _____? (Tener) _____ mala cara.   B: Sí, (venir) _____ del dentista.

58 *trabajé, comí, viví...*
부정 과거: 규칙 동사 Pretérito indefinido: verbos regulares

¿Saliste anoche? 너 어제 나갔었어?
No, me quedé en casa. Vi un poco la tele. 아니, 난 집에 있었어. 텔레비전을 조금 봤어.

Cervantes **nació** en Alcalá de Henares en 1547. 세르반테스는 1547년에 알칼라데에나레스에서 태어났다.

Saliste, *me quedé*, *vi*, *nació*는 부정 과거형입니다..

● 부정 과거의 형태: 규칙 동사

	-ar (trabajar) 일하다	**-er** (comer) 먹다	**-ir** (vivir) 살다
(yo 나)	trabaj-é	com-í	viv-í
(tú 너)	trabaj-aste	com-iste	viv-iste
(usted 당신)	trabaj-ó	com-ió	viv-ió
(él, ella 그, 그녀)	trabaj-ó	com- ió	viv-ió
(nosotros, –as 우리들)	trabaj-amos	com-imos	viv-imos
(vosotros, –as 너희들)	trabaj-asteis	com-isteis	viv-isteis
(ustedes 당신들)	trabaj-aron	com-ieron	viv-ieron
(ellos, –as 그들, 그녀들)	trabaj-aron	com-ieron	viv-ieorn

> **주의** *d-ar* 주다 → d-i, d-iste, d-io, d-io, d-imos, d-isteis, d-ieron, d-ieron
> '*-car*'로 끝나는 동사: *sacar* 꺼내다 → (yo) saqué, (tú) sacaste, (él, ella) sacó...
> '*-zar*'로 끝나는 동사: *empezar* 시작하다 → (yo) empecé, (tú) empezaste, (él, ella) empezó...
> '*-gar*'로 끝나는 동사: *llegar* 도착하다 → (yo) llegué, (tú) llegaste, (él, ella) llegó...

● 지나간 과거의 행동 또는 상황을 이야기하기 위해 부정 과거를 사용합니다. *Anoche* 어젯밤, *ayer* 어제, *el jueves (pasado)* (지난) 목요일, *la semana pasada* 지난주, *hace dos meses* 두 달 전, *en 1995* 1995년 등과 같은 표현과 함께 이미 끝난 과거의 특정 순간에 무슨 일이 발생하였는지를 말해 줍니다.

- *Anoche no salimos. Nos quedamos en casa a descansar.* 어젯밤 우리는 나가지 않았다. 우리는 쉬기 위해 집에 머물렀다.
- *Mis padres vivieron en Quito desde 1990 hasta 2001.* 나의 부모님은 1990년부터 2001년까지 키토에 거주하셨다.
- *La Primera Guerra Mundial empezó en 1914 y acabó en 1918.* 제1차 세계 대전은 1914년에 시작하여 1918년에 끝났다.
- *De joven, viví cuatro años en México.* 젊은 시절에 나는 4년간 멕시코에 살았다.

(1) 완전히 끝난 일련의 행동에서 사용할 수 있습니다.
- *Cuando acabó la película, encendieron las luces.* 영화가 끝났을 때 불이 켜졌다.
- *El profesor entró en el aula, abrió el libro y empezó a explicar.* 교수는 강의실에 들어와 책을 펴고 설명하기 시작했다.

(2) 이야기 또는 일대기에 많이 사용됩니다.
- *Miguel Ángel Asturias nació en Ciudad de Guatemala en 1899. Estudió Derecho en su país y pronto se interesó por las antiguas religiones y culturas de América Central. Publicó su primer libro, Leyendas de Guatemala, en Madrid, en 1930. Recibió el Premio Nobel de Literatura en 1967.* 미겔 앙헬 아스투리아스는 1899년에 과테말라시티에서 태어났다. 자국에서 법학을 공부하고, 곧 중앙 아메리카의 고대 종교와 문화에 흥미를 가지게 되었다. 1930년 마드리드에서 그의 첫 번째 책인 〈과테말라의 전설〉을 출판하였다. 1967년에 노벨 문학상을 수상했다.

58 연습 문제 Ejercicios

58.1. 괄호 안의 동사를 부정 과거의 형태로 사용하여 문장을 완성하세요.

1. Pablo y Mar (casarse) __se casaron__ hace tres meses.
2. El domingo por la mañana (yo, no salir) _____. (Levantarse) _____ tarde, (lavarse) _____ el pelo, (desayunar) _____ y (escribir) _____ algunas cartas.
3. El año pasado (nosotros, ver) _____ a Mercedes Sosa en directo.
4. Yolanda y Arturo (vivir) _____ en Argentina hasta 1998.
5. A: ¿Qué os (pasar) _____ ayer?
   B: (No sonar) _____ el despertador y (llegar) _____ tarde.
6. A: ¿Cuándo (conocerse) _____ Gala y tú?
   B: (Conocerse) _____ en 1999, durante un viaje a Santo Domingo.
7. A: ¿A qué hora (acabar) _____ la fiesta anoche?
   B: No lo sé. Yo (acostarse) _____ a las doce.
8. ¿Con quién (tú, salir) _____ el domingo?

ACIERTOS ...../ 8

58.2. 다음 질문들을 완성하세요.

1. A: ¿A quién __conociste__ ayer? B: Ayer conocí a Donato.
2. A: ¿Por dónde _____ un paseo el domingo? B: El domingo dimos un paseo por el Malecón.
3. A: ¿Dónde _____ de joven? B: De joven, viví seis meses en Chile.
4. A: ¿Dónde _____ el año pasado? B: El año pasado trabajé en una academia.
5. A: ¿Con quién _____ anoche? B: Anoche hablé con Alicia.
6. A: ¿Dónde _____ la semana pasada? B: La semana pasada comimos en un mesón.
7. A: ¿Con quién _____ el día el sábado? B: El sábado pasamos el día con Araceli.
8. A: ¿Cuándo _____ una fiesta? B: Di una fiesta hace una semana.

ACIERTOS ...../ 8

58.3. 괄호 안의 동사를 부정 과거의 형태로 사용하여 이야기를 완성하세요.

Una noche me (despertar) __despertó__ un ruido. (Levantarse) _____, (encender) _____ la luz y (acercarse) _____ a la ventana. En la calle (ver) _____ una figura vestida de blanco. Cuando la figura me (ver) _____, me (llamar) _____ con la mano. (Dar) _____ un grito y la figura (alejarse) _____. (Regresar) _____ a la cama, (apagar) _____ la luz y (acostarse) _____. Nunca más (volver) _____ a verla.

ACIERTOS ...../ 13

58.4. 주어진 동사를 사용하여 이사벨 아옌데의 일대기를 완성하세요.

| casarse | escribir | nacer | ~~nacer~~ | refugiarse | regresar | trasladarse | vivir |

Isabel Allende es chilena, pero __nació__ en Lima, Perú, el 2 de agosto de 1942. En 1945 su madre _____ a Chile con Isabel y sus hermanos. En 1962 _____ por primera vez y al año siguiente _____ su hija Paula. En 1975, dos años después del golpe militar en Chile, _____ en Caracas, Venezuela. Aquí _____ trece años y _____ su gran éxito, *La casa de los espíritus*. En 1987 _____ a los Estados Unidos, donde reside actualmente.

ACIERTOS ...../ 8

59 durmió, leyó, hizo...

부정 과거: 불규칙 동사 Pretérito indefinido: verbos irregulares

부정 과거의 형태: 불규칙 동사

● 2인칭 경어(*usted*, *ustedes*)와 3인칭 단/복수(*él*, *ella*, *ellos*, *ellas*)가 불규칙인 경우

(1) 'e + 단/복수 자음 + –*ir*'로 구성된 동사
ped-ir 요청하다: ped-í, ped-iste, p**i**d-ió, p**i**d-ió, ped-imos, ped-isteis, p**i**d-ieron, p**i**d-ieron
[그 외] *mentir* 거짓말하다, *preferir* 선호하다, *seguir* 계속하다, *sentir* 느끼다, *divertirse* 즐기다
• La semana pasada le **pedí** dinero a Nuria. 지난 주에 누리아에게 돈을 요청했다.
• Pepi y Lolo **se divirtieron** mucho en mi fiesta. 페피와 롤로는 파티에서 정말 즐거운 시간을 보냈다.

(2) 'o + 단/복수 자음 + –*ir*'로 구성된 동사
dorm-ir 자다: dorm-í, dorm-iste, d**u**rm-ió, d**u**rm-ió, dorm-imos, dorm-isteis, d**u**rm-ieron, d**u**rm-ieron
[그 외] *morir* 죽다
• Los niños **durmieron** diez horas anoche. 아이들은 어제밤에 10시간 동안 잤다.
• La madre de Clara **murió** hace dos meses. 클라라의 어머니는 두 달 전 돌아가셨다.

(3) '모음 + *er/ir*'로 구성된 동사
le-er 읽다: le-í, le-íste, le-**y**ó, le-**y**ó, le-ímos, le-isteis, le-**y**eron, le-**y**eron
[그 외] *caer* 넘어지다 떨어지다, *construir* 짓다, 건축하다, *creer* 믿다, *destruir* 파괴하다, 부수다, *huir* 도망치다, *incluir* 포함하다, *oír* 듣다
• El verano pasado una tormenta **destruyó** la iglesia del pueblo. 지난 여름 태풍이 마을의 교회를 파괴했다.
• Los gatos **huyeron** cuando vieron al perro. 고양이들은 개를 보자 도망쳤다.

● 전체 불규칙 동사들 (어미 불규칙)

decir 말하다	→	dij-	
estar (상태가) 이다, 있다	→	estuv-	
haber 있다	→	hab-	e
hacer 하다	→	hic-/hiz-	iste
poder 할 수 있다	→	pud-	o
poner 놓다	→	pus-	o
querer 원하다	→	quis-	imos
saber 알다	→	sup-	isteis
tener 가지다	→	tuv-	ieron*
traer 가져오다	→	traj-	ieron*
venir 오다	→	vin-	

¿Qué **hiciste** el domingo? 너 일요일에 뭐 했어?
Estuve en casa con unos amigos. 나는 몇몇 친구들과 집에 있었어.

[예외] *decir* 말하다 → *dijeron*; *traer* 가져오다 → *trajeron*
• El año pasado **hice** varios viajes a América del Sur. 작년에 나는 남아메리카로 여러 번 여행을 갔다.
• El domingo **hubo** una fiesta en casa de Emilia. Pato no **quiso** venir.
일요일에 에밀리아의 집에서 파티가 있었다. 파토는 오길 원하지 않았다.
• Los abuelos de Beatriz **tuvieron** diez hijos. 베아트리스의 조부모님은 10명의 자식을 두었다.

(1) –*ducir*로 끝나는 동사 → –*uj*–
conducir 운전하다: conduje, condujiste, condujo, condujo, condujimos, condujisteis, condujeron, condujeron
[그 외] *producir* 생산하다, *traducir* 번역하다
• Hace unos años **traduje** un libro sobre Goya.
몇 년 전 나는 고야에 대한 책을 번역했다.

(2) ir/ser 가다/…이다: fui, fuiste, fue, fue, fuimos, fuisteis, fueron, fueron
• Alicia **fue** (ser) directora de un banco durante cuatro años.
알리시아는 4년 간 한 은행의 장이었다.
• Antonio **fue** (ir) a Puerto Rico en 2001.
안토니오는 2001년에 푸에르토리코에 갔다.
• La civilización maya **fue** (ser …이다) muy pacífica.
마야 문명은 매우 평화적이었다.

¿Adónde **fuisteis** el verano pasado? 지난 여름에 너희들은 어디에 갔니?
A Cuba. **Fueron** unas vacaciones fantásticas. 쿠바에. 환상적인 휴가였어.

▶ 58과: 부정 과거: 규칙 동사 Pretérito indefinido: verbos regulares

59 연습 문제 Ejercicios

59.1. 괄호 안의 동사를 부정 과거의 형태로 사용하여 문장을 완성하세요.

1. Alba (venir) __vino__ a España en 2001.
2. Unos amigos míos (tener) _____ un accidente el fin de semana pasado.
3. A: ¿Por qué (no venir) _____ Lucía y Paloma a la fiesta?   B: Porque (no querer) _____.
4. ¿Cuántos hijos (tener) _____ la abuela de Tere?
5. Esta casa la (construir) _____ el padre de Óscar hace cincuenta años.
6. A: ¿Qué (ustedes, hacer) _____ el domingo?
    B: Nada especial. (Estar) _____ en casa viendo la tele. Enrique (no querer) _____ salir.
7. Anoche (nosotros, tener) _____ que dormir en casa de Alfredo. No (poder) _____ entrar en la nuestra.
8. ¿Cuándo (morir) _____ los abuelos de Miriam?
9. Laura (caerse) _____ la semana pasada y (romperse) _____ un brazo.
10. A: ¿Cuándo (saber) _____ usted que estaba enferma?
     B: Cuando me lo (decir) _____ el médico.
11. A: ¿Qué (pasar) _____ anoche?   B: (Haber) _____ un incendio en el bloque de Ángel.
12. ¿Cuándo (usted, conducir) _____ un coche por primera vez?

ACIERTOS ...... /12

59.2. 다음 동사들을 사용하여 라틴 아메리카의 역사에 대한 문장을 완성하세요.

| construir | ~~independizarse~~ | llegar | morir | producirse | ser | ser | ser | traer |

1. Cuba __se independizó__ en 1898.
2. Bolívar _____ en 1830.
3. Los primeros esclavos africanos _____ a América en el siglo XVI.
4. Los incas _____ Machu Picchu en el siglo XIII.
5. Los españoles _____ el tomate y la patata de América.
6. Hernán Cortés _____ gobernador de Nueva España o México.
7. La decadencia de la cultura maya _____ a mediados del siglo XV.
8. Túpac Amaru I _____ el último emperador inca.
9. Los mayas _____ grandes constructores.

ACIERTOS ...... /9

59.3. 어울리는 동사를 사용하여 대화를 완성하세요.

| alquilar | gustar | ~~hacer~~ | ir | ir | recorrer | ser |

1. A: ¿Qué __hiciste__ el verano pasado?   B: _____ a Chile.
    A: ¿Con quién _____?   B: Con un grupo de amigos. _____ un coche y _____ el sur hasta Tierra del Fuego.
    A: ¿Os _____?   B: Sí, _____ un viaje interesantísimo.

| bailar | divertirse | ir |

2. A: ¿Qué tal el fin de semana?   B: _____ a un club de salsa con Armando.
    _____ como locos toda la noche.
    Armando _____ muchísimo.

ACIERTOS ...... /2

60 he trabajado
직설법 현재 완료 (1) Pretérito perfecto de indicativo (1)

Hoy **he tenido** un día agotador. **Me he levantado** temprano y **he dado** cuatro clases por la mañana. Por la tarde **he hecho** la compra...
오늘 나는 아주 힘든 하루를 보냈어. 나는 일찍 일어나서 오전에 4개의 수업을 들었어. 오후에는 장을 봤고...

He tenido, **me he levantado**, **he dado**, **he hecho**는 직설법 현재 완료의 형태입니다.

● 직설법 현재 완료의 형태; 'haber 동사'의 직설법 현재 + 해당 동사의 과거 분사

(yo 나)	he	trabajado
(tú 너)	has	
(usted 당신)	ha	
(él, ella 그, 그녀)	ha	comido
(nosotros, –as 우리들)	hemos	
(vosotros, –as 너희들)	habéis	
(ustedes 당신들)	han	vivido
(ellos, –as 그들, 그녀들)	han	

> **주의** 과거 분사의 형태는 절대 바뀌지 않습니다.
> - A: Hoy **he comido** paella.
>   오늘 나는 파에야를 먹었어.
> - B: Pues nosotras **hemos comido** pescado.
>   음, 우리는 생선을 먹었어.
>
> 'Haber 동사'와 과거 분사는 항상 바로 옆에 위치합니다.
> - ~~He me levantado tarde.~~
> - Me **he levantado** tarde. 나는 늦게 일어났어.

▶ 99과: 과거 분사 Participio

● 직설법 현재 완료는 현재까지 지속되는 시간의 기간 동안 발생한 행동 또는 상황에 대해 이야기하기 위해 사용합니다. 즉, **hoy** 오늘, **este año/mes** 올해/이번 달, **esta mañana/tarde/semana** 오늘 오전/오후/이번 주, **últimamente** 최근에 발생한 일에 대한 정보를 제공합니다.

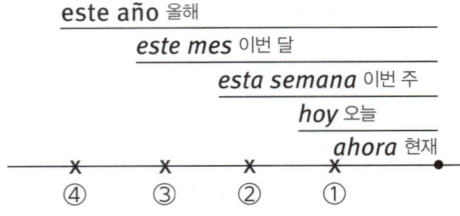

① **Hoy me he levantado** tarde. 오늘 나는 늦게 일어났다.
② Lara **ha salido** todas las noches **esta semana**.
   라라는 이번 주 매일 밤 놀러 나갔다.
③ **Este mes hemos ido** al cine tres veces.
   이번 달 우리는 영화관에 세 번 갔다.
④ **Este año** no **ha hecho** mucho frío. 올해는 많이 춥지 않았다.

(1) **hace poco** 얼마 전, **hace un momento** 조금 전, **hace un rato** 방금 전 등의 표현과 함께 사용되어 바로 직전의 행동 또는 상황에 대해 이야기하기 위해 사용됩니다.
 • **He estado** con Carlos **hace un momento**. 나는 조금 전에 카를로스와 함께 있었다.
 • Juego muy mal al golf. **He aprendido hace poco**. 나는 골프를 정말 못 친다. 얼마 전부터 배우고 있다.

(2) 최근 소식을 전달하기 위해 주로 사용됩니다.
 • A: ¿Qué **ha pasado**? 무슨 일이에요?   B: **Ha dimitido** el presidente. 대통령이 사임했어요.

● 라틴 아메리카와 스페인의 여러 지역에서 현재 완료(**He comido**, **he viajado**...) 대신에 부정 과거 (**Comí**, **viajé**...)를 쓰기도 합니다.

▶ 61과: 직설법 현재 완료 (2) Pretérito perfecto de indicativo (2)

60 연습 문제 Ejercicios

60.1. 베티는 오늘 무엇을 했나요? 주어진 동사를 사용하여 문장을 완성하세요.

acostarse   cenar   ducharse   enviar   hacer   ir   jugar   ~~levantarse~~

1. _Se ha levantado_ a las diez.
2. _____ footing.
3. _____.
4. _____ unos correos electrónicos.
5. _____ al cine con una amiga.
6. _____ a los bolos.
7. _____ con unos amigos.
8. _____ a las doce.

60.2. 괄호 안의 동사로 현재 완료 시제를 사용하여 문장을 완성하세요.

1. Este verano (nosotros, estar) _hemos estado_ en Perú.
2. A: ¿(tú, ver) _____ a Cristina? B: Sí, la (yo, ver) _____ hace un momento.
3. Hoy (nosotros, trabajar) _____ cerca de diez horas.
4. Este año (llover) _____ mucho.
5. A: ¿Sabes usar este programa? B: Regular. (yo, empezar) _____ a usarlo hace poco.
6. Mis padres (estar) _____ en la costa este invierno.
7. ¿Qué (vosotros, hacer) _____ este verano?
8. ¿(tú, leer) _____ algo interesante últimamente?
9. Hoy (nosotras, comer) _____ ceviche de marisco.
10. A: ¿Qué (hacer) _____ Martín este verano?
    B: (Quedarse) _____ en Madrid. No tenía dinero.

60.3. 주어진 동사를 사용하여 표제에 알맞은 소식을 써 보세요.

acabar   bajar   chocar   dimitir   ~~escaparse~~   ganar   morir   subir

1. Fuga de 50 presos. _Se han escapado cincuenta presos_.
2. Fallece el Presidente. _____.
3. Dimite la ministra de Hacienda. _____.
4. Fin de la huelga del transporte. _____.
5. Choque de dos trenes. _____.
6. Sube la gasolina. _____.
7. Bajan los impuestos. _____.
8. Colo-Colo, campeón de Liga. _____.

61 *He viajado mucho*
직설법 현재 완료 (2) Pretérito perfecto de indicativo (2)

- 직설법 현재 완료는 정확한 발생 시기를 언급하지 않으면서 과거의 경험에 대해 말하기 위해 사용됩니다. 즉, 현재 시점까지 삶에서 발생한 일들에 대한 정보를 제공합니다.

> 60과: 직설법 현재 완료 (1)
> Pretérito perfecto de indicativo (1)
>
> **He tenido** una vida intensa. 나는 강렬한 삶을 살았어.
> **He viajado** por todo el mundo. 나는 전 세계를 여행했어.
> **He trabajado** en una fábrica. 공장에서 일했지.
> **He sido** actriz… 나는 여배우였어.

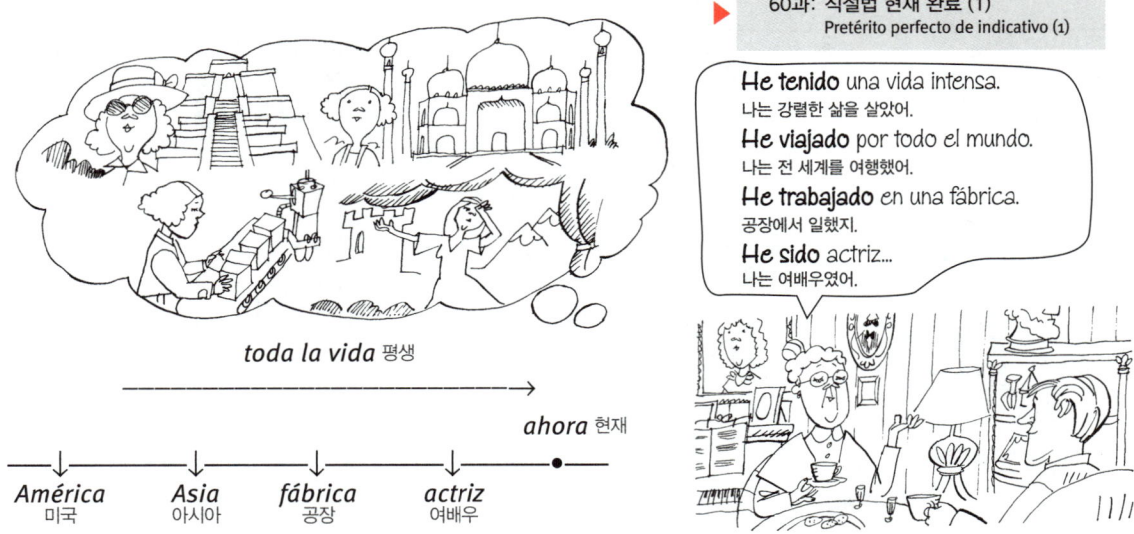

toda la vida 평생
ahora 현재
América 미국 | Asia 아시아 | fábrica 공장 | actriz 여배우

- 보통 **alguna vez** 언젠가, **nunca** 절대, 결단코 … 아닌, **hasta ahora** 지금까지, **en mi vida** 내 인생에서 등의 표현이 함께 사용됩니다.
  - ¿**Habéis comido alguna vez** sopa de tiburón? 너희들은 상어 수프를 먹어 보았니?
  - Los padres de Ana **no han salido nunca** de España. 아나의 부모님은 스페인에서 한 번도 나가 본 적이 없다.
  - **En mi vida he visto** algo parecido. 내 인생에서 비슷한 무언가를 본 적이 있다.
  - **Hasta ahora no hemos tenido** ningún problema serio. 지금까지 우리는 어떤 심각한 문제도 없었다.

- 직설법 현재 완료는 현재에 결과나 영향을 미치는 과거의 행동에 대해 말하기 위해 사용됩니다. 즉, 현재 상황의 원인에 대한 정보를 제공합니다.

결과	원인
A: *Llegas tarde.* 너 늦었네.	B: *Lo siento. No **ha sonado** el despertador.* 미안해. 알람 시계가 울리지 않았어.
No puedo jugar. 나는 경기를 못 해.	*Me **he roto** una pierna.* 나 다리가 부러졌어.
Ya podemos comer. 우리 이제 먹을 수 있어.	*Ha llegado mamá.* 엄마가 도착했어.

- 직설법 현재 완료는 **ya** 이미, 이제, **todavía no** 아직 … 아니다, **por fin** 마침내, 결국과 같은 표현과 함께 현재 시점까지 어떤 행동이 이루어졌는지 여부에 대해 말하기 위해 사용됩니다.
  - *Por fin **han acabado** las clases.* 드디어 수업이 끝났다.

(1) 'ya 이미, 이제'는 현재 시점 이전에 어떤 행동이 수행되었음을 나타내거나 그 여부에 대해 질문할 때 사용됩니다.
  - *Ya **he terminado** el cuadro.* 나는 이미 그림을 끝냈다.
  - ¿**Has acabado ya** el curso? 이미 학기를 끝냈니?

No puedo jugar.
Me he roto una pierna.
나는 경기를 할 수 없어. 다리가 부러졌어.

(2) *todavía* 아직 … 아니다는 현재 시점 이전에 어떤 행동 수행되지 않았음을 나타내거나 그 여부에 대해 질문할 때 사용됩니다.
  - A: ¿**Te ha gustado** el libro que te presté? 너 내가 네게 빌려준 그 책 마음에 들었니?
  - B: **Todavía no lo he leído.** 난 아직 그것을 읽지 않았어.

¿**Ha empezado** ya la película? 영화가 이미 시작되었나요?
Todavía no. 아직입니다.

- 라틴 아메리카와 스페인의 여러 지역에서 현재 완료(*He comido, he viajado*…) 대신에 부정 과거(*Comí, viajé*…)를 쓰기도 합니다.

> 58과: 부정 과거: 규칙 동사 Pretérito indefinido: verbos regulares   59과: 부정 과거: 불규칙 동사 Pretérito indefinido: verbos irregulars

61 연습 문제 Ejercicios

61.1 그림을 보고 문장으로 쓰세요. 아나 롤단은 살아오면서 어떤 일들을 했나요?

conocer	escribir	~~estar~~	Chile	hospital	libro
tener	trabajar	vivir	personajes famosos	cinco hijos	~~Uruguay~~

1. Ha estado en Uruguay
2. _____
3. _____
4. _____
5. _____
6. _____

ACIERTOS ...../ 6

61.2 주어진 단어들을 사용하여 문장을 쓰세요.

1. Reinaldo / estar / nunca / en África   Reinaldo no ha estado nunca en África.
2. ¿ustedes / comer / alguna vez / tortilla? ¿_____?
3. ¿vosotros / enamorarse / alguna vez? ¿_____?
4. yo / nunca / ir / a la ópera _____.
5. nosotros / beber / nunca / tequila _____.

ACIERTOS ...../ 5

61.3 두 열의 요소를 결합하여 문장을 만들어 보세요.

consecuencias:
1. No puedo entrar en casa
2. Juana no ve bien
3. No puedo pagar
4. Están agotadas

causas:
a. trabajar mucho todo el día
b. perder las llaves
c. olvidarse la cartera
d. romperse las gafas

1. No puedo entrar en casa porque he perdido las llaves.
2. _____.
3. _____.
4. _____.

ACIERTOS ...../ 4

61.4 라우라와 가브리엘은 다음 주에 휴가를 떠납니다. 준비 사항에 대한 가브리엘의 질문과 라우라의 대답을 쓰세요.

1. (recoger los billetes) A: ¿Has recogido ya los billetes? B: Sí, los he recogido ya.
2. (reservar el hotel) A: ¿_____? B: Sí, _____.
3. (pedir el visado) A: ¿_____? B: Sí, _____.
4. (cambiar dinero) A: ¿_____? B: No, _____.
5. (recoger los cheques de viaje) A: ¿_____? B: No, _____.

ACIERTOS ...../ 5

62 *he trabajado / trabajé*
현재 완료와 부정 과거의 대조 Contraste entre pretérito perfecto y pretérito indefinido

비교

현재 완료

- 현재 완료는 *hace un rato* 아까 전, *hace una hora* 한 시간 전 등 바로 직전에 일어난 과거의 행동에 대해 이야기하기 위해 사용됩니다.
  - *¡Hemos visto a Antonio Banderas!* (hace un momento)
    우리 안토니오 반데라스를 봤어! (방금)

- 현재 완료는 *hoy* 오늘, *esta mañana* 오늘 아침, *este mes* 이번 달, *este verano* 올여름 등 현재의 일부로 여겨지는 시점에서 일어난 행동에 대해 이야기하기 위해 사용됩니다.

  este año 올해
      este verano 올여름
          hoy 오늘
             ahora 현재

  - *Hoy he tenido dos exámenes.*
    오늘 나는 시험이 두 개 있었다.
  - A: *¿Qué habéis hecho este verano?*
    너희는 올여름에 무엇을 했니?
    B: *Hemos ido a la playa. Nos hemos divertido mucho.*
    우리는 해변에 갔어. 우리는 정말 즐거운 시간을 보냈어.

- 현재 완료는 *alguna vez* 언젠가, *nunca* 절대, 결단코 … 아닌, *hasta ahora* 지금까지 등과 함께 시점을 특정하지 않은 과거 경험에 대해 이야기하기 위해 사용됩니다.

  —?—?—?—• *ahora* 현재

  - *¿Has estado alguna vez en Cuzco?*
    너는 쿠스코에 가 본 적 있니?
  - *No he viajado nunca en avión.*
    나는 비행기로 여행을 해 본 적이 없다.

  행동이 발생한 시점을 가리킬 때는 현재 완료를 사용하지 않습니다.
  - *El año pasado ~~he estado~~ en Chile.*
    → *He estado en Chile.* 나는 칠레에 있었다.

- 현재 완료는 *ya* 이미, 이제, *todavía no* 아직 … 아니다 등 현재 이전에 어떤 행동이 수행되었음을 말하거나 행동의 완료 여부를 질문하기 위해 사용됩니다.
  - *Ya hemos visitado La Guaira.*
    우리는 라과이라를 방문했다.
  - *¿Has visitado ya La Guaira?*
    너는 라과이라를 이미 방문했니?
  - *Todavía no hemos visitado La Guaira.*
    우리는 아직 라과이라를 방문하지 않았다.

부정 과거

- 부정 과거는 *hace una semana* 한 주 전, *hace un mes* 한 달 전 등 비교적 오래된 과거에 일어난 행동에 대해 이야기하기 위해 사용됩니다.
  - *Hace una semana vimos a Antonio Banderas en el estreno de su última película.*
    일주일 전 우리는 그의 최신 영화 개봉에서 안토니오 반데라스를 봤다.

- 부정 과거는 *ayer* 어제, *el mes pasado* 지난 달, *aquel verano* 그 여름과 함께 이미 끝난 시점에서 일어난 행동에 대해 이야기하기 위해 사용됩니다.

                        ahora 현재
  —x———x———x———•
  el año   *el verano*   *ayer* 어제
  pasado   *pasado*
  지난해   지난 여름

  - *Ayer tuve dos exámenes.*
    어제 나는 시험이 두 개 있었다.
  - A: *¿Qué hicisteis el verano pasado?*
    너희는 지난 여름에 무엇을 했니?
    B: *Fuimos a la playa. Nos divertimos mucho.*
    우리는 해변에 갔어. 우리는 정말 즐거운 시간을 보냈어.

- 부정 과거는 행동이 일어난 정확한 시점을 언급할 때 사용됩니다.

                  ahora 현재
  —x———x———•
  hace tres   *el mes*
  años   *pasado*
  3년 전   지난 달

  - *Hace tres años estuvimos en Cuzco.*
    3년 전 우리는 쿠스코에 있었다.
  - *El mes pasado viajé en avión por primera vez.*
    지난달 나는 처음으로 비행기로 여행을 했다.
  - *El año pasado estuve en Chile.*
    지난해 나는 칠레에 있었다.

  - *Visitamos La Guaira el domingo pasado.*
    우리는 지난 일요일에 라과이라에 방문했다.
  - *¿Cuándo visitasteis La Guaira?*
    너희는 언제 라과이라에 방문했니?

- 라틴 아메리카와 스페인의 여러 지역에서 현재 완료(*He comido, he viajado* …) 대신에 부정 과거 (*Comí, viajé* …)를 쓰기도 합니다.

▶ 58과: 부정 과거: 규칙 동사 Pretérito indefinido: verbos regulares   59과: 부정 과거: 불규칙 동사 Pretérito indefinido: verbos irregulars

62 연습 문제 Ejercicios

62.1. 알맞은 형태를 고르세요.

1. (**Hemos estado** / estuvimos) con Rosa hace poco.
2. Hoy no (he ido / fui) a trabajar.
3. ¿Cuándo (ha nacido / nació) tu hijo mayor?
4. (Hemos estado / Estuvimos) en México el verano de 1998.
5. ¿(Han comido / Comieron) alguna vez ceviche?
6. Este invierno no (ha nevado / nevó) mucho.
7. ¿(Has visto / Viste) ya el vídeo que te presté?
8. Peter no (ha estudiado / estudió) nunca español.
9. Amalia y sus padres (han venido / vinieron) a España hace tres años.
10. Todavía no (he visto / vi) la última exposición de Barceló.
11. ¿(Has trabajado / Trabajaste) alguna vez en una película?
12. Cuando nos casamos, (hemos hecho / hicimos) un viaje por América Central.

ACIERTOS ....../12

62.2. 현재 완료와 부정 과거 중 적절한 형태를 사용하여 문장을 완성하세요.

1. ¿(ustedes, montar) __Han montado__ alguna vez en globo?
2. Mi hermana (tener) _____ un niño hace poco.
3. Rosana nos (invitar) _____ a su chalé el fin de semana pasado.
4. Este año (haber) _____ menos accidentes en las carreteras.
5. El siglo pasado (haber) _____ dos guerras mundiales.
6. A: ¿(tú, ver) _____ a Ana? B: Sí, la (ver) _____ el domingo.
7. A: ¿(vosotras, estar) _____ alguna vez en América del Sur?
   B: Sí, hace cuatro años (estar) _____ en Uruguay.
8. A: ¿(tú, sacar) _____ las entradas para el partido?
   B: Por supuesto. Las (yo, comprar) _____ hace dos semanas.
9. A: ¿Qué (ustedes, hacer) _____ este verano?
   B: En julio (estar) _____ en Cancún. Lo (pasar) _____ estupendamente.

ACIERTOS ....../9

62.3. 아르날도와 마이테는 스페인에서 일주일 간 휴가를 보내고 있습니다. 예시와 같이 질문과 대답을 써서 대화를 완성하세요.

1. (estar, Barcelona) ¿Habéis estado ya en Barcelona?
   (miércoles) Sí, estuvimos el miércoles.
   No, todavía no hemos estado en Barcelona.
2. (probar, el cocido) ¿_____?
   (lunes) Sí, _____.
3. (visitar, Museo del Prado) ¿_____?
   (martes por la mañana) Sí, _____.
4. (comprar, los regalos) ¿_____?
   No, _____.
5. (ir, a Sevilla) ¿_____?
   (ayer) Sí, _____.

ACIERTOS ....../5

63 *trabajaba, comía, vivía*
불완료 과거 Pretérito imperfecto

Cuando era joven, trabajaba en un laboratorio.
내가 젊었을 때 나는 실험실에서 일했어.

Los incas cultivaban maíz y papas.
잉카인들은 옥수수와 감자를 경작했다.

*Trabajaba*와 *cultivaban*은 불완료 과거형입니다.

● 직설법 불완료 과거형: 규칙 동사

	-ar (trabajar 일하다)	-er (comer 먹다)	-ir (vivir 살다)
(yo 나)	trabaj-aba	com-ía	viv-ía
(tú 너)	trabaj-abas	com-ías	viv-ías
(usted 당신)	trabaj-aba	com-ía	viv-ía
(él, ella 그, 그녀)	trabaj-aba	com-ía	viv-ía
(nosotros, –as 우리들)	trabaj-ábamos	com-íamos	viv-íamos
(vosotros, –as 너희들)	trabaj-abais	com-íais	viv-íais
(ustedes 당신들)	trabaj-aban	com-ían	viv-ían
(ellos, –as 그들, 그녀들)	trabaj-aban	com-ían	viv-ían

● 직설법 불완료 과거형: 불규칙 동사

	ver 보다	ser …이다	ir 가다
(yo 나)	veía	era	iba
(tú 너)	veías	eras	ibas
(usted 당신)	veía	era	iba
(él, ella 그, 그녀)	veía	era	iba
(nosotros, –as 우리들)	veíamos	éramos	íbamos
(vosotros, –as 너희들)	veíais	erais	ibais
(ustedes 당신들)	veían	eran	iban
(ellos, –as 그들, 그녀들)	veían	eran	iban

● 불완료 과거는 과거 시점에서 습관적인 행동에 대해 이야기하기 위해 사용합니다. 과거의 어느 시기에 일반적이었던 일 또는 인생의 어느 시기에 습관적으로 행해졌던 일에 대해 정보를 제공하며, *cuando era joven* 내가 젊었을 때, *en aquella época* 그 시절에는, *antes* 예전에 등의 표현이 함께 사용됩니다.

- *Los aztecas se alimentaban de maíz y frijol.* 아즈텍인들은 옥수수와 콩을 먹었습니다.
- *Cuando mi marido y yo éramos jóvenes, íbamos al campo todos los fines de semana.*
내 남편과 내가 젊었을 때, 우리는 매 주말마다 시골에 갔다.
- *Cuando vivía en Buenos Aires, iba al teatro todas las semanas.* 내가 부에노스아이레스에 살았을 때, 매주 극장에 갔다.

● 불완료 과거는 과거 시점에서 사람, 사물 또는 장소를 묘사하기 위해서도 사용됩니다.

- *Yo vi al ladrón. Era alto, tenía el pelo corto y llevaba gafas de sol.*
내가 그 도둑을 봤어. 키가 컸고, 짧은 머리에 선글라스를 끼고 있었어.
- *Esta ciudad era más tranquila antes; no había tanta gente ni tanto tráfico.*
이 도시는 예전에는 훨씬 조용했다. 사람도 교통량도 그렇게 많지 않았다.

63 연습 문제 Ejercicios

63.1. 괄호 안의 동사를 불완료 과거 시제로 사용하여 문장을 완성하세요.

1. Cuando (*yo, ser*) __era__ pequeño, siempre (*rezar*) __rezaba__ antes de acostarme.
2. Cuando Martín y Pablo (*ser*) _____ jóvenes, (*llevar*) _____ camisas de flores y (*escuchar*) _____ música pop.
3. Cuando nos casamos, (*vivir*) _____ en un piso alquilado y Nuria (*trabajar*) _____ en una empresa de informática.
4. Loli (*ser*) _____ muy independiente de pequeña. (*Ducharse*) _____ sola, (*hacerse*) _____ la cama, (*prepararse*) _____ el desayuno e (*ir*) _____ sola al colegio.
5. A: ¿A qué (*tú, dedicarse*) _____ antes de conocernos?   B: (*Estudiar*) _____ Derecho.
6. Cuando (*nosotros, vivir*) _____ en Ciudad de México, (*ir*) _____ a Acapulco todos los veranos.
7. A: ¿Qué _____ (*querer*) ser de pequeña, María?   B: (*Querer*) _____ ser astronauta.

ACIERTOS ...../7

63.2. 아메리카의 고대 문명에 대한 문장을 완성하세요.

| adorar | beber | ~~construir~~ | criar | ser | tener | vivir |

1. Los aztecas __construían__ pirámides escalonadas.
2. Los mayas _____ un calendario de dieciocho meses.
3. Los aztecas _____ en el centro y sur de México.
4. Los incas _____ al sol.
5. Los aztecas _____ chocolate.
6. Los incas _____ llamas.
7. Los caribes _____ cazadores y recolectores.

ACIERTOS ...../7

63.3. 주어진 동사를 사용하여 이야기를 완성하세요.

| acostarse | ayudar | bailar | bañarse | cultivar | divertirse | estar | gustar |
| haber | jugar | llevar | ocuparse | querer | reunirse | ser | tener | trabajar |

Cuando era pequeño pasaba los veranos en el pueblo de mis abuelos. __Era__ un pueblo muy pequeño y muy pobre. Las casas _____ de adobe y _____ unas ventanas muy pequeñas. La casa de mis abuelos _____ en las afueras del pueblo, cerca del río. _____ dos pisos y en la parte de atrás _____ un pequeño huerto con algunos frutales. Mi abuelo no _____ casi pelo; _____ siempre una boina negra. Mi abuela _____ el pelo y los ojos grises. Los dos me _____ mucho. Mi abuelo _____ en el campo; _____ trigo y uvas para hacer vino. Mi abuela le _____ y _____ de la casa. Los veranos en el pueblo _____ muy divertidos. _____ muchos amigos y _____ todas las tardes. Unas veces _____ al fútbol, otras _____ en el río. Cuando más _____ era en las fiestas. Durante tres o cuatro días _____ baile todas las noches. Los chicos no _____ mucho, pero nos _____ la música y _____ tardísimo. _____ unos veranos maravillosos.

ACIERTOS ...../25

64 *trabajé/trabajaba*
부정 과거와 불완료 과거의 대조 Contraste entre pretérito indefinido y pretérito imperfecto

비교

부정 과거

- 부정 과거는 과거의 구체적인 순간에 발생한 과거 행위 또는 상황을 이야기하기 위해 사용됩니다.

  La semana pasada ————— ahora
  지난주   현재

  - *La semana pasada **comí** con Luis.*
    지난주에 나는 루이스와 점심을 먹었다.

  (1) *ayer* 어제, *el domingo (pasado)* (지난) 일요일, *la semana pasada* 지난 주, *hace un mes* 한 달 전 등과 같이 과거의 특정한 시점에서 행해졌거나 발생한 사건에 대한 정보를 제공합니다.
  - *El domingo (pasado) **fuimos** al campo.*
    (지난) 일요일에 우리는 시골에 갔다.
  - *Aquella tarde **dimos** un paseo por el centro.*
    그날 오후 우리는 시내 산책을 했다.

- 부정 과거는 과거에 완결된 행위 또는 상황에 대해 이야기하기 위해 사용됩니다.

  el verano pasado ————— ahora
  지난 여름   현재

  - *El verano pasado **estuvimos** en Managua.*
    지난 여름 우리는 마나과에 있었다.

  (2) 일반적으로 과거의 구체적인 사실이나 사건을 말하기 위해 사용됩니다.
  - *Ayer **fuimos** a la playa...*
    어제 우리는 해변에 갔다.
  - *Los ladrones **entraron**...*
    도둑들이 들어왔다.
  - A: *¿**Vio** usted al culpable?*
    당신은 범인을 보았습니까?
  - *Cervantes **fue** un gran escritor. **Nació** en Alcalá de Henares en 1547...*
    세르반테스는 위대한 작가였다. 그는 1547년에 알칼라데에나레스에서 태어났다.

불완료 과거

- 불완료 과거는 과거의 습관적인 행위에 대해 이야기하기 위해 사용됩니다.

  ahora
  현재

  - *De pequeña, **comía** mucho chocolate.*
    어릴 적 나는 초콜릿을 많이 먹었다.

  (1) *normalmente* 보통, *siempre* 항상, *todos los días* 매일, *los domingos* 일요일마다 등과 같이 과거에 습관적으로 행해지거나 반복적으로 발생하는 사건에 대한 정보를 제공합니다.
  - *Cuando era pequeño, **íbamos** siempre al campo los domingos.*
    내가 어렸을 때, 우리는 일요일마다 시골에 가곤 했다.
  - ***Dábamos** un paseo todas las tardes.*
    우리는 오후에 산책을 하곤 했다.

- 불완료 과거는 과거에 진행 중인 행위 또는 상황에 대해 이야기하기 위해 사용됩니다.

  estábamos en Managua
  우리는 마나과에 있었다.

  Comenzó la huelga
  파업이 시작됐다.

  - ***Estábamos** en Managua cuando comenzó la huelga.*
    파업이 시작했을 때 우리는 마나과에 있었다.

  (2) 일반적으로 과거 사실을 둘러싼 상황이나 배경에 대해 묘사하기 위해 사용됩니다.
  - *... **Hacía** mucho calor y **había** mucha gente.*
    정말 덥고 사람이 많았다.
  - *... mientras **dormíamos** la siesta.*
    우리가 낮잠을 자는 동안.
  - B: *Sí. **Era** alto, **tenía** los ojos verdes y **llevaba** una gorra negra.*
    네, 그는 키가 크고 초록색 눈에 검은색 모자를 쓰고 있었어요.
  - *... Su padre **era** cirujano.*
    그의 아버지는 외과의였다.

64 연습 문제 Ejercicios

64.1. 알맞은 형태를 고르세요.
1. Ayer no (**fui** / iba) a trabajar. (Estuve / **Estaba**) enfermo.
2. ¿(Fuiste / Ibas) mucho a la playa cuando (viviste / vivías) en Las Palmas?
3. El domingo pasado (estuvimos / estábamos) en la sierra. No (pudimos / podíamos) esquiar porque no (hubo / había) nieve.
4. Cuando (fui / era) joven, (fui / iba) mucho al cine.
5. Carolina (estuvo / estaba) en medio del campo cuando (empezó / empezaba) a llover.
6. ¿Qué (hicisteis / hacíais) el sábado pasado?
7. ¿Dónde (estuviste / estabas) cuando (empezó / empezaba) el partido?
8. Anoche (vi / veía) a Marisa. (Llevó / Llevaba) un vestido precioso.
9. ¿Qué (hiciste / hacías) en la calle cuando te (vio / veía) Lucas?

64.2. 괄호 안의 동사를 사용하여 대화를 완성하세요.

1. ¿Cuándo (conocer) __conociste__ a Maruja?
   La (conocer) _____ cuando (vivir) _____ en Bogotá.

2. ¿Dónde (ustedes, estar) _____ cuando (yo, llamar) _____ anoche?
   (Estar) _____ dormidos y (no, oír) _____ el teléfono.

3. ¿Qué (tú, hacer) _____ cuando (vivir) _____ en Ecuador?
   ¿Por qué (venirse) _____ a España?
   (Ser) _____ maestra. (No, tener) _____ trabajo allí.

64.3. 괄호 안의 동사를 부정 과거 또는 불완료 과거의 형태로 사용하여 이야기를 완성하세요.

Una noche, cuando (tener) __tenía__ once o doce años, mis padres (salir) _____ y me (dejar) _____ solo. (Estar) _____ feliz porque (sentirse) _____ adulto. Me (preparar) _____ algo para cenar, (ver) _____ la tele y sobre las doce (irse) _____ a mi habitación. De repente, (oír) _____ un ruido en el piso de abajo. (Cerrar) _____ con llave la puerta de mi habitación y (escuchar) _____. Al cabo de un rato (abrir) _____ la puerta y (bajar) _____ las escaleras con mucho miedo. (Haber) _____ algo que (moverse) _____ cerca de una ventana. De repente, una sombra negra (saltar) _____ sobre mí. (Ser) _____ un gato. (Desmayarse) _____ y cuando (regresar) _____ mis padres, me (encontrar) _____ tirado en el suelo.

137

65. estaba trabajando / trabajé
'Estaba + 현재 분사'와 부정 과거의 대조
Estaba + gerundio y contraste con el pretérito indefinido

● '*Estar* + 현재 분사'의 불완료 과거형

(yo 나)	estaba	trabajando
(tú 너)	estabas	
(usted 당신)	estaba	
(él, ella 그, 그녀)	estábamos	comiendo
(nosotros, –as 우리들)	estabais	
(vosotros, –as 너희들)	estaban	
(ustedes 당신들)	estaban	viviendo
(ellos, –as 그들, 그녀들)	estaban	

Cuando entró el jefe, Bruno estaba leyendo el periódico.
상사가 들어섰을 때, 브루노는 신문을 읽고 있었다.

● '*Estaba* + 현재 분사'는 과거의 특정 시점에 진행 중이던 행동에 대해 이야기하기 위해 사용됩니다. 예를 들어, 어제 어제 특정 시각에 무엇을 하고 있었는지, 또는 어떤 일이 발생한 때에 무엇을 하고 있었는지에 대한 정보를 제공합니다.

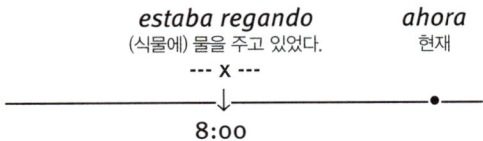

- A: *Anoche te llamé a las ocho. ¿Dónde estabas?*
  어젯밤 9시에 너에게 전화했어. 어디에 있었어?
- B: *Estaba en el jardín. Estaba regando los rosales.*
  나 정원에 있었어. 난 장미 나무에 물을 주고 있었어.

일반적으로 과거 사건의 상황이나 주변 환경에 대해 말하기 위해 사용됩니다.

- *Cuando llegó el presidente, yo estaba aparcando y Mar y Luis estaban cruzando la calle.*
  사장님이 도착했을 때, 나는 주차하고 있었고 마르와 루이스는 길을 건너고 있었다.

비교	
진행 중인 행동에 이야기하기 위해 '*estaba* + 현재 분사'가 사용됩니다.	진행 중인 행동을 중단시키는 짧은 동작에 대해 이야기하기 위해 부정 과거가 사용됩니다.
- *Estábamos comiendo...* 우리는 점심을 먹고 있었다...	*... cuando llegaron los amigos de Ana.* ... 아나의 친구들이 도착했을 때.

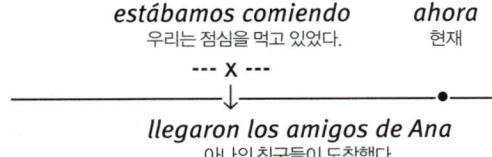

● 부정 과거는 연속적으로 일어난 과거의 행동을 나열하거나, 이미 완료된 사건에 대해 이야기하기 위해 사용됩니다.

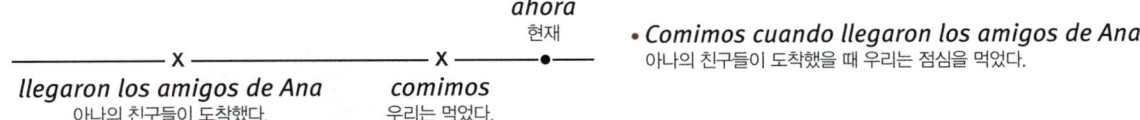

- *Comimos cuando llegaron los amigos de Ana.*
  아나의 친구들이 도착했을 때 우리는 점심을 먹었다.

주의	'*Estaba* + 현재 분사'는 '*comprender* 이해하다', '*entender* 이해하다', '*saber* 알다', '*querer* 원하다', '*necesitar* 필요로 하다', '*amar* 사랑하다', '*preferir* 선호하다', '*odiar* 미워하다', '*parecer* …인 것 같다', '*tener* 가지다', '*llevar* 가지고 가다, 지니다', '*ir* 가다', '*venir* 오다' 등 상태나 감정, 인식을 나타내는 동사와는 보통 함께 사용되지 않습니다. 대신 불완료 과거를 사용합니다.

- ~~*Estaba teniendo*~~ *algo de fiebre cuando me llamaste.* → *Tenía algo de fiebre cuando me llamaste.*
  네가 나에게 전화했을 때 나는 약간의 열이 있었다.

▶ 58과: 부정 과거: 규칙 동사
Pretérito indefinido: verbos regulares

59과: 부정 과거: 불규칙 동사
Pretérito indefinido: verbos irregulars

98과: 현재 분사
Gerundio

65 연습 문제 Ejercicios

65.1. 어제 오후 6시 교차로에서 사고가 있었습니다. 경찰은 다수의 목격자에게 물었습니다. 그림을 보고 주어진 표현을 사용하여 사람들의 대답을 써 보세요.

~~aparcar~~ ~~comprar el periódico~~ cruzar la calle echar una carta
esperar el autobús hablar por teléfono leer el periódico mirar un escaparate

1. Ricardo: No vi nada. En ese momento _estaba comprando el periódico_.
2. Mar: Mi novio y yo lo vimos todo. _____.
3. Samuel: Mi novia y yo no vimos nada. Ella _____ y yo _____.
4. Sr. Márquez: Mi mujer y yo no vimos nada. _____.
5. Tomás: Lo vi todo. En ese momento _____.
6. Maite: No vimos nada. Mis padres _____ y yo _____.

65.2. 'Estaba + 현재 분사' 또는 부정 과거를 사용하여 문장을 완성하세요.

1. Cuando me (ver) __vio__ Sofía, (hablar) _____ con unas amigas.
2. ¿Qué (tú, hacer) _____ cuando (apagarse) _____ la luz?
3. La clase (empezar) _____ cuando (nosotros, llegar) _____.
4. ¿(Nevar) _____ cuando (usted, salir) _____?
5. Pedrito (caerse) _____ y (romperse) _____ una pierna cuando (jugar) _____ al fútbol.
6. (Yo, ducharse) _____ cuando (sonar) _____ el teléfono.
7. Cuando (llegar) _____ el jefe, (irse) _____ Fina y Celia.

65.3. 알맞은 형태를 고르세요.

1. A: ¿Qué te (**pasaba** / estaba pasando) anoche? B: (**Tenía** / Estaba teniendo) mucho sueño.
2. ¿Adónde (ibas / estabas yendo) ayer cuando te vio Tere?
3. A: ¿Dónde estaban tus hermanas la semana pasada? B: (Viajaban / Estaban viajando) por Argentina.
4. Cuando nos encontramos con Nacho, (llevaba / estaba llevando) un poncho chileno muy bonito. (Parecía / Estaba pareciendo) un mapuche.
5. ¿De dónde (venían / estaban viniendo) cuando tuvieron el accidente?
6. Fui a ver a Anita porque (necesitaba / estaba necesitando) su ayuda.

66 había trabajado
과거 완료 Pretérito pluscuamperfecto

Cuando llegué al banco, ya **había cerrado**.
내가 은행에 도착했을 때, 은행은 이미 문을 닫았다.

Ayer me encontré con Lolo y no lo reconocí.
Se había afeitado la cabeza.
어제 내가 롤로와 마주쳤을 때 그를 못 알아봤어. 머리를 밀었더라고.

Había cerrado 와 ***se había afeitado*** 는 과거 완료형입니다.

● 과거 완료의 형태: *haber* 동사의 불완료 과거 + 과거 분사

(yo 나)	había	trabajado
(tú 너)	habías	
(usted 당신)	había	
(él, ella 그, 그녀)	había	comido
(nosotros, –as 우리들)	habíamos	
(vosotros, –as 너희들)	habíais	
(ustedes 당신들)	habían	vivido
(ellos, –as 그들, 그녀들)	habían	

▶ 99과: 과거 분사 Participio

● 과거 완료는 다른 과거의 행동이나 상황 전에 완료된 과거의 행위를 지칭하기 위해 사용됩니다.

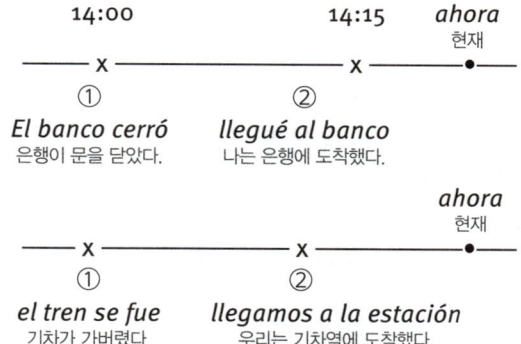

- *Cuando llegué al banco ②, ya **había cerrado** ①.*
  내가 은행에 도착했을 때, 이미 문을 닫았었다.

- *Cuando llegamos a la estación ②, se **había ido** el tren ①.*
  우리가 기차역에 도착했을 때, 기차는 가버렸다.

(1) 과거의 행위 또는 상황의 결과나 설명하기 위해서 사용됩니다.
- A: *¿Por qué suspendiste?* 너 어째서 낙제했니?   B: *No **había estudiado** nada.* 공부를 하나도 안 했어.

(2) 과거 시점 이전에 이미 이루어진 동작에 대해 말거하나 묻기 위해 '*ya* 이미'와 함께 사용합니다.
- *Cuando conocí a Teresa, ya **había tenido** el niño.* 내가 테레사를 만났을 때 나는 이미 아이가 있었다.
- *Cuando Helga vino a España, ¿**había estudiado** ya algo de español?*
  헬가가 스페인에 왔을 때, 이미 스페인어를 어느 정도 공부했었니?

(3) 과거 시점 이전에 아직 이루어지지 않은 행동을 나타내기 위해 '*todavía no*' / '*no... todavía* 아직 … 아니다'를 사용합니다.
- *Cuando Mariano y Concha se conocieron, Concha todavía **no había acabado** la carrera.*
  마리아노와 콘차가 처음 만났을 때, 콘차는 아직 학위 과정을 끝내지 않았었다.
- *Cuando llamé a casa de Antonio, **no se había levantado** todavía.*
  내가 안토니오의 집에 전화했을 때, 그는 아직 일어나지 않았었다.

66 연습 문제 Ejercicios

66.1. 두 문장을 하나로 만드세요.

1. La reunión acabó. Llegué a la oficina. _Cuando llegué a la oficina, la reunión había acabado_.
2. El avión se fue. Llegamos al aeropuerto. _____.
3. Cerraron las tiendas. Aurora quiso comprar comida. _____.
4. Cené. Sonia me llamó. _____.
5. Hubo un accidente. Nos pararon en la carretera. _____.

ACIERTOS ...... / 5

66.2. 왼쪽의 행동 또는 상황을 그 결과와 쭈지으세요.

1. Me dejé la tarjeta de crédito.
2. Mis padres se dejaron las luces encendidas.
3. Félix y Raquel se dejaron las llaves dentro.
4. No comiste nada.
5. Paloma se tiñó el pelo.
6. Mila estudió mucho.
7. Víctor tuvo un pequeño accidente.
8. El profesor se fue.
9. Ramón no compró comida.

a. No pudieron entrar en casa.
b. Aprobó todo.
c. Tuvieron que volver a casa.
d. No pude comprar nada.
e. No pudimos comer en casa.
f. Te desmayaste.
g. No pude hablar con él.
h. No la reconocimos.
i. Llegó tarde.

1. _No pude comprar nada porque me había dejado la tarjeta de crédito_.
2. _____.
3. _____.
4. _____.
5. _____.
6. _____.
7. _____.
8. _____.
9. _____.

ACIERTOS ...... / 9

66.3. 하비에르가 그의 친구들 집에 도착했을 때 어떤 상황이었나요? ya와 todavía no를 사용하여 문장을 완성하세요.

| ~~levantarse~~ | desayunar | hacer la cama | recoger la habitación | vestirse |

(1) Fernando (2) Lidia (3) Miguel (4) Rosa (5) Ángel y Pilar

1. _Fernando no se había levantado todavía._
2. _Lidia_ _____.
3. _Miguel_ _____.
4. _Rosa_ _____.
5. _Ángel y Pilar_ _____.

ACIERTOS ...... / 5

67 *trabajaré, comeré, viviré*
단순 미래: 규칙 동사 Futuro simple: verbos regulares

Mañana **lloverá** en el norte. 내일 북부에는 비가 오겠습니다.

Llegaremos a Caracas a las cuatro y cuarto hora local.
현지 시각으로 4시 15분에 카라카스에 도착하겠습니다.

*Lloverá*와 *llegaremos*는 단순 미래형입니다.

● 단순 미래의 형태: 규칙 동사

	-ar (trabajar 일하다)	-er (comer 먹다)	-ir (vivir 살다)
(yo 나)	trabajar-é	comer-é	vivir-é
(tú 너)	trabajar-ás	comer-ás	vivir-ás
(usted 당신)	trabajar-á	comer-á	vivir-á
(él, ella 그, 그녀)	trabajar-á	comer-á	vivir-á
(nosotros, –as 우리들)	trabajar-emos	comer-emos	vivir-emos
(vosotros, –as 너희들)	trabajar-éis	comer-éis	vivir-éis
(ustedes 당신들)	trabajar-án	comer-án	vivir-án
(ellos, –as 그들, 그녀들)	trabajar-án	comer-án	vivir-án

● 단순 미래는 미래의 행위 또는 상황을 말하기 위해 사용됩니다. *mañana* 내일, *dentro de* (*tres meses, dos días...*) (3달, 2일...) 후에, *el año que viene* 내년 등의 시점에 발생하는 일에 대한 정보를 제공합니다.

- *El nuevo edificio **estará** acabado dentro de seis meses.*
  새 건물은 6개월 후에 완성될 것이다.
- *Mañana te **sentirás** mejor.*
  내일은 기분이 나아질 거야.

enero ----------- 6 meses ----------- julio
1월   6달   7월
ahora
현재
─●─────────────────────────×─
*están construyendo   estará acabado el
un edificio*   *edificio*
한 건물을 짓고 있다.   그 건물은 완성될 것이다.

주로 함께 사용되는 표현들:
luego 나중에
más tarde 조금 있다가
pronto 곧
el próximo (*lunes*) 다음 주 (월요일) / *la próxima* (*semana*) 다음 (주)
(*el año/ la semana*) *que viene* 다음 (해 / 주)
en el año 3000 3000년에
dentro de …후에 + (미래) 기한
cuando …할 때 + 미래 상황

- A: *¿Has llamado a Jóse?*
  너 호세에게 전화했니?
- B: *No. Lo **llamaré** más tarde.*
  아니. 조금 있다가 전화할 거야.
- *No te preocupes. Pronto **encontrarás** trabajo.*
  걱정하지 마. 너는 곧 일자리를 찾을 거야.
- A: *¿Habéis escrito a la abuela?*
  너희들 할머니께 편지 썼니?
- B: *No. Le **escribiremos** la semana que viene.*
  아니요. 다음 주에 쓸 거예요.
- *Iván **llegará** dentro de unos días.*
  이반이 며칠 후에 도착할 거야.
- *Te **avisaré** cuando aterricemos.*
  우리가 착륙하면 네게 알려 줄게.

● 단순 미래는 예측을 위해 사용됩니다.
- *El fin de semana **nevará** a partir de mil metros.*
  주말에 해발 1,000미터 이상에서 눈이 오겠습니다.
- *Llegaremos a Marte en el año 2050.*
  우리는 2050년에 화성에 도달할 것입니다.
- *Conocerá a una persona maravillosa y se casarán.*
  당신은 근사한 사람을 만나 결혼하게 될 것입니다.

▶ 91과: 조건문 (1) Condicionales (1)   92과: 조건문 (2) Condicionales (2)   118과: 시간절 Oraciones temporales

67 연습 문제 Ejercicios

67.1. 괄호 안의 동사를 단순 미래 시제로 사용하여 문장을 완성하세요.

1. Hoy no puedo ir. (*Ir*) __Iré__ mañana.
2. A: Nos vamos hoy a Panamá. B: ¿Y cuándo (*volver*) _____?
3. Hoy no te puedo llamar. Te (*llamar*) _____ el lunes.
4. A: ¿Habéis acabado la traducción? B: No, la (*acabar*) _____ la semana que viene.
5. A: ¿Han arreglado ya el ordenador? B: No, lo (*arreglar*) _____ en cuanto puedan.
6. A: ¿Has ido al dentista? B: Todavía no. (*Ir*) _____ cuando tenga tiempo.
7. A: ¿Puedes prestarme tu bicicleta? B: Sí, claro, pero ¿cuándo me la (*devolver*) _____?
8. Estas plantas están secas. Riégalas o (*morirse*) _____.
9. A: ¿Crees que (*yo, aprobar*) _____? B: (*Aprobar*) _____ si estudias mucho.
10. Ahora no tenemos hambre. (*Comer*) _____ más tarde.
11. A: Quiero una bici. B: Te (*yo, regalar*) _____ una para Reyes.
12. A: Me gustaría ir a Cuba. B: (*Ir*) _____ en cuanto podamos.

ACIERTOS ...... /12

67.2. 다음 주말의 날씨 예보를 완성하세요.

El fin de semana (*ser*) __será__ bastante frío. El sábado (*bajar*) _____ las temperaturas en todo el país y (*nevar*) _____ en zonas altas del norte. El domingo (*subir*) _____ un poco las temperaturas aunque (*seguir*) _____ haciendo frío. (*Llover*) _____ en el oeste y suroeste. En el centro (*soplar*) _____ fuertes vientos del norte.

ACIERTOS ...... /7

67.3. 별자리 예측을 완성하세요.

| ayudar | conocer | desaparecer | gastar | mejorar | pasar | ~~recibir~~ |
| recibir | sentirse | ser | ser | verse | viajar | |

1. ♈ Aries: __Recibirá__ muchas invitaciones. _____ una semana muy divertida, aunque _____ un poco cansado y _____ más dinero de lo normal.
2. ♉ Tauro: _____ envuelto en problemas, aunque sus amigos le _____. Su salud _____ excelente.
3. ♋ Cáncer: _____ a algún país lejano y _____ a alguien importante. _____ su situación económica.
4. ♏ Escorpio: _____ todos sus problemas. _____ unos días muy felices con familia y amigos y _____ una sorpresa agradable.

ACIERTOS ...... /4

68 habré, podré...
단순 미래: 불규칙 동사 Futuro simple: verbos irregulares

● 단순 미래의 형태: 불규칙 동사

haber 있다	→	habr-	-é
poder 할 수 있다	→	podr-	-ás
saber 알다	→	sabr-	-á
			-á
			-emos
			-éis
			-án
			-án

Pues yo creo que en el año 2050 **habrá** ciudades en la Luna.
음, 나는 2050년에는 달에 도시가 있을 것이라고 믿어.

poner 놓다	→	pon**d**r-	-é
salir 나가다	→	sal**d**r-	-ás
tener 가지다	→	ten**d**r-	-á
valer …의 가치가 있다	→	val**d**r-	-á
venir 오다	→	ven**d**r-	-emos
			-éis
			-án
			-án

decir 말하다	→	dir-	-é
hacer 하다	→	har-	-ás
querer 원하다	→	querr-	-á
			-á
			-emos
			-éis
			-án
			-án

● 단순 미래의 기본 용법
(1) 미래의 행동 또는 상황
- A: ¿Ha venido Amelia? 아멜리아가 왔어?   B: No. **Vendrá** más tarde. 아니. 더 늦게 올 거야.

(2) 예측
- En el futuro **podremos** vivir en la Luna. 미래에 우리는 달에서 살 수 있을 것이다.
- Mañana **hará** buen tiempo en todo el país. 내일은 전국이 맑겠습니다.

● 단순 미래는 미래의 가능성 또는 추측을 표현하기 위해서도 사용됩니다.
- A: ¿Vas a hacer tú la cena?   B: ¿Yo? No. La **hará** Martina. (Supongo que la hará Martina.)
  네가 저녁을 준비할 거야?   나? 아니. 마르티나가 할 거야. (나는 마르티나가 할 것이라고 추측한다.)

(1) 보통 다양한 가능성의 정도를 나타내는 표현과 함께 사용됩니다.

creo que 나는 …라고 믿는다
estoy seguro/a de que 나는 …라고 확신한다
(me) imagino que 나는 …라고 생각한다
supongo que 나는 …라고 추측한다
probablemente 아마도
posiblemente 어쩌면
seguramente 분명히

- ¿Crees que **vendrán** todos a la fiesta?
  너는 모두가 파티에 올 것이라고 생각하니?
- Estoy segura de que os **querréis** mucho y seréis muy felices.
  나는 너희가 서로 사랑하며 아주 행복할 것이라고 확신해.
- Supongo que **habrá** comida para todos.
  나는 모두를 위한 음식이 있을 것이라고 생각해.
- Probablemente **haremos** un viaje a América este verano.
  아마도 우리는 올여름에 미국으로 여행을 할 거야.

(2) 현재의 가능성 또는 추측을 표현할 때 사용됩니다.
- A: ¿Qué hora es? 몇 시야?
  B: No sé; no tengo reloj. **Serán** sobre las tres.
     (Supongo que son las tres.)
     몰라, 시계가 없거든. 3시 정도일 거야. (나는 3시라고 추측한다.)
- A: Alberto parece bastante joven. 알베르토는 꽤 젊어 보여.
  B: ¿Cuántos años **tendrá**? (¿Cuántos años crees que tiene?)
     몇 살일까? (넌 그가 몇 살이라고 생각해?)

¡Qué casa! ¿Cuánto **valdrá**?
엄청난 집이네! 가격이 얼마나 할까?

▶ 67과: 단순 미래: 규칙 동사 Futuro simple: verbos regulares   91과: 조건법 (1) Condicionales (1)

68 연습 문제 Ejercicios

68.1. 주어진 동사를 단순 미래 시제로 사용하여 문장을 완성하세요.

decir   haber   hacer   ~~hacer~~   poner   saber   salir   venir

1. A: ¿Has hecho la cama?   B: No, la ___haré___ luego.
2. A: ¿Ha venido Sonia?   B: No, probablemente _____ más tarde.
3. Mañana _____ tormentas en el centro del país y _____ bastante frío en el norte.
4. A: ¿Le has dicho a Pepe que no podemos ir a su fiesta?   B: No, me da apuro. Se lo _____ mañana.
5. A: ¿Sabéis ya el resultado del examen?   B: No, pero lo _____ muy pronto.
6. A: ¿Ha salido ya Rocío?   B: No, _____ dentro de un rato.
7. A: ¿Has puesto el lavavajillas?   B: No, lo _____ esta noche después de cenar.

ACIERTOS ___/7

68.2. 다음 예언들을 완성하세요. 50년 후에 삶은 어떻게 바뀔까요? 주어진 단어로 문장을 완성하세요.

1. La vida/ser/muy diferente. En el futuro ___la vida será muy diferente___.
2. La gente/vivir/más. _____.
3. La gente/trabajar/menos. _____.
4. Los robots/hacer/todos los trabajos físicos. _____.
5. Haber/ciudades satélite en el espacio. _____.
6. Muchas enfermedades/desaparecer. _____.
7. No/haber/guerras. _____.
8. Las casas/estar/informatizadas. _____.

ACIERTOS ___/8

68.3. 괄호 안의 동사를 사용하여 문장을 완성하세요.

1. ¿Quién crees que (ganar) ___ganará___ la copa?
2. Me imagino que cuando tenga cincuenta años (yo, estar) _____ calvo y (yo, tener) _____ muchas arrugas.
3. A: ¿Qué vais a hacer este verano?   B: Seguramente (ir) _____ a Viña.
4. A: ¿Has invitado a Carlos y a Toñi?   B: Sí, pero supongo que no (venir) _____.
5. No he visto a Lucía esta semana. ¿Crees que (acordarse) _____ de la cita?
6. A: ¿Qué vas a estudiar, Rafa?   B: No lo sé. Probablemente (estudiar) _____ Medicina.
7. A: ¿Supongo que (venir) _____ todos el sábado?   B: No lo sé. Ana no está bien.

ACIERTOS ___/7

68.4. 대답을 완성하세요.

1. A: ¿Sabes dónde está Julia?   B: ___Estará___ en casa. No sale nunca.
2. A: ¿Tienes tú las entradas?   B: ¿Yo? No, las _____ Blanca. Las ha comprado ella.
3. A: ¿Cuántas personas crees que hay en el teatro?   B: _____ unas cuarenta.
4. A: ¿Quién es la chica que está con Jorge?   B: No la conozco. _____ una amiga.
5. A: ¿Sabes a qué hora empieza el concierto?   B: No. Lo _____ Amalia. Ella tiene el programa.
6. A: ¿Sabes cuánto valen esos ordenadores?   B: No _____ mucho. Están de oferta.

ACIERTOS ___/6

145

69 voy a salir...
'Ir a + 동사 원형'의 현재형 Presente de ir a + infinitivo

● '동사 ir a + 동사 원형'의 직설법 현재형

(yo 나)	voy		
(tú 너)	vas		
(usted 당신)	va		trabajar 일하다
(él, ella 그, 그녀)	va	+ a +	comer 먹다
(nosotros, –as 우리들)	vamos		vivir 살다
(vosotros, –as 너희들)	vais		
(ustedes 당신들)	van		
(ellos, –as 그들, 그녀들)	van		

> **주의** Se와 함께 사용하는 동사
> • Laura y Jaime **van a casarse** este verano. 라우라와 하이메는 올여름 결혼할 것이다.
> • Laura y Jaime **se van a casar** este verano. 라우라와 하이메는 올여름 결혼할 것이다.

● '**Voy, vas, va... a + 동사 원형**'의 사용

(1) 가까운 미래의 의향 또는 계획에 대해 이야기할 때 사용됩니다. 즉각적이거나 '*esta tarde* 오늘 저녁', '*esta noche* 오늘 밤', '*mañana* 내일', '*este verano* 올여름' 등에 수행할 생각인 일에 대한 정보를 제공합니다.

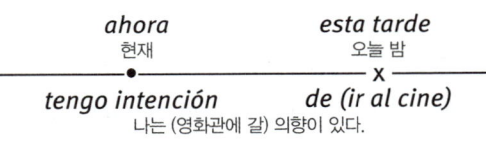

• Tengo sueño. **Voy a acostarme**. 나 졸려. 나 잠자리에 들 거야.
  (Pienso hacerlo ahora mismo. 나는 지금 바로 그것을 할 생각이다.)
• A: ¿Qué **vas a hacer** esta noche? 너 오늘 밤에 뭘 할 거니?
    (¿Cuáles son tus planes para esta noche? 오늘 밤 너의 계획은 어떤 것들이 있니?)
  B: **Voy a ir** al cine. 나는 영화관에 갈 거야.
    (Tengo intención de ir al cine. 나는 영화관에 갈 의향이 있다.)
• A: ¿**Van a cenar** en casa? 당신들은 집에서 저녁을 먹을 겁니까?
  B: No, **vamos a salir. Vamos a ir** a un restaurante mexicano.
    아니요, 우리는 나갈 거예요. 우리는 멕시코 식당에 갈 겁니다.
• ¿Cuándo **vas a arreglar** la televisión?
  너 언제 텔레비전을 수리할 거니?
• Hoy no **voy a dormir** la siesta.
  오늘 나는 낮잠을 자지 않을 것이다.

(2) 현재 상황에서 확실히 일어날 것으로 보이는 일을 언급하기 위해 사용됩니다.
• Esa niña **va a caerse** de la silla.
  그 여자애 의자에서 떨어지겠어.
• Escucha. **Va a hablar** el presidente.
  들어 봐. 사장님이 말씀하실 거야.

69 연습 문제 Ejercicios

69.1. 그들은 오늘 오후에 무엇을 할 예정입니까? 그림을 보고 주어진 표현을 사용하여 문장을 완성하세요.

bañarse   ~~jugar al tenis~~   pescar   trabajar en el jardín

1. Van a jugar al tenis.
2. _____.
3. _____.
4. _____.

69.2. 그들은 무엇을 할 예정입니까? 주어진 동사를 사용하여 문장을 완성하세요.

acostarse   beber   comer   encender   estudiar   ~~lavar~~   ver

1. El coche está sucio. Lo __voy a lavar__.
2. Tengo hambre. _____ algo.
3. Estamos cansados. _____.
4. Tengo sed. _____ algo.
5. Mañana tenemos un examen. _____ un poco.
6. _____ la calefacción. Tengo frío.
7. Estoy aburrido. _____ una película.

69.3. 괄호 안의 동사를 사용하여 대화를 완성하세요.

1. A: ¿Qué (hacer) __van a hacer__ ustedes este verano?
   B: Los niños (pasar) _____ unos días en un campamento, y Celia y yo (ir) _____ a Marbella.
   A: ¿Y dónde (alojarse) _____?
   B: En un chalé alquilado. Lo (compartir) _____ con unos amigos.
2. A: ¿Cuándo (arreglar) _____ tu habitación, Marta?
   B: Hoy no puedo. (Ir) _____ a la fiesta de Sandra. Es su cumpleaños.
   A: ¿Y qué le (regalar) _____? B: No lo sé. Ahora le (comprar) _____ algo.
3. A: ¿Cuándo (ver) _____ a Luchi? B: El domingo. (Salir) _____ con ella y con Elena.
   A: ¿Adónde (ir) _____? B: (Cenar) _____ fuera.

69.4. 그림을 보고 주어진 동사를 사용하여 문장을 완성하세요.

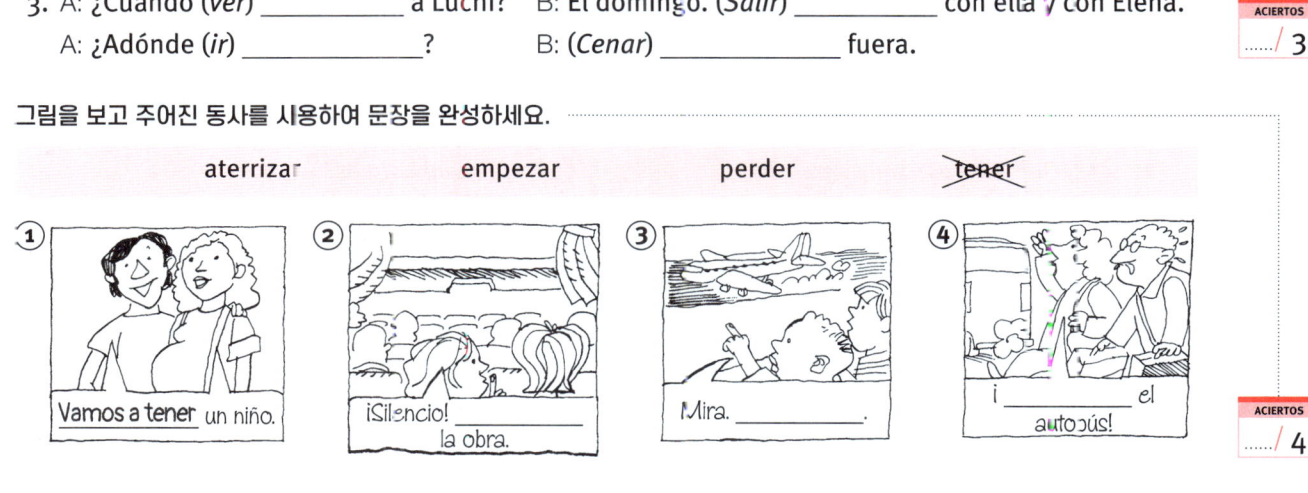

aterrizar   empezar   perder   ~~tener~~

1. Vamos a tener un niño.
2. ¡Silencio! _____ la obra.
3. Mira. _____.
4. ¡_____ el autobús!

70 haré / hago / voy a hacer
다양한 미래 표현의 대조 Contraste entre las diversas formas de hablar del futuro

단순 미래

● 미래의 어느 시점에 발생할 일을 언급하기 위해 단순 미래가 사용됩니다.

- A: *¿Cuándo queréis casaros?* 너희 언제 결혼할 거야?
- B: *No tenemos prisa. Ya **nos casaremos**.*
  (en algún momento futuro)
  우리는 급할 것이 없어. 곧 결혼하겠지. (미래의 어느 시점에)

● 예측을 하기 위해 단순 미래가 사용됩니다.

Tendrá un accidente pero no **será** grave.
사고가 나겠지만 그렇게 심각하진 않을 거야.

VOY, VAS, VA... A + 동사 원형

● 미래를 위한 현재의 계획 또는 의향에 대해 언급하기 위해 'voy, vas, va... a + 동사 원형'이 사용됩니다.

- ***Vamos a casarnos** este año.*
  (Son nuestros planes actuales.)
  우리는 올해 결혼할 거야. (그것이 우리의 현재 계획이다.)

● 현재 상황으로 보아 확실히 일어날 것으로 보이는 일을 언급하기 위해 'voy, vas, va... a + 동사 원형'이 사용됩니다.

¡Va a estrellarse!
충돌할 거야!

단순 미래

● 미래의 어느 시점에 발생할 일을 언급하기 위해 단순 미래가 사용됩니다.

- *Guille se va mañana a México, pero no sabe cuándo **volverá**.*
  기예는 내일 멕시코로 떠나지만 언제 돌아올지는 모른다.
- *No tenemos prisa. Ya **nos casaremos**.*
  우리는 급할 거 없어. 곧 결혼하겠지.

● 미래에 아마도 발생할 일을 언급하기 위해 단순 미래가 사용됩니다.

- *Este verano seguramente **iremos** a Marbella.*
  올여름 아마도 우리는 마르베야에 갈 것이다.

● 현재 시점에 대한 추측을 표현하기 위해 단순 미래가 사용됩니다.

- A: *¿Qué hora es?* 지금 몇 시야?
- B: *No sé. **Serán** las cinco.* 몰라. 5시쯤이겠지.

직설법 현재

● 이미 합의되거나 예정된 미래의 일 또는 계획된 일정에 포함된 일을 언급하기 위해 직설법 현재가 사용됩니다.

- *Clara **vuelve** el próximo lunes.*
  클라라는 다음 주 월요일에 돌아온다.
- *Raquel y Rodolfo **se casan** en enero.*
  라켈과 로돌포는 1월에 결혼한다.
- *El tren **sale** a las diez esta noche.*
  (Es su horario de salida.)
  기차는 오늘 밤 10시에 떠난다. (그것이 기차의 출발 시간이다.)
- *Las noticias **empiezan** a las nueve.*
  뉴스는 9시에 시작한다.
- *¡Me **voy** mañana a Marbella!*
  나 내일 마르베야에 가!

● 현재의 확실한 사실을 표현하기 위해 직설법 현재가 사용됩니다.

- A: *¿Qué hora es?* 지금 몇 시야?
- B: ***Son** las cinco.* 5시야.

70 연습 문제 Ejercicios

70.1. 알맞은 형태를 고르세요.

1. ¡Daos prisa! (*Va a salir* / *Saldrá*) el tren.
2. A: ¿De dónde es Paola?   B: No sé. (*Es*/*Será*) italiana.
3. ¡Cuidado! Te (*caerás* / *vas a caer*).
4. ¡Mira! (*Saldrá* / *Va a salir*) el sol.
5. Me (*voy*/*iré*) de vacaciones mañana.
6. ¿A qué hora (*llegará*/*llega*) el vuelo de La Habana?
7. ¿Dónde (*trabaja*/*trabajará*) Cecilia? Me gustaría saberlo.

70.2. 괄호 안의 동사로 단순 미래 또는 'voy, vas, va… a + 동사 원형'을 사용하여 문장을 완성하세요.

1. A: ¿Cuándo (*tú, arreglar*) __vas a arreglar__ la habitación?
   B: No sé. La (*yo, arreglar*) __arreglaré__ cuando tenga tiempo.
2. ¿Qué (*ustedes, hacer*) _____ el domingo?
3. No se preocupen. (*Ser*) _____ ustedes muy felices y (*tener*) _____ muchos hijos.
4. Te (*yo, llamar*) _____ cuando llegue a Santiago.
5. Esta noche no puedo salir. Me (*llamar*) _____ Osvaldo.
6. ¿Adónde (*ustedes, ir*) _____ este verano?

70.3. 주어진 동사로 단순 미래 또는 직설법 현재형을 사용하여 문장을 완성하세요.

| casarse | ~~examinar~~ | haber | poder | regresar | ser | ser | vivir | vivir |

1. Estoy un poco nervioso. Me ___examino___ mañana.
2. En el futuro _____ viajar por el espacio.
3. A: ¿Conoces a Lola?   B: Sí, _____ una amiga de mi hermana.
4. A: ¿Quién es el chico que está con Marta?   B: No sé. _____ un amigo suyo.
5. A: ¿Sabes dónde _____ Pedro?   B: Ni idea. _____ con sus padres, supongo.
6. A: ¿Cuándo _____ a Chile, Pato?   B: La semana que viene.
7. Seguramente Trini y yo _____ el año que viene.
8. A: ¿Hay leche?   B: No sé. _____ algo en la nevera.

70.4. 괄호 안의 동사로 'voy, vas, va… a + 동사 원형' 또는 직설법 현재형을 사용하여 문장을 완성하세요.

1. A: ¿Cuándo (*empezar*) __empiezan__ las clases?   B: El lunes que viene.
2. Daos prisa; es muy tarde. (*Cerrar*) _____ los restaurantes.
3. Ignacio y yo (*trabajar*) _____ en un restaurante este verano.
4. A: ¿Cuándo (*ser*) _____ el examen?   B: El día doce.
5. ¿A qué hora (*salir*) _____ tu avión mañana?
6. A: ¿Qué (*tú, hacer*) _____ mañana?   B: No sé. No tengo planes.
7. Perdone, ¿cuándo (*acabar*) _____ el concierto?
8. A: ¿Cuándo (*acabar*) _____ el cuadro, Miguel?   B: No sé. Pronto.

71. trabajaría, comería, viviría
단순 조건법: 규칙 동사 Condicional simple: verbos regulares

Me **encantaría** visitar el Amazonas.
나는 아마존에 가고 싶어.

*Estaría*와 *encantaría*는 단순 조건법입니다.

● 단순 조건법의 형태: 규칙 동사

	-ar (trabajar 일하다)	**-er** (comer 먹다)	**-ir** (vivir 살다)
(yo 나)	trabajar-ía	comer-ía	vivir-ía
(tú 너)	trabajar-ías	comer-ías	vivir-ías
(usted 당신)	trabajar-ía	comer-ía	vivir-ía
(él, ella 그, 그녀)	trabajar-ía	comer-ía	vivir-ía
(nosotros, –as 우리들)	trabajar-íamos	comer-íamos	vivir-íamos
(vosotros, –as 너희들)	trabajar-íais	comer-íais	vivir-íais
(ustedes 당신들)	trabajar-ían	comer-ían	vivir-ían
(ellos, –as 그들, 그녀들)	trabajar-ían	comer-ían	vivir-ían

▶ 72과: 단순 조건법: 불규칙 동사 Condicional simple: verbos irregulars

● 단순 조건법은 이론적인 가능성을 표현하기 위해 사용됩니다.
  • *Estaría* mejor con menos sal. (Pero tiene mucha sal.) 더 적은 소금이면 더 맛있을 것이다. (그러나 소금 양이 많다.)
  • *Trabajaría* más a gusto en casa. (Pero trabajo fuera.) 집에서 일하면 더 편하게 일할 텐데. (그러나 나는 외부에서 일한다.)

▶ 92과: 조건문 (2) Condicionales (2)

● 단순 조건법은 *gustar* 좋아하다, 마음에 들다, *encantar* 아주 좋아하다, *preferir* 선호하다 와 같은 동사와 함께 바람을 표현하기 위해 사용됩니다.

▶ 55과: *me, te, le*…를 사용하는 동사 Verbos con *me, te, le*…

  • ¿Te *gustaría* ser escritora? 너는 작가가 되고 싶니?
  • Me *encantaría* visitar el Amazonas. 나는 아마존에 정말 가고 싶어.

비교 Me *gustaría* ser actor.	Me *gusta* ser actor.
(No soy actor pero tengo ese sueño.)	(Soy actor y me gusta mi profesión.)
나는 배우가 되고 싶다. (나는 배우가 아니지만 배우가 되고 싶은 꿈이 있다.)	나는 배우인 것이 좋다. (나는 배우이고 내 직업이 좋다.)

● 조건법은 조언을 해 주기 위해서 사용됩니다.
  • *Deberías* conducir con más cuidado, Raúl.
    너 더 조심해서 운전하는 게 좋을 거야, 라울.
  • Yo que tú *comería* menos.
    내가 너라면 덜 먹을 거야.
  • Yo no *aceptaría* la invitación.
    나는 그 초대를 받아들이지 않을 거야.

Deberías hacer un curso de informática.
너는 컴퓨터 과정을 듣는 게 좋을 거야.

▶ 88과: 간접 화법 (1) Estilo indirecto (1)　　89과: 간접 화법 (2) Estilo indirecto (2)　　92과: 조건문 (2) Condicionales (2)

71 연습 문제 Ejercicios

71.1. 알맞은 동사로 단순 조건법을 사용하여 문장을 완성하세요.
1. Esta tarta está buena, pero __estaría__ mejor con nata.
2. Aquí estamos bien, pero _____ mejor en la playa.
3. Soy feliz, pero _____ más feliz con un buen empleo.
4. Tocáis bien el piano, pero _____ mejor con un poco más de práctica.
5. Ustedes viven muy bien aquí, pero creo que _____ mejor en el campo.
6. Susi trabaja muy bien, pero _____ mejor con más sueldo.
7. Me siento bien, pero _____ mejor con una buena comida.
8. Tarik habla español bastante bien, pero _____ mejor con un buen profesor.

ACIERTOS ...... / 8

71.2. 괄호 안의 동사를 사용하여 바람을 표현하는 문장을 완성하세요.
1. (a nosotras, gustar) __Nos gustaría__ hablar muchos idiomas.
2. A Abdou (encantar) _____ hablar bien español.
3. (a mí, no, gustar) _____ vivir en una gran ciudad.
4. ¿(a ustedes, gustar) _____ hacer un viaje por Andalucía?
5. Me gusta este hotel, pero (yo, preferir) _____ alojarme en uno más céntrico.
6. A mis padres (encantar) _____ visitar las ruinas mayas.
7. Nos encanta comer en casa, pero hoy (preferir) _____ comer fuera.

ACIERTOS ...... / 7

71.3. 알맞은 형태를 고르세요.
1. Me (gusta / *gustaría*) visitar Argentina, pero ahora no tengo vacaciones.
2. Nos (encanta / encantaría) bailar. Lo pasamos fenomenal.
3. (Prefiero / Preferiría) trabajar, pero no encuentro empleo.
4. ¿Qué os (gusta / gustaría) hacer hoy? Podemos hacer lo que queráis.
5. A Paloma le (encanta / encantaría) viajar. Ha recorrido medio mundo.
6. Los sábados me (gusta / gustaría) salir con Pepa y Paolo. Lo pasamos muy bien con ellos.
7. (Prefiero / Preferiría) vivir con gente. Cuando vivía sola era muy aburrido.
8. Me (encanta / encantaría) saber pintar bien. Es el sueño de mi vida.

ACIERTOS ...... / 8

71.4. 주어진 동사를 사용하여 조언을 완성하세요.

| buscar | ~~deber~~ | deber | estudiar | hablar | ir | pedir | ser |

1. __Deberíais__ madrugar más. Sois un poco perezosos.
2. _____ mejor que llamaras a Marta y se lo explicaras todo.
3. Yo que tú, _____ Bellas Artes.
4. Yo que ustedes _____ otro empleo. Esta empresa va a cerrar.
5. Perdonen, pero creo que _____ pedir disculpas a Irene por llegar tan tarde.
6. Yo que tú _____ al médico. Tienes mala cara.
7. Yo _____ con el director y le _____ un aumento.

ACIERTOS ...... / 7

72 habría, podría...
단순 조건법: 불규칙 동사 Condicional simple: verbos irregulares

● **단순 조건법의 형태: 불규칙 동사**

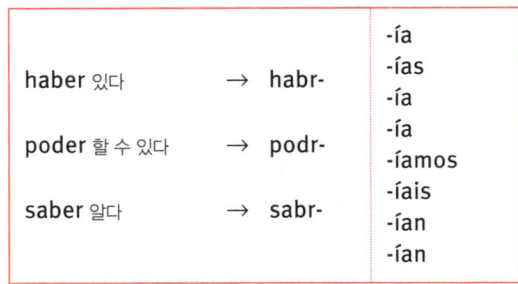

Yo no lo **haría**; es peligroso.
나는 그걸 하지 않을 거야. 그것은 위험해.

● **단순 조건법의 기본 용법** ▶ 71과: 단순 조건법: 규칙 동사 Condicional simple: verbos regulars

(1) 이론적인 가능성: • Esta casa **valdría** más arreglada. 이 집은 수리되면 더 가치가 나갈 거야.
(2) 조언: • ¿Que **haría** usted en mi lugar? 당신이 제 입장이라면 어떻게 하시겠습니까?
• Yo que ustedes **saldría** menos. 내가 당신들이라면 외출을 덜 하겠어요.

● **단순 조건법은 과거의 가능성 또는 추측을 표현하기 위해 사용됩니다.**
• A: ¿Cuántos años tenías cuando viniste a Argentina? 너 아르헨티나에 왔을 때 몇 살이었니?
B: No recuerdo. **Tendría** once o doce. (Supongo que tenía esa edad.)
기억이 나지 않아. 11살 또는 12살이었을 거야. (나는 그 나이였을 것이라고 추측한다.)

비교	
• A: ¿Quién hizo ayer la comida? 어제 누가 음식을 만들었어? B: No sé. La **haría** Rafael. 몰라. 라파엘이 했을 걸. (No estoy seguro, pero supongo que la haría Rafael. 나는 확신하지는 못하지만 라파엘이 했을 것이라 추측한다.) • A: ¿Cuántas personas había anoche en el concierto? 어젯밤 콘서트에 몇 명의 사람들이 있었어? B: No sé. **Habría** unas doscientas. 몰라. 200명 정도겠지. (No estoy seguro, pero calculo que habría esa cantidad. 나는 확신하지는 못하지만 그 정도일 것이라고 추측한다.)	• A: ¿Quién hizo ayer la comida? 어제 누가 음식을 만들었어? B: La **hizo** Rafael. 라파엘이 했어. (Sé que la hizo Rafael. 나는 그것을 라파엘이 했음을 안다.) • A: ¿Cuántos alumnos **había** ayer en clase? 어제 수업에 몇 명의 학생이 있었어? B: Pasé lista y **había** veintitrés. 내가 명부를 봤는데 23명이 있었어. (Sé que había veintitrés. 나는 23명이 있음을 안다.)

● **조건법은 정중한 방식으로 요청하기 위해 사용됩니다.**
• ¿Le **importaría** cerrar la ventana? Tengo frío.
창문을 닫아도 될까요? 춥네요.

¿**Podrías** ayudarme a mover esta caja?
내가 이 상자를 옮기는 것을 도와줄 수 있겠니?

▶ 88과: 간접 화법 (1) Estilo indirecto (1)   89과: 간접 화법 (2) Estilo indirecto (2)   92과: 조건문 (2) Condicionales (2)

72 연습 문제 Ejercicios

72.1. 괄호 안의 동사를 단순 조건법으로 사용하여 문장을 완성하세요.

1. A: ¿Qué (hacer) __harían__ ustedes en mi lugar?   B: (Hablar) __Hablaríamos__ con el director.
2. Yo que tú (no, salir) _____ esta noche.
3. Viene mucha gente al museo, pero (venir) _____ más si no cerráramos los lunes.
4. Antón te quiere mucho, pero te (querer) _____ más si fueras más cariñosa.
5. A: Yo, en tu lugar, (no, decir) _____ nada.   B: Entonces, ¿qué (hacer) _____ tú?
6. Yo (tener) _____ más cuidado. Puede venir el jefe en cualquier momento.
7. Haces bien la comida, pero la (hacer) _____ mejor con un poquito más de cuidado.

ACIERTOS ...... / 7

72.2. 알맞은 동사를 사용하여 대답을 완성하세요.

1. A: ¿Cuántas personas había anoche en el concierto?   B: No estoy segura. __Habría__ unas dos mil.
2. A: ¿A qué hora regresó Adela?   B: No sé. _____ sobre las cinco.
3. A: ¿Cuántas personas vinieron a la conferencia?
   B: _____ unas cincuenta. No había muchas sillas vacías.
4. A: ¿Quién puso la lavadora ayer?   B: La _____ tú, ¿no? Yo no tengo ropa sucia.
5. A: ¿Quién le dijo a Isabel que Gregorio estaba en Bolivia?   B: No sé. Se lo _____ Joaquín.
6. A: ¿Quién puso el CD anoche? Se oía una música preciosa.
   B: Lo _____ Marisa. Fue la última en acostarse.
7. A: ¿A qué hora salieron Javi y Lolo?
   B: No lo sé, pero _____ a las dos o a las tres. Era tardísimo.

ACIERTOS ...... / 7

72.3. 알맞은 형태를 고르세요.

1. A: ¿Quién tenía las llaves?   B: Las (*tenía*/tendría) Bárbara. Estaban en su bolso.
2. A: ¿Quién hizo ayer la cena?   B: La (hizo/haría) Sofía. Estaba buenísima.
3. A: ¿Cuántos años (tenías/tendrías) cuando te casaste?   B: Veinticinco. Y Rosario, veintiséis.
4. A: ¿Quién (sabía/sabría) arreglar el microondas? ¿Conoces a alguien?   B: No, lo siento.
5. A: ¿Quiénes hicieron ese castillo?
   B: No sé, pero lo (hicieron/harían) los árabes. Estuvieron aquí muchos años.
6. Maite, ¿(podías/podrías) ayudarme a pintar mi habitación?

ACIERTOS ...... / 6

72.4. 정중한 방식으로 다음 요청을 해 보세요.

1. (a un amigo) ¿(poder) ayudarme con esta maleta?   __¿Podrías ayudarme con esta maleta?__
2. (a unos amigos) ¿(importar) hablar más despacio? _____
3. (al profesor) ¿(importar) repetir la explicación? _____
4. (a un amigo) ¿(importar) esperar un momento? _____
5. (a un desconocido) ¿(poder) decirme dónde hay una parada de taxis? _____
6. (a un compañero de clase) ¿(importar) dejarme el diccionario? _____
7. (a unos desconocidos) ¿(importar) vigilar mi equipaje? _____
8. (a un desconocido) ¿(poder) decirme la hora? _____

ACIERTOS ...... / 8

73 *Abre la ventana*
긍정 명령형: 규칙 동사 Imperativo afirmativo: verbos regulares

Abre la ventana. Hace calor.
창문 열어. 날씨가 덥네.

Abrid el libro en la página diez.
책 10쪽을 펴거라.

Pasen ustedes, por favor.
들어오시지요.

Abre, *abrid*, *pasen*은 명령형으로, 지시, 조언, 허락 등을 위해 사용됩니다.

● 명령형의 형태: 규칙 동사

-ar (trabajar 일하다)	-er (comer 먹다)	-ir (vivir 살다)	
trabaj-a	com-e	viv-e	(tú 너)
trabaj-e	com-a	viv-a	(usted 당신)
trabaj-ad	com-ed	viv-id	(vosotros, –as 너희들)
trabaj-en	com-an	viv-an	(ustedes 당신들)

> 주의 **Ver** 보다의 긍정 명령형: ve, vea, ved, vean

(1) -*gar*로 끝나는 동사: **pagar** 지불하다 → pa**ga** pa**gue** pa**gad** pa**guen**
(2) -*ger*로 끝나는 동사: **escoger** 고르다, 선택하다 → esco**ge** esco**ja** esco**ged** esco**jan**
(3) -*car*로 끝나는 동사: **practicar** 연습하다 → practi**ca** practi**que** practi**cad** practi**quen**
(4) -*zar*로 끝나는 동사: **cruzar** 횡단하다, 건너다 → cru**za** cru**ce** cru**zad** cru**cen**

● 동사 (+ 주격 대명사)
- *Ahora **habla tú**, Ismael.* 이제 네가 말해 봐, 이스마엘.
- ***Pasen ustedes**, por favor.* 들어오시지요.

● 명령형은 다음과 같은 표현을 위해 사용합니다.
(1) 명령 및 지시
- ***Envíe** esta carta, Sr. Aguayo, por favor.*
  아구아요 씨, 이 편지를 부쳐 주십시오.
- ***Abra** con cuidado.* 조심해서 여세요.
- *¡Policía! ¡**Abran** la puerta!*
  경찰입니다! 문을 여십시오!

¡**Apaga** la televisión y **estudia**!
너 텔레비전 끄고 공부해!

(2) 요청 및 초대
- ***Abre** la puerta, por favor.* 문을 열어 주십시오.
- ***Coged** un pastel. Están muy ricos.*
  너희들 이 케이크 좀 먹어 봐. 아주 맛있어.

(3) 조언, 제안 또는 경고
- ***Come** más. Estás muy delgado.*
  더 먹어. 너는 너무 말랐어.
- ***Trabaja** o tendrás problemas.*
  일해, 그렇지 않으면 문제가 생길 거야.

(4) 허가
- A: *¿Puedo pasar?* 지나가도 되니?
- B: *Sí, por supuesto, **pasa**.* 응, 물론이지, 지나 가.

73 연습 문제 Ejercicios

73.1. 주어진 동사를 사용하여 의사의 조언을 완성하세요.

| andar | beber | comer | descansar | ~~practicar~~ |

1. __Practique__ algún deporte.
2. _____ después de las comidas.
3. _____ mucha fruta.
4. _____ mucha agua.
5. _____ dos kilómetros al día.

ACIERTOS ...../5

73.2. 다음 상황에서 뭐라고 말할까요? 긍정 명령형을 사용하여 빈칸을 채우세요.

1. (a un amigo) Están llamando. (Abrir) __Abre__ la puerta, por favor.
2. (a unos niños) (Cruzar) _____ por el paso de cebra.
3. (a unos amigos) La paella está riquísima. (Comer) _____ más.
4. (a un amigo) (Hablar) _____ más bajo. No soy sorda.
5. (a alguien de su familia) (Bajar) _____ la televisión. Está muy alta.
6. (a un amigo)   A: ¿Puedo llamar por teléfono?
   B: Sí, por supuesto. (Llamar) _____.
7. (a un niño)   A: ¿Puedo comer otro pastel?
   B: Sí, claro. (Comer) _____ todos los que quieras.
8. (a unos señores mayores)   A: ¿Podemos pasar?
   B: Sí, (pasar) _____ ustedes, por favor.
9. (a unos desconocidos) (Cruzar) _____ por aquí; es más seguro.
10. (a unos clientes) (Pagar) _____ en la caja, por favor.

ACIERTOS ...../10

73.3. 괄호 안의 동사를 사용하여 다음 광고문을 완성하세요.

1. «Mes del ahorro en Supermás. (Comprar) __Compre__ dos y (pagar) _____ uno.»
2. «(Visitar) _____ Andalucía. (Recorrer) _____ sus ciudades y sus pueblos. (Descansar) _____ en sus playas. (Vivir) _____ unos días mágicos.»
3. «Restaurante Nuevo Mundo. Algo nuevo para usted. (Comer) _____ en un ambiente especial y (disfrutar) _____ de un espectáculo inolvidable. (Ver) _____ las mejores actuaciones de América Latina.»
4. «¿Te gustaría hablar español? (Estudiar) _____ con el revolucionario método Naturalia y (aprender) _____ español en diez meses.»
5. «¿No conoce usted América Latina? (Enviar) _____ una etiqueta de leche CAM a Radio Central. (Participar) _____ en nuestro concurso y (ganar) _____ un viaje a Perú para dos personas.»

ACIERTOS ...../5

74. No abras la ventana
부정 명령형: 규칙 동사 Imperativo negativo: verbos regulares

No abras la ventana, por favor. Tengo frío.
창문을 열지 말아 줘. 나 추워.

¡No toques eso! Es peligroso.
그거 만지지 마! 위험해.

No abras와 **no toques**는 부정 명령형입니다. 부정 명령형은 접속법 현재형을 사용합니다.

> 79과: 접속법 현재: 규칙 동사 Presente de subjuntivo: verbos regulares
> 80과: 접속법 현재: 불규칙 동사 (1) Presente de subjuntivo: verbos irregulares (1)
> 81과: 접속법 현재: 불규칙 동사 (2) Presente de subjuntivo: verbos irregulares (2)

● 부정 명령형의 형태

-ar (trabajar 일하다)	-er (comer 먹다)	-ir (vivir 살다)	
no trabaj-es	no com-as	no viv-as	(tú 너)
no trabaj-e	no com-a	no viv-a	(usted 당신)
no trabaj-éis	no com-áis	no viv-áis	(vosotros, -as 너희들)
no trabaj-en	no com-an	no viv-an	(ustedes 당신들)

> **주의** Ver 보다의 부정 명령형: no vea, no vea, no veáis, no vean

(1) -gar로 끝나는 동사: pagar 지불하다 → no pa**gues** no pa**gue** no pa**guéis** no pa**guen**
(2) -ger로 끝나는 동사: escoger 고르다, 선택하다 → no esco**jas** no esco**ja** no esco**jáis** no esco**jan**
(3) -car로 끝나는 동사: practicar 연습하다 → no practi**ques** no practi**que** no practi**quéis** no practi**quen**
(4) -zar로 끝나는 동사: cruzar 횡단하다, 건너다 → no cru**ces** no cru**ce** no cru**céis** no cru**cen**

● 명령형은 다음과 같은 표현을 위해 사용합니다.

(1) 명령 및 지시
  • **No habléis** en clase. (너희들) 수업에서 말하지 말아라.
  • **No agite** la botella antes de abrirla. 병을 열기 전에 흔들지 마세요.

(2) 요청
  • **No abras** la ventana. Tengo frío. 창문을 열지 말아 줘. 나 추워.

(3) 조언, 제안 또는 경고
  • **No coma** muchas grasas. Es malo para el corazón. 지방을 너무 많이 섭취하지 마세요. 심장에 좋지 않아요.
  • **No bebáis** agua de esa fuente. No es potable. (너희들) 그 분수의 물을 마시지 말아라. 식수가 아니야.
  • **No olviden** el paraguas. Puede llover. (당신들) 우산을 잊지 마세요. 비가 올 수 있어요.

(4) 허가 요청의 거절
  • A: Papá, ¿puedo coger el coche? 아빠, 자동차를 써도 돼요?
  • B: No, **no lo cojas**. Lo necesito yo. 안돼, 그것을 가져가지 마. 내가 그것이 필요해.

74 연습 문제 Ejercicios

74.1. 주어진 동사를 사용하여 운전 교습소 강사의 지시 사항을 쓰세요.

adelantar   aparcar   ~~girar~~   girar   parar

1. __No gire__ a la izquierda.
2. _____ a la derecha.
3. _____ aquí.
4. _____ aquí.
5. _____ aquí.

ACIERTOS ...../5

74.2. 다음 상황에서 아버지는 아이들에게 뭐라고 말할까요? 부정 명령형을 사용하여 빈칸을 채우세요.

1. (Sus hijos están viendo mucha televisión.)
   « __No veáis__ tanta televisión.»
2. (Su hijo deja sus cosas en el salón.)
   « _____ tus cosas en el salón.»
3. (Su hija está bebiendo demasiado granizado.)
   « _____ más granizado.»
4. (Su hijo está tocando la guitarra a las dos de la mañana.)
   « _____ la guitarra a estas horas.»
5. (Su hijo quiere regresar tarde.) « _____ muy tarde.»
6. (Sus hijos están discutiendo.) « _____.»
7. (Su hija está comiendo en el salón.) « _____ en el salón.»

ACIERTOS ...../7

74.3. 다음 상황에서 뭐라고 말할까요? 부정 명령형을 사용하여 빈칸을 채우세요.

1. (a un amigo) (No, tirar) __No tires__ cosas al suelo.
2. (a unos alumnos) (No, escribir) _____ en las mesas.
3. (a un niño) (No, coger) _____ nada del suelo. Está muy sucio.
4. (a unos desconocidos) (No, comer) _____ aquí, por favor. Está prohibido.
5. (a unos amigos) La cena es a las nueve. (No, llegar) _____ tarde.
6. (a unos amigos) (No, cortar) _____ flores. Está prohibido.
7. (a unos desconocidos) (No, cruzar) _____ por aquí. Es peligroso.
8. (a un amigo) (No, tocar) _____ eso. Está caliente.
9. (a un niño) A: ¿Puedo llamar a Rafa? B: No, (No, llamar) _____ ahora. Es tarde.
10. (a un desconocido) (No, pisar) _____ el césped, por favor.
11. (a un amigo) (No, ver) _____ esa película. Es muy aburrida.
12. (a un amigo) (No, hablar) _____ tan alto. Te oigo perfectamente.
13. (a unos desconocidos) (No, gastar) _____ mucha agua. Hay sequía.
14. (a un alumno) (No, usar) _____ el móvil en clase.
15. (a un desconocido) (No, dejar) _____ las maletas solas.

ACIERTOS ...../15

75 Cierra la ventana
명령형: 불규칙 동사 (1) Imperativo: verbos irregulares (1)

명령형의 형태: 불규칙 동사

● e → i

pedir 요청하다, 요구하다, 주문하다		
pide	no pidas	(tú 너)
pida	no pida	(usted 당신)
pedid	no pidáis	(vosotros, -as 너희들)
pidan	no pidan	(ustedes 당신들)

Pide lo que quieras. Yo invito.
원하는 거 시켜. 내가 한턱낼게.

그 외 conseguir 얻다, 달성하다, corregir 수정하다, elegir 선택하다, freír 기름에 튀기다, medir 측정하다, 재다, reír 웃다, repetir 반복하다, seguir 따라가다, servir 봉사하다, 쓸모가 있다, 제공하다, sonreír 미소를 짓다

- **Sonreíd.** Os voy a hacer una foto.
 (너희들) 웃어. 너희들 사진을 찍을게.
- **No frías** toda la carne. No tengo hambre.
 고기를 모두 튀기지 마. 나는 배가 안 고파.

주의 -gir로 끝나는 동사: elegir 선택하다, 고르다 → elige, elija, elegid, elijan; no elijas, no elija, no elijais, no elijan
-guir로 끝나는 동사: seguir 따라가다 → sigue, siga, seguid, sigan; no sigas, no siga, no sigais, no sigan

● e → ie

cerrar 닫다		
cierra	no cierres	(tú 너)
cierre	no cierre	(usted 당신)
cerrad	no cerréis	(vosotros, -as 너희들)
cierren	no cierren	(ustedes 당신들)

encender 불을 붙이다, 켜다		
enciende	no enciendas	(tú 너)
encienda	no encienda	(usted 당신)
encended	no encendáis	(vosotros, –as 너희들)
enciendan	no enciendan	(ustedes 당신들)

그 외 calendar 데우다, despertar 깨우다, empezar 시작하다, encender 불을 붙이다, 켜다, fregar 문지르다, 설거지하다, pensar 생각하다, regar 물을 주다, defender 보호하다, 지키다, 변호하다, entender 이해하다

- **Riega** las plantas todos los días.
 매일 식물에 물을 줘라.
- **No despiertes** a Sonia. Está cansada.
 소니아를 깨우지 마. 피곤해.

주의 mentir 거짓말하다: miente, mienta, mentid, mientan; no mientas, no mienta, no mintáis, no mientan

● o, u → ue

soñar 꿈꾸다		mover 움직이다, 이동하다		jugar 놀다, 게임을 하다		
sueña	no sueñes	mueve	no muevas	juega	no juegues	(tú 너)
sueñe	no sueñe	mueva	no mueva	juegue	no juegue	(usted 당신)
soñad	no soñéis	movad	no mováis	jugad	no juguéis	(vosotros, -as 너희들)
sueñen	no sueñen	muevan	no muevan	jueguen	no jueguen	(ustedes 당신들)

그 외 comprobar 확인하다, contar 노래하다, encontrar 찾다, 만나다, recorder 기억하다, volar 날다, morder 물다

- **Cuenta** hasta diez.
 너 10까지 세.
- **No muevan** la mesa.
 (당신들) 탁자를 움직이지 마세요.

▶ 73과: 긍정 명령법: 규칙 동사 Imperativo afirmativo: verbos regulares

75 연습 문제 Ejercicios

75.1. 주어진 동사를 사용하여 친구에게 하는 지시가 담긴 메모를 완성하세요.

~~cerrar~~   cerrar   conectar   encender   lavar   regar

1. __Cierra__ todas las ventanas cuando salgas.
2. _____ las plantas todos los días; una vez a la semana es suficiente.
3. _____ la llave del gas cuando acabes de cocinar.
4. _____ los platos en el lavavajillas.
5. _____ la alarma cuando salgas.
6. _____ el calentador una hora antes de ducharte.

ACIERTOS ...... /6

75.2. 주어진 동사를 사용하여 대화를 완성하세요.

cerrar   cerrar   despertar   jugar   pedir   pedir   ~~seguir~~   sonreír

1. A: ¿La calle Toledo por favor? B: __Siga__ todo recto.
2. Tengo algo para ti. _____ los ojos.
3. ¡Niños! _____ en el salón.
4. ¡_____ un zumo por favor, Tomás!
5. _____, por favor.
6. _____ sopa. No está muy buena.
7. ¡Inés, _____! Son las ocho.
8. _____ por favor.

ACIERTOS ...... /8

75.3. 다음 상황에서 뭐라고 말할까요? 명령형을 사용하여 빈칸을 채우세요.

1. (a su familia) (*Empezar*) __Empezad__ a comer. Yo llegaré un poco tarde.
2. (a un amigo) (*Elegir*) _____ un libro. Te lo regalo.
3. (a un alumno) (*Contar*) _____ hasta veinte en español.
4. (a alguien de su familia) (*Encender*) _____ la luz. Está muy oscuro.
5. (a un camarero) (*No, calentar*) _____ la leche. La quiero fría.
6. (a unos amigos) (*Sonreír*) _____. Os voy a hacer una foto.
7. (a unos niños) (*No, mentir*) _____. Decir mentiras no está bien.
8. (a unos alumnos) (*Corregir*) _____ el ejercicio.
9. (a un alumno) (*Comprobar*) _____ las respuestas.
10. (a un alumno) (*Cerrar*) _____ el libro y (*escuchar*) _____.
11. (a un amigo) (*Freír*) _____ más carne, por favor. Tengo mucha hambre.
12. (a un desconocido) (*Cruzar*) _____ esta calle y (*seguir*) _____ todo recto.

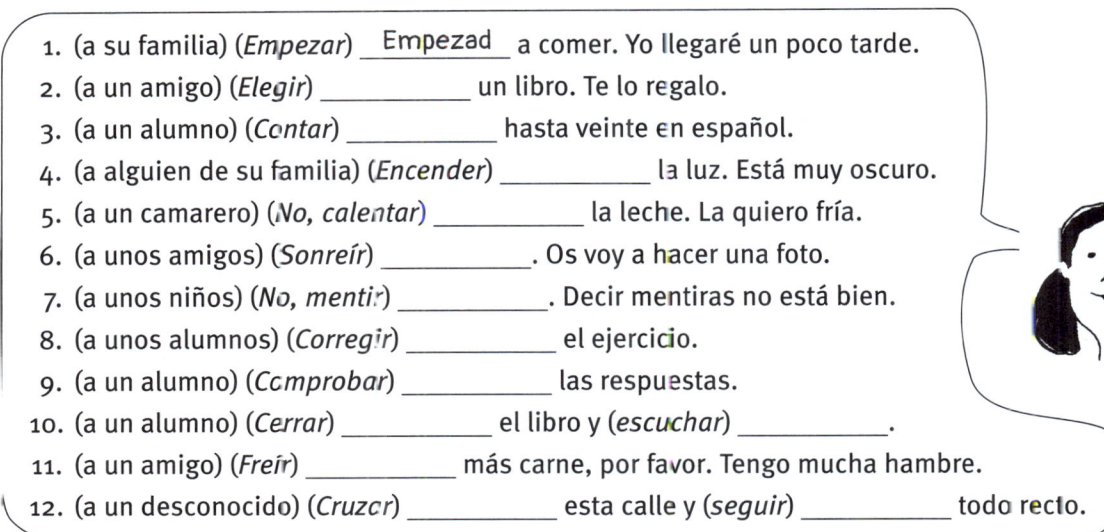

ACIERTOS ...... /12

76 Pon la mesa
명령형: 불규칙 동사 (2) Imperativo: verbos irregulares (2)

● 명령형의 형태: 그 외 불규칙 동사

	(tú 너)	(usted 당신)	(vosotros, –as 너희들)	(ustedes 당신들)	
(1) decir: 말하다	di no digas	diga no diga	decid no digáis	digan no digan	*Di* algo. No estés callado. 뭐라도 말해. 입 다물고 있지 마. *No digas* tonterías. 바보같은 소리하지 마.
(2) hacer: 하다	haz no hagas	haga no haga	haced no hagáis	hagan no hagan	*Haz* la comida. Es tarde. 음식 만들어. 늦었어. *No hagas* ruido. 소리를 내지 마.
(3) poner: 놓다	pon no pongas	ponga no ponga	poned no pongáis	pongan no pongan	
그 외 *suponer* 추측하다, 가정하다					Enrique, Sofía, *poned* la mesa. 엔리케, 소피아, 식탁을 차리렴.
(4) salir: 나가다	sal no salgas	salga no salga	salid no salgáis	salgan no salgan	¡*Sal* de aquí ahora mismo! 지금 당장 여기에서 나가! *No salgan.* Hace mucho frío. 나가지 마세요. 무척 추워요.
(5) tener: 가지다	ten no tengas	tenga no tenga	tened no tengáis	tengan no tengan	*No tengáis* miedo. No pasa nada. 너희들 겁먹지 마. 문제 없어.
그 외 *mantener* 유지하다					*Tenga* cuidado. Este cruce es peligroso. 조심하세요. 이 횡단 보도는 위험합니다.
(6) venir: 오다	ven no vengas	venga no venga	venid no vengáis	vengan no vengan	*Venid* aquí. 너희들 여기로 와. *No vengas* ahora. Estoy ocupado. 너 지금 오지 마. 나 바빠.
(7) ser: 이다	sé no seas	sea no sea	sed no seáis	sean no sean	*Sé* amable, Lola. 상냥하게 행동해, 롤라. *No seáis* impacientes. 너희들 조바심 내지 마.
(8) ir: 가다	ve no vayas	vaya no vaya	id no vayáis	vayan no vayan	Susana, *ve* a comprar pan. 수사나, 빵을 사러 가라. *No vayáis* a casa de Martín. No está. 너희들 마르틴의 집에 가지 마. 없어.
(9) traer: 가져오다	trae no traigas	traiga no traiga	traed no traigáis	traigan no traigan	*Traiga* la cuenta, por favor. 계산서를 가져다 주세요. 부탁합니다. *No traigáis* nada para la fiesta. 너희들 파티에 아무것도 가져오지 마.
(10) -ecer, -ocer, -ucir로 끝나는 동사:					
conducir: 운전하다	cond*uce* no cond*uzcas*	cond*uzca* no cond*uzca*	cond*ucid* no cond*uzcáis*	cond*uzcan* no cond*uzcan*	*Conduzca* con cuidado, por favor. 조심해서 운전 부탁합니다.

그 외 *conocer* 알다, 알고 있다, *introducir* 끼워 넣다, 도입하다, *obedecer* 복종하다

▶ 73과: 긍정 명령법: 규칙 동사 Imperativo afirmativo: verbos regulares

76 연습 문제 Ejercicios

76.1. 대화를 완성하세요.

conducir   ~~hacer~~   hacer   poner   salir   tener   traer   venir

76.2. 주어진 동사를 사용하여 지시 사항을 긍정형 또는 부정형으로 완성하세요.

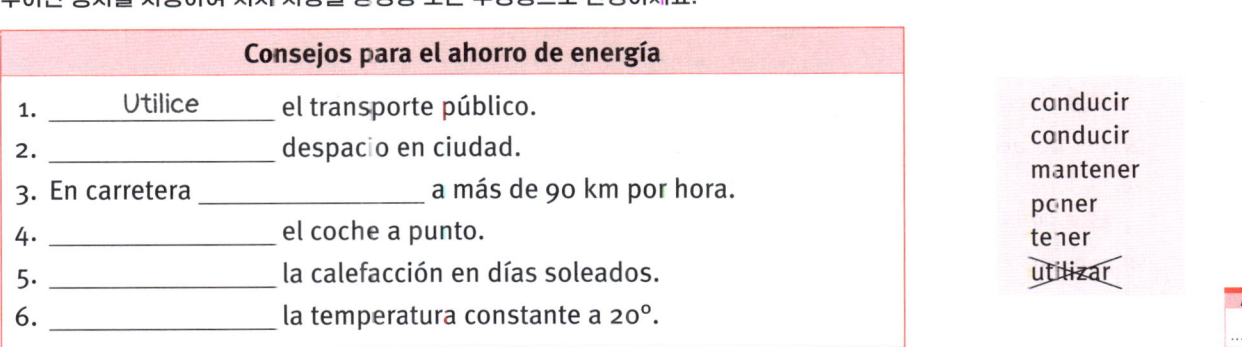

Consejos para el ahorro de energía
1. __Utilice__ el transporte público.
2. _____ despacio en ciudad.
3. En carretera _____ a más de 90 km por hora.
4. _____ el coche a punto.
5. _____ la calefacción en días soleados.
6. _____ la temperatura constante a 20°.

conducir
conducir
mantener
poner
tener
~~utilizar~~

76.3. 괄호 안의 동사를 사용하여 문장을 완성하세요.

1. (Tener) __Tenga__ cuidado, don Antonio. Este cruce es peligroso.
2. (No, salir) _____ ahora, niños. Está lloviendo.
3. (Decir) _____ 'Gracias' al abuelo, Pepín.
4. A: ¿Puedo decir algo, Arturo?   B: No, (no, decir) _____ nada, Ismael.
5. (Ser) _____ bueno, Julián, y (obedecer) _____ a tus papás.
6. (Tener) _____ cuidado, niños. El mar está revuelto.
7. (Hacer) _____ una copia de esta carta, Sr. Vázquez.
8. (No, ser) _____ impaciente, Jaime. Comemos dentro de diez minutos.
9. (No, poner) _____ la radio, por favor. Me duele la cabeza.
10. (Venir) _____ a mi fiesta, Sara. Lo vamos a pasar muy bien.
11. (Ser) _____ amables con Elvira, niños. Os quiere mucho.

77 lávate
Se 동사의 명령형 Imperativos de verbos con se

¡Lávate ahora mismo!
지금 당장 씻어!

Quítese la camisa, por favor.
셔츠를 벗으십시오.

● 명령형: se 규칙 동사

-ar (lavarse 씻다)		-er (atreverse 감히 …하다)		-ir (subirse 오르다, 승차하다)		
lávate	no te laves	atrévete	no te atrevas	súbete	no te subas	(tú 너)
lávese	no se lave	atrévase	no se atreva	súbase	no se suba	(usted 당신)
lavaos	no os lavéis	atreveos	no os atreváis	subíos	no os subáis	(vosotros, -as 너희들)
lávense	no se laven	atrévanse	no se atrevan	súbanse	no se suban	(ustedes 당신들)

• Son las ocho. **Levántate.**
8시야. 일어나.

• **No te atrevas** a ir solo.
너 혼자 가려고 하지 마.

• **No se suban** a la estatua, por favor.
동상에 올라가지 마십시오.

● **Se 불규칙 동사**

(1) e → i vestirse 옷을 입다
  vístete / vístase / vestíos / vístanse
  no te vistas / no se vista / no os vistáis / no se vistan
  그외 reírse 웃다

(2) e → ie despertarse 깨다
  despiértate / despiértese / despertaos / despiértense
  no te despiertes / no se despierte / no os despertéis / no se despierten
  그외 divertirse 즐기다, sentarse 앉다

(3) o → ue acostarse 눕다
  acuéstate / acuéstese / acostaos / acuéstense
  no te acuestes / no se acueste / no os acostéis / no se acuesten
  그외 dormirse 잠들다, 졸다

(4) ponerse 입다
  ponte / póngase / poneos / pónganse
  no te pongas / no se ponga / no os pongáis / no se pongan

(5) irse 가버리다
  vete / váyase / idos / váyanse
  no te vayas / no se vayan / no os vayáis / no se vayan

(6) caerse 넘어지다, 떨어지다
  cáete / cáigase / caeos / cáiganse
  no te caigas / no se caiga / no os caigáis / no se caigan

● 재귀 동사는 사람 자신이나 신체 일부 또는 의복이 그 동작을 받는 경우에 사용합니다.

Acuéstate.
잠자리에 들으렴.

Lávate las manos.
손을 씻으렴.

▶ 53과: Me, te, se …를 사용하는 동사들 Verbos con me, te, se…   73과: 긍정 명령법: 규칙 동사 Imperativo afirmativo: verbos regulares

77 연습 문제 Ejercicios

77.1. 주어진 동사를 사용하여 긍정형 또는 부정형으로 문장을 완성하세요.

abrocharse — ~~ponerse~~ — reírse — sentarse

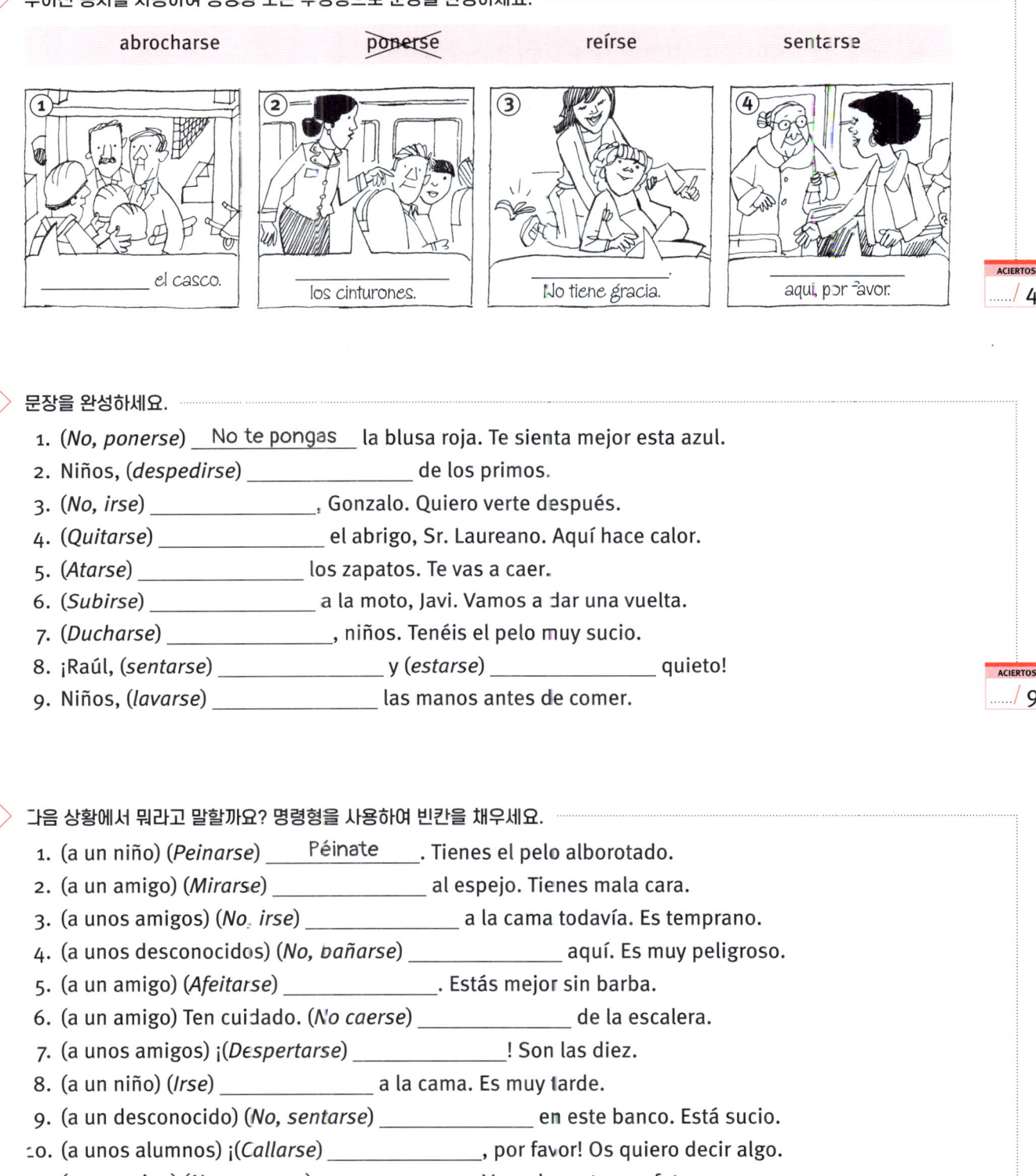

1. _____ el casco.
2. _____ los cinturones.
3. No tiene gracia.
4. _____ aquí, por favor.

77.2. 문장을 완성하세요.

1. (No, ponerse) __No te pongas__ la blusa roja. Te sienta mejor esta azul.
2. Niños, (despedirse) _____ de los primos.
3. (No, irse) _____, Gonzalo. Quiero verte después.
4. (Quitarse) _____ el abrigo, Sr. Laureano. Aquí hace calor.
5. (Atarse) _____ los zapatos. Te vas a caer.
6. (Subirse) _____ a la moto, Javi. Vamos a dar una vuelta.
7. (Ducharse) _____, niños. Tenéis el pelo muy sucio.
8. ¡Raúl, (sentarse) _____ y (estarse) _____ quieto!
9. Niños, (lavarse) _____ las manos antes de comer.

77.3. 다음 상황에서 뭐라고 말할까요? 명령형을 사용하여 빈칸을 채우세요.

1. (a un niño) (Peinarse) __Péinate__. Tienes el pelo alborotado.
2. (a un amigo) (Mirarse) _____ al espejo. Tienes mala cara.
3. (a unos amigos) (No, irse) _____ a la cama todavía. Es temprano.
4. (a unos desconocidos) (No, bañarse) _____ aquí. Es muy peligroso.
5. (a un amigo) (Afeitarse) _____. Estás mejor sin barba.
6. (a un amigo) Ten cuidado. (No caerse) _____ de la escalera.
7. (a unos amigos) ¡(Despertarse) _____! Son las diez.
8. (a un niño) (Irse) _____ a la cama. Es muy tarde.
9. (a un desconocido) (No, sentarse) _____ en este banco. Está sucio.
10. (a unos alumnos) ¡(Callarse) _____, por favor! Os quiero decir algo.
11. (a un amigo) (No, moverse) _____. Voy a hacerte una foto.
12. (a un señor mayor) (No, preocuparse) _____. Yo le ayudo.
13. (a un amigo) (Ponerse) _____ las gafas. El sol es muy fuerte.
14. (a unos desconocidos) (Callarse) _____, por favor. No oigo la película.
15. (a un amigo) (No, ponerse) _____ esa corbata. Esta es más bonita.

78 *dámelo, no me lo des*
명령문에서의 목적격 대명사 사용 Imperativo con pronombres de complemento

● 명령형과 직접 목적격 대명사 (CD)

▶ 35과: 긍정 명령법: 직접 목적격 대명사 Pronombres personales de complemento directo

긍정형	부정형
동사 –me, –lo, –la, –nos, –los, –las	no + me, lo, la, nos, los, las + 동사
cómpra**la**	no **la** compres
cómpre**la**	no **la** compre
compradla	no **la** compréis
cómpren**la**	no **la** compren

주의 compra, compre, compren → cómprala, cómprela, cómprenla

- **Llámame** mañana. 나에게 내일 전화해.
- **Mírame** a los ojos. 내 눈을 바라봐.
- A: ¿Ponemos la mesa? 우리가 식탁을 차릴까? B: No, **no la pongáis** todavía. 아니, 너희들 아직 식탁을 차리지 마.

● 명령형과 간접 목적격 대명사 (CI)

▶ 36과: 간접 목적격 대명사 Pronombres personales de complemento indirecto

긍정형	부정형
동사 –me, –le, –nos, –les	no + me, le, nos, les + 동사
présta**me**	no **me** prestes
préste**me**	no **me** preste
prestad**me**	no **me** prestéis
présten**me**	no **me** presten

주의 presta, preste, presten → préstame, présteme, préstenme

- **Deme** ese libro, por favor. 우리에게 저에게 그 책을 주세요.
- **Enseñadles** el mapa. 그들에게 지도를 보여 주세요.
- **Dinos** la verdad. 우리에게 사실을 말해 주세요.

● 명령형과 간접 목적격 대명사 (CI) + 직접 목적격 대명사 (CD)

▶ 37과: 간접 및 직접 목적격 대명사 Pronombres de complemento indirecto y directo

긍정형	부정형
동사 –me, –se, –nos, –se + –lo, –la, –los, –las	no + me, se, nos, se + lo, la, los, las + 동사
dá**melo**	no **me lo** des
dé**melo**	no **me lo** dé
dád**melo**	no **me lo** deis
dén**melo**	no **me lo** den

주의 da, dé, dad, den → dámelo, démelo, dádmelo, dénmelo

- A Jorge le gusta tu dibujo. **Regálaselo**. 호르헤가 네 그림을 좋아해. 그에게 그것을 선물해.
- Tienes las manos sucias. **Lávatelas**. 너 손이 더러워. 손을 씻어.

▶ 73과: 긍정 명령법: 규칙 동사 Imperativo afirmativo: verbos regulares

78 연습 문제 Ejercicios

78.1. 예시와 같이 질문에 대답하세요.
1. A: ¿Hago la cena?　　B: Sí, ___hazla___ ya. Tengo hambre.
　　　　　　　　　　　　No, __no la hagas__ todavía. Es pronto.
2. A: ¿Abrimos los regalos?　B: Sí, _____ ya.
　　　　　　　　　　　　No, _____ todavía. Esperad a mañana.
3. A: ¿Despierto a Andrés?　B: Sí, _____ ya. Es muy tarde.
　　　　　　　　　　　　No, _____ todavía. Déjale dormir.
4. A: ¿Frío las patatas?　　B: Sí, _____ ya.
　　　　　　　　　　　　No, _____ todavía.
5. A: ¿Pongo el vídeo?　　B: Sí, _____ ya.
　　　　　　　　　　　　No, _____ todavía. Voy al baño.

ACIERTOS ...... / 5

78.2. 주어진 동사와 알맞은 대명사를 사용하여 지시문을 완성하세요.
Para hacer tortilla de patatas (*pelar*) ___pele___ unas patatas, (*cortar*) ___córtelas___ en láminas finas. (*Echar*) _____ sal a las patatas y (*freír*) _____ en aceite muy caliente. (*Cortar*) _____ un poco de cebolla y (*freír*) _____ con las patatas. Luego (*batir*) _____ dos huevos y (*mezclar*) _____ con las patatas. (*Poner*) _____ la masa de patata y huevo en la sartén y (*freír*) _____ un par de minutos. (*Dar*) _____ la vuelta a la tortilla y, cuando esté dorada, (*poner*) _____ en un plato limpio.

ACIERTOS ...... /12

78.3. 괄호 안의 동사와 알맞은 대명사를 사용하여 문장을 완성하세요.
1. La luz está encendida. (*Apagar*) ___Apágala___, por favor.
2. La ventana está abierta. (*Cerrar*) _____, por favor. Hace frío.
3. Estas cartas son urgentes. (*Enviar*) _____ hoy mismo si tiene tiempo, por favor.
4. No sabemos hacer este ejercicio. (*Ayudar*) _____, Jesús.
5. Tengo sed. (*Pasar*) _____ el agua, por favor.
6. A: ¿Le pregunto a Jorge?　B: No, (*no, preguntar*) _____. No sabe nada.
7. Raquel, (*hacer*) _____ una foto a Raúl y a mí. Queremos tener un recuerdo.
8. Mario, (*hacer*) _____ un favor. (*Comprar*) _____ unos sellos cuando salgas.
9. Miguel, (*no, enseñar*) _____ el regalo a nadie.
10. Los niños están pisando las flores. (*Decir*) _____ algo, Sebastián.

ACIERTOS ...... /10

78.4. 괄호 안의 동사와 알맞은 대명사를 사용하여 문장을 완성하세요.
1. Si te sobra una entrada, (*no, regalar*) __no se la regales__ a Héctor. (*Regalar*) __Regálamela__ a mí.
2. Si quiere usted algo, (*no, pedir*) _____ a otro. (*Pedir*) _____ a mí.
3. Necesito saber la verdad. (*Decir*) _____, doctor.
4. Ese policía quiere ver tu pasaporte. (*Enseñar*) _____.
5. Esa pluma es mía. (*Dar*) _____.
6. Te he comprado una chaqueta. (*Ponerse*) _____.
7. Ese libro es de Rosa. (*No, dar*) _____ a Pedro.
8. A: ¿Quieres ver el regalo?　B: No, (*no, enseñar*) _____ todavía.

ACIERTOS ...... /8

79 *trabaje, coma, viva*
접속법 현재: 규칙 동사 Presente de subjuntivo: verbos regulares

Este es tu despacho. Espero que **trabajes** a gusto.
여기가 네 사무실이야. 즐겁게 일하길 바라.

No me gusta que **comáis** nada antes de las comidas.
나는 너희들이 식사 전에 뭔가 먹는 것이 싫어.

¿Dónde está Pepe? 페페 어디에 있어?
No sé. Puede que **esté** en su habitación.
몰라. 아마도 그의 방에 있을 거야.

Trabajes, *comáis*, *esté*는 접속법 현재형입니다.

● 접속법 현재형: 규칙 동사

	-ar (trabajar 일하다)	**-er** (comer 먹다)	**-ir** (vivir 살다)
(yo 나)	trabaj-e	com-a	viv-a
(tú 너)	trabaj-es	com-as	viv-as
(usted 당신)	trabaj-e	com-a	viv-a
(él, ella 그, 그녀)	trabaj-e	com-a	viv-a
(nosotros, –as 우리들)	trabaj-emos	com-amos	viv-amos
(vosotros, –as 너희들)	trabaj-éis	com-áis	viv-áis
(ustedes 당신들)	trabaj-en	com-an	viv-an
(ellos, –as 그들, 그녀들)	trabaj-en	com-an	viv-an

> **주의** **dar** 주다: d-é, d-es, d-é, d-é, d-emos, d-eis, d-en, d-en
> **estar** 있다: est-é, est-és, est-é, est-é, est-emos, est-éis, est-én, est-én
> **ser** …이다: se-a, se-as, se-a, se-a, se-amos, se-áis, se-an, se-an
> **ver** 보다: ve-a, ve-as, ve-a, ve-a, ve-amos, ve-áis, ve-an, ve-an

● 접속법 현재는 현재 또는 미래의 일을 나타낼 수 있습니다.
(1) 현재: • *Puede que Sonia esté ahora en casa.* 소니아는 지금 집에 있을 수도 있다.
(2) 미래: • *Mi padre quiere que le ayude mañana.* 아버지는 내일 내가 그를 돕기를 원하신다.

● 접속법 현재의 용법
(1) 바람을 표현하는 일부 동사 및 구문과 함께 사용됩니다. ▶ 84과: 바람 표현 Expresión de deseos
   • *¿Puedes venir, Sonia? Quiero que me ayudes.*
     소니아, 너 올 수 있어? 네가 나 좀 도와줬으면 해.
   • *Juan ha tenido un accidente. ¡Ojalá no sea grave!*
     후안이 사고가 있었어. 심각하지 않길 바래!

(2) 가능성을 표현하는 일부 동사 및 표현과 함께 사용됩니다. ▶ 85과: 가능성 표현 Expresión de probabilidad
   • *Es probable que el Boca Juniors gane la copa este año.* 보카 주니어스가 올해 우승컵을 거머쥘 가능성이 있다.
   • A: *¿Te ha llamado Adela?*   B: *No. Quizás me llame esta noche.*
     아델라가 너에게 전화했어?   아니. 아마도 오늘 밤 나에게 전화할 거야.

(3) 다양한 감정(*sorpresa* 놀람, *alegría* 기쁨, *agrado* 반가움, 즐거움, *desagrado* 불만, 불쾌함, *asombro* 감탄, *miedo* 두려움 등)을 표현하는 동사 및 표현과 함께 사용됩니다.

▶ 86과: 감정, 정서 및 평가 표현 Expresión de emociones, sentimientos y valoraciones

   • *Me gusta que seáis educados, niños.*   • *Tengo miedo de que me echen del trabajo.*
     나는 너희가 예의가 발라서 기분이 좋단다, 얘들아.   나는 일터에서 해고 당할까 봐 두렵다.

▶ 87과: 직설법과 접속법의 대조 Contraste entre indicativo y subjuntivo   90과: 간접 화법 (3) Estilo indirecto (3)
  117과: 목적 구문 Oraciones finales   118과: 시간 구문 Oraciones temporales
  120과: 양보 구문 Oraciones concesivas

79 연습 문제 Ejercicios

79.1. 괄호 안의 동사를 접속법 현재 시제로 사용하여 문장을 완성하세요.

1. ¿Tienes un momento, Carlos? Quiero que me (*tú, ayudar*) ___ayudes___.
2. Ha llamado el Sr. Cabrera. Quiere que (*nosotros, trabajar*) _____ el sábado.
3. Rosa quiere que le (*yo, prestar*) _____ el coche el domingo.
4. No me gusta que (*tú, estar*) _____ triste, Pedro.
5. Espero que me (*ustedes, escribir*) _____ cuando lleguen a Santo Domingo.
6. Ha llamado Lolita. Quiere que (*nosotros, comer*) _____ fuera el domingo.
7. Me gusta que la gente (*leer*) _____.
8. A Marisa no le gusta que Gregorio la (*llamar*) _____ todos los días.
9. ¡Ojalá (*vosotros, ser*) _____ felices!
10. Espero que (*llegar*) _____ pronto tus amigos. Estoy cansada de esperar.

79.2. 알맞은 동사를 접속법 현재 시제로 대답을 완성하세요.

1. A: ¿Dónde está Belén?   B: No sé. Puede que ___esté___ en su despacho.
2. A: ¿Has visto a Juan?   B: No, pero quizás lo _____ mañana.
3. A: ¿Han llamado tus padres?   B: No. Puede que no _____ hoy.
4. A: ¿Qué vas a estudiar, Graciela? B: No sé todavía. Es probable que _____ Derecho.
5. A: ¿Abren hoy los bancos?   B: No. Puede que no _____ hoy. Es sábado.
6. A: ¿Dónde están tus hermanas? B: No sé. Puede que _____ en el jardín.
7. A: ¿Cuándo os casáis?   B: No estamos seguros. Puede que _____ el año que viene.
8. A: ¿Te van a dar el trabajo que te prometieron? B: No sé. Es probable que no me lo _____.
9. A: ¿Cuándo se marchan ustedes? B: No sé. Puede que _____ mañana.
10. A: ¿Vais a ganar el torneo?   B: No sé. Es probable que no lo _____.

79.3. 예시와 같이 que를 사용하여 문장을 결합하세요. 필요한 경우 변형하세요.

1. Agustín bebe demasiada cola.
   A Sonia no le gusta. ___A Sonia no le gusta que Agustín beba demasiada cola___.
2. Jaime y Yolanda son amables.
   A Pilar le gusta. _____.
3. Ernestina vive en el extranjero.
   A Lorenzo no le gusta. _____.
4. Jacinta es cariñosa.
   A Mario le encanta. _____.
5. Lolo da muchas fiestas.
   A Tomás no le gusta. _____.
6. Ves muchas películas de terror.
   A tu padre no le gusta. _____.
7. Trabajáis mucho.
   A vuestro profesor le encanta. _____.

80 quiera, juegue...
접속법 현재: 불규칙 동사 (1) Presente de subjuntivo: verbos irregulares (1)

● **접속법 현재형: 불규칙 동사**

	e → ie/e quer-er 원하다	e → ie/i sent-ir 느끼다	e → i ped-ir 부탁하다	o → ue/o pod-er 할 수 있다	u → ue/u jug-ar 놀다, 게임하다
(yo 나)	quier-a	sient-a	pid-a	pued-a	juegu-e
(tú 너)	quier-as	sient-as	pid-as	pued-as	juegu-es
(usted 당신)	quier-a	sient-a	pid-a	pued-a	juegu-e
(él, ella 그, 그녀)	quier-a	sient-a	pid-a	pued-a	juegu-e
(nosotros, –as 우리들)	quer-amos	sint-amos	pid-amos	pod-amos	jugu-emos
(vosotros, –as 너희들)	quer-áis	sint-áis	pid-áis	pod-áis	jugu-éis
(ustedes 당신들)	quier-an	sient-an	pid-an	pued-an	juegu-en
(ellos, –as 그들, 그녀들)	quier-an	sient-an	pid-an	pued-an	juegu-en

(1) *querer* 원하다와 동일하게 변형하는 동사:
-ar: *calentar* 데우다, *cerrar* 닫다, *empezar* 시작하다, *fregar* 문지르다, *gobernar* 통치하다, *pensar* 생각하다, *regar* 살수하다
-er: *defender* 지키다, *entender* 이해하다, *perder* 잃다, 놓치다

(2) *sentir* 느끼다와 동일하게 변형하는 동사: *divertir* 즐겁게 하다, *herir* 상처 입히다, *preferir* 선호하다, *mentir* 거짓말하다

(3) *pedir* 부탁하다와 동일하게 변형하는 동사: *conseguir* 얻다, *corregir* 수정하다, *elegir* 선택하다, *freír* 튀기다, *impedir* 막다, 방해하다, *medir* 재다, *reír* 웃다, *seguir* 따르다, *servir* 봉사하다, 제공하다, *sonreír* 미소를 짓다

(4) *poder* 할 수 있다와 동일하게 변형하는 동사:
-ar: *contar* 이야기하다, 세다, *costar* 비용이 들다, *encontrar* 찾다, 만나다, *recordar* 기억하다, *sonar* 소리나다, 울리다, *soñar* 꿈꾸다, *volar* 날다
-er: *llover* 비가 오다, *morder* 물다, *mover* 움직이다, *soler* …하곤 하다, *volver* 돌아오다

> **주의** *oler* 냄새를 맡다 → **hue**la, **hue**las, **hue**la, **hue**la, olamos, oláis, **hue**lan, **hue**lan
> *dormir* 자다 → **due**rma, **due**rmas, **due**rma, **due**rma, durmamos, durmáis, **due**rman, **due**rman

● **접속법 현재의 용법**

(1) 바람을 표현하는 일부 동사 및 구문과 함께 사용됩니다. ▶ 84과: 바람 표현 Expresión de deseos
- *Espero que **podáis** venir a mi fiesta.* 나는 너희들이 내 파티에 올 수 있기를 바라.
- *Buenas noches. ¡Que **durmáis** bien!* 좋은 밤이야(잘자). 나는 너희들이 푹 자길 바라!

(2) 가능성을 표현하는 일부 동사 및 표현과 함께 사용됩니다.
▶ 85과: 가능성 표현 Expresión de probabilidad
- *Esta noche **puede que llegue** tarde. Tengo una reunión.* 오늘 밤 나 늦을 수도 있어. 회의가 있어.
- *Quizás te **sientas** mejor después de comer algo.* 뭔가 먹고 나면 아마 네 기분이 더 나을 수도 있어.

(3) 다양한 감정을 표현하는 동사 및 표현과 함께 사용됩니다.
▶ 86과: 감정, 정서 및 평가 표현 Expresión de emociones, sentimientos y valoraciones
- *No me gusta que Arturo **vuelva** tarde.* 나는 아르투로가 늦게 돌아오는 것이 싫어.
- *A Víctor le asombra que **durmamos** tanto.* 빅토르는 우리가 그렇게나 많이 자는 것을 놀라워해.

(4) 행위 또는 상황을 평가하기 위한 표현과 사용됩니다.
(*me parece bien/mal que* … …가 나에게 좋아 보인다/안 좋아 보인다, *es lógico que* … …은 논리적이다/당연하다 등)
▶ 86과: 감정, 정서 및 평가 표현 Expresión de emociones, sentimientos y valoraciones
- *Es lógico que Silvia no **quiera** ir a la fiesta. No conoce a nadie.*
실비아가 파티에 가길 원하지 않는 것이 당연해. 그녀는 아무도 알지 못하거든.
- *Me parece bien que **prefieras** comer ahora. A mí también me gusta comer temprano.*
나는 네가 지금 점심을 먹고 싶어해서 좋아. 나도 일찍 점심 먹는 것을 좋아하거든.

80 연습 문제 Ejercicios

80.1. 괄호 안의 동사를 접속법 현재 시제로 사용하여 문장을 완성하세요.

1. Espero que no (*tú, volver*) ___vuelvas___ a perder las llaves.
2. No me gusta que me (*tú, mentir*) _____, Nadia.
3. Espero que Arturo no (*perder*) _____ esta partida.
4. ¡Ojalá (*ellos, divertirse*) _____ en las vacaciones! Lo necesitan.
5. ¿Has hablado con la Sra. Pinto? Es probable que (*poder*) _____ ayudarte.
6. Espero que (*usted, entender*) _____ las instrucciones. Es muy fácil.
7. Tome este libro. Puede que le (*servir*) _____ para su viaje a Chile.
8. Me ha llamado el entrenador. Quizás (*yo, jugar*) _____ el domingo.
9. Quiero que Sonia me (*conseguir*) _____ entradas para el próximo concierto.
10. Me gusta que (*llover*) _____ en verano.
11. Me encanta que mi casa (*oler*) _____ a flores.

ACIERTOS ...... /11

80.2. Que를 사용하여 두 문장을 결합하세요. 필요한 경우 변형하세요.

1. César quiere estudiar Bellas Artes. Me parece bien. _Me parece bien que César quiera estudiar Bellas Artes_.
2. La película de esta noche empieza tarde. Me parece mal. _____.
3. Hoy cierran las tiendas; es fiesta. Es lógico. _____.
4. Sócrates no puede venir mañana. Me da pena. _____.
5. No quieres madrugar el domingo. Es natural. _____.
6. Tania friega siempre los platos. Me parece mal. _____.
7. Mis primos no me recuerdan; me han visto poco. Es lógico. _____.
8. Félix consigue siempre lo que quiere. No es normal. _____.
9. Rafa y Esther prefieren este restaurante; es buenísimo. Es lógico. _____.
10. Ustedes piensan mucho en sus amigos. Me parece bien. _____.

ACIERTOS ...... /10

80.3. 알맞은 동사를 사용하여 대답을 완성하세요.

1. A: ¿Cuándo vuelven ustedes?　B: Es probable que ___volvamos___ el lunes.
2. A: ¿Por qué queréis salir todos los días?
   B: Es lógico que _____ salir todos los días. Estamos de vacaciones.
3. A: ¿De qué se ríen tus amigos?　B: No sé. Puede que _____ de ese cartel.
4. A: ¿Por qué no le pedimos el ordenador a Fran?　B: No me gusta que le _____ el ordenador.
5. A: ¿Por qué encuentran todo extraño en este país?
   B: Es lógico que _____ todo extraño. Es muy diferente a su país.
6. A: ¿Por qué no les dejas dormir?
   B: No me gusta que _____ tantas horas en la siesta. Luego no duermen por la noche.

ACIERTOS ...... /6

81 *conozca, diga, vaya...*
접속법 현재: 불규칙 동사 (2) Presente de subjuntivo: verbos irregulares (2)

● **접속법 현재형: 불규칙 동사**

(1) CONOCER 알다, 알고 있다: **cono**z**ca, cono**z**cas, cono**z**ca, cono**z**ca, cono**z**camos, cono**z**cáis, cono**z**can, cono**z**can**

> 그 외 *conducir* 운전하다, *obedecer* 복종하다, *parecer* (…인 것) 같다, *reconocer* 인식하다, 인정하다, *traducir* 번역하다

Ven, quiero que **conozcas** a Teresa.
너 와 봐, 네가 테레사를 만나 봤으면 해.

(2) HUIR 도망치다: **hu**y**a, hu**y**as, hu**y**a, hu**y**a, hu**y**amos, hu**y**áis, hu**y**an, hu**y**an**

> 그 외 *concluir* 결론짓다, *construir* 건축하다, *contribuir* 기여하다, *destruir* 파괴하다, *influir* 영향을 미치다

(3) TRAER 가져오다: **tra**ig**a, tra**ig**as, tra**ig**a, tra**ig**a, tra**ig**amos, tra**ig**áis, tra**ig**an, tra**ig**an**

> 그 외 *caer(se)* 떨어지다, 넘어지다

(4) DECIR 말하다: **di**g**a, di**g**as, di**g**a, di**g**a, di**g**amos, di**g**áis, di**g**an, di**g**an**

(5) HACER 하다: **ha**g**a, ha**g**as, ha**g**a, ha**g**a, ha**g**amos, ha**g**áis, ha**g**an, ha**g**an**

(6) OÍR 듣다: **oi**g**a, oi**g**as, oi**g**a, oi**g**a, oi**g**amos, oi**g**áis, oi**g**an, oi**g**an**

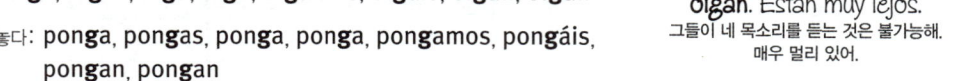

Es imposible que te **oigan**. Están muy lejos.
그들이 네 목소리를 듣는 것은 불가능해. 매우 멀리 있어.

(7) PONER 놓다: **pon**g**a, pon**g**as, pon**g**a, pon**g**a, pon**g**amos, pon**g**áis, pon**g**an, pon**g**an**

(8) SALIR 나가다: **sal**g**a, sal**g**as, sal**g**a, sal**g**a, sal**g**amos, sal**g**áis, sal**g**an, sal**g**an**

(9) TENER 가지다: **ten**g**a, ten**g**as, ten**g**a, ten**g**a, ten**g**amos, ten**g**áis, ten**g**an, ten**g**an**

(10) VENIR 오다: **ven**g**a, ven**g**as, ven**g**a, ven**g**a, ven**g**amos, ven**g**áis, ven**g**an, ven**g**an**

(11) IR 가다: **va**y**a, va**y**as, va**y**a, va**y**a, va**y**amos, va**y**áis, va**y**an, va**y**an**

(12) SABER 알다: **se**p**a, se**p**as, se**p**a, se**p**a, se**p**amos, se**p**áis, se**p**an, se**p**an**

(13) HABER 있다: **ha**y**a**

● **접속법 현재의 용법**

(1) 바람을 표현하는 일부 동사 및 구문과 함께 사용됩니다. ▶ 84과: 바람 표현 Expresión de deseos

- *¡Ojalá no haya más guerras!* 더 이상의 전쟁은 없기를!

(2) 가능성을 표현하는 일부 동사 및 표현과 함께 사용됩니다. ▶ 85과: 가능성 표현 Expresión de probabilidad

- A: *¿Estás esperando a Manuel?* 너 마누엘을 기다리고 있어?
  B: *Sí, pero puede que no venga hoy. Tenía mucho trabajo.*
  응, 그런데 아마 오늘 안 올 것 같아. 일이 많았거든.

(3) 다양한 감정을 표현하는 동사 및 표현과 함께 사용됩니다.

> ▶ 86과: 감정, 정서 및 평가 표현 Expresión de emociones, sentimientos y valoraciones

- *Siento que Alberto no vaya a tu concierto, pero no se encuentra bien.*
  알베르토가 네 콘서트에 못 가서 유감이지만 몸 상태가 좋지 않아.
- A: *Luis sabe que te vas a ir a Argentina.* B: *Es igual. No me importa que lo sepa.*
  루이스는 네가 아르헨티나로 떠난다는 걸 알아. 상관없어. 나는 그가 그것을 알든 말든 중요하지 않아.

(4) 행위 또는 상황을 평가하기 위한 표현과 사용됩니다.

> ▶ 86과: 감정, 정서 및 평가 표현 Expresión de emociones, sentimientos y valoraciones

- *Es lógico que construyan más carreteras. Cada día hay más coches.*
  더 많은 도로를 건설하는 것은 당연해. 자동차가 점점 더 많아 지고 있거든.
- *Me parece una vergüenza que no sepas freír un huevo.*
  난 네가 달걀프라이를 할 줄 모른다는 사실이 부끄러워.

81 연습 문제 Ejercicios

81.1. 괄호 안의 동사를 접속법 현재 시제로 사용하여 문장을 완성하세요.

1. Espero que Ana (traer) ____traiga____ algo de postre. Yo no he comprado nada.
2. Me encanta que Álvaro (tener) _____ tantos amigos.
3. A: ¿Dónde está Carla?   B: Pregúntale a Mario. Es probable que él lo (saber) _____.
4. Luis y Pili quieren que (nosotros, ir) _____ de excursión este domingo. ¿Qué te parece?
5. Yo invito. No quiero que (ustedes, decir) _____ que no lo hemos celebrado.
6. Habla un poco más alto. Puede que los de atrás no te (oír) _____.
7. ¡Ojalá (hacer) _____ buen tiempo mañana! Queremos ir al campo.
8. No me gusta que (tú, conducir) _____ tan deprisa. Me pone nerviosa.
9. Bájate de ahí, Raúl. No quiero que (tú, caerse) _____.
10. A: ¿Vais a estar en casa esta noche?   B: No lo sé. Puede que (salir) _____.
11. Les voy a presentar a María. Quiero que la (conocer) _____.
12. Siento que no (haber) _____ más helado, pero se ha acabado.

ACIERTOS ...../12

81.2. Que를 사용하여 두 문장을 결합하세요. 필요한 경우 변형하세요.

1. Hay pobreza en el mundo. Me parece terrible. _Me parece terrible que haya pobreza en el mundo_.
2. Mi gato huye cuando ve a un perro. Es lógico. _____.
3. Antonia no dice nunca la verdad. Me parece mal. _____.
4. Luciano y Adolfo no saben usar un ordenador. Me parece increíble. _____.
5. Pones siempre la mesa. Me parece bien. _____.
6. Tenéis siempre hambre; trabajáis mucho. Es natural. _____.
7. Susana no hace nunca la cama. No me parece bien. _____.
8. Destruyen los bosques. Es una vergüenza. _____.

ACIERTOS ...../8

81.3. 적절한 동사를 사용하여 대답을 완성하세요.

1. A: Mira esos obreros. Se van a caer.
   B: Es imposible que __se caigan__. Tienen cinturones de seguridad.
2. A: Hay mucha gente en la exposición.
   B: Es normal que _____ tanta gente. Es una pintora buenísima.
3. A: Elsa sale con Tomás.   B: No me gusta que _____ con ese chico. Es muy celoso.
4. A: ¡Cuidado! Te van a oír.   B: Es igual. No me importa que me _____.
5. A: ¿Creéis que os puede reconocer?   B: Sí, tengo miedo de que nos _____.
6. A: Gloria es educadísima.   B: Sí, me llama la atención que _____ tan educada.

ACIERTOS ...../6

82 trabajara, comiera, viviera
접속법 불완료 과거: 규칙 동사 Pretérito imperfecto de subjuntivo: verbos regulares

¿Estás libre este domingo? Me gustaría que **comiéramos** juntos.
이번주 일요일에 한가하니? 우리가 같이 점심 식사를 했으면 좋겠어.

¡Qué bien pintas! ¡Quién **pintara** como tú!
그림을 정말 잘 그리네! 누가 너만큼 잘 그릴 수 있겠어!

Comiéramos와 **pintara**는 접속법 불완료 과거형입니다.

● 접속법 불완료 과거형: 규칙 동사

	-ar (trabajar 일하다)	-er (comer 먹다)	-ir (vivir 살다)
(yo 나)	trabaj-ara, -ase¹	com-iera, -iese	viv-iera, -iese
(tú 너)	trabaj-aras, -ases	com-ieras, -ieses	viv-ieras, -ieses
(usted 당신)	trabaj-ara, -ase	com-iera, -iese	viv-iera, -iese
(él, ella 그, 그녀)	trabaj-ara, -ase	com-iera, -iese	viv-iera, -iese
(nosotros, –as 우리들)	trabaj-áramos, -ásemos	com-iéramos, -iésemos	viv-iéramos, -iésemos
(vosotros, –as 너희들)	trabaj-arais, -aseis	com-ierais. –ieseis	viv-ierais. –ieseis
(ustedes 당신들)	trabaj-aran, -asen	com-ieran, -iesen	viv-ieran, -iesen
(ellos, –as 그들, 그녀들)	trabaj-aran, -asen	com-ieran, -iesen	viv-ieran, -iesen

¹*trabajase…, comiese…, viviese…* 형은 *trabajara…, comiera…, viviera…* 형보다 덜 빈번하게 사용됩니다.

● 접속법 불완료 과거는 과거, 현재 또는 미래의 일을 나타낼 수 있습니다.
(1) 과거: • **Ayer** te llamé a casa. Quería que me **ayudases** a preparar el examen.
나 어제 집으로 너에게 전화했었어. 네가 시험 준비를 도와줬으면 했거든.
(2) 현재: • ¿Estás ocupada? Me gustaría que **vieras** algo. 너 바쁘니? 네가 뭘 좀 봐 줬으면 좋겠어.
(3) 미래: • ¿Hacéis algo **el sábado**? Me gustaría que **vinierais** a casa.
너희들 토요일에 뭐 하니? 난 너희들이 집에 왔으면 좋겠어.

● 접속법 불완료 과거는 ¡Quién!과 함께 사용되어 미래에 실현 가능성이 낮은 일 또는 현재에 불가능한 일에 대한 바람을 표현합니다.
• ¡**Quién viviera** cien años! (esperanza sobre algo difícil o imposible)
누가 백 년을 살겠는가! (어렵거나 불가능한 일에 대한 바람)
• ¡**Quién conociera** el futuro! (esperanza sobre algo imposible) 누가 미래를 알겠는가! (불가능한 일에 대한 바람)

● 과거 시제의 동사 또는 표현이나 조건법 형태의 접속법 불완료 과거는 다음과 같은 것들을 표현합니다.
(1) 다른 사람에게 영향을 미치고자 하는 의지 또는 바람:
• El jefe **prohibió** que **usáramos** los móviles. 사장님은 우리가 휴대폰을 사용하는 것을 금지했다.
• Mis padres **querían** que **estudiara** Derecho. 나의 부모님은 내가 법학을 공부하기를 바라셨다.
(2) *agrado* 유쾌함, *alegría* 기쁨, *miedo* 두려움 등과 같은 정서
• **No me gustó** que no me **invitaran**. 나는 초대받지 못해서 언짢았다.
(3) 행동 또는 상황의 평가
• **Era lógico** que Goyo **protestase** por la película. 고요가 영화에 대해 항의한 것은 당연한 일이었어.
• **Sería mejor** que **llamaras** a Chus. Siempre me pregunta por ti.
네가 추스에게 전화하는 게 좋을 것 같아. 항상 나에게 너에 대해 묻거든.
(4) 가능성: **Era imposible** que Pedro **encontrase** empleo. No lo buscaba.
페드로가 일자리를 구하는 것은 불가능했어. 그가 구하지 않았으니까.

▶ 84과: 바람 표현 Expresión de deseos　　85과: 가능성 표현 Expresión de probabilidad
　86과: 감정, 정서 및 평가 표현　　87과: 직설법과 접속법의 대조
　　　Expresión de emociones, sentimientos y valoraciones　　Contraste entre indicativo y subjuntivo
　90과: 간접 화법 (3) Estilo indirecto (3)　　92과: 조건문 (2) Condicionales (2)
　117과: 목적 구문 Oraciones finales　　120과: 양보 구문 Oraciones concesivas

82 연습 문제 Ejercicios

82.1. 당신은 뭐라고 말하시겠습니까? quién과 알맞은 동사의 접속법 불완료 과거를 사용하여 문장을 쓰세요.

1. Le gustaría bailar como un amigo suyo, pero lo ve difícil. ¡Quién bailara como tú!
2. Le gustaría comer como un amigo suyo, pero lo ve difícil. _____
3. Le gustaría hablar italiano como unos amigos suyos, pero lo ve difícil. _____
4. Le gustaría escribir como García Márquez, pero lo ve difícil. _____
5. Le gustaría jugar al ajedrez como Karpov, pero lo ve difícil. _____

ACIERTOS ....../5

82.2. 주어진 동사를 접속법 불완료 과거 시제로 사용하여 문장을 완성하세요.

| ayudar | cantar | comer | comprar | enterarse | ~~jugar~~ | lavar |
| llamar | | llegar | perder | recibir | vivir | |

1. Cuando era pequeño mis padres querían que _jugara_ al tenis.
2. ¿Vas a ponerte ahora a lavar el coche? Preferiría que lo _____ en otro momento.
3. ¿Ya estáis aquí? Esperaba que _____ más tarde.
4. Gracias por el regalo, Andrés. No era necesario que _____ nada.
5. Era imposible que no _____ nadie. Lo dijo en voz alta.
6. Rodrigo quería que le _____, pero no teníamos tiempo.
7. Me encantaría que ustedes v en esta casa.
8. Antonia nos despertó a las siete. Tenía miedo de que _____ el avión.
9. Todo el mundo esperaba que _____ en la fiesta, pero tenía mal la voz.
10. A: ¿Por qué no vinieron a la cena? B: Puede que no _____ la invitación.
11. Me encantó que me _____. Tenía muchas ganas de veros.
12. El año pasado el director nos prohibió que _____ en clase.

ACIERTOS ....../12

82.3. Que를 사용하여 두 문장을 결합하세요. 필요한 경우 변형하세요.

1. Mauro no aprobó el carné de conducir. Lo sentimos. _Sentimos que Mauro no aprobara el carné de conducir_.
2. Balbina encontró trabajo. Me alegré. _____.
3. No me llamasteis el domingo. Me extrañó. _____.
4. Juan y Alicia se acordaron de nosotros. Nos gustó. _____.
5. Mi hermana se llevó el coche. No me importó. _____.
6. No aprobaste. Lo sentí. _____.
7. No hablaste con Blas. Me pareció mal. _____.
8. No invitasteis a Sonia. No me gustó. _____.
9. Mis hermanos no salieron anoche. Me extrañó. _____.
10. Armando quiere trabajar con nosotros. Nos gustaría. _____.
11. Mis padres nos regalaron una alfombra. Nos encantó. _____.
12. La empresa pagó la comida. Nos extrañó. _____.

ACIERTOS ....../12

83 *fuera, tuviera...*
접속법 불완료 과거: 불규칙 동사
Pretérito imperfecto de subjuntivo: verbos irregulares

● 접속법 불완료 과거형: 불규칙 동사

(1) **e → i**

	pedir 부탁하다
(yo 나)	pid-iera, -iese
(tú 너)	pid-ieras, -ieses
(usted 당신)	pid-iera, -iese
(él, ella 그, 그녀)	pid-iera, -iese
(nosotros, -as 우리들)	pid-iéramos, -iésemos
(vosotros, -as 너희들)	pid-ierais. -ieseis
(ustedes 당신들)	pid-ieran, -iesen
(ellos, -as 그들, 그녀들)	pid-ieran, -iesen

그 외 *elegir* 선택하다, *sentir* 느끼다

(2) **o → u**

	dormir 자다
(yo 나)	durm-iera, -iese
(tú 너)	durm-ieras, -ieses
(usted 당신)	durm-iera, -iese
(él, ella 그, 그녀)	durm-iera, -iese
(nosotros, -as 우리들)	durm-iéramos, -iésemos
(vosotros, -as 너희들)	durm-ierais. -ieseis
(ustedes 당신들)	durm-ieran, -iesen
(ellos, -as 그들, 그녀들)	durm-ieran, -iesen

그 외 *morir* 죽다

● 그 외 불규칙 동사

dar 주다	→ d-	-iera, -iese
estar (상태가) 이다, 있다	→ estuv-	-ieras, -ieses
haber 있다	→ hub-	-iera, -iese
hacer 하다	→ hic-	-iera, -iese
poder 할 수 있다	→ pud-	-iéramos, -iésemos
poner 놓다	→ pus-	-ierais. -ieseis
querer 원하다	→ quis-	-ieran, -iesen
saber 알다	→ sup-	-ieran, -iesen
tener 가지다	→ tuv-	
venir 오다	→ vin-	

caer 떨어지다	→ cay-	
leer 읽다	→ ley-	-era, -ese
oír 듣다	→ oy-	-eras, -eses
huir[1] 도망치다	→ huy-	-era, -ese
traducir[2] 번역하다	→ traduj-	-era, -ese
traer 가져오다	→ traj-	-éramos, -ésemos
decir 말하다	→ dij-	-erais. -eseis
ir/ser 가다/...이다	→ fu-	-eran, -esen
reír[3] 웃다	→ ri-	-eran, -esen

[1] 그 외 *construir* 짓다, 건축하다   [2] 그 외 *conducir* 운전하다   [3] 그 외 *sonreír* 미소를 짓다

● 접속법 불완료 과거의 용법 ▶ 82과: 접속법 불완료 과거: 규칙 동사 Pretérito imperfecto de subjuntivo: verbos regulares

(1) *Quién*을 사용한 감탄 표현
- ¡Quién **pudiera** nadar como tú! (esperanza difícil o imposible)
  누가 너처럼 수영할 수 있겠어! (실현 가능성이 낮거나 불가능한 바람)
- ¡Quién **fuera** Spielberg! (esperanza imposible)
  누가 스필버그가 될 수 있겠어! (불가능한 바람)

¡Quién **tuviera** treinta años menos!
누가 30년 젊어질 수 있겠어!

(2) 과거형 또는 조건법 동사와 표현과 함께 쓰여 다음을 표현합니다.
- 다른 사람에게 영향을 미치고자 하는 의지나 바람:
  - Cuando era pequeña, mis padres querían que **fuera** pianista.
    내가 어렸을 때, 나의 부모님은 내가 피아니스트가 되길 바라셨다.
- *agrado* 유쾌함, *alegría* 기쁨, *miedo* 두려움과 같은 감정:
  - **Me extraño** que no **vinieseis** a mi fiesta. 너희들이 내 파티에 오지 않은 것이 놀랍네.
  - A mí me **encantaría** que Salva y Marisa **fueran** a nuestra clase. 나는 살바와 마리사가 우리 반이면 좋겠어.
  - **Me extrañaría** que Alfonso **estuviera** en casa. Está siempre fuera.
    나는 알폰소가 집에 있다면 놀라울 거야. 그는 항상 밖에 있거든.
- 행동 또는 상황의 평가: • **Era lógico** que **estuviera** triste. Se había ido Hugo.
  그녀가 슬픈 건 당연했어. 우고가 떠났으니까.
- 가능성: • **Puede** que Juan **supiera** que había examen, pero no dijo nada.
  후안은 시험이 있다는 것을 알았을 수도 있지만, 아무 말도 하지 않았어.

83 연습 문제 Ejercicios

83.1. Que를 사용하여 두 문장을 결합하세요. 필요한 경우 변형하세요.
1. A alguien le gustaría ser más alto. ¡Quién fuera más alto!
2. A alguien le gustaría poder vivir en Guatemala, pero lo ve difícil. _____
3. A alguien le gustaría saber hablar chino, pero lo ve difícil. _____
4. A alguien le gustaría tener tanta suerte como un amigo, pero lo ve difícil. _____
5. A alguien le gustaría estar ahora de vacaciones, pero no lo está. _____
6. A alguien le gustaría conducir un coche de carreras, pero lo ve difícil. _____
7. A alguien le gustaría sonreír siempre, pero no es posible. _____

ACIERTOS ...../7

83.2. 주어진 동사를 접속법 불완료 과거 시제로 사용하여 문장을 완성하세요.

~~caerse~~ dar haber hacer leer oír pedir poder sentir ser tener traducir traer

1. Era imposible que __se cayeran__ las maletas. Estaban bien sujetas.
2. Sería maravilloso que _____ mucho trabajo. Podríamos ahorrar para un piso.
3. Me llamó la atención que le _____ el diccionario a Gabriel. No sois amigos.
4. ¿Por qué habéis traído pasteles? No era necesario que _____ nada.
5. El profesor no quería que _____ las frases.
6. Perdonen, pero preferiría que no _____ fuego aquí.
7. Me encantaría que _____ pasar unos días conmigo. Lo paso muy bien con vosotras.
8. A: Josefina sintió mucho que no te _____ el empleo.
   B: Puede que lo _____, pero no me dijo nada.
9. Mi padre esperaba que _____ abogado como él, pero yo no quise.
10. Sería bueno que _____ más, niños. Leer es importante.
11. A: ¿Por qué no vinieron cuando los llamé? B: Puede que no te _____.
12. Me gustaría que _____ menos violencia en el mundo.

ACIERTOS ...../12

83.3. Que를 사용하여 두 문장을 결합하세요. 필요한 경우 변형하세요.
1. No vinisteis a la fiesta. Me extrañó. __Me extrañó que no vinierais a la fiesta__.
2. Nos hicieron una foto. No nos gustó. _____.
3. Elegiste mi clase. Me alegré de ello. _____.
4. Rafa tuvo que irse. Lo sentimos. _____.
5. Raúl no vino a mi fiesta. No me importó. _____.
6. Gisele dijo que yo había mentido. Me molestó. _____.
7. Te reíste de Blas. Me pareció mal. _____.
8. No me hiciste caso. No me gustó. _____.
9. Jesús y Luis durmieron ocho horas. Me extrañó. _____.
10. Tus hermanas no quisieron salir con nosotras. Me pareció lógico. _____.
11. Los niños nos dieron la bienvenida. Nos encantó. _____.
12. Alberto hizo la cena. Nos extrañó. _____.
13. Su perro se murió joven. Lo sintió _____.
14. Construyeron un cine en su barrio. Se alegró mucho. _____.

ACIERTOS ...../14

84 Quiero que me ayudes
소망 표현 Expresión de deseos

소망을 표현하기 위해 다음과 같은 구문을 사용할 수 있습니다.

● **소망을 나타내는 일부 동사 또는 표현 + 직설법 또는 접속법**

| querer 원하다
desear 바라다
tener ganas de
…에 대한 바람이 있다 | + 동사 원형
+ que + 접속법 | • **Quiero que me ayudes**, Jorge.
  난 네가 날 도와주길 원해, 호르헤.
• Hoy no **deseo ver** a nadie. Estoy triste.
  오늘 나는 아무도 보고 싶지 않아. 나 슬퍼.
• **Tengo ganas de que trabajen** mis hijos.
  나는 내 아이들이 일을 했으면 하는 바람이 있다. |

(1) 이 구문은 다음과 같은 동사 및 표현과 함께 사용합니다: *querer* 원하다, *desear* 바라다, *preferir* 선호하다, *esperar* 희망하다, *rogar* 간청하다, *soñar con* …하는 것을 꿈꾸다, *tener ganas de* …에 대한 바람이 있다, (*me, te*…) *gustaría* 나/너는 …하고 싶다, (*me, te*…) *importaría* 나/너에게 …이/가 중요하다

(2) 동사 원형은 두 동사(소망 표현 동사와 행동을 표현하는 동사)의 주어가 동일할 때 사용되며, 과거, 현재 또는 미래를 표현할 수 있습니다.
  • *De pequeña, Elisa* **soñaba** *(ella) con* **ser** *(ella) escritora.*
    어릴 때 엘리사는 (그녀가) 작가가 되는 것을 꿈꿨다.
  • *¿Te* **gustaría** *(a ti)* **ganar** *(tú) algo de dinero?*
    너 약간의 돈을 벌고 싶니?

(3) 접속법은 두 동사의 주어가 다를 때 사용되는데, 이때 접속법 현재형은 현재 또는 미래를 말할 때 사용됩니다.
  • *Matías,* **prefiero** *(yo) que me lo* **digas** *(tú) ahora.*
    마티아스, 나는 네가 그것을 지금 말해 줬으면 좋겠어.
  • **Espero** *que* **haga** *buen tiempo el domingo.*
    난 일요일에 날씨가 좋으면 좋겠어.

(4) 접속법 불완료 과거는 과거를 말할 때나 조건법 문형 뒤에 사용됩니다.
  • *Mis padres* **querían** *(ellos) que* **fuera** *(yo) piloto.*
    나의 부모님은 내가 조종사가 되기를 바라셨다.
  • *Me* **gustaría** *(a mí) que me* **hicieras** *(tú) un favor, Mario.*
    나는 네가 부탁을 좀 들어 줬으면 해, 마리오.

● '¡*Que* +접속법!'은 현재 또는 미래 시점의 행동이나 상황에 대한 소망을 표현하기 위해 사용됩니다.
  • *¡Que* **tengáis** *buen viaje!*
    (*Os deseo que tengáis buen viaje.*)
    너희가 좋은 여행을 하길 바라! (나는 너희가 좋은 여행을 하길 바란다.)
  • *¡Que Ángel* **apruebe***!* (*Deseo que Ángel apruebe.*)
    앙헬이 합격하길! (나는 앙헬이 합격하기를 바란다.)

● '*Ojalá* + 접속법'은 (자신 또는 타인을 위한) 소망 또는 강한 바람을 표현합니다.
  (1) 접속법 현재는 실현 가능할 법한 현재나 미래의 소망을 표현할 때 사용됩니다.
    • *¡Ojalá* **haga** *buen tiempo mañana! Estoy harto de lluvia.*
      (*Espero que haga buen tiempo y lo considero posible.*)
      내일 날씨가 좋았으면! 나는 비가 지겨워. (나는 날씨가 좋기를 바라며 그것을 가능하다고 생각한다.)
    • *Bueno, ya has acabado la carrera. ¡Ojalá* **encuentres** *trabajo pronto!* 이제 네가 학업을 마쳤구나. 곧 일자리를 찾길 바라!
      (*Deseo que encuentres trabajo pronto y lo considero posible.*)
      (나는 네가 곧 일자리를 찾기를 바라며 그것을 가능하다고 생각한다.)
  (2) 접속법 불완료 과거는 실현 가능성이 매우 낮은 미래의 소망, 또는 현재에선 불가능한 소망을 표현할 때 사용됩니다.
    • *¡Ojalá me* **tocara** *la lotería!* (muy difícil) 내가 복권에 당첨되었으면! (실현 가능성이 매우 낮은 소망)
    • *¡Ojalá* **fuera** *más joven!* (imposible) 내가 더 젊었다면! (불가능한 소망)

84 연습 문제 Ejercicios

84.1. 괄호 안의 동사를 사용하여 동사 원형 또는 접속법 현재형으로 문장을 완성하세요.
1. Espero (yo, encontrar) __encontrar__ trabajo pronto.
2. Espero que me (tú, llamar) __llames__ cuando vengas a Lima.
3. ¿Quieres (tú, comer) _____ algo?
4. A: Tengo hambre.   B: ¿Quieres que te (yo, preparar) _____ algo de comer?
5. Me gustaría (yo, conocer) _____ a tus padres.
6. Aléjate un poco. Prefiero que no nos (ellos, ver) _____ juntos. ¡Es una sorpresa!
7. Te ruego que no me (tú, esperar) _____. Prefiero (quedarse) _____ en casa.
8. De pequeño, soñaba con (yo, poder) _____ viajar por el espacio.
9. Voy a sentarme un poco. Tengo ganas de (yo, descansar) _____.
10. A: ¿Le esperamos?   B: No, prefiero que (ustedes, irse) _____. Voy a acabar tarde.

ACIERTOS ....../10

84.2. 접속법 현재형 또는 불완료 과거형을 사용하여 예시와 같이 문장을 쓰세요.
1. Alberto quería (yo, trabajar con él) __que trabajara con él__.
2. Espero (no llover mañana) _____.
3. ¿Os importaría (yo, invitar a Laura a la fiesta) _____?
4. Felipe nos rogó (nosotros, no dejarle solo) _____.
5. Sebastián prefiere (ustedes, esperar en su casa) _____.
6. Me gustaría (el mundo, ser más justo) _____.
7. Tengo ganas de (vosotros, venir) _____.

ACIERTOS ....../7

84.3. 이 상황에서 당신은 뭐라고 말하겠습니까? 주어진 동사를 사용하여 문장을 완성하세요.

divertirse
encontrar
~~pasar~~
ser
tener
tener

1. A un amigo que se va de vacaciones: ¡Que lo __pases__ bien!
2. A un desconocido que ha perdido la maleta: ¡Que la _____ pronto!
3. A unos amigos que se van de viaje: ¡Que _____ buen viaje!
4. A un amigo que va a hacer un examen importante: ¡Qué _____ suerte!
5. A unos recién casados: ¡Que _____ felices!
6. A un amigo que se va a una fiesta: ¡Que _____!

ACIERTOS ....../6

84.4. 당신은 뭐라고 말하겠습니까? ¡Ojalá!를 사용하여 문장을 쓰세요.
1. Estás jugando un partido de fútbol, quieres ganar y lo consideras posible. Dices:
   ¡__Ojalá ganemos__!
2. Te gustaría que María te quisiera, pero es difícil. Dices: ¡_____!
3. Te gustaría que tus amigos y tú aprobarais y es posible. Les dices: ¡_____!
4. Te gustaría que no lloviera mañana y parece que es posible. Dices: ¡_____!
5. Te gustaría ser más alta. Dices: ¡_____!
6. Te gustaría que Julián supiera tocar el piano, pero no sabe. Le dices: ¡_____!

ACIERTOS ....../6

85 Quizás lo haga
가능성 표현 Expresión de probabilidad

가능성을 표현하기 위해 다음과 같은 구문을 사용할 수 있습니다.

● 가능성의 다양한 정도를 나타내는 표현들 + 접속법

es posible/imposible que …이/가 가능/불가능하다 es probable/improbable que …이/가 있음 직하다/있음 직하지 않다 posiblemente 아마, 어쩌면 Probablemente 아마, 어쩌면 puede que 아마 …일 수도 있다 quizás, quizá 혹시, 어쩌면 tal vez 아마도	+ 접속법	• *Es imposible que **ganemos**. Jugamos muy mal.* 우리가 이기는 것은 불가능해. 우리는 경기를 정말 못했어. • *Era poco probable que **encontrara** trabajo.* 그/그녀가 일자리를 찾을 가능성이 적었다. • *Posiblemente **llueva**. Hay muchas nubes.* 아마도 비가 올 거야. 구름이 많아. • *Probablemente **cambie** hoy el tiempo.* 어쩌면 오늘 날씨가 바뀔 거야. • *Puede que **no salga** esta noche. Estoy cansado.* 아마 오늘 밤 나는 안 나갈 수도 있어. 나 피곤해. • *Llama a Ángel. Quizá **esté** en casa.* 앙헬에게 전화해. 어쩌면 집에 있을 거야. • *Tal vez **haya** elecciones pronto.* 아마도 곧 선거가 있을 거야.

(1) 접속법 현재는 현재 또는 미래에 대해 말할 때 사용됩니다.
- A: *¿Sabe dónde está el Sr. Pavón? No está en su oficina.*
  파본 씨가 어디에 있는지 아십니까? 그의 사무실에 없네요.
  B: *No sé. Quizá **esté** en la cafetería.*
  모르겠습니다. 어쩌면 카페테리아에 있을지도요.
- *Es posible que **tengan** ustedes razón, pero prefiero asegurarme.*
  아마 당신들의 말이 맞을 수도 있겠지만 저는 확실하게 아는 편이 좋습니다.
- *No me ha llamado Martina. Posiblemente me **llame** esta noche.*
  마르티나가 나에게 전화하지 않았다. 아마도 오늘 밤 나에게 전화할 것이다.

(2) 접속법 불완료 과거는 과거에 대해 말할 때 사용됩니다.
- *Era poco probable que **aprobara**. Había estudiado muy poco.*
  그가 합격할 가능성은 매우 낮았어. 공부를 매우 조금밖에 안 했으니까.
- A: *¿Sabes si Pedro ha hablado con Ricardo?* B: *Puede que lo **hiciera** anoche. Regresó tarde.*
  너 페드로가 리카르도와 이야기했는지 아니? 아마 어젯밤에 했을 수도 있어. 늦게 돌아왔거든.

Roberto no quiere salir.
로베르토는 나가길 원하지 않아.
Puede que esté cansado. Trabaja mucho.
아마 피곤할 거야. 일을 많이 해.

  [예외] *quizás, quizá, tal vez, posiblemente, probablemente*는 부정 과거형 또는 다른 과거 시제와도 함께 사용될 수 있습니다.
  - A: *Están cansados.* B: *Quizá **se acostaron/acostaran** tarde anoche.*
    그들은 피곤해. 어쩌면 어젯밤에 늦게 잠자리에 들었을 거야.

(3) 일반적인 의미로 말할 때 'es posible/imposible + 동사 원형'의 구문을 사용합니다.
- *Es imposible dormir en esta casa. Hay demasiado ruido.* 이 집에서 자는 것은 불가능해. 소음이 너무 심해.
- *Era imposible engañar a Tomás. Era muy listo.* 토마스를 속이는 것은 불가능했어. 그가 정말 영리했거든.

● **Seguramente** + 직설법 또는 접속법
(1) *seguramente*는 현재에 대해 이야기하기 위해 직설법 현재형 또는 접속법 현재형과 함께 사용될 수 있습니다.
- A: *¿Sabes dónde está Martín?* B: *Seguramente **está/esté** en casa. No sale mucho.*
  마르틴이 어디에 있는지 알아요? 아마도 집에 있을 거예요. 외출을 많이 하지 않아요.

(2) 미래에 대해 이야기할 때는 단순 미래형을 사용합니다.
- A: *¿Cuándo vas a enviarle un correo electrónico a Clara?* B: *Seguramente lo **haré** esta noche.*
  언제 클라라에게 이메일을 보낼 거야? 아마 오늘 밤에 그것을 할 거야.

(3) 과거를 말하기 위해서는 직설법의 다양한 과거 시제가 사용됩니다.
- *Santi no contesta el teléfono. Seguramente **ha salido**.* 산티가 전화를 받지 않아. 아마도 외출했을 거야.
- A: *Martina tiene un poncho precioso.* B: *Seguramente lo **compró** cuando estuvo en Perú.*
  마르티나가 아주 예쁜 폰초를 가지고 있네. 아마도 페루에 있을 때 그것을 샀을 거야.

85 연습 문제 Ejercicios

85.1. 적절한 동사를 긍정형이나 부정형의 접속법 현재형 또는 동사 원형으로 사용하여 대답을 완성하세요.
1. A: ¿Cree que va a llover esta tarde?   B: No sé. Puede que ___llueva___.
2. A: ¿Vais a ir a la fiesta de Elisa?   B: Tenemos mucho que estudiar. Quizás _____.
3. A: ¿Está Carmen Perón en su despacho?   B: No sé. Es posible que _____. Mira tú.
4. A: ¿Sabes si Alicia va a venir hoy a clase?
   B: No sé. Puede que _____. Últimamente no viene mucho.
5. A: ¿Por qué no duermes bien?   B: Es imposible _____ aquí. Hay mucho ruido.
6. A: ¿Sabes si hay un tren a Aguascalientes?   B: Posiblemente _____ uno por la mañana.
7. A: ¿Sabe si Celia quiere trabajar este verano?
   B: No sé, pero es probable que _____. Necesita dinero para el curso.
8. A: ¿No puede encontrar otro piso mejor?   B: Es imposible _____ nada mejor por este precio.

ACIERTOS ...... / 8

85.2. 적절한 동사를 긍정형이나 부정형으로 접속법 불완료 과거형 또는 부정 과거형으로 사용하여 대화를 완성하세요.
1. A: Miguel dijo la verdad.   B: No te creo. Es imposible que ___dijera la verdad___.
2. A: Fue José. Seguro.   B: Yo no estoy tan segura. Puede que _____.
3. A: Lo hizo Sara.   B: ¿Estás seguro? Quizás _____.
4. A: Aurora no vino la semana pasada porque estaba enferma.
   B: Sí. Es probable que _____. Es una chica muy débil.
5. A: Mario dice que se olvidó.   B: Tal vez _____. Es muy despistado.

ACIERTOS ...... / 5

85.3. 대답을 완성하세요.
1. A: ¿Vas a ver pronto a Tomás?   B: Sí. Seguramente lo ___veré___ el sábado.
2. A: ¿Crees que vas a aprobar?   B: Sí. Seguramente _____.
3. A: ¿Van a ir a Bariloche este invierno?   B: Sí. Seguramente _____ unos días.
4. A: ¿Crees que encontraré la cartera?   B: Sí. Seguramente la _____ en algún rincón.
5. A: ¿Sabes si Antonio tiene el teléfono de Amelia?   B: Sí. Seguramente lo _____.
6. A: ¿Crees que ese cuadro lo ha pintado Margarita?   B: Sí. Seguramente lo _____ ella.

ACIERTOS ...... / 6

85.4. 주어진 동사를 알맞은 시제로 활용하여 쓰세요.
1. A: ¡Teléfono, Lola!   B: Lo cojo yo. Puede que (ser) ___sea___ Víctor.
2. A: ¿Cuándo vais a inaugurar el nuevo piso?   B: Quizá lo (hacer) _____ el mes que viene.
3. A: Felipe me llama todos los días.   B: Seguramente le (gustar) _____.
4. Es imposible (encontrar) _____ habitación en ningún hotel. Están todos llenos.
5. A: Luis no nos saludó anoche.   B: Probablemente no os (ver) _____.
6. A: Me apetece comer algo.
   B: Es imposible que (tener) _____ hambre. Hemos comido hace una hora.
7. Anoche no dormí bien. Puede que me (sentar) _____ algo mal.

ACIERTOS ...... / 7

86 *Me gusta que venga a casa*
감정, 정서 및 평가 표현 Expresión de emociones, sentimientos y valoraciones

● *Agrado* 기쁨, *desagrado* 불쾌, *alegría* 환희, *sorpresa* 놀라움 등의 다양한 느낌이나 감정을 표현하기 위한 구문들

gustar 좋아하다 *alegrarse de* 기뻐하다 *estar harto de* 싫증나다, 진절머리가 나다	+ 직설법 + *que* + 접속법	• *Me gusta* que me *quieran*. 나는 사랑받는 것이 좋다. • *Nos alegramos de estar* con vosotros. 우리는 너희들과 함께 있어 기쁘다. • *Estoy harto de* que no *colabores*. 나는 네가 협조하지 않는 것에 진절머리가 난다.

(1) 위 구문은 다음과 같은 동사 및 표현과 함께 사용됩니다: *gustar* 좋아하다, *encantar* 아주 좋아하다, *agradar* 기뻐하다; *molestar* 귀찮게 하다, *fastidiar* 짜증나게 하다, *odiar* 미워하다, *disgustar* 불쾌하게 하다, *alegrarse de* 기뻐하다; *asombrar* 놀라게 하다; *tener miedo de* 두려워하다; *extrañar* 이상하게 보이다. 그리워하다, *sorprender* 놀라게 하다, *llamar la atención* 주의를 끌다; *preocupar* 걱정하게 하다; *poner nervioso* 긴장되다; *estar harto de* 싫증나다, 진절머리가 나다

(2) 두 동사의 주어가 같을 때 동사 원형이 사용됩니다.
 • *Me gusta (a mí) ser (yo)* puntual. *Me desagrada (a mí) llegar (yo)* tarde.
 나는 (내가) 시간을 정확히 지키는 것을 좋아한다. 나는 (내가) 늦게 도착하는 것이 싫다.

(3) 두 동사의 주어가 다를 때 '*que* + 접속법'이 사용됩니다.
 현재 또는 미래 시점을 말할 때는 접속법 현재형이 사용됩니다.
 • *Me alegro (yo) de que tengas (tú)* un buen trabajo. Te lo mereces.
 나는 네가 좋은 일자리를 가져서 기뻐. 너는 그럴 자격이 있어.
 • *Me extraña (a mí) que no vaya Isa (ella)* al concierto. 나는 이사가 콘서트에 가지 않는 것이 이상해.

 과거 시점을 말하거나 조건법 뒤에 사용될 때 접속법 불완료 과거형이 사용됩니다.
 • *Me extraño que me llamaran* tan tarde. 그들이 나에게 너무 늦게 전화한 것이 이상하네요.
 • A mis padres les *encantaba* que *fuéramos* a la finca de los abuelos.
 나의 부모님은 우리가 조부모님의 농장에 가서 정말 좋아하셨다.
 • *Nos encantaría* que Lidia *estudiara* Medicina. 우리는 리디아가 의학을 공부했으면 정말 좋겠어.

● 행동 또는 상황을 평가하기 위해 사용할 수 있는 구문들

ser bueno 좋다, 다행이다 *parecer bien* 좋아 보이다 *ser/parecer lógico* 당연하다/해 보이다 *ser/parecer una vergüenza* 부끄러운 일이다/인 것 같다	+ *que* + 접속법	• *Es bueno* que no *estéis* enfadados. 너희들이 화가 나지 않아서 다행이야. • *Me parece bien* que *salgas*. 난 네가 외출하는 게 좋아 보여. • *Me parece lógico* que Ana *esté* enfadada. 나는 아나가 화가 난 것이 당연해 보여. • *Es una vergüenza* que *sean* tan maleducados. 그들이 그렇게나 무례한 것은 부끄러운 일이다.

(1) 위 구문은 다음과 같은 동사 및 표현과 함께 사용됩니다:
 • *ser* + *bueno* 좋다, *malo* 나쁘다
 • *parecer* + *bien* 좋아 보이다, *mal* 나빠 보이다
 • *ser/parecer* + *mejor* 더 좋은, *lógico* 논리적인, *natural* 당연한, *normal* 일반적인, *maravilloso* 멋진, *importante* 중요한, *interesante* 흥미로운
 • *ser/parecer* + *una vergüenza* 부끄러움, *una locura* 미친 짓, *una pena* 슬픔, 괴로움, 아쉬움, *una lástima* 안타까움, 슬픔

(2) 현재 또는 미래 시점을 말할 때 접속법 현재형을 사용합니다.
 • *Es importante* que *lleguéis* pronto. 너희들이 일찍 도착하는 것이 중요하다.

(3) 과거 시점을 말하거나 조건법 뒤에 사용될 때 접속법 불완료 과거형이 사용됩니다.
 • Alba pensaba que *era mejor* que *llamáramos* a casa.
 알바는 우리가 집에 전화하는 것이 더 좋을 것이라고 생각했다.
 • *Sería una lástima* que *perdieras* la beca. 너희들이 장학금을 놓치면 안타까울 거야.

(4) 일반적인 의미에서 말할 때는 동사 원형을 사용합니다.
 • *Es importante decir* la verdad.   • *Me parece una locura levantarse* a las cinco.
 진실을 말하는 것이 중요합니다.   5시에 일어나는 것은 미친 짓 같아.

Me parece una locura que hagas eso. 네가 그걸 하는 것은 미친 짓 같아.

86 연습 문제 Ejercicios

86.1. 필요한 변형을 하여 문장을 연결하세요.
1. Tomás baila tangos. Le encanta. _____A Tomás le encanta bailar tangos_____.
2. Trabajo diez horas todos los días. Estoy harto. _____.
3. Rosa e Iván se van a casar. Nos alegramos. _____.
4. Rodri está siempre gastando bromas. Me molesta. _____.
5. Tus amigos te ayudan cuando lo necesitas. Te encanta. _____.
6. Mañana no voy al partido. Me fastidia. _____.
7. Rubén no tiene amigos. Me preocupa. _____.
8. Carlos es profesor de informática. Me sorprende. _____.

ACIERTOS ...../8

86.2. 대화를 완성하세요.
1. A: Teresa llamó muy tarde anoche.
   B: Me extraña que ___llamara tarde___. Se suele acostar temprano.
2. A: Benito dice que quiere estudiar Económicas.   B: Nos encantaría que _____.
3. A: Andrés se portó bien ayer.   B: Sí, me sorprendió que _____.
4. A: ¿Crees que Lola estará en casa?   B: Me extrañaría que _____. Se fue hace dos días.
5. A: Elsa cantó bien anoche.   B: Sí, nos sorprendió que _____.
6. A: A Enrique le encantó verte ayer.   B: Yo también me alegré de _____.
7. A: ¿Llegó Juan a tiempo?   B: Sí, tenía miedo de que no _____, pero al final vino.

ACIERTOS ...../7

86.3. 필요한 변형을 하여 문장을 연결하세요.
1. Lupe prefiere ir a México. Es lógico. _____Es lógico que Lupe prefiera ir a México_____.
2. Hay que ser amable con los demás. Es importante. _____.
3. Sofía sabe hablar cinco idiomas. Es maravilloso. _____.
4. No pudimos ver la exposición de Guayasamín. Fue una pena. _____.
5. Patricia decidió regresar a Ecuador. Es comprensible. _____.
6. Mucha gente pasa hambre. Me parece un escándalo. _____.
7. Hay que aprender idiomas. Es importante. _____.
8. Asunción no quiere estudiar. Es una lástima. _____.
9. Hay que ser educado. Es bueno. _____.
10. De pequeño no me gustaba madrugar. Es normal. _____.

ACIERTOS ...../10

86.4. 이 사람은 자신이 방문한 나라의 특징에 대해 이야기하고 있습니다. 예시와 같이 문장을 쓰세요.
1. No hay supermercados. Me asombra ___que no haya supermercados___.
2. Los hombres hacen las labores del hogar. Me parece curioso _____.
3. Todo el transporte es público. Me parece bien _____.
4. Las mujeres son más altas que los hombres. Me llama la atención _____.
5. Los hombres solteros no pueden salir solos. Me parece mal _____.
6. Solo las niñas van a la escuela. Me parece una vergüenza _____.

ACIERTOS ...../6

87 *Creo que es…/No creo que sea…*
직설법과 접속법의 대조 Contraste entre indicativo y subjuntivo

비교

직설법

- **직설법은 긍정문 또는 의문문에서 사용됩니다.**
  (1) 의견 및 생각을 나타내는 동사 및 표현과 함께 사용됩니다:
  creer 믿다, *pensar* 생각하다, *opinar* 의견을 표하다, *parecer* …인 것 같다, *estar seguro de* …라고 확신하다, *recordar* 기억하다
  - A: Doctor, ¿**cree** que **estoy** enfermo?
    의사 선생님, 제가 아프다고 생각하세요?
  - A: Me **parece** que **va** a nevar.
    눈이 올 것 같아.
  - A: **Recuerdo** que el año pasado **visitamos** el desierto de Atacama.
    나는 작년에 우리가 아타카마 사막에 방문한 것이 기억이 나.
  - A: ¿**No piensas** que **es** un poco tarde?
    너 조금 늦었다고 생각하지 않니?

  (2) 사실 표현과 함께 사용합니다.
  (*es verdad* 사실이다/*cierto* 틀림이 없다/*evidente* 분명하다, *está claro* 확실하다)
  - A: ¿**Es verdad** que Ángel **es** actor?
    앙헬이 배우인 것이 사실이야?
  - A: **Estaba claro** que Julián **mentía**.
    훌리안이 거짓말한 것이 분명해.

  - A: **Es evidente** que Felipe **no quiere** ayudarnos.
    펠리페가 우리를 돕길 원하지 않는 것이 확실해.

- **직설법은 관계 대명사절에서 관계 대명사가 이미 알고 있거나 구체적인 사람 또는 사물을 지칭할 때 사용됩니다.**
  - Blanca es **la persona** que **cuida** a los niños.
    (Blanca es una persona conocida y se da información sobre ella.)
    블랑카는 아이들을 돌보는 사람이다. (블랑카는 화자가 이미 알고 있는 사람으로 그녀에 대한 정보를 주고 있습니다.)
  - Costa Rica es **el único país** de América que no **tiene** ejército.
    코스타리카는 아메리카에서 군대를 가지고 있지 않은 유일한 국가다.
  - **Conozco** a un chico que **toca** el oboe.
    나는 오보에를 연주하는 한 청년을 압니다.

  - **Conocía** un lugar que **era** perfecto para acampar.
    나는 캠핑을 하기 위해 완벽한 장소를 알고 있었다.
  - Tenemos un nuevo editor que **sabe** árabe.
    우리는 아랍어를 할 줄 아는 새로운 편집자가 있습니다.

접속법

- **접속법은 부정문에서 사용됩니다.**
  (1) 의견 및 생각을 나타내는 동사 및 표현과 함께 사용됩니다:
  creer 믿다, *pensar* 생각하다, *opinar* 의견을 표하다, *parecer* …인 것 같다, *estar seguro de* …라고 확신하다, *recordar* 기억하다
  - B: Pues yo **no creo** que **esté** enfermo.
    글쎄요, 저는 당신이 아프다고 생각하지 않습니다.
  - B: A mí **no me parece** que **vaya** a nevar.
    나는 눈이 올 것 같지 않아.
  - B: **No recuerdo** que el año pasado **visitáramos** el desierto de Atacama.
    나는 작년에 우리가 아타카마 사막에 방문한 것이 기억이 안 나.
  - B: No, **no pienso** que **sea** tan tarde.
    아니, 난 그렇게 늦었다고 생각하지 않아.

  (2) 사실 표현과 함께 사용합니다.
  (*es verdad* 사실이다/*cierto* 틀림이 없다/*evidente* 분명하다, *está claro* 확실하다)
  - B: ¡Qué va! **No es verdad** que **sea** actor.
    무슨 말이야! 그가 배우라는 건 사실이 아니야.
  - B: Para mí **no estaba** claro que **mintiera**.
    내가 보기에 그가 거짓말을 했다는 것은 확실하지 않아.

  (3) 허위나 거짓을 표현하는 긍정문, 부정문 및 의문문에서 사용합니다. (*es mentira/falso* 거짓말이다/거짓이다)
  - B: **Es mentira** que Felipe **no quiera** ayudarnos.
    펠리페가 우리를 돕길 원하지 않는다는 것은 거짓이야.

- **접속법은 관계 대명사절에서 관계 대명사가 모르는 사람 또는 사물이거나 부정적으로 언급할 때 사용됩니다.**
  - Necesito **una persona** que **cuide** a los niños.
    (No se habla de nadie conocido; se define la persona que necesitamos.)
    나는 아이들을 돌볼 사람이 필요하다. (화자가 알고 있는 누군가에 대해 말하는 것이 아니라 필요한 사람을 정의하고 있습니다.)
  - ¿Hay **algún país** que no **tenga** ejército?
    군대를 가지지 않은 나라가 있습니까?

  - **No conozco** a nadie que **toque** el oboe.
    나는 오보에를 연주하는 어떤 사람도 알지 못합니다.

  과거 시점을 말하거나 조건법 뒤에 사용될 때 접속법 불완료 과거형을 사용합니다.
  - **No conocía** ningún lugar que **fuera** perfecto para acampar.
    나는 캠핑을 하기 위해 완벽한 어떤 장소도 알지 못했다.
  - Necesitaríamos un editor que **supiera** árabe.
    우리는 아랍어를 할 줄 아는 편집자가 필요합니다.

87 연습 문제 Ejercicios

87.1. 대화를 완성하세요.

1. A: Yo creo que Federico tiene novia. B: Pues yo no creo que la ___tenga___.
2. A: Yo creo que Graciela ___es___ peruana. B: Pues yo no creo que lo ___sea___.
3. A: Recuerdo que a Héctor le gustaba dibujar. B: Pues yo no recuerdo que le _____.
4. A: ¿Crees que Alejandra _____? B: No, no creo que pueda hacer este trabajo.
5. A: Creo que el Sr. Garrido _____. B: Pues yo no creo que esté enfadado.
6. A: Pienso que Susana _____. B: Pues yo no pienso que sea muy cariñosa.
7. A: ¿Ustedes no creen que aquí _____? B: No, no creemos que haga mucho calor.
8. A: ¡Qué suerte tiene Adela! B: Pues a mí no me parece que la _____.

ACIERTOS ...../ 8

87.2. 문장을 완성하세요.

1. Dicen que Alfonso es agresivo, pero no es verdad que lo ___sea___.
2. Dicen que no hace frío, pero está claro que lo _____.
3. Dices que hay mucha gente, pero es evidente que no _____ mucha.
4. Dijeron que Tomás fue el culpable, pero no estaba claro que lo _____.
5. Dices que Concha tiene mal genio, pero no es cierto que lo _____.
6. A: ¿Es cierto que mañana _____ Paco? B: No, regresa la semana que viene.
7. No era verdad que Julio _____ Matemáticas. Estudiaba Física.
8. Es falso que Emilio _____ veinticinco años. Tiene treinta.

ACIERTOS ...../ 8

87.3. 주어진 표현을 사용하여 긍정형 또는 부정형으로 문장을 완성하세요.

| ~~bailar bien~~ | enseñar a programar | enseñar bien | haber coches | saber ruso |

1. No conozco a nadie que ___baile bien___.
2. Estamos buscando un traductor que _____.
3. Me han regalado un libro que _____.
4. Me gustaría vivir en una ciudad donde _____.
5. ¿Conoces algún profesor de español que _____?

ACIERTOS ...../ 5

87.4. 주어진 동사를 직설법 또는 접속법으로 사용하여 문장을 완성하세요.

| ayudar | hablar | hacer | ser | tener | ~~tener~~ |

1. Quiero un libro que ___tenga___ información sobre Cuba. Quiero ir este verano.
2. Estoy buscando el libro que _____ fotos de la selva peruana. ¿Lo habéis visto?
3. En mi empresa necesitan una secretaria que _____ portugués.
4. No conozco a nadie que _____ tan bueno como Lorenzo.
5. Hasta que no te conocí a ti no conocía a nadie que _____ paracaidismo.
6. Necesito unos cuantos amigos que me _____ a hacer la mudanza al nuevo piso.

ACIERTOS ...../ 6

88 *Dice que vive... Dijo que vivía...*
간접 화법 (1) Estilo indirecto (1)

***Dice que no puede venir**, que tiene un poco de fiebre*, *dijo que no podía venir*는 간접 화법의 예입니다.

● 간접 화법은 다른 사람이 한 말 또는 자신이 과거에 한 말을 정확히 똑같은 말을 반복하지 않고 다른 시점에 언급할 때 사용됩니다.

- 다른 사람의 말을 전달할 때는 일부 필수적인 변경에 주의해야 합니다.
  - "**Soy** el pintor. No **puedo** ir este mes. Dígale a su madre que **la llamaré** cuando (yo) **pueda**."
    "저는 페인트공이에요. 제가 이번 달에는 갈 수 없습니다. 당신의 어머니에게 내가 가능할 때 전화하겠다고 말해 주세요."
  - Mamá, **es** el pintor. Dice que no **puede** venir este mes, que **te llamará** cuando (él) **pueda**.
    엄마, (이 사람은) 페인트공이에요. 그는 이번 달에는 올 수 없고 가능할 때 엄마에게 전화하겠다고 말하네요.

● 간접 화법에서 정보를 전달하기 위해 가장 빈번히 사용되는 동사는 *decir* 말하다 입니다. *comentar* 이야기하다, 논평하다, *afirmar* 확언하다, *añadir* 덧붙이다, *explicar* 설명하다, *asegurar* 확실히 하다, *prometer* 약속하다 등과 같은 동사들도 사용할 수 있습니다.

- El otro día Juan me **comentó** que había suspendido porque no había podido estudiar.
  저번에 후안은 그가 공부를 할 수 없어서 낙제했다고 나에게 말했다.
- Estoy muy contenta. Felipe me **ha prometido** que iremos a Cuba el verano que viene.
  나는 매우 행복하다. 펠리페는 나에게 내년 여름 우리가 쿠바에 갈 것이라고 약속했다.

● 간접 화법의 동사 시제: 몇 가지 예시들

(1) 현재에 대해 말할 때
- *Dice que... / Ha dicho que...*
  ... **vive** en Guadalajara. 과달라하라에 산다고 말한다/말했다.
  ... **está** estudiando mucho. 열심히 공부하고 있다고 말한다/말했다.
- *Dijo que...*
  ... **vivía/vive** en Guadalajara. 과달라하라에 살았다고/산다고 말한다/말했다.
  ... **estaba/está** estudiando mucho. 열심히 공부했다고/공부하고 있다고 말한다/말했다.

(2) 과거에 대해 말할 때
- *Dice que... / Ha dicho que...*
  ... no **ha podido** hacerlo. 그것을 할 수 없었다고 말한다/말했다.
  ... no **pudo** venir ayer porque **estaba** enferma.
  그녀가 어제 아팠기 때문에 올 수 없었다고 말한다/말했다.
- *Dijo que...*
  ... no **había podido** hacerlo. 그것을 할 수 없었다고 말한다/말했다.
  ... no **había podido** venir ayer porque **había estado** enferma.
  그녀가 어제 아팠기 때문에 올 수 없었다고 말한다/말했다.

(3) 미래에 대해 말할 때
- *Dice que... / Ha dicho que...*
  ... te **espera** esta noche en su casa. 오늘 밤 그의 집에서 너를 기다리겠다고 말한다/말했다.
  ... lo **hará** cuando tenga tiempo. 시간이 있을 때 그것을 하겠다고 말한다/말했다.
  ... va a hacerlo otro día. 언젠가 그것을 할 것이라고 말한다/말했다.
- *Dijo que...*
  ... te **esperaba** esta noche en su casa.
  오늘 밤 그의 집에서 너를 기다릴 것이라고 말한다/말했다.
  ... lo **haría** cuando tuviera tiempo. 시간이 있을 때 그것을 하겠다고 말한다/말했다.
  ... **iba a hacerlo** otro día. 언젠가 그것을 할 것이라고 말한다/말했다.

(4) 가정의 상황에 대해 말할 때
- *Dice que... / Ha dicho que... / Dijo que...*
  sería más feliz con otro trabajo.
  다른 업무라면 더 행복할 것이라고 말한다/말했다/말했다.

88 연습 문제 Ejercicios

88.1. 필요한 변형을 하여 전화 통화 정보를 간접 화법으로 쓰세요.

1. "Soy el fontanero. Dígale a su padre que no puedo ir hasta la semana que viene."
   Papá, __es el fontanero__. Dice que __no puede venir hasta la semana que viene__.

2. "Soy Sebastián. Dile a don Anselmo que no puedo ir hoy, que mi mujer va a dar a luz."
   Don Anselmo, ha llamado Sebastián. Ha dicho que _____.

3. "Soy Chema. Dile a Guillermo que he quedado con Andrea en mi casa."
   Guillermo, ha llamado Chema. Ha dicho que _____.

4. "Soy Luciano. Dile a Marga que me espere, que voy hacia allí."
   A: ¿Con quién hablas? B: Con Luciano. Dice que _____, _____.

5. "Soy el pintor. Dígale a la señora que mañana le envío el presupuesto."
   Ha llamado el pintor, Sofía. Dice que _____.

ACIERTOS ...../5

88.2. 대답을 완성하세요.

1. A: ¿Crees que Ana me quiere? B: Sí, me aseguró que __te quería__.
2. A: ¿Sabes si Julio va a ir a Argentina este verano? B: Sí, me comentó que _____.
3. A: ¿Sabes si tus hermanas vieron a Gloria en Murcia?
   B: Sí, me dijeron que la _____.
4. A: ¿Estás seguro de que Nati ha comprado las entradas?
   B: Sí, me aseguró que las _____.
5. A: ¿Estás seguro de que Pili y Luis quieren invitarnos?
   B: Sí, me dijeron que _____.
6. A: ¿Sabes si a Albertina le gustaría salir mañana? B: Sí, me dijo que le _____.

ACIERTOS ...../6

88.3. 지난주 레오는 오랫동안 보지 못한 친구인 헤르만과 우연히 만났습니다. 먼저 아래 주어진 정보를 읽으세요.

(1) Vivo en Venezuela. (2) Me casé hace dos años y tengo un hijo. (3) Trabajo en una empresa petrolera, pero voy a crear mi propia empresa. (4) Estoy haciendo un curso de administración de empresas. (5) Después del curso regresaré a Venezuela. (6) Antes de irme, me gustaría reunirme con los viejos amigos. (7) Te llamaré la semana que viene sin falta.

한 주가 흘렀습니다. 레오는 헤르만이 그에게 말한 것을 공동의 친구에게 이야기하고 있습니다. 괄호 안의 동사를 사용하여 문장을 쓰세요.

La semana pasada me encontré con Germán. (1) (decir) __Me dijo que vivía en Venezuela__. (2) (añadir) Y _____. (3) (decir) _____. (4) (explicar) _____. (5) (decir) _____. (6) (comentar) _____. (7) (asegurar) _____ esta semana sin falta.

ACIERTOS ...../7

89 Me preguntó dónde vivía
간접 화법 (2) Estilo indirecto (2)

Arturo, soy Fede. Quiero saber *si vas a ir a la sierra el domingo.*
아르투로, 나 페데야. 난 네가 일요일에 산에 갈 것인지 알고 싶어.

Ayer estuve con Blanca. Me preguntó *cuándo íbamos a reunirnos.*
어제 나는 블랑카와 있었어. 그녀는 나에게 우리가 언제 모일 것인지 물었어.

*Si vas a ir a la sierra el domingo*와 *cuándo íbamos a reunirnos*는 간접 화법에서의 의문문의 예입니다.

● 간접 화법: 의문문

preguntar 물어보다, 질문하다	+ si + 의문사	• **Me preguntó si** tenía novio. (그는) 나에게 남자 친구가 있는지 물었다. • **Le pregunté cómo** se llamaba su hermano. 나는 그에게 그의 형/남동생의 이름이 무엇인지 물었다. • **Me preguntó dónde** vivía. (그는) 나에게 어디에 사는지 물었다.

● 간접 화법에서 질문을 도입하기 위한 가장 일반적인 동사는 *preguntar* 물어보다, 질문하다 입니다. *Querer saber* 알기를 원하다, *desear saber* 알기를 바라다, (*me, te*…) *gustaría saber* (나는, 너는…)…을 알고 싶다도 사용할 수 있습니다.

- *Sara quiere saber si vas a ayudarla.*
  사라는 네가 그녀를 도울 것인지 알고 싶어 한다.
- *Me gustaría saber qué pasó anoche.*
  나는 어젯밤에 무슨 일이 일어났는지 알고 싶다.

● 간접 화법의 동사 시제: 몇 가지 예시들

(1) 현재에 대해 말할 때:
- *Quiere saber… / Ha preguntado…*   … *si hablas español.* (그는) 네가 스페인어를 하는지 알고 싶어 한다. / 질문했다.
  … *qué estás haciendo.* (그는) 네가 뭘 하고 있는지 알고 싶어 한다. / 질문했다.
- *Quería saber… / Preguntó…*   … *si hablabas/hablas español.*
  (그는) 네가 스페인어를 하는지 알고 싶어 했다. / 질문했다.
  … *qué estabas/estás haciendo.*
  (그는) 네가 뭘 하고 있었는지/있는지 알고 싶어 했다. / 질문했다.

(2) 과거에 대해 말할 때:
- *Quiere saber… / Ha preguntado…*   … *si he acabado el cuadro.*
  (그는) 내가 그림 그리기를 끝마쳤는지 알고 싶어 한다. / 질문했다.
  … *adónde fuimos el domingo.*
  (그는) 우리가 일요일에 어디에 갔는지 알고 싶어 한다. / 질문했다.
  … *quién era la chica que estaba conmigo ayer.*
  (그는) 어제 나와 함께 있던 여자아이가 누구였는지 알고 싶어 한다. / 질문했다.
- *Quería saber… / Preguntó…*   … *si había acabado el cuadro.*
  (그는) 내가 그림을 끝마쳤는지 알고 싶어 했다. / 질문했다.
  … *adónde habíamos ido el domingo.*
  (그는) 우리가 일요일에 어디에 갔는지 알고 싶어 했다. / 질문했다.
  … *quién era la chica que estaba conmigo el otro día.*
  (그는) 저번에 나와 함께 있던 여자아이가 누구였는지 알고 싶어 했다. / 질문했다.

(3) 미래에 대해 말할 때:
- *Quiere saber… / Ha preguntado…*   … *cuándo será el examen.* (그는) 시험이 언제인지 알고 싶어 한다. / 질문했다.
  … *si vamos a ir a la sierra el domingo.*
  (그는) 우리가 일요일에 산에 가는지 알고 싶어 한다. / 질문했다.
- *Quería saber… / Preguntó…*   … *cuándo sería/será el examen.* (그는) 시험이 언제인지 알고 싶어 했다. / 질문했다.
  … *si íbamos a ir a la sierra el domingo.*
  (그는) 우리가 일요일에 산에 갈 것인지 알고 싶어 했다. / 질문했다.

(4) 가정의 상황에 대해 말할 때:
- *Quiere saber… / Ha preguntado…*   … *si sería mejor quedar otro día.*
  (그는) 다른 날에 만나는 것이 나을지 알고 싶어 한다. / 질문했다.
- *Quería saber… / Preguntó…*   … *que haríamos en caso de que hiciera mal tiempo.*
  (그는) 날씨가 나쁠 경우 우리가 무엇을 할지 알고 싶어 했다. / 질문했다.

89 연습 문제 Ejercicios

89.1. Quiero saber를 사용하여 자동 응답기의 메시지를 완성하세요.

1. (Raquel a Patricia: ¿Dónde ha comprado el libro sobre Cuba?)
   Patricia, soy Raquel. Quiero saber dónde has comprado el libro sobre Cuba.
2. (Su padre a Fermín: ¿Cuándo le va a devolver el coche?) _____.
3. (Ernesto a Susana: ¿Va a venir al concierto esta noche?) _____.
4. (Fede a Toni: ¿Dónde vive Laura?) _____.
5. (Ismael a su madre: ¿Puede cuidar a los niños esta noche?) _____.
6. (Lolo a Ana: ¿Está ocupada el sábado?) _____.

89.2. 괄호 안의 동사를 가장 알맞은 시제로 사용하여 문장을 완성하세요.

1. El domingo vi a Carlos y le pregunté ("¿Tienes novia?") _si tenía novia_.
2. Ayer me llamó Jesús. Quería saber ("¿Cuándo lo vas a llamar?") _____.
3. Hace unos días me llamó Ana. Quería saber ("¿Qué hace Ramón?") _____.
4. Ayer vi a Lola. Me preguntó ("¿Qué vais a hacer este verano?") _____.
5. Esta mañana llamó Alberto. Quería saber ("¿Os gustaría salir el sábado?") _____.
6. Ayer tuve carta de Ángela. Quería saber ("¿Por qué has dejado el trabajo?") _____.
7. El lunes llamé al administrador para preguntarle ("¿Quién pagará el arreglo de la cocina?") _____.
8. Ayer tuvimos una llamada de la policía. Querían saber ("¿Han visto a alguien sospechoso por el barrio?") _____.
9. Esta mañana me preguntó Luisa ("¿Te llamó Ángel anoche?") _____.
10. Ayer le pregunté a Adolfo ("¿Dónde conociste a Silvia?") _____.

89.3. 지난주 사비나는 한 여행사에서 면접이 있었습니다. 먼저 그녀에게 한 질문들을 읽으세요.

> 1. ¿Cuántos años tiene? 2. ¿Dónde ha estudiado? 3. ¿Sabe usar un ordenador? 4. ¿Habla algún idioma extranjero? 5. ¿Por qué quiere dejar su empleo actual? 6. ¿Ha estado en América Latina? 7. ¿Estaría dispuesta a viajar? 8. ¿Cuánto espera ganar?

오늘 사비나는 한 친구에게 면접에 대해 이야기하고 있습니다. 문장을 완성하세요.

¿Cómo fue la entrevista?

> Bien. Primero me preguntaron (1) _cuántos años tenía_ y (2) _____. Por supuesto, querían saber (3) _____ y (4) _____. También me preguntaron (5) _____. Como están muy relacionados con América Latina me preguntaron (6) _____. Finalmente me preguntaron (7) _____ y (8) _____. Salí muy contenta. Espero que me llamen.

90 Me pidió que le ayudara
간접 화법 (3) Estilo indirecto (3)

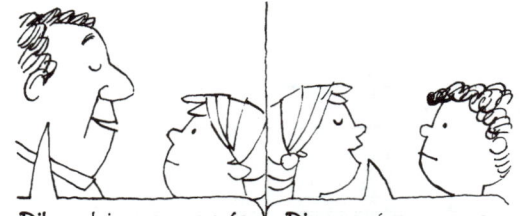

Que venga, *que vayas*, *que no comamos*는 간접 명령 및 요청의 예입니다.

● 간접 화법: 명령 및 요청

Dice que... / Me ha dicho que... *Me ha pedido que...*	+ 접속법 현재형	• *El director dice que **vayas** ahora.* 사장님은 네가 지금 가라고 말씀하신다. • *Luis me ha pedido que le **enseñe** a conducir.* 루이스는 내게 그에게 운전하는 법을 가르쳐 줄 것을 요청했다.
Dijo que... *Me pidió que...*	+ 접속법 불완료 과거형	• *Luisa dijo que la **llamara** hoy.* 루이사는 오늘 그녀에게 전화하라고 말했다. • *Ramsés me pidió que le **ayudara**.* 람세스는 내게 그를 도와 달라고 요청했다.

● 간접 화법에서 명령을 전달하기 위해 가장 일반적인 동사는 *decir* 명하다 입니다. (= *ordenar* 명령하다의 의미로 단순 정보 전달로서의 *informar* 알리다의 의미가 아닙니다.). *mandar* 지시하다, *ordenar* 명령하다, *exigir* 요구하다와 같은 동사도 사용할 수 있습니다.
  • *Alicia me **ha dicho** que **deje** de trabajar tanto.* 알리시아는 나에게 일을 너무 많이 하지 말라고 말했다.
  • *El policía nos **ordenó** que no nos **moviéramos** de allí.* 경찰은 우리에게 그곳에서 움직이지 말라고 명령했다.

● 간접 화법에서 요청을 전달하기 위해 가장 일반적인 동사는 *pedir* 요청하다, 요구하다 입니다.
  • *Mi padre se va a Brasil y me **ha pedido** que lo **lleve** al aeropuerto esta noche.*
    내 아버지는 브라질로 떠나야 해서 나에게 오늘밤 그를 공항으로 데려다 달라고 요청했다.
• *aconsejar* 조언하다, *advertir* 충고하다, 경고하다, *rogar* 간청하다 및 *sugerir* 제안하다, 권하다와 같은 동사도 사용할 수 있습니다.
  • *Esteban me **aconsejó** que no le **dijera** a nadie que lo había visto.*
    에스테반은 나에게 아무에게도 그를 봤다는 것을 말하지 말라고 조언했다.
  • *El jefe nos **advirtió** que no **volviéramos** a llegar tarde.* 팀장님은 우리에게 다시는 늦지 말라고 경고했다.

● 전달하는 동사의 시제가 현재형 또는 직설법 현재 완료일 때, 전달되는 명령이나 요청은 접속법 현재형이며, 이때 현재 또는 미래를 가리킬 수 있습니다.
  • *Rafa **dice** que **apagues** la tele, que quiere estudiar.* (현재)
    라파가 텔레비전을 끄라고 말했어, 공부하고 싶대.
  • *Rosario me **ha pedido** que la **despierte** a las ocho mañana.* (미래)
    로사리오는 나에게 오전 8시에 그녀를 깨워 달라고 요청했어.
• 전달하는 동사의 시제가 과거형, 일반적으로 과거 완료형일 때, 전달되는 명령이나 요청은 접속법 불완료 과거형이며, 이때 현재, 과거 또는 미래를 가리킬 수 있습니다.
  • *Cuando suspendí el año pasado el profesor me **sugirió** que **trabajara** más.* (과거)
    작년에 내가 낙제했을 때, 교수님은 나에게 더 열심히 공부하라고 제안하셨다.
  • *Voy a despertar a Juan. Me **pidió** que lo **despertara** a esta hora.* (현재)
    나는 후안을 깨울 거야. 그는 나에게 지금 그를 깨워달라고 요청했어.
  • *Hablé con Carlos hace una semana y me **pidió** que le **volviera** a llamar este lunes.* (미래)
    나 일주일 전에 카를로스와 이야기했는데, 그가 나에게 이번 주 월요일에 다시 전화해 달라고 요청했어.

90 연습 문제 Ejercicios

90.1. Dice, me ha dicho 또는 me ha pedido로 시작하여 간접 화법으로 명령 및 요청을 하세요.
1. "¡Que venga Aurora!" (*La directora*) _____La directora dice que venga Aurora_____.
2. "¿Me puedes ayudar?" (*Raquel*) _____.
3. "Escribid más claro." (*El profesor*) _____.
4. "Llámame el lunes." (*Roberto*) _____.
5. "Llévame unas bolsas a casa, por favor." (*Mi madre*) _____.
6. "¿Puedes explicarme esta lección?" (*Ramón*) _____.

ACIERTOS ....../6

90.2. 주어진 동사를 알맞은 시제로 사용하여 대답을 완성하세요.

| aparcar | dar | dejar | ir | ir | ~~querer~~ | traer | volver |

1. A: ¿Adónde vas, Fede? B: El director dice que __quiere__ verme.
2. A: ¿Qué es eso? B: Unos libros. Mar me ha pedido que te los _____.
3. A: ¿Ya no sales con Paz? B: No, me dijo que no _____ a llamarla.
4. A: ¿Por qué corres? B: Dice Marisa que nos _____ prisa, que vamos a llegar tarde.
5. A: ¿Por qué se enfadó Paco? B: Porque me pidió que le _____ la moto y le dije que no.
6. A: ¿Vienes a la academia? B: No, el profesor me dijo que _____ hoy más tarde.
7. A: ¿Por qué estás tan contenta, Pili? B: Porque me han pedido que _____ a Venezuela.
8. A: ¿Qué te dijo ayer Raúl Torres? B: Que no _____ más en su plaza de garaje.

ACIERTOS ....../8

90.3. 주어진 문형을 사용하여 문장을 완성하세요.
1. Teresa me __advirtió__ que no llegaría a tiempo.
2. Alberto me ha _____ que me case con él.
3. Por favor, Lola. Te _____ que me ayudes. Necesito ayuda.
4. Me han _____ que estudie Económicas, pero yo prefiero Derecho.
5. Rosa se indignó con Javier y le _____ que le pidiera disculpas.
6. Luis _____ que cenemos primero y vayamos luego al cine.

aconsejado
~~advirtió~~
exigió
pedido
ruego
sugiere

ACIERTOS ....../6

90.4. 주어진 표현을 사용하여 대화를 완성하세요.

| callarse | cuidar a los niños | hacer una excursión | hacer horas extras |
| | ~~ir al médico~~ | no decir nada | |

1. A: Tienes mala cara, Pedro. B: Sí, lo sé. Me han aconsejado __que vaya al médico__.
2. A: ¿Por qué estás enfadado? B: El jefe me ha pedido _____.
3. A: ¿Por qué estabas en casa de Nico el sábado? B: Me había pedido _____.
4. Te ruego _____. Estoy intentando estudiar.
5. A: ¿Qué podemos hacer el sábado? B: Luis sugiere _____.
6. A: ¿Qué le pasó a Lucía el otro día? B: No puedo decírtelo. Me rogó _____.

ACIERTOS ....../6

189

91. Si ganan, serán campeones
조건문 (1) Condicionales (1)

Si ganan este partido와 **Si no llueve mañana**는 조건문입니다. 실현 가능성과 사실 여부에 관계없이, 미래의 다른 행동이나 상황을 가능하게 하는 조건을 표현합니다.

(조건 ➡ 결과)

- **Si ganan** este partido (puede que ganen o puede que no), **serán** campeones.
  그들이 이 경기를 이긴다면 (이길 수도 아닐 수도 있음), 그들은 챔피언이 될 거야.
- **Si no llueve** mañana (puede que llueva o puede que no), **iremos** a la playa.
  내일 비가 오지 않는다면 (비가 올 수도 안 올 수도 있음), 우리는 해변에 갈 거야.
- **Si tienes** hambre (no sé si tienes hambre o no), **come** algo.
  네가 배가 고프면 (나는 네가 배고픈지 아닌지 모름), 무언가 먹어.

● **조건문: 현재 또는 미래에 가능한 조건**
현재나 미래의 실제 상황에서, 어떤 일이 발생하거나 사실일 가능성이 있을 때 다음과 같은 구문을 쓸 수 있습니다.

조건	결과
Si + 직설법 현재형	단순 미래형, 직설법 현재형 또는 명령형
• Si **acabo** la carrera este año, 내가 올해 학위를 끝낸다면	**podré** trabajar en un bufete. 난 법률 사무소에서 일할 수 있을 거야.
• Si **te gusta** esa pluma, 네가 그 만년필이 마음에 들면,	**te la regalo.** 너에게 그것을 선물할게.
• Si **vienen** ustedes a Madrid, 당신들이 마드리드에 오면,	**vengan** a visitarnos. 우리를 보러 오세요.

> **주의** 조건문이 문장의 끝에 올 수도 있습니다.
> • Podemos irnos **si no te gusta la película.** 네가 이 영화가 마음에 들지 않는다면 우리 나갈 수 있어.

● 결과를 나타낼 때 보통 단순 미래형이 사용됩니다.
  • Si no nos damos prisa, **llegaremos** tarde. 만약 우리가 서두르지 않는다면, 늦게 도착할 거야.

(1) 결과가 매우 가능성이 높거나 확정적일 때는 직설법 현재형을 사용합니다.
  • Si encuentro otro trabajo, **me cambio.** 내가 다른 일자리를 찾는다면, 나는 (일자리를) 바꿀 거야.
  • Si discutís, **me voy.** 너희들이 언쟁한다면 나는 가버릴 거야.

(2) 명령, 간청 또는 요청을 표현할 때는 명령법을 사용합니다.
  • Si llaman de la oficina, **avísame.** (Te ruego que me avises.)
    사무실에서 전화가 오면, 나에게 알려줘. (나는 네가 나에게 알려주기를 부탁한다.)
  • Si no quieren trabajar, **váyanse.** (Les ordeno que se vayan.)
    당신들이 일하기 싫다면, 떠나십시오. (나는 그들에게 가버릴 것을 명령한다.)

● 언제나 성립하는 일반적인 조건이나 보편적 진리, 반복되는 습관을 나타낼 때, (*cuando* …할 때, *siempre que* …할 때마다의 의미로) *si*를 사용합니다.

Si + 직설법 현재형	직설법 현재형
• Si **calientas** el hielo, 얼음을 가열하면,	**se derrite** (Siempre que calientas hielo se derrite.) 녹는다. (얼음을 가열하면 녹는다.)
• Si **hace** frío, 날씨가 추우면,	**no voy** a la piscina. (Cuando hace frío no voy a la piscina.) 나는 수영장에 가지 않는다. (날씨가 추울 때 나는 수영장에 가지 않는다.)

91 연습 문제 Ejercicios

91.1. 주어진 표현을 긍정형 또는 부정형으로 사용하여 조건문을 완성하세요.

1. _Si no vienes a clase_, no aprenderás.
2. _____ mañana, haremos una excursión.
3. _____, beban algo.
4. _____, nos casamos.
5. _____, llama a Dolores.
6. (yo) _____, ¿quién lo hará?
7. _____, ve al médico.

encontrar piso
encontrarse mal
estar aburrida
hacer buen tiempo
poder conducir
tener sed
~~venir a clase~~

ACIERTOS ...../ 7

91.2. 주어진 결과에 대한 표현을 긍정형 또는 부정형으로 사용하여 문장을 완성하세요.

casarse   dar calambre   ~~descansar~~   enfadarse   morirse
preocuparse   sentirse bien   tener que andar

1. Tranquilos. Si os cansáis, _descansad_.
2. Si Elisa me dice que sí, _____.
3. Tienes que cuidar las plantas. Si no las riegas, _____.
4. Si perdemos el autobús, _____.
5. No he dormido mucho y si no duermo ocho horas, _____.
6. Si no visitamos a los Echevarría cuando vayamos a México, _____.
7. Tengo mucho trabajo, Alfonso. _____ si llego tarde.
8. ¡No toques eso! Si lo tocas, te _____.

ACIERTOS ...../ 8

91.3. Si를 사용한 문장으로 조건과 결과를 연결하세요.

condición	consecuencia
Ganar este partido (*Ríos*)	pasar a la final (*él*)
No hacer buen tiempo	quedarse en casa (*ellos*)
No correr (*tú*)	perder el autobús (*tú*)
Portarse bien (*vosotros*)	compraros un helado (*yo*)
No estar (*Alberto*)	volver más tarde (*nosotros*)
Comerse esa fruta (*ustedes*)	ponerse malos (*ustedes*)
Enfadarse (*tú*)	irse (*yo*)

1. _Si Ríos gana este partido, pasa a la final._
2. _____
3. _____
4. _____
5. _____
6. _____
7. _____

ACIERTOS ...../ 7

91.4. 주어진 동사를 사용하여 대화를 완성하세요.

1. A: A lo mejor veo a Vera el domingo.
   B: Si la _ves_, _____ le que me llame.
   A: No te preocupes. Se lo _____ si la _____.

   decir   decir
   ~~ver~~   ver

2. A: Bueno, chicos, si _____ que prepare café, _____ que ayudarme a recoger la mesa y fregar los platos.
   B: Por supuesto. Nosotros lo hacemos siempre así. Si Elisa _____ la cena, yo _____ los platos.
   C: Yo no quiero café. Si _____ café a estas horas, no _____.

   dormir   fregar
   preparar   querer
   tener   tomar

ACIERTOS ...../ 2

92 *Si encontrara trabajo, me casaría*
조건문 (2) Condicionales (2)

Si tuviéramos dinero, iríamos al Caribe.
만약 우리가 돈이 있다면, 카리브에 갈텐데.

*Si encontrara trabajo*와 *Si tuviéramos dinero*는 조건문입니다.

'*Si encontrara trabajo*'는 실현이 어렵다고 여겨지는 조건을 표현합니다.

- *Si encontrara trabajo* (puede que encuentre trabajo, pero lo veo muy difícil), *me casaría*.
  만약 내가 일자리를 찾는다면 (일자리를 찾을 수도 있겠지만, 어렵다고 생각한다.), 결혼할텐데.

  (실제일 수 있으나 실현 가능성이 매우 낮은 조건 ————————————→ 결과)

'*Si tuviéramos dinero*'는 실제와 상반되는 가상의 상황을 가리킵니다.

- *Si tuviéramos dinero* (no tenemos dinero, lo estamos imaginando), *iríamos al Caribe*.
  만약 우리가 돈이 있다면 (우리는 돈이 없고, 그 상황을 상상하고 있음), 카리브에 갈텐데.

  (실제와 상반되는 조건 ————————————→ 결과)

● 조건문: 불가능하거나 실제와 상반되는 가상의 조건

조건	결과
Si + 접속법 불완료 과거형	단순 조건법
• Si Alicia me **dejara** el coche, 알리시아가 나에게 차를 빌려준다면,	te **llevaría** a casa. 너를 집에 데려다 줄텐데.
• Si Alberto **fuera** más alto, 알베르토가 더 키가 컸다면,	**sería** un buen jugador de baloncesto. 훌륭한 농구 선수가 될텐데.

이 구문들은 다음과 같은 상황을 말하기 위해 사용될 수 있습니다.
(1) 실제일 수 있으나 실현 가능성이 매우 낮거나 불가능한 상황
(2) 실제가 아닌 가상의 상황

비교

직설법

● 현실적이고 가능한 상황

Si **viene** Marga, nos lo **pasaremos** bien.
마르가가 온다면, 우리는 즐거운 시간을 보낼 거야.

(Cree que es posible que venga **Marga**.)
(그는 마르가가 올 가능성이 있다고 생각합니다.)

● 현실적이고 가능한 상황

Si hace buen tiempo mañana, podemos dar un paseo.
내일 날씨가 좋다면, 우리는 산책을 할 수 있을 거야.

(Cree que es posible que mañana haga buen tiempo.)
(그는 내일 날씨가 좋을 가능성이 있다고 생각합니다.)

접속법

● 실제일 수 있으나 가능성이 낮은 상황

Si **viniera** Marga, nos lo **pasaríamos** bien.
마르가가 온다면, 우리가 즐거운 시간을 보낼텐데.

(Cree que es muy difícil que venga Marga.)
(그는 마르가가 오는 것이 매우 어렵다고 생각합니다.)

● 실제와 상반되는 가상의 상황

Si hiciera buen tiempo, podríamos dar un paseo.
날씨가 좋다면, 우리는 산책을 할 수 있을텐데.

(Sabe que no hace buen tiempo. Es una situación imaginaria.)
(그는 날씨가 좋지 않음을 압니다. 즉, 가상의 상황입니다.)

92 연습 문제 Ejercicios

92.1. 알맞은 형태를 고르세요.
1. (*Ahorraríamos*/*Ahorraremos*) más si no (*gastáramos*/*gastaríamos*) tanto.
2. Si (*viviéramos*/*viviríamos*) más cerca, nos (*veríamos*/*viéramos*) más a menudo.
3. ¿Qué (*harías*/*hicieras*) si hoy no (*tuvieras*/*tendrías*) que ir a la oficina?
4. Si me (*ofrecieran*/*ofrecerían*) un trabajo en México, lo (*aceptara*/*aceptaría*).
5. Si (*harían*/*hicieran*) un esfuerzo, (*aprobaran*/*aprobarían*) todos.
6. Si Hans (*aprendiera*/*aprendería*) español, (*pudiera*/*podría*) trabajar en nuestra empresa.

ACIERTOS ...... / 6

92.2. 괄호 안의 동사를 적절한 시제로 사용하여 문장을 완성하세요.
1. Sabes que Isabel (*venir*) __vendría__ si la llamases.
2. Ahora no tengo hambre, pero si la (*tener*) _____, comería algo.
3. Si Borja (*ver*) _____ menos la tele, aprobaría el curso sin problemas.
4. ¿Qué crees que (*hacer*) _____ Alberto si supiera la verdad?
5. Si cogieran un taxi, (*llegar*) _____ a tiempo al aeropuerto.
6. Nina sabe que, si (*ponerse*) _____ enferma, yo la cuidaría.
7. ¿Qué (*pasar*) _____ si no fuéramos? ¿Crees que Leo (*enfadarse*) _____?
8. Si yo (*estar*) _____ en tu lugar, buscaría un empleo.
9. Si (*saber*) _____ el teléfono de Ana, la llamaría.

ACIERTOS ...... / 9

92.3. 문장을 연결하세요.
1. Si Alberto fuera amigo tuyo,   a. ahora estaríamos en Acapulco.
2. Si Irene es amiga tuya,   b. no te dejaría salir todas las noches.
3. Si tomamos el tren de las 8,   c. pídele que te ayude.
4. Si fuéramos millonarias,   d. dile que quiero hablar con él.
5. Si se va el sol,   e. te ayudaría.
6. Si se fuera el sol,   f. estaremos en Acapulco a la 1.
7. Si fuera tu padre,   g. se helaría la nieve.
8. Si es tu padre,   h. hace frío.

ACIERTOS ...... / 8

92.4. 괄호 안의 동사를 적절한 시제로 사용하여 대화를 완성하세요.
1. A: Es posible que tenga un empleo para ti, Manuel. Necesitamos una persona.
   B: Si me (*dar*) __da__ el trabajo, Sr. Ortega, me (*hacer*) __hará__ feliz.
   A: Si yo (*tener*) _____ 20 años, (*ser*) _____ feliz, aunque no tuviera trabajo.
2. A: ¿Puedes prestarme algo de dinero hasta final de mes?
   B: No sé. Si te lo (*prestar*) _____, ¿cuándo me lo (*devolver*) _____?
3. A: Sé que es muy difícil, pero si te (*tocar*) _____ la lotería, ¿qué (*hacer*) _____?
   B: (*Dejar*) _____ de trabajar y (*viajar*) _____.
4. A: Si (*no, decir*) _____ la verdad, (*no, poder*) _____ ayudarte.
   B: No puedo decírtela. Si te la (*decir*) _____, (*enfadarse*) _____ Tomás.

ACIERTOS ...... / 4

93 *Viajar es estupendo*
동사 원형 Infinitivo

*Conducir*와 *descansar*는 동사 원형입니다. 동사의 원형은 다음과 같이 사전에 제시되는 형태로, 동사의 의미를 표현합니다.

vivir v. Tener vida 생명을 가지다   **comer** v. Tomar alimento 식품을 섭취하다

● -ar, -er 또는 -ir/ír로 끝나는 동사 원형

-ar 동사	-er 동사	-ir 동사
trabaj-**ar** 일하다	com-**er** 먹다	viv-**ir** 살다
cant-**ar** 노래하다	corr-**er** 달리다, 뛰다	re-**ír** 웃다

● 동사 원형은 남성 단수 명사로 사용될 수 있습니다.
- *El tabaco es malo.* = *Fumar es malo.*
  담배는 해롭다.   흡연하는 것은 해롭다.
- *Las compras son aburridas.* = *Comprar es aburrido.*
  쇼핑은 지루하다.   쇼핑하는 것은 지루하다.

● 동사 원형은 다양한 동사의 뒤에서 사용됩니다. 때때로 두 동사가 나란히 쓰이기도 하고, 때로는 전치사로 연결되기도 합니다.

동사 + 동사 원형: • *Por fin he conseguido terminar el proyecto.* 마침내 나는 프로젝트를 달성했다.

동사 + a/con/de/en... + 동사 원형: • *De pequeña, soñaba con ser bailarina.* 어릴 때, 나는 발레리나가 되는 것을 꿈꿨다.

(1) 일부 동사 + 동사 원형: *conseguir* 이루다, 얻다, *dejar* (…의 상태로) 해 두다 (= *permitir* 허가하다), *esperar* 바라다, *hacer* 하게 하다 (= *obligar* 강요하다, 의무를 지게 하다), *necesitar* 필요로 하다, *oír* 듣다, *poder* 할 수 있다, *preferir* 선호하다, 더 좋다, *querer* 원하다, *saber* 알다, *ver* 보다 등
- *No nos dejan usar el móvil en clase.*
  우리가 수업에서 휴대폰을 사용하는 것은 허락되지 않는다.
- *Necesitamos cambiar dinero.*
  우리는 환전을 할 필요가 있다.

(2) 일부 동사 + 전치사 + 동사 원형

a + 동사 원형: *aprender* 배우다, *empezar* 시작하다, *enseñar* 가르치다, *ir* 가다, *salir* 나가다, *venir* 오다 등
- *Estoy aprendiendo a conducir.*
  나는 운전하는 것을 배우고 있다.
- *¿Salimos a dar una vuelta?*
  우리 한 바퀴 돌러 나갈까?

de + 동사 원형: *acordarse* 기억하다, *encargarse* 맡다, 담당하다, *olvidarse* 잊어버리다, *tratar* 노력하다, 시도하다 등
- *Me olvidé de despertarte.*
  나는 너를 깨우는 것을 잊어버렸다.
- *Ese chico siempre trata de engañarnos.*
  그 남자애는 항상 우리를 속이려고 한다.

en + 동사 원형: *dudar* 의심하다, 주저하다, *insistir* 고집하다, *interesarse* 흥미를 가지다 등
- *Si tienes algún problema, no dudes en llamarme.* 무슨 문제가 있으면, 내게 전화하는 것을 주저하지 마.

con + 동사 원형: *amenazar* 협박하다, *soñar* 꿈꾸다 등
- *Nos ha amenazado con contarle todo a Teresa.*
  그는 테레사에게 모든 것을 말하겠다고 우리를 협박했다.

● 동사 원형은 일반적으로 (표지판, 안내문, 설명서 등) 문어체에서 지시나 금지 사항을 나타낼 때 명령형 대신에 사용될 수 있습니다.
- *No entrar.* (*No entren.*) 들어가지 마시오.
- *Instrucciones* 지시 사항: *asar dos pimientos y pelarlos...* 피망 두 개를 구운 뒤 껍질을 깐 다음…

▶ 39과: 명령형, 동사 원형 및 현재 분사에서의 목적격 대명사 Pronombres de complemento con el imperativo, el infinitivo y el gerundio
94과: 동사 원형을 사용하는 표현들 (1) Expresiones con infinitivo (1)   95과: 동사 원형을 사용하는 표현들 (2) Expresiones con infinitivo (2)
96과: 동사 원형을 사용하는 표현들 (3) Expresiones con infinitivo (3)   97과: 동사 원형 또는 접속법이 뒤에 오는 동사들 Verbos seguidos de infinitivo o de subjuntivo

93 연습 문제 Ejercicios

93.1. 필요한 경우 변형하여 밑줄 친 명사의 의미에 대응하는 동사 원형으로 바꿔 쓰세요.

1. <u>Las mentiras</u> pueden ser dañinas. _Mentir puede ser dañino_.
2. <u>La vida</u> es una lucha. _____.
3. <u>Los viajes</u> en avión son cansados. _____.
4. <u>La confianza</u> en los amigos da tranquilidad. _____.
5. Me gusta <u>el baile</u>. _____.
6. A veces son necesarios <u>los cambios</u>. _____.
7. Nos encantan <u>los juegos</u>. _____.

ACIERTOS ...../7

93.2. 필요한 경우 변형하여 예시와 같이 문장을 결합하세요.

1. He hablado con Raquel. Lo he conseguido. _He conseguido hablar con Raquel_.
2. Regresasteis tarde. Os oímos. _____.
3. No digo nada. Lo prefiero. _____.
4. No salgo por la noche. Mis padres no me dejan. _____.
5. No como carne de cerdo. No puedo. _____.
6. Bebo mucha agua. Lo necesito. _____.
7. No molesto. Espero. _____.
8. Apagaste la luz. Te vi. _____.

ACIERTOS ...../8

93.3. 주어진 동사와 필요한 경우 전치사 a, de, en, con을 사용하여 문장을 완성하세요.

1. ¿Cuándo empiezas __a estudiar__ informática?
2. ¿Quieren __tomar__ algo?
3. Julia y Arturo vienen _____ esta noche.
4. ¿Quién se encarga _____ las entradas?
5. Los padres de Arturo le hacen _____ en casa a las diez.
6. Pepe insiste _____ él la comida.
7. Cuando era pequeño, Tomás soñaba _____ bombero.
8. ¿Por qué no me enseñas _____ ?
9. ¿Saben _____ español?
10. Fidel va _____ en un lago casi todos los domingos.

cenar
estar
~~estudiar~~
hablar
nadar
pagar
pescar
reservar
ser
~~tomar~~

ACIERTOS ...../10

93.4. 주어진 동사를 긍정형 또는 부정형으로 사용하여 빈칸을 채우세요.

apagar   entrar   hablar   tirar   ~~empujar~~

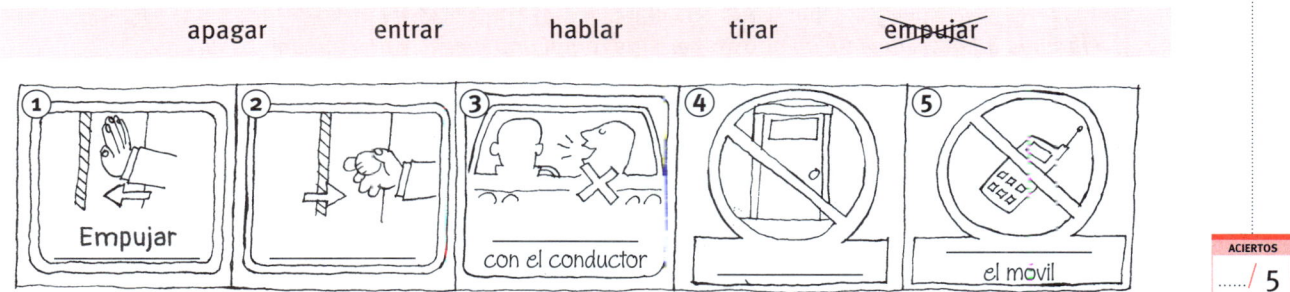

ACIERTOS ...../5

94 Me puse a trabajar. Voy a trabajar
동사 원형을 사용하는 표현들 (1) Expresiones con infinitivo (1)

No, gracias. **He dejado de tomar** café.
고맙지만 괜찮아. 나 커피 마시는 것을 끊었어.

Mira. El autobús **acaba de irse**.
저기 봐. 버스가 막 가버렸어.

Dejar de …하는 것을 그만두다 와 ***acabar de*** 막 …를 끝내다 는 동사 원형이 뒤에 옴으로써 특별한 의미를 가지게 됩니다.

- ***He dejado de tomar*** café. (Ya no tomo café.) 나는 커피를 마시는 것을 그만두었다. (이제 나는 커피를 마시지 않는다.)
- *El autobús **acaba de irse**.* (El autobús se ha ido hace un momento.) 버스가 막 가버렸다. (버스가 조금 전에 가버렸다.)

● ***Ponerse a*** (…하기) 시작하다, ***echarse a*** (…하기) 시작하다, ***dejar de*** …하는 것을 그만두다, ***acabar de*** 막 …를 끝내다

(1) 'ponerse a / echar(se) a + 동사 원형'은 행위의 시작을 나타낼 때 사용합니다.
- *Venga, Diana. **Ponte a trabajar**.* (Empieza a trabajar.) 어서, 디아나. 일을 시작해! (일하기 시작해.)
- *Lorena **echó a correr** cuando vio el autobús.* (Empezó a correr.) 로레나는 버스를 봤을 때 달리기 시작했다. (달리기 시작했다.)

(2) echar(se) a는 충동적으로 수행되는 행동의 갑작스러운 시작을 나타내며, 주로 다음의 특정 동사와 함께 사용됩니다: *correr* 달리다, *llorar* 울다, *reír* 웃다 등
- *Alfonso **se echa a llorar** por cualquier cosa.* 알폰소는 무슨 일에든 울기 시작한다.
- *Todos los pájaros **se echaron a volar**.* 모든 새들이 날기 시작했다.

예외 다음과 같이 사용될 수는 없습니다.
- ~~*Se echaron a leer*.~~ → ***Se pusieron a leer***. 그들은 읽기 시작했다.

(3) 'dejar de + 동사 원형'은 과정의 중단을 가리키기 위해 사용합니다.
- ***Dejé de estudiar*** griego hace dos años. (Ya no estudio griego.) 나는 2년 전에 그리스어 공부를 그만뒀다. (이제 나는 그리스어 공부를 하지 않는다.)
- *Cuando conocí a Alicia yo ya **había dejado de salir** con Cristina.* (Ya no salía con Cristina.) 내가 알리시아를 처음 만났을 때 나는 이미 크리스티나와 만나는 것을 그만두었다. (나는 더 이상 크리스티나와 데이트하지 않았다.)

(4) 부정형인 'no dejar de + 동사 원형'은 《*no olvidarse de* …를 잊지 않다》, 《*procurar* 노력하다, 애쓰다》를 의미합니다.
- *Si vas a México, **no dejes de ver** las pirámides aztecas.* (No te olvides de ver las pirámides aztecas.) 만약 네가 멕시코에 간다면 반드시 아스테카의 피라미드를 봐. (아스테카의 피라미드를 보는 것을 잊지 마.)

(5) 'acabar de + 동사 원형'은 바로 직전에 어떤 일이 일어났음을 가리키기 위해 사용되며, 일반적으로 현재형이나 불완료 과거형으로 사용됩니다.
- ***Acaba de llamarte*** Luis. (Te ha llamado hace un momento.) 루이스는 방금 너에게 전화했다. (그는 조금 전에 너에게 전화했다.)
- ***Acababan de entrar*** cuando empezó a llover. (Habían entrado hacía poco.) 비가 오기 시작했을 때, 그들은 막 들어온 참이었다. (그들은 방금 전에 들어왔다.)

● ***Ir a*** + 동사 원형

(1) 'ir a + 동사 원형'은 현재 또는 과거 시점에서 즉각적인 의도에 대해 말하기 위해 사용합니다.
- ***Voy a dar*** una vuelta. ¿Viene alguien? 나 한 바퀴 돌려고 해. 누구 같이 갈래?
- ***Iba a cenar*** cuando llamó Pedro y me pidió que fuera a su casa. 내가 저녁 식사를 하려고 했을 때 페드로가 전화했고 그는 나에게 그의 집으로 오라고 요청했다.

(2) 미래의 계획 또는 의도에 대해 말하기 위해 사용합니다. ▶ 69과: 'Ir a + 동사 원형'의 현재 Presente de ir a + infinitivo
- ***Íbamos a hacer*** un viaje en agosto pero me rompí una pierna y nos quedamos en casa. 우리는 8월에 여행을 하려고 했지만 내 다리가 부러져서 우리는 집에 남게 되었다.
- *El verano que viene **voy a viajar** por Perú.* 다음 여름에 나는 페루를 여행할 것이다.

(3) 곧 일어나거나 일어날 것처럼 보이는 일에 대한 추측 또는 예측을 하기 위해 사용됩니다.
- *Callaos. **Va a empezar** la película.* 너희들 조용히 해. 영화가 시작할 거야.
- *¡Ten cuidado! **Te vas a hacer daño**.* 너 조심해! (그러다가는) 다칠 거야.

Mira. **Va a salir** el sol.
저기 봐. 해가 뜰 거야.

94 연습 문제 Ejercicios

94.1. 밑줄 친 부분을 echar(se) a 또는 ponerse a를 사용하여 바꿔 보세요.

1. En cuanto bajó del coche, empezó a correr. _En cuanto bajó del coche, se puso /echó a correr_.
2. Cuando les conté lo de Rafa, empezaron a reírse. _____.
3. Mi hermana empezó a llorar cuando se enteró de la noticia. _____.
4. Todos empezaron a trabajar cuando volvió la luz. _____.
5. Todo el mundo empezó a correr cuando se oyó la explosión. _____.
6. No empieces a leer el periódico ahora. _____.

ACIERTOS ..../ 6

94.2. Dejar de / no dejar de를 알맞은 시제로 사용하여 문장을 다시 쓰세요.

1. Marisa ya no come carne de vaca. _Marisa ha dejado de comer carne de vaca_.
2. No olvides escribirnos cuando estés en Perú. _____.
3. Marta ya no sale con Emilio. _____.
4. Cuando llegamos a la playa, ya no llovía. _____.
5. No olviden llamarme cuando vengan a Sevilla. _____.
6. Ya no hace viento. _____.
7. Rocío ya no me quiere. _____.

ACIERTOS ..../ 7

94.3. Acabar de를 알맞은 시제로 사용하여 문장을 다시 쓰세요.

1. He visto a Ángel hace un momento. _Acabo de ver a Ángel_.
2. Habíamos comido hacía un momento cuando llegaron Susi y Toni. _____.
3. He regresado de vacaciones hace un momento. _____.
4. Se habían ido hacía un momento cuando llamaste. _____.
5. El accidente ha ocurrido hace un momento. _____.
6. Cuando llegamos al hospital, hacía un momento que había nacido Irene. _____.
7. Se ha estropeado el ordenador hace un momento. _____.
8. El espectáculo ha empezado hace un momento. _____.

ACIERTOS ..../ 8

94.4. 주어진 동사를 'ir a + 동사 원형'의 알맞은 형태로 사용하세요.

| abrir | alquilar | ~~apagar~~ | caerse | comer | esquiar | llegar | salir |

1. _Voy a apagar_ la tele. Es un rollo.
2. Encarna y Guille _____ un chalé este verano.
3. _____ algo. Tengo hambre.
4. _____ cuando se presentaron unos amigos y tuvimos que quedarnos.
5. ¡Cuidado! _____ el niño.
6. _____ la puerta cuando oí el teléfono.
7. No te preocupes. _____ todos cuando haya nieve.
8. Date prisa. _____ los invitados.

ACIERTOS ..../ 8

95 Tengo que trabajar. ¿Puedo abrir la ventana?
동사 원형을 사용하는 표현들 (2) Expresiones con infinitivo (2)

● **Tener que, deber …, haber que** …해야 한다

(1) 'tener que + 동사 원형'은 외부 사정이나 상황이 강제하는 의무 또는 필요성을 표현하기 위해 사용합니다.
- **Este domingo tenemos que trabajar.** (Abren las tiendas.)
  이번 주 일요일에 우리는 일을 해야 한다. (그들은 가게를 연다.)
- **Ayer tuve que quedarme** en la oficina hasta las diez. (Había mucho trabajo.)
  어제 나는 10시까지 사무실에 남아있어야 했다. (일이 많았다.)

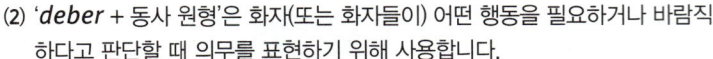

Sara tiene que levantarse a las cinco.
(Sale de viaje a las seis.)
사라는 5시에 일어나야 한다.
(그녀는 6시에 여행을 나선다.)

(2) 'deber + 동사 원형'은 화자(또는 화자들이) 어떤 행동을 필요하거나 바람직하다고 판단할 때 의무를 표현하기 위해 사용합니다.
- **Debes llamar** a Rubén. Se lo prometiste. (Es aconsejable que lo llames.)
  너는 루벤에게 전화해야 해. 그에게 전화하기로 약속했잖아. (네가 그에게 전화하는 것이 권고된다.)

(3) 'no tener que + 동사 원형'은 무언가를 할 필요가 없음을 나타냅니다.
- **Mañana no tengo que madrugar.** Es fiesta. (No es necesario madrugar.)
  내일 나는 일찍 일어나지 않아도 된다. 휴일이다. (일찍 일어날 필요가 없다.)

(4) 'no deber + 동사 원형'은 어떤 행동이 바람직하지 않음을 나타냅니다.
- **No debemos irnos** ahora. Es demasiado pronto. (No es aconsejable irse ahora.)
  우리는 지금 가지 않아도 된다. 너무 이르다. (지금 가는 것이 권고되지 않는다.)

> 비교
> - **No te preocupes. No tienes que regalarme** nada.
>   걱정하지 마. 너는 아무것도 선물하지 않아도 돼.
>   (No es necesario. 필요하지 않다.)
> - **No debes regalar** nada a Nati. Se puede enfadar.
>   너 나티에게 아무것도 선물하지 마. 화를 낼 수도 있어.
>   (No es aconsejable. 권고되지 않는다.)

(5) 'deber de + 동사 원형'은 화자의 추측이나 판단을 표현합니다.
- **Debe de ser** extranjero. Casi no habla español. (Supongo que es extranjero.)
  (그 사람은) 외국인일 거야. 거의 스페인어를 못 해. (나는 그 사람이 외국인이라고 추측한다.)
- **No deben de ser** de aquí. No conocen a nadie. (Supongo que no son de aquí.)
  (그들은) 여기 출신이 아닐 거야. 아무도 알지 못해. (나는 그들이 여기 출신이 아니라고 추측한다.)

(6) 'haber que + 동사 원형'은 비인칭 형태로 쓰이며, 일반적인 의무나 필요를 표현하며, 3인칭 단수형만 사용합니다: hay, había, hubo, habrá…
- **Para viajar a Egipto hay que tener** un visado. 이집트를 여행하려면 비자가 있어야 한다.
- **No hay que hablar** alto. Podemos molestar. 큰 소리로 말하면 안 돼. 우리가 불편을 줄 수 있어.
- **Cuando yo era pequeño, había que ser** muy respetuoso con los mayores.
  내가 어렸을 때 어른들께 매우 공손해야 했다.

● **Poder** …할 수 있다

(1) 'poder + 동사 원형'은 허락 또는 금지를 나타내기 위해 사용합니다.
- **¿Puedo abrir** la ventana? 창문을 열어도 되나요?
- **Aquí no podemos aparcar.** Está prohibido. 우리는 이곳에 주차할 수 없어요. 금지되어 있습니다.

(2) 'se puede / no se puede'는 비인칭 형태로 쓰이며, 일반적인 허락 또는 금지를 나타내기 위해 사용합니다.
- En este museo **no se pueden hacer** fotos. 이 박물관에서는 사진을 찍을 수 없습니다.

(3) 'no poder'는 화자가 불가능하다고 판단하는 추측 또는 추론을 표현하기 위해 사용합니다.
- **No puede ser** Juan. Se fue ayer a Cali. (Es imposible que sea Juan.)
  후안일 리가 없어. 그는 어제 칼리로 떠났어. (후안인 것은 불가능하다.)

> 비교
> - **No debe de trabajar** aquí. No lleva uniforme.
>   (그 사람이) 여기에서 일할리가 없어. 유니폼을 안 입고 있어.
>   (Supongo que no trabaja aquí.)
>   나는 그 사람이 여기에서 일하지 않는다고 추측한다.
> - **No puede trabajar** aquí. No ha terminado la carrera.
>   (그 사람은) 여기에서 일할 수 없어. 학위를 끝내지 않았어.
>   (Es imposible que trabaje aquí.)
>   그 사람이 여기에서 일하는 것은 불가능하다.

95 연습 문제 Ejercicios

95.1. Tener que, deber, no tener que 또는 no deber를 알맞은 형태로 사용하여 문장을 완성하세요.
1. __Tengo que__ hacerme unas gafas nuevas. Con estas no veo bien.
2. _____ ir a ver a Santi. Le va a gustar veros.
3. ¡Qué bien! Hoy _____ fregar los platos. Le toca a Ramón.
4. Esta noche _____ hacer yo la cena. No está Pablo.
5. _____ hablar con la boca llena, Carlitos.
6. Cuando era pequeño, _____ andar tres kilómetros para ir al colegio.
7. ¿_____ trabajar mañana, Gerardo?
8. Ayer no _____ ir a clase. Fue fiesta.

ACIERTOS ...... / 8

95.2. Haber que를 알맞은 형태로 사용하여 빈칸을 채우세요.
1. Si hay un accidente, __hay que__ llamar a una ambulancia.
2. En el futuro _____ hablar varios idiomas.
3. Ayer _____ rescatar a dos personas de un incendio.
4. Cuando yo iba al colegio, _____ llamar de usted a los profesores.
5. _____ ayudar a las personas mayores.

ACIERTOS ...... / 5

95.3. Tener que나 haber que를 알맞은 형태로 사용하여 밑줄 친 표현을 바꿔 쓰세요.
1. Es necesario que eche gasolina al coche. __Tengo que echar gasolina al coche__.
2. Para ir a la universidad es necesario coger el autobús 53. _____.
3. En mi colegio era obligatorio levantarse cuando entraba el profesor. _____.
4. No es necesario que lleves corbata en la oficina. _____.
5. Para viajar a algunos países es obligatorio vacunarse contra la fiebre amarilla. _____.
6. Si hay un incendio, es necesario llamar a los bomberos. _____.

ACIERTOS ...... / 6

95.4. Poder를 긍정형 또는 부정형의 알맞은 형태로 사용하여 문장을 완성하세요.
1. Lo siento. __No se puede__ hacer fuego aquí. Está prohibido.
2. David, ¿nos _____ ir a casa?
3. ¿Sabes si _____ usar el móvil en la academia?
4. _____ recibir mensajes personales en los ordenadores de la empresa.
5. Os _____ llevar mi coche esta noche si queréis.

ACIERTOS ...... / 5

95.4. 필요한 경우 변형하여 deber de나 no poder를 알맞은 형태로 사용하여 밑줄 친 표현을 바꿔 쓰세요.
1. Supongo que es muy tarde. No hay gente por la calle. __Debe de ser muy tarde__.
2. Es imposible que Lupe esté enferma. Acabo de verla en el cine. _____.
3. Supongo que no está casado. Va siempre solo. _____.
4. Supongo que Norma y Sandra están fuera. No cogen el teléfono. _____.
5. Es imposible que tengáis hambre. Acabáis de comer. _____.

ACIERTOS ...... / 5

96 *Suelo comer en casa*
동사 원형을 사용하는 표현들 (3) Expresiones con infinitivo (3)

● **Soler** (자주, 늘) …하다, …하곤 하다

(1) '*soler* + 동사 원형'은 습관적이거나 자주하는 행동을 말하기 위해 사용합니다.
  - **Solemos comer** en casa. (Normalmente comemos en casa.)
    우리는 보통 집에서 점심 식사를 하곤 한다. (보통 우리는 집에서 점심 식사를 한다.)
  - ¿Dónde **suelen pasar** las vacaciones? (¿Dónde pasan las vacaciones normalmente?)
    당신들은 보통 어디에서 휴가를 보내곤 합니까? (당신들은 보통 어디에서 휴가를 보냅니까?)
  - No **suelo trabajar** por la tarde. (No trabajo por la tarde normalmente.)
    나는 오후에는 일을 하지 않는 편이다. (나는 보통 오후에는 일을 하지 않는다.)

(2) *Soler*는 보통 현재형이나 불완료 과거형으로 사용됩니다.

	직설법 현재형	불완료 과거형
(yo 나)	suelo	solía
(tú 너)	sueles	solías
(usted 당신)	suele	solía
(él, ella 그, 그녀)	suele	solía
(nosotros, –as 우리들)	solemos	solíamos
(vosotros, –as 너희들)	soléis	solíais
(ustedes 당신들)	suelen	solían
(ellos, –as 그들, 그녀들)	suelen	solían

(3) 직설법에서 *soler*는 동사가 지칭하는 행동이나 상황이 습관적임을 나타냅니다.
  - Renata **suele ir** en metro al trabajo.
    (Normalmente va en metro al trabajo; es su costumbre.)
    레나타는 직장에 지하철을 타고 가곤 한다.
    (보통 그녀는 지하철을 타고 직장에 간다; 그녀의 습관이다.)

(4) 불완료 과거형에서 *soler*는 과거에 습관적이었지만 지금은 그렇지 않은 행동이나 상황을 나타냅니다.
  - De pequeño, **solía pasar** las vacaciones en Buenos Aires.
    (Ahora ya no paso las vacaciones en Buenos Aires.)
    어렸을 때, 나는 부에노스아이레스에서 휴가를 보내곤 했다.
    (이제 나는 더 이상 부에노스아이레스에서 휴가를 보내지 않는다.)
  - Cuando trabajábamos en Venezuela, **solíamos ir a pescar** todos los fines de semana.
    (Ya no trabajamos en Venezuela y no vamos a pescar los fines de semana.)
    우리가 베네수엘라에서 일할 때, 우리는 주말마다 낚시를 가곤 했다.
    (이제 우리는 베네수엘라에서 일하지 않고 주말마다 낚시를 가지 않는다.)

Cuando era joven, **solía hacer** mucho deporte.
젊었을 때, 나는 운동을 많이 하고는 했다.

● **Llevar** (시간을) 보내다: '*llevar* + *sin* + 동사 원형'은 어떤 일을 하지 않은 기간을 나타내기 위해 사용합니다.

llevar (+ 기간) + *sin* + 동사 원형 (+ 기간)
  - Cuando me llamó Alfonso, **llevaba** un mes **sin salir**. / **llevaba sin salir** un mes.
    알폰소가 내게 전화했을 때, 나는 한 달을 외출하지 않고 있었다.
  - **Llevamos** dos días **sin dormir**. / **Llevamos sin dormir** dos días. 우리는 이틀간 잠을 자지 않고 있다.

llevar + *sin* + 동사 원형 + *desde* + 날짜, 순간
  - **Llevamos sin dormir** desde el lunes. 우리는 월요일부터 잠을 자지 않고 있다.

● **Volver a** 다시 …하다: '*volver a* + 동사 원형'은 행위의 반복을 나타내기 위해 사용합니다.
  - He **vuelto a ver** a Teresa. (He visto a Teresa otra vez.)
    나는 다시 테레사를 만났다. (나는 테레사를 또 만났다.)
  - No **vuelvas a hacer** eso o me enfado. (No hagas eso otra vez.)
    다시는 그런 짓 하지 마. 그렇지 않으면 나 화 낼 거야. (다시는 그것을 하지 마.)
  - Se ha **vuelto a estropear** el coche.
    (Se ha estropeado el coche de nuevo.)
    자동차가 다시 고장 났다. (자동차가 다시 한번 고장 났다.)

Agua, por favor. **Llevo dos días sin beber.**
물 좀 부탁합니다. 이틀 동안 물을 마시지 못했어요.

96 연습 문제 Ejercicios

96.1. 'Soler + 동사 원형'을 알맞은 형태로 사용하여 밑줄 친 표현을 바꿔 쓰세요.
1. Raquel normalmente va a trabajar en el 115. _Raquel suele ir a trabajar en el 115_.
2. Normalmente vamos a la sierra los fines de semana. _____.
3. Cuando vivíamos en Chile, normalmente dábamos un paseo después de cenar. _____.
4. En casa de mis abuelos normalmente comen paella los domingos. _____.
5. Cuando era pequeña me bañaba a menudo en el río de mi pueblo. _____.
6. ¿A qué hora te levantas normalmente? _____.
7. Normalmente me acuesto tarde los sábados. _____.
8. En la escuela normalmente hacíamos gimnasia todas las mañanas. _____.
9. José y Belén van normalmente al teatro de vez en cuando. _____.
10. Laura y Encarna viajaban normalmente mucho cuando eran estudiantes. _____.

ACIERTOS ...../10

96.2. Llevar sin을 알맞은 형태로 사용하여 문장을 다시 쓰세요.
1. La última vez que salí con Cristina fue hace un mes. _Llevo un mes sin salir con Cristina_.
2. La última vez que fuimos al cine fue en Navidad. _____.
3. Cuando me encontré con Nacho, hacía dos años que no nos veíamos. _____.
4. La última vez que Felipe trabajó fue hace tres años. _____.
5. ¿Cuándo fue la última vez que hablaste con Nora? ¿Cuánto tiempo _____?
6. Cuando encontraron a Lucky, hacía dos días que no había comido. _____.
7. La última vez que vimos a Sebastián fue en su cumpleaños. _____.
8. Cuando empezaron las clases, hacía seis meses que no tocábamos el piano. _____.
9. La última vez que fui a Argentina fue hace cuatro años. _____.

ACIERTOS ...../9

96.3. 'Volver a + 동사 원형'을 알맞은 형태로 사용하여 밑줄 친 부분을 바꿔 쓰세요.
1. He aprobado. No tengo que examinarme otra vez. _No tengo que volver a examinarme_.
2. ¡Por fin la televisión funciona de nuevo! _____.
3. No hemos visto otra vez a Lucía desde el verano. _____.
4. El año pasado alquilé otra vez el chalé de la playa. _____.
5. Tenemos que hacer el proyecto de nuevo. _____.
6. ¿Cree que el coche se estropeará otra vez? _____.
7. Gonzalo ha suspendido otra vez el examen del carné de conducir. _____.
8. ¿Han tenido carta de Guillermo otra vez? _____.
9. Ayer perdimos de nuevo. _____.
10. He leído *Cien años de soledad* de nuevo. _____.

ACIERTOS ...../10

97. Quiero ir / Quiero que vayas.
동사 원형 또는 접속법이 뒤에 따르는 동사들
Verbos seguidos de infinitivo o de subjuntivo

Quiero hacer un viaje a Colombia el año que viene.
나는 내년에 콜롬비아로 여행가고 싶어.

Quiero que hagas la cama enseguida.
나는 네가 즉시 침구 정리를 했으면 좋겠어.

● 두 동사가 같은 사람을 가리킬 때 일부 동사의 뒤에는 또 다른 동사가 동사 원형으로 올 수 있습니다.
- **Preferimos** (nosotros) **comer** (nosotros) en casa. 우리는 집에서 먹는 것이 더 좋다. ▶ 93과: 동사 원형 infinitivo
- Sara **se encargó** (ella) **de reservar** (ella) las entradas. 사라는 표 예매를 담당했다.
- A Esther de pequeña no **le gustaba** (a ella) **dormir** (ella) sola. 에스테르는 어릴 때 혼자 자는 것을 좋아하지 않았다.

● 두 동사가 다른 사람을 가리킬 때 두 번째 동사는 'que + 접속법'의 구문으로 사용됩니다.
- **Preferimos** (nosotros) **que** lo **hagas** tú.
  우리는 그것을 네가 하기를 선호해.
- **Espero** (yo) **que se levanten** (ellos) temprano.
  나는 그들이 일찍 일어나길 바라.

(1) 현재 또는 미래에 대해 말할 때 접속법 현재형을 사용합니다.
- **Me encanta** (a mí) **que estéis** todos (vosotros) aquí.
  나는 너희들 모두가 여기에 있는 것이 정말 좋아.
- **Necesito** (yo) **que** me **hagas** (tú) un favor.
  나는 네가 내 부탁을 들어주었으면 해.

(2) 과거에 대해 말하거나 조건법 형태 뒤에 나올 때 접속법 불완료 과거를 사용합니다.
- **Preferí** (yo) **que** lo **hicieran** ellos. 나는 그들이 그것을 하는 것을 선호했다.
- **Me encantaría** (a mí) **que arreglasen** (ellos) la lavadora. 나는 그들이 세탁기를 수리했으면 해.

(3) 첫 번째 동사에 전치사가 있을 때 que 앞에 전치사를 씁니다.
- Yo **me encargo de que** Roberto **venga**. 내가 로베르토가 오는 것을 담당할게.
- **Se ha acostumbrado a que haga** yo todo. 그는 내가 모든 것을 하는 것에 익숙했다.
- Catalina **insistió en que fuéramos** a verla. 카탈리나는 우리가 그녀를 보러 가기를 고집했다.

비교 동사 원형: 두 동사가 같은 사람을 가리킵니다.	접속법: 두 동사가 다른 사람을 가리킵니다.
• **Necesito** (yo) **alquilar** (yo) un coche. 나는 자동차를 빌려야 해.	• **Necesito** (yo) **que** me **prestes** (tú) el coche. 나는 네가 나에게 차를 빌려주었으면 해.
• **Nos gustaría** (a nosotros) **conocer** Guatemala. 우리는 과테말라를 방문하고 싶다.	• **Nos gustaría** (a nosotros) **que conocieran** (ustedes) Guatemala. 우리는 당신들이 과테말라를 방문하길 바랍니다.

● 일부 동사들(**dejar** 내버려 두다, **permitir** 허락하다, **prohibir** 금지하다)은 다른 사람을 가리킬 때 동사 원형 또는 접속법을 모두 사용할 수 있습니다.
- El director **no deja comer** en las aulas.
  교장 선생님은 교실에서 취식을 허락하지 않는다.
- **Te prohíbo salir**.
  나는 너에게 나가는 것을 금지한다.
- El director **no deja que comamos** en las aulas.
  교장 선생님은 우리가 교실에서 취식을 허락하지 않는다.
- **Te prohíbo que salgas**.
  나는 네가 나가는 것을 금지한다.

● **Acordarse de** 기억하다, **recordar** 회상하다, **olvidarse de** 잊어버리다와 **olvidar** 잊다는 두 동사가 다른 사람을 가리킬 때 뒤에 'que + 직설법'의 형태로 사용합니다.

비교	
• **Acuérdate** (tú) **de comprar** (tú) el pan, Tomás. 너는 (네가) 빵을 사는 것을 기억해, 토마스.	• Miguel, **acuérdate** (tú) **de que** es mi cumpleaños mañana. 미겔, 내일이 내 생일인 것을 기억해.
• **No olvides** (tú) **echar** (tú) la llave. 너는 (네가) 열쇠로 문을 잠그는 것을 잊지 마.	• **No olvidéis** (vosotros) **que tenemos** (nosotros) una reunión a las once. 너희들 우리가 11시에 회의가 있는 것을 잊지 마.

97 연습 문제 Ejercicios

97.1. 괄호 안의 동사를 동사 원형 또는 접속법 현재형으로 사용하여 문장을 완성하세요.
1. Espero que Enrique me (devolver) ___devuelva___ la cámara pronto.
2. No quiero (gastar) _____ demasiado dinero en el coche.
3. Prefiero que (hacer) _____ calor en verano.
4. Mi médico siempre me aconseja que (comer) _____ más.
5. ¿Necesitas que te (echar) _____ una mano?
6. Elsa prefiere (tener) _____ los sábados libres.
7. Siempre intentáis que (conducir) _____ yo.
8. ¿Qué queréis que (llevar) _____ yo a la fiesta?
9. No necesitan que nadie las (ayudar) _____.
10. ¿Me dejas (usar) _____ tu móvil?

97.2. 그들은 시청이 그들의 도시에서 무엇을 하길 바라나요? 문장을 완성하세요.
1. Me gustaría que (plantar árboles) ___plantara más árboles___.
2. Me gustaría que (hacer parques) _____.
3. Me gustaría que (poner autobuses) _____.
4. Me gustaría que (limpiar las calles) _____.
5. Me gustaría que (bajar los impuestos) _____.

97.3. 주어진 동사를 동사 원형, 접속법 현재형 또는 불완료 과거형으로 사용하여 문장을 완성하세요.

| acompañar | ayudar | hablar | hacer | ir | jugar | nadar |

1. Ángeles no quiso que yo la ___acompañara___ al médico.
2. Si no os importa, preferiría que _____ en otra parte.
3. ¿A quién le gustaría _____ un viaje por la Baja California?
4. Mónica me ha pedido que la _____ a pintar su piso.
5. Antes me avergonzaba de _____ mal español.
6. Mis amigos insistieron en que (yo) _____ a un concurso de televisión.
7. Mi padre me enseñó a _____ cuando tenía ocho años.

97.4. 주어진 단어들을 배열하여 문장으로 쓰세요.
1. Me gustaría / Antonio / ser / amable. ___Me gustaría que Antonio fuera más amable___.
2. Luisa no quiso / salir / el domingo. _____
3. Mario se ha acostumbrado / a / Lupe / hacer la comida. _____
4. Recordad / mis padres / llegar / esta noche. _____
5. La profesora no deja / usar / el diccionario / en clase. _____
6. Ayer me olvidé / de / llamar / a Carolina. _____
7. El director prohibió / llamar a móviles / desde la oficina. _____
8. No te olvides / de / nosotros / ir al teatro / mañana. _____

98 trabajando, comiendo, viviendo
현재 분사 Gerundio

Cantando는 현재 분사의 형태로, 동사가 의미하는 행위를 수행하는 것을 나타냅니다.

- *Mira, unas fotos de mis hijos **tocando** el piano.*
  (en el acto de tocar el piano)
  봐, 이것들은 피아노를 연주하는 내 아이들의 사진들이야. (피아노 연주의 행위 중)

*Beto se levanta **cantando**.*
베토는 노래를 부르며 기상한다.

● 현재 분사의 형태

(1) 규칙 동사

-ar로 끝나는 동사들	trabaj-ar 일하다 → trabaj-**ando**	
-er/-ir로 끝나는 동사들	com-er 먹다 → com-**iendo**	viv-ir 살다 → viv-**iendo**

(2) 불규칙 동사
- **e → i**: decir 말하다 → **diciendo**   그외 *pedir* 요청하다, *repetir* 반복하다, *seguir* 계속하다, *sentir* 느끼다, *venir* 오다, *vestir(se)* 옷을 입다 등
- **o → u**: dormir 자다 → **durmiendo**   그외 *morir(se)* 죽다, *poder* 할 수 있다 등

예외 모음 + -er/-ir
le-er 읽다 → le-**yendo**   o-ír 듣다 → o-**yendo**   ir 가다 → **yendo**
re-ír 웃다 → r-**iendo**   fre-ír 튀기다 → fr-**iendo**

● 현재 분사의 용법

(1) 동시에 일어나는 동작들을 나타내기 위해 사용됩니다.
- *No me gusta escuchar música **leyendo**.* (escuchar musica mientras leo)
  나는 독서를 하면서 음악을 듣는 것을 좋아하지 않는다. (독서를 하는 동안 음악을 듣는 것)

(2) 어떤 일을 하는 방식을 나타내기 위해 사용됩니다.
- *Carlos siempre habla **gritando**.*   • *Se hizo rico **vendiendo** enciclopedias.*
  카를로스는 항상 소리치며 말한다.   그는 백과사전을 팔아서 부자가 되었다.

● 현재 분사는 보통 주절의 주어와 동일한 사람 및 동물 또는 사물을 가리킵니다.
- *Me acosté (yo) **temblando** (yo) de frío.* 나는 추위에 떨며 잠자리에 들었다.
- *ver* 보다, *pintar* 색칠하다, *dibujar* 그리다, *fotografiar* 또는 *hacer una foto* 사진을 찍다, *imaginar* 상상하다, *sorprender* 놀라다, *recordar* 기억하다, *conocer* 알다와 같은 동사들은 주절의 주어와 다른 사람, 동물 또는 사물을 가리킬 수 있습니다.
  - *Ayer vi (yo) a Ángela **jugando** (ella) con sus hijas.* 어제 나는 그녀의 아이들과 놀고 있는 앙헬라를 보았다.
  - *Vi una avioneta **volando**.* 나는 날고 있는 경비행기를 하나 보았다.

● **Hay/había...** + 사람, 동물 또는 사물 + 현재 분사
- *Hay un perro **ladrando** en la calle.* 거리에 짖고 있는 개 한 마리가 있다.
- *Había dos chicos **esperando** a Ana.* 아나를 기다리고 있는 두 명의 소년이 있었다.

● 현재 분사는 다음과 같이 관용적으로 사용됩니다.

(1) '*seguir* + 현재 분사'는 행위의 지속을 나타냅니다.
- *Sigo **buscando** trabajo.* (Empecé hace tiempo y todavía estoy buscando trabajo.)
  나는 계속 일자리를 찾고 있다. (나는 한참 전부터 시작했고 여전히 일자리를 찾고 있다.)
- *Le dije que se callara, pero **siguió hablando**.* (Había empezado hacía un rato y todavía estaba hablando.)
  나는 그에게 조용히 하라고 말했지만 계속해서 말하고 있다. (조금 전 말하기 말하기 시작했고 여전히 말하고 있었다.)

(2) *llevar* 동사와는 현재 또는 과거의 특정 시점까지의 동작의 지속을 나타냅니다.

llevar + 현재 분사 + 기간
- *Sofía **llevaba** cuatro meses **viviendo** en México cuando conoció a Mario.*
  소피아는 마리오를 처음 만났을 때 4개월간 멕시코에서 지냈다.

+ desde + 날짜/순간
- *Llevo **esperando** desde las cuatro.* 나는 4시부터 계속 기다리고 있다.

▶ 56과: '*Estar* + 현재 분사'의 현재형 Presente de *estar* + gerundio

98 연습 문제 Ejercicios

98.1. 예시와 같이 현재 분사를 사용하여 문장을 다시 쓰세요.
1. Se marchó mientras se reía. _____Se marchó riendo_____.
2. Me gusta trabajar mientras escucho música. _____.
3. Carmen desayuna mientras lee el periódico. _____.
4. Me afeito mientras escucho las noticias. _____.
5. Esther salió y cerró la puerta. _____.
6. Pedro llegó y dio abrazos a todos. _____.

98.2. 밑줄 친 단어들을 현재 분사로 바꿔 쓰세요.
1. Contestó con una sonrisa. _____Contestó sonriendo_____.
2. Bajaron las escaleras a todo correr. _____.
3. Con los viajes se conoce a mucha gente. _____.
4. Nuestro profesor es feliz con el trabajo. _____.
5. Con la lectura se conocen muchos mundos. _____.

98.3. 현재 분사를 사용하여 문장을 다시 쓰세요.
1. La policía sorprendió a los ladrones cuando hacían un agujero. ___La policía sorprendió a los ladrones haciendo un agujero___.
2. Esta mañana he visto a Emilio cuando salía de su casa. _____.
3. Amalia conoció a su marido cuando viajaban por Cuba. _____.
4. No me puedo imaginar a Daniel cuando da clases de ruso. _____.
5. Me gusta fotografiar a la gente mientras camina por la ciudad. _____.
6. Ayer había aquí un hombre que vendía dulces. _____.
7. Recuerdo a Ana cuando daba sus primeros pasos. _____.
8. En el parque hay dos chicos que tocan la guitarra. _____.

98.4. Seguir 또는 llevar의 알맞은 형태와 함께 주어진 동사의 현재 분사를 사용하여 문장을 완성하세요.

| tomar | esperar | leer | salir | ~~trabajar~~ | vivir | vivir |

1. A: ¿Dónde trabajas ahora, Carlos? B: ___Sigo trabajando___ en la academia de idiomas.
2. ¿Cuánto tiempo _____ juntos Arturo y tú cuando os casasteis?
3. A: ¿Dónde viven tus padres ahora?
   B: _____ en Monterrey. _____ allí casi diez años.
4. Me duelen los ojos. _____ desde las ocho.
5. El médico le aconsejó que no tomara azúcar, pero él _____.
6. Me estoy preocupando. _____ a Marta casi una hora.

99 *trabajado, comido, vivido*
과거 분사 Participio

La clase ha terminado. 수업이 끝났다.

El restaurante está cerrado. 식당이 닫았다.

*Terminado*와 *cerrado*는 과거 분사의 형태입니다.

● **과거 분사의 형태**

(1) 규칙 동사

-ar로 끝나는 동사들	trabaj-ar 일하다 → trabaj-**ado**	
-er/-ir로 끝나는 동사들	com-er 먹다 → com-**ido**	viv-ir 살다 → viv-**ido**

(2) 불규칙 동사

abrir 열다 → **abierto**
cubrir 덮다, descubrir 발견하다 → **cubierto, descubierto**
escribir 쓰다 → **escrito**
volver 돌아오다, devolver 돌려주다 → **vuelto, devuelto**
decir 말하다 → **dicho**

poner 놓다, componer 작곡하다 → **puesto, compuesto**
romper 부수다 → **roto**
ver 보다 → **visto**
morir 죽다 → **muerto**
hacer 하다 → **hecho**

● 과거 분사는 *haber* 동사와 함께 사용되어 복합 시제를 형성합니다. 과거 분사의 형태는 결코 변하지 않습니다.

▶ 60과: 직설법 현재 완료 (1) Pretérito perfecto de indicativo (1)   66과: 과거 완료 Pretérito pluscuamperfecto

- *Mis padres **han vuelto** hace un rato.*
  나의 부모님은 조금 전에 돌아오셨다.

- *Sonia no **había comido** cuando la llamé.*
  소니아는 내가 그녀에게 전화했을 때 아직 식사하지 않은 상태였다.

Se 동사에서는 대명사가 *haber* 앞에 위치합니다.

- *Lidia no **se ha atrevido** a bañarse.*
  리디아는 감히 물에 들어갈 엄두를 내지 못했다.

- *¿**Os habéis lavado**?*
  너희들 씻었니?

● 형용사적으로도 사용될 수 있습니다. 이 경우에 그것이 지칭하는 사람, 동물 및 사물과 동일한 태(남성형, 여성형, 단수형, 복수형)를 갖습니다.

- *Óscar parece **cansado**.*
  오스카르는 피곤해 보인다.

- *Muchas **personas** estaban **heridas**.*
  많은 사람들이 다쳤다.

● 과거 분사는 몇몇 특별한 구문으로도 사용됩니다.

(1) '*estar* + 과거 분사'는 행위의 결과를 나타냅니다.

- *Ya **está arreglada** la lavadora.* 이제 세탁기가 수리되었다.

(2) '*seguir* + 과거 분사'는 이전의 상황이 언급한 시점에서 확실함을 나타냅니다.

- *La puerta del salón **sigue rota**.* (Se rompió hace tiempo y todavía está rota.)
  거실 문이 계속 부서져 있다. (조금 전에 부서졌고 여전히 부서진 상태다.)

- *Esta mañana había dormido bien, pero **seguía cansado**.*
  (Estaba cansado anteriormente y cuando me levanté aún estaba cansado.)
  오늘 아침 잠을 잘 잤지만 계속 피곤하다. (나는 전부터 피곤했고, 일어났을 때 여전히 피곤한 상태였다.)

(3) '*llevar* + 과거 분사'는 행동의 시작부터 언급하는 순간까지의 지속을 나타냅니다.

llevar + 과거 분사 { + 기간 / + *desde* + 날짜/순간 }

- *Rita y Jaime **llevan casados** quince años.* /
  *Rita y Jaime **llevan** quince años **casados**.*
  리타와 하이메는 15년째 결혼 생활을 지속하고 있다.

- *Cuando cambiaron el cristal, **llevaba roto** desde el verano.*
  그들이 유리를 교체했을 때, 그 유리는 (이미) 여름부터 깨진 상태였다.

99 연습 문제 Ejercicios

99.1. 주어진 동사를 과거 분사의 올바른 형태로 사용하여 문장을 완성하세요.

1. ¿Qué te ha ___dicho___ Diana de mí?
2. ¿Está Juana _____?
3. Se ha _____ la gasolina.
4. ¿Dónde has _____ la nueva lámpara?
5. A mí me encanta el cordero _____.
6. Vargas Llosa ha _____ muchas novelas.
7. Mira. La peluquería ya está _____. Podemos entrar.
8. Hay que cortar las ramas _____.
9. Paco siempre ha _____ mucha suerte.
10. Los barrenderos han recogido las hojas _____.
11. ¿Has _____ ya a la nueva directora?
12. Mis amigos todavía no han _____ de las vacaciones.

abrir, acabar, asar, caer, casar, conocer, ~~decir~~, escribir, morir, poner, tener, volver

ACIERTOS ....../12

99.2. 주어진 동사의 과거 분사를 사용하여 글을 완성하세요.

alojar, asar, comprar, dedicar, desayunar, gustar, ir, levantarse, pedir, tener, ~~venir~~, ver

Madrid, 12 de agosto

¡Hola Maribel!
Estoy en Madrid. He ___venido___ con mi familia a pasar unos días. Es una ciudad tranquila en agosto. Estamos _____ en el hotel Asturias, junto a la Puerta del Sol. Hoy _____ hemos _____ pronto, hemos _____ en el mismo hotel y hemos _____ al Museo del Prado. Hemos _____ las salas _____ a Goya. Hemos _____ tiempo para visitar el Museo Thyssen, que también nos ha _____ mucho. Ahora mismo te estoy escribiendo desde un restaurante. Mi hermano y yo hemos _____ pollo _____ para cenar. Hace mucho calor. Te he _____ un regalo que espero que te guste. Besos y hasta pronto.

ACIERTOS ....../12

99.3. 문장에서 사용된 동사를 과거 분사 형태로 알맞은 시제의 estar, seguir 또는 llevar와 함께 사용하여 문장을 다시 쓰세요.

1. Se ha estropeado el ordenador. ___El ordenador está estropeado___.
2. La biblioteca cerró hace tiempo y aún estaba cerrada cuando fui ayer. _____.
3. Esta academia abrió en 2002 y aún está abierta. _____.
4. El tren paró hace un rato y aún está parado. _____.
5. Se había roto el móvil. _____.
6. La impresora se había averiado hacía una semana. _____.
7. Esta comida se hizo hace dos días. _____.
8. Hace poco detuvieron al sospechoso y aún está detenido. _____.

ACIERTOS ....../8

100 aquí, allí, abajo...
장소 부사 Adverbios de lugar

'*Aquí*'와 '*enfrente*'는 장소 부사입니다. 장소와 관련된 상황 정보를 제공합니다. *¿Dónde?* 어디?, 어디에?와 *¿adónde?* 어디에?, 어디로?로 묻는 질문에 장소 부사를 사용하여 대답할 수 있습니다.

- *Cuelga el cuadro (¿dónde?) ahí.* 그림을 거기에 걸어.
- *Lleve este paquete (¿adónde?) arriba.*
  이 소포를 위로 가져가세요.

Yo vivo aquí y Margarita vive enfrente.
나는 여기에 살고 마르가리타는 앞집에 살아.

- **aquí** 여기에, **ahí** 거기에, **allí** 저기에

  aquí → cerca de mí
  여기에   내 가까이에

  ahí → cerca de usted
  거기에   당신 가까이에

  allí → lejos de mí y de usted
  저기에   나와 당신 멀리에

Póngalo aquí, por favor.
그것을 여기에 놔 주세요, 부탁합니다.

Póngalo ahí, por favor.
그것을 거기에 놔 주세요, 부탁합니다.

Póngalo allí, por favor.
그것을 저기에 놔 주세요, 부탁합니다.

- **arriba** 위에, **abajo** 아래에 등

- A: *¿Vives cerca?* 너 가까이 사니? B: *No, vivo muy lejos.* 아니, 나는 매우 멀리 살아.
- A: *¿Qué hay arriba?* 위에 뭐가 있어? B: *Una sala de juegos.* 게임 방.

- *Aquí, arriba...* 등의 장소 부사는 보통 문장의 끝에 옵니다.
  - *Este barrio tiene muchos parques alrededor.* 이 동네에는 주변에 공원이 많이 있다.
  - *Hay algo aquí.* 여기에 무언가 있어.

  예외 강조하기 위해서는 문장의 시작 부분에도 올 수 있습니다.
  - *Aquí hay un zapato. ¿Dónde está el otro?* 여기에 구두 한 짝이 있어. 다른 한 쪽은 어디에 있지?

  주의 *Aquí, arriba* 등이 문장의 앞에 올 때 주어는 동사 뒤에 옵니다.
  ~~*Arriba las habitaciones están.*~~ → *Arriba están las habitaciones.* 위에 방들이 있다.

- *Aquí, ahí, allí*는 *arriba, abajo* 등과 흔히 함께 쓰입니다.
  - *Ponlo allí dentro.* 그거 거기 안에 놔 줘.
  - *Juan, ven aquí arriba.* 후안, 여기 위로 와.

100 연습 문제 Ejercicios

100.1. Aquí, ahí 또는 allí를 사용하여 문장을 완성하세요.

① Ven _aquí_, Bruno.

② _____ hay agua.

③ _____ hay algo.

④ ¿Qué hay _____?

⑤ ¿Ves a Ana? Sí, está _____ arriba.

⑥ ¿Dónde pongo los platos? Ponlos _____ dentro.

⑦ Mira, _____ hay sombra.

⑧ Siéntate _____, a mi lado.

100.2. 주어진 단어를 사용하여 문장을 완성하세요.

abajo   alrededor   debajo   delante   dentro   encima   enfrente   ~~fuera~~

① Váyanse a jugar _fuera_.
② Prefiero dormir _____.
③ Deje el paquete aquí _____.
④ Allí _____.
⑤ Hay muchas montañas _____.
⑥ ¿Quién se sienta _____?
⑦ Aquí _____ no nos mojamos.
⑧ Está _____.

100.3. 단어를 나열하여 문장을 완성하세요.

1. mis padres / abajo / viven — Abajo _viven mis padres_.
2. cerca / Elena / vive — Elena _____.
3. la mesa / fuera / sacad — Sacad _____.
4. aquí / Benito / trabaja — Aquí _____.
5. lejos / mi oficina / está — Mi oficina _____.
6. abajo / yo / duermo — Yo _____.
7. allí / la cafetería / está — Allí _____.

101 hoy, ayer, entonces, luego...
시간 부사 (1) Adverbios de tiempo (1)

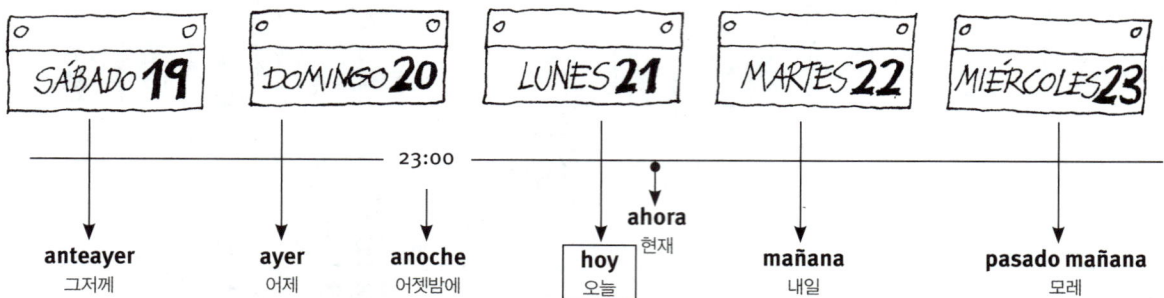

anteayer 그저께 | **ayer** 어제 | **anoche** 어젯밤에 | **hoy** 오늘 | **mañana** 내일 | **pasado mañana** 모레

*Anteayer, ayer, anoche...*는 시간 부사입니다. 어떤 일이 언제 발생했는지에 대한 정보를 제공합니다.
¿Cuándo? 언제?로 묻는 질문에 시간 부사를 사용하여 대답할 수 있습니다.

- A: *¿Has visto a Rosa?* 너 로사 봤니?
  B: *Sí. (¿cuándo?)* **Ayer** *estuve con ella.* 응. 어제 그녀와 같이 있었어.
- A: *¿Cuándo me vas a devolver el libro que te dejé?* 언제 내가 너에게 빌려준 책을 돌려줄 거니?
  B: **Mañana** *te lo devuelvo.* 내일 너에게 그것을 돌려줄게.
- A: *¿Me ayudas?* 나 좀 도와줄래?
  B: **Ahora** *no puedo. Estoy ocupada.* 지금은 안 돼. 나 바빠.

● **Entonces** 그때, **luego** 나중에, **después** 뒤에, 후에

(1) *entonces* 그때 (=*en ese momento* 그 순간)은 이야기하고 있는 그 순간을 가리킵니다.
- *Le pregunté por Paula y* **entonces** *(en ese momento) me contó todo.*
  나는 그에게 파울라에 대해 물었고 그때 (그 순간) 나에게 모든 것을 말해 주었다.

(2) *luego* 나중에 (=*después de* 뒤에, *más tarde* 더 나중에)와 *después* 뒤에 (=*más tarde* 더 나중에)는 이야기하고 있는 이후의 순간을 가리킵니다.
- *Ahora tengo clase. Nos vemos* **luego**. *(después de la clase)* 나 지금 수업이 있어. 우리 나중에 보자. (수업 시간 후에)
- *Me voy.* **Después** *te llamo. (Te llamo más tarde.)* 나 간다. 나중에 너에게 전화할게. (나는 나중에 너에게 전화할 것이다.)
- *Primero hablé con Carmen y* **después** *con Olivia. (Hablé con Olivia más tarde.)*
  나는 먼저 카르멘과 이야기를 했고, 그다음에 올리비아와 이야기했다. (나는 올리비아와 더 나중에 이야기했다.)

● **Pronto** 곧, **temprano** 일찍, **tarde** 늦게

pronto 곧, 빠르게	= *en poco tiempo, poco tiempo después* 곧, 빠르게, 조금 후에	• *Hemos corrido y hemos llegado* **pronto**. 우리는 달렸고 빠르게 도착했다. • *Lo sabréis* **pronto**. 너희들은 곧 그것을 알게 될 거야.
	= *antes de lo necesario o de lo normal* 필요하거나 보통보다 더 일찍	• *Es* **pronto**. *La clase no empieza hasta las ocho.* 너무 일러. 수업은 8시까지 시작하지 않아.
temprano 일찍	= *a primeras horas del día o de la noche* (아침이나 저녁) 이른 시간에	• *Abel se levanta* **temprano**, *a las seis.* 아벨은 일찍 일어나, 6시에.
	= *antes de lo necesario o de lo normal* 필요로 하거나 보통보다 더 일찍	• *Hoy quiero comer* **temprano**. *He quedado con Gonzalo a las tres.* 오늘 나는 일찍 점심을 먹고 싶어. 3시에 곤살로와 만나기로 했어.
Tarde 늦게	= *a últimas horas del día o de la noche* (아침이나 저녁) 늦은 시간에	• *Ayer cenamos muy* **tarde**, *a las doce.* 어제 우리는 매우 늦게 저녁 식사를 했어, 12시에.
	= *después de lo necesario o de lo normal* 필요하거나 보통보다 더 늦게	• *Habéis llegado* **tarde**. *El concierto ya ha empezado.* 너희들 늦게 도착했구나. 콘서트가 이미 시작했어.

> 비교
> - A: *¿Se ha ido María?* 마리아 갔어? B: *Sí, pero vuelve* **pronto**. 응, 그렇지만 곧 돌아와.
>   (*poco tiempo después* 조금 후에)
> - A: *Mamá, nos vamos.* 엄마, 우리 가요. B: *Volved* **temprano**. 일찍 돌아오렴.
>   (*a primera hora de la noche* 이른 저녁 시간에)

● *Ahora, hoy...* 등의 시간 부사는 문두, 동사 뒤, 문미 어느 위치에도 올 수 있습니다.
- **Anoche** *no pude dormir.* / *No pude dormir* **anoche**. 나는 어젯밤에 잠을 자지 못했다.
- **Ayer** *estuve con Antón.* / *Estuve* **ayer** *con Antón./ Estuve con Antón* **ayer**. 어제 나는 안톤과 있었다.

> 주의
> *Cuando, ahora, hoy* 등의 시간 부사가 문장의 앞에 올 때, 주어는 보통 동사 뒤에 옵니다.
> - ~~*Ayer Pablo llegó.*~~ → *Ayer llegó Pablo.* 어제 파블로가 도착했다.

101 연습 문제 Ejercicios

101.1. 오늘은 10일 토요일입니다. 주어진 단어로 밑줄 친 표현을 바꿔 쓰세요.

| anoche | anteayer | ayer | hoy | mañana | ~~pasado mañana~~ |

1. El lunes 12 voy al médico.   Pasado mañana voy al médico.
2. El sábado 10 he quedado con Eloísa. _____.
3. El jueves 8 estuve en León. _____.
4. El domingo 11 vamos a hacer una merienda en el campo. _____.
5. El viernes 9 por la noche salimos a cenar con unos amigos. _____.
6. El viernes 9 recibí una postal de Miguel. _____.

ACIERTOS ___/6

101.2. 단어를 나열하여 문장을 완성하세요.

1. *pasado mañana / Emma / se marcha*   Pasado mañana se marcha Emma _____.
2. *mañana / el jefe / en la oficina / no estará*   El jefe _____.
3. *ayer / Olga / me llamó*   Ayer _____.
4. *pasado mañana / mis padres / llegan*   Pasado mañana _____.
5. *ahora / Concha / no está*   Ahora _____.
6. *y / entonces / el espectáculo / sonaron unas trompetas / empezó*   Sonaron unas trompetas _____.

ACIERTOS ___/6

101.3. 알맞은 형태를 고르세요.

1. No te preocupes. Estoy segura de que nos veremos (*temprano*/**pronto**).
2. Mañana nos tenemos que levantar (*temprano/tarde*). El avión sale a las siete.
3. Primero iremos a Mendoza y (*entonces/después*) a Bariloche.
4. Llamamos al timbre y (*entonces/después*) salió el marido de Tere.
5. Estoy acabando un trabajo, pero si quieres nos vemos (*entonces/luego*).
6. Habéis llegado (*tarde/temprano*). La película ya ha empezado.
7. Daos prisa. Los invitados van a llegar (*temprano/pronto*).

ACIERTOS ___/7

101.4. *Después, entonces, luego, pronto, temprano* 또는 *tarde*를 사용하여 밑줄 친 단어들을 바꿔 쓰세요.

1. Tienen que hacer el proyecto <u>en poco tiempo</u>. → pronto.
2. Mañana nos tenemos que levantar <u>a primera hora del día</u>. → _____.
3. Estaba hablando con Josefina y <u>en ese momento</u> llegó Roberto. → _____.
4. Ahora tengo trabajo. Te llamaré <u>después del trabajo</u>. → _____.
5. Era <u>una hora avanzada de la noche</u>, pero llamamos a una ambulancia y vino <u>en muy poco tiempo</u>. → _____.
6. Hoy quiero cenar y acostarme <u>antes de lo normal</u>. Estoy cansado. → _____.
7. Ahora no tenemos hambre. Comeremos <u>más tarde</u>. → _____.
8. Apagaron las luces y <u>en ese momento</u> se oyó una voz. → _____.

ACIERTOS ___/8

102 ya, todavía, aún
시간 부사 (2) Adverbios de tiempo (2)

● **Todavía** 아직, **aún** 아직, **ya no** 이제 … 아니다

(1) *Todavía*와 *aún*은 과거에 시작한 행위가 현재에도 계속 사실임을 나타냅니다.

- **Todavía** trabajo en el estudio de Mónica.
  나는 아직 모니카의 스튜디오에서 일한다.
- ¿**Aún** estás aquí? Creía que te habías ido.
  너 아직 여기 있니? 난 네가 가버렸다고 생각했어.

(2) *Ya no*는 과거에는 사실이었지만 현재는 그렇지 않음을 나타냅니다.

- Antes íbamos mucho a esquiar, pero **ya no** vamos casi nada.
  예전에 우리는 스키를 타러 많이 갔지만 이제 우리는 거의 가지 않는다.
- **Ya no** trabajo en la academia. Ahora trabajo en la universidad.
  이제 나는 학원에서 일하지 않는다. 지금은 대학교에서 일한다.

¡Es increíble! Son las doce y **todavía** está durmiendo.
믿을 수가 없군! 12시인데 아직도 자고 있어.

No salgas. **Todavía** llueve.
나가지 마. 아직 비가 와.

Puedes salir ahora. **Ya no** llueve.
너 이제 나가도 돼. 더 이상 비가 안 와.

● **Ya** 이미, **todavía no** 아직 … 아니다, **aún no** 아직 … 아니다

(1) *Ya*는 어떤 행위 또는 상황이 이미 이루어졌음을 나타냅니다. 동사의 앞 또는 뒤에 올 수 있습니다.

- **Ya** he terminado. Podemos marcharnos.
  나 이제 끝났어. 우리 갈 수 있어.
- Cuando llegué a casa de Damián, se había ido **ya**.
  다미안의 집에 도착했을 때 그는 이미 가버렸다.

의문문에서는 그 행위 또는 상황의 이전에 수행 여부를 물을 수 있습니다.

- A: ¿Has hablado **ya** con Pedro? 너 이미 페드로와 이야기했니? B: Sí, hablé ayer. 응, 어제 이야기했어.

(2) 부정문에서 쓰인 *Todavía*와 *aún*은 가리키는 상황이 이전에 수행되지 않았음을 나타내며, 동사의 앞 또는 뒤에 올 수 있습니다.

- **Aún no** he acabado. Esperadme un momento.
  나 아직 안 끝났어. 너희들 잠시 날 기다려 줘.
- Mar **no** ha encontrado trabajo **todavía**.
  마르는 아직 일자리를 찾지 못했다.
- ¿**Todavía no** te has vestido? Vamos a llegar tarde. 아직도 너 옷을 안 입었니? 우리 늦게 도착하겠어.

Todavía no han comido.
그들은 아직 식사하지 않았다.

Ya han comido.
그들은 이미 식사를 했다.

● 미래의 의미를 가진 **Ya** 머지않아, 가까운 며칠 안에

(1) 'ya + 단순 미래형'은 막연하게 미래를 언급할 때 사용됩니다.

- No te preocupes. **Ya** se arreglará todo. (en un momento futuro) 걱정하지마. 다 해결될 거야. (미래의 어느 순간에)

(2) 'ya + 직설법 현재형'은 *ahora* 지금, *a partir de ahora* 지금부터의 의미가 있습니다.

- ¡**Ya** (ahora) me acuerdo! Tú eres Armando. 이제 기억난다! 너 아르만도구나.
- **Ya no** llueve. **Ya** (ahora, a partir de ahora) podemos salir. 더 이상 비가 안 와. 이제 (지금, 지금부터) 우리는 나갈 수 있어.

102 연습 문제 Ejercicios

102.1. Todavía, aún 또는 ya no를 사용하여 문장을 완성하세요.
1. No puedes irte. ___Todavía/Aún___ te necesito.
2. A: ¿Está Berta? B: No, _____ vive aquí.
3. A: ¿Sigues jugando al tenis? B: Sí, _____ juego de vez en cuando.
4. A: ¿Vas a la oficina? B: No, _____ estoy de vacaciones.
5. Puedes irte. _____ te necesito.
6. A: ¿Me dejas la bici, Manuel? B: Lo siento, _____ tengo bici. Se me rompió.
7. A: ¿Sigue estudiando griego? B: Sí, _____ lo estudio. Me encanta.

ACIERTOS ...../7

102.2. 주어진 대답을 읽고 대답에 어울리는 질문을 쓰세요.
1. A: ¿___Se conocen ya ustedes___? B: Sí, ya nos conocemos.
2. A: ¿_____? B: Sí, ya lo sé.
3. A: ¿_____? B: No, aún no ha llegado Paloma.
4. A: ¿_____? B: No, todavía no hemos empezado las clases.
5. A: ¿_____? B: No, la comida no está lista todavía.

ACIERTOS ...../5

102.3. Ya, todavía no/aún no를 사용하여 문장을 완성하세요.
1. Estoy esperando a Lidia desde las seis, pero ___todavía no/aún no___ ha llegado.
2. Venid. _____ han abierto las puertas.
3. A: ¿Qué quieres estudiar? B: _____ lo sé.
4. A: ¿Sabes que Lorenzo se marcha a Chile? B: Sí, _____ lo sé.
5. A: ¿Has leído _____ el fichero que te mandé? B: No, _____ lo he abierto.
6. ¿_____ has pagado el alquiler? Se va a enfadar el casero.
7. A: ¿Ha vuelto _____ Pilar de México? B: No, _____ ha vuelto.
8. _____ sé dónde está Viña. Me lo ha dicho Tomás.

ACIERTOS ...../8

102.4. Ya를 사용하여 문장을 다시 쓰세요. 필요한 경우 변형하세요.
1. Puedes llamar a partir de ahora. ___Puedes llamar ya___.
2. Dentro de unos días te llamaremos. _____.
3. No creo que venga ahora. _____.
4. Te diré algo más adelante. _____.
5. ¡Ahora lo entiendo! _____.
6. Hablaremos otro día. _____.
7. A partir de ahora podemos comprar las entradas. _____.
8. Os contestaré más adelante. _____.
9. Ahora hay que irse. _____.
10. Hará buen tiempo más adelante. _____.
11. Encontrarán trabajo en el futuro. _____.

ACIERTOS ...../11

103 siempre, de vez en cuando, a veces...
빈도 부사 및 표현 Adverbios y expresiones de frecuencia

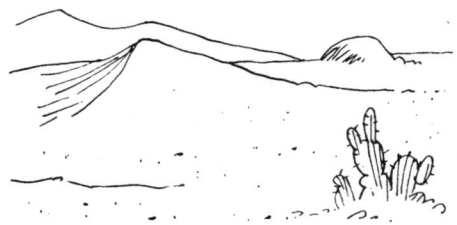

*En el desierto de Atacama no llueve **nunca**.*
아타카마 사막에는 결코 비가 오지 않는다.

*Javier hace footing **todos los días**.*
하비에르는 매일 조깅을 한다.

***Nunca**와 **todos los días**는 빈도 표현입니다. 어떤 일이 얼마나 자주 일어나는지 또는 행해지는지를 표현합니다.*
*¿**Con qué frecuencia?** 얼마나 자주?라는 질문에 이 부사를 사용하여 대답할 수 있습니다.*

- *En mi casa comemos pescado (¿con qué frecuencia?) **de vez en cuando**.*
  우리 집에서는 가끔 생선을 먹습니다.

● 빈도 부사 및 표현

siempre	normalmente	a menudo	a veces	casi nunca	nunca
항상	보통	종종	가끔	거의 … 아니다	결코/절대 … 아니다
	casi siempre	frecuentemente	de vez en cuando		
	거의 항상	자주, 빈번히	이따금씩		
100%	80%	60%	30%	5%	0%

(1) *Siempre* 항상, *a veces* 가끔 등은 동사의 앞 또는 뒤나 문장의 끝 또는 단독으로 올 수 있습니다.
- *Luis **siempre** estudia por la noche.* 루이스는 항상 밤에 공부를 한다.
- *Trabajo **a veces** por la tarde.* 가끔 나는 오후에 일을 한다.
- *Silvia me envía un correo electrónico **de vez en cuando**.* 실비아는 이따금씩 내게 이메일을 보낸다.

(2) *Normalmente* 보통은 문장의 시작 부분에 올 수 있습니다.
- ***Normalmente**, los sábados salgo con mis amigos.* 보통 토요일마다 나는 친구들과 놀러 나간다.

(3) *Casi nunca* 거의 … 아니다, *nunca* 결코/절대 … 아니다 ▶ 108과: 부정 부사 Adverbios de negación
  nunca/casi nunca + 긍정형 동사 • ***Nunca** voy a la ópera.* 나는 절대 오페라 공연에 가지 않는다.
  부정형 동사 + *nunca/casi nunca* • *No voy **nunca** a la ópera.* 나는 절대 오페라 공연에 가지 않는다.

● 기타 구문과 함께 사용하는 빈도 표현

todos los días / meses / años... 매일 매달 매년 todas las noches / semanas / tardes... 매일 밤 매주 매일 저녁 (todos) los lunes / martes... 월요일마다 화요일마다		• *Me levanto temprano **todos los días**.* 나는 매일 일찍 일어난다. • ***Todas las noches** antes de acostarme leo un rato.* 나는 매일 밤 자기 전 잠깐 동안 독서를 한다. • *Voy a clase de guitarra (**todos**) los martes.* 나는 화요일마다 기타 수업에 간다.
una vez 한 번 dos / tres... veces 두 번 세 번 un día / dos días 하루 이틀	al día / mes / año... 하루에 한달에 일년에 a la semana 일주일에	• *Nos reunimos **una vez al mes**.* 우리는 한 달에 한 번 모인다. • *Limpiamos la casa **dos veces a la semana**.* 우리는 일주일에 두 번 집을 청소한다. • *Como en casa de mis padres **un día a la semana**.* 나는 일주일에 한 번 부모님 댁에서 점심 식사를 한다.

(1) *Todos los días* 매일, *una vez al año* 일년에 한 번 등은 문장의 시작 또는 끝에 오거나 단독으로 쓸 수 있습니다.
- ***Una vez a la semana** nos reunimos todos los amigos.* 일주일에 한 번씩 우리 친구들 모두는 모임을 가진다.
- *Nos reunimos todos los amigos **una vez a la semana**.* 우리 친구들 모두는 일주일에 한 번씩 모임을 가진다.

(2) 무언가 행하는 빈도에 대해 묻기 위한 질문에서는 *mucho* 많이가 주로 사용됩니다.
- A: *¿Viaja **mucho** a México?* 당신은 멕시코로 여행을 많이 합니까?   B: *Dos o tres veces al año.* 일년에 두세 번입니다.

103 연습 문제 Ejercicios

103.1. 주어진 표현을 사용하여 빈칸을 채우세요. 경우에 따라 한 개 이상의 표현을 사용할 수 있습니다.

| a menudo | ~~casi nunca~~ | casi nunca | de vez en cuando | de vez en cuando |
| frecuentemente | mucho | mucho | normalmente | nunca |

1. __Casi nunca__ salgo con Teresa. Ahora vivimos muy lejos.
2. _____, suelo cenar en casa.
3. Me levanto _____ a las siete. Me gusta madrugar.
4. Vamos _____ al cine, dos o tres veces al mes.
5. _____ me acuesto antes de las doce. No puedo dormirme antes.
6. Mis padres hacen un viaje _____, una o dos veces al año.
7. A: ¿Ves _____ a Lola? B: _____. La última vez fue hace dos meses.
8. Viajo _____ a Argentina. Tengo muchos parientes y me gusta verlos.

ACIERTOS ...... / 8

103.2. 필요한 경우 변형하여 표시된 위치에 괄호 안의 표현을 추가하여 문장을 다시 쓰세요.

1. Voy ↑ al cine. (*nunca*) — __No voy nunca al cine__.
2. ↑ Salgo por la noche. (*nunca*) — _____.
3. Fernando ↑ viaja en coche. (*casi nunca*) — _____.
4. Vemos ↑ la tele. (*casi nunca*) — _____.
5. Diana me llama ↑. (*nunca*) — _____.

ACIERTOS ...... / 5

103.3. 주어진 표현을 빈도가 높은 순서대로 정렬하세요.

| todos los días |
| una vez a la semana |
| un día al mes |
| los lunes |
| cada dos días |
| dos veces al año |
| cada quince días |

⊕ 1. __todos los días__
2. _____
3. _____ / _____
4. _____
5. _____
⊖ 6. _____

ACIERTOS ...... / 6

103.4. 알맞은 빈도 표현을 사용하여 문장을 다시 쓰세요.

1. [enero *, febrero *...] (*salimos a cenar con amigos*) __Salimos a cenar con amigos una vez al mes__.
2. [martes, martes, martes...] (*tenemos clases de español*) _____.
3. [L M Ⓧ J V S D] (*voy al gimnasio*) _____.
4. [2001, 2002, 2003...] (*pasamos unos días en Cancún*) _____.
5. [marzo **, abril **...] (*Elena tiene que ir al médico*) _____.
6. [L***, M***...] (*Martín se lava los dientes*) _____.
7. [S D, S D, S D...] (*hacemos algún viaje*) _____.

ACIERTOS ...... / 7

104 muy, mucho, bastante...
수량 부사 Adverbios de cantidad

Nuria trabaja **mucho**.
누리아는 열심히 일한다.

Julia y su hermano son **bastante** diferentes.
훌리아와 그녀의 남동생은 상당히 다르다.

Es **demasiado** tarde.
El avión ya ha despegado.
너무 늦었어요. 비행기는 이미 이륙했습니다.

Mucho, bastante, demasiado는 수량 부사로, 수식하는 단어의 다양한 강도를 나타냅니다.

(+) ── muy 매우 / mucho 많이, 열심히 ── bastante 꽤, 상당한 ── algo 약간 / un poco 약간 ── poco 조금, 극히 적은, 별로 … 아닌 ── nada 조금도(전혀) … 아닌 (−)

demasiado → más de lo necesario o más de lo que se considera correcto.
지나치게 많은   필요한 것 또는 적절하다고 여겨지는 것보다 많은 정도

● 형용사 및 부사와 함께 사용하는 **muy** 매우, **bastante** 꽤, 상당히 등

muy 매우 bastante 꽤, 상당히 algo 약간 un poco 약간 poco 조금, 극히 적게, 별로 … 아닌 demasiado 지나치게 nada 조금도(전혀) … 아닌	+ 형용사 + 부사	• Fidel cocina **muy bien**. 피델은 요리를 매우 잘한다. • Julia y su hermano son **bastante diferentes**. 훌리아와 그녀의 남동생은 상당히 다르다. • Es **algo tarde**. 약간 늦었다. • Este ejercicio es **un poco difícil**. 이 운동은 약간 어렵다. • Susana es **poco cariñosa**. 수사나는 별로 다정하지 않다. • Este hotel es **demasiado caro**. 이 호텔은 지나치게 비싸다. • Gema no es **nada egoísta**. 헤마는 전혀 이기적이지 않다.

> **주의** (1) Algo와 un poco는 긍정적인 의미를 가지고 있습니다. 반면 poco는 부정적인 의미를 가지고 있습니다.
> • Soy **algo / un poco tímida**. (Soy tímida.) 나는 약간/조금 소심하다. (나는 소심하다.)
> • Soy **poco tímida**. (No soy tímida.) 나는 거의 소심하지 않다. (나는 소심하지 않다.)
> (2) Algo와 un poco는 보통 긍정적인 성질을 표현하는 형용사와는 함께 사용되지 않습니다.
> • ~~Adela es algo simpática.~~
> • ~~Felipe es un poco trabajador.~~

● 동사와 함께 사용하는 **mucho** 많이, **bastante** 꽤, 상당히 등

동사 +	mucho 많이, 열심히 bastante 꽤, 상당히 algo 약간 poco 조금 demasiado 지나치게 nada 전혀	• Beatriz **trabaja mucho**. 베아트리스는 열심히 일한다. • Ernesto **piensa bastante**. 에르네스토는 꽤 많이 생각한다. • Nati **estudia algo**, pero **poco**. 나티는 약간 공부를 하지만 거의 하지 않는다. • Este tren **corre poco**. 이 기차는 느리게 달린다. • Felipe **duerme demasiado**. 펠리페는 지나치게 잔다. • Juan **no come nada**. 후안은 전혀 먹지 않는다.

▶ 105과: 정도의 표현(성질·양) 비교 Contraste entre formas de expresar grados de cualidad o cantidad
107과: 부사의 비교 구문 Comparación de adverbios

104 연습 문제 Ejercicios

104.1. 알맞은 형태를 고르세요.
1. Me encanta esta novela. Es extraordinaria. Es (*muy*/*poco*) buena.
2. No se puede oír nada. La música está (*algo*/*bastante*) alta.
3. Roberto no es (*poco*/*nada*) alegre. Nunca quiere salir.
4. Este libro no es (*bastante*/*nada*) caro. Solo cuesta cinco euros.
5. Rubén es (*demasiado*/*poco*) sincero. A veces, es mejor no decir toda la verdad.
6. Silvia se lleva (*muy*/*demasiado*) bien con su hermana. Se ayudan mucho.
7. Es (*algo*/*poco*) tarde. Deberíamos irnos.
8. Tomás es (*poco* / *un poco*) cariñoso. Nunca da un beso a nadie.
9. Ricardo está (*poco* / *un poco*) débil. Debería hacer algo de ejercicio.
10. Ayer estuve con Elisa y la encontré (*bastante*/*poco*) nerviosa. No paraba de hablar.

104.2. 그림을 보고 bastante, demasiado, muy 또는 un poco를 사용하여 문장을 완성하세요.

  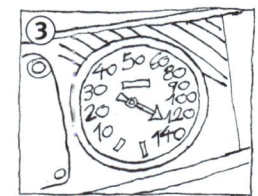 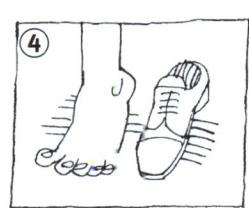

1. El traje le queda __demasiado__ grande.
2. Catalina dibuja _____ bien.
3. Ernesto va _____ rápido.
4. Los zapatos son _____ pequeños.
5. El libro es _____ caro.

104.3. Algo, bastante, demasiado, mucho, nada 또는 poco를 사용하여 빈칸을 채우세요.
1. Ernesto estudia __mucho__: seis horas al día.
2. Este coche corre _____. No pasa de los ochenta kilómetros a la hora.
3. Víctor sale _____. No está nunca en casa y no estudia _____.
4. Rosa y yo nos vemos _____, casi todas las semanas.
5. Tengo que tomarme algo. Me duele _____ la cabeza.
6. A Verónica no le gusta _____ el frío.
7. Nacho les ayuda _____ a sus padres, pero no _____.
8. Mi padre hace _____ deporte. Va todos los días al gimnasio.
9. Ahora trabajo _____. Tengo que buscar más trabajo.
10. María no estudia _____. Va a suspender todos los exámenes.

105 muy, mucho, muchos, -ísimo...
정도의 표현(성질·양) 비교
Contraste entre formas de expresar grados de cualidad o cantidad

● *muy* 매우, *mucho, mucha, muchos, muchas* 많은 등

muy 매우 *bastante* 꽤, 상당히 *poco* 조금, 극히 적게, 별로 … 아닌 *demasiado* 지나치게	+ 형용사/부사	• *Luisa es muy inteligente.* 루이스는 매우 똑똑하다. • *Alberto cocina bastante bien.* 알베르토는 꽤 요리를 잘한다. • *Jorge es poco estudioso.* 호르헤는 별로 학구적이지 않다. • *Habéis llegado demasiado tarde.* 너희들은 너무 늦게 도착했다.

동사 +	*mucho* 많은, 열심히 *bastante* 꽤, 상당히 *poco* 조금, 극히 적게, 별로 …하지 않게 *demasiado* 지나치게 많이	• *Clara trabaja mucho.* 클라라는 열심히 일한다. • *Consuelo sale bastante.* 콘수엘로는 꽤 자주 외출한다. • *Ignacio come poco.* 이그나시오는 거의 먹지 않는다. • *Rodri habla demasiado.* 로드리는 지나치게 많이 말한다.

mucho, -a, -os, -as 많은 *bastante, -es* 상당한 *poco, -a, -os, -as* 극히 적은, 거의 …아닌 *demasiado, -a, -os, -as* 지나치게 많은	+ 명사	• *Clara trabaja muchas horas.* 클라라는 많은 시간 일한다. • *Tiene bastantes amigos.* 그/그녀는 상당히 많은 친구들이 있다. • *Ignacio come poca carne.* 이그나시오는 고기를 거의 먹지 않는다. • *Bebes demasiada leche.* 너는 우유를 너무 많이 마신다.

비교		
• *Juan es muy trabajador.* 후안은 매우 부지런하다.	• *Juan trabaja mucho.* 후안은 열심히 일한다.	• *Juan trabaja muchas horas.* 후안은 많은 시간 일한다.

● 최상급 *-ísimo*
  • *Alonso conduce rapidísimo.* (muy rápido) 알론소는 너무 빠르게 운전한다.
  • *Lorena es altísima.* (muy alta) 로레나는 매우 키가 크다.

¡Este examen es facilísimo! 이 시험은 정말 쉽군!

형용사와 부사의 *-ísimo* 최상급 형성

형용사 (- 마지막 모음) + *-ísimo, -a, -os, -as*		
listo 똑똑한 – o + *-ísimo, -a, -os, -as* →	*listísimo, -a, -os, -as*	• *Estas chicas son listísimas.* 이 여자아이들은 정말 똑똑하다.
difícil 어려운 + *-ísimo, -a, -os, -as* →	*dificilísimo, -a, -os, -as*	• *El examen fue dificilísimo.* 시험이 정말 어려웠다.
mucho 많은 – o + *-ísimo, -a, -os, -as* →	*muchísimo, -a, -os, -as*	• *Dunia tiene muchísimos amigos.* 두니아는 정말 많은 친구들이 있다.
부사 (- 마지막 모음) + *-ísimo*		
tarde 늦은 – e + *-ísimo* →	*tardísimo*	• *Es tardísimo.* 너무 늦었다.
mucho 많은 – o + *-ísimo* →	*muchísimo*	• *Sebastián trabaja muchísimo.* 세바스티안은 정말 열심히 일한다.
부사 (- *a*) + *-ísima + mente*		
lent – a 느린 + *-ísima + mente* →	*lentísimamente*	• *Samuel conduce lentísimamente.* 사무엘은 정말 느리게 운전한다.
fácil 쉬운 + *-ísima + mente* →	*facilísimamente*	• *Esta ventana se abre facilísimamente.* 이 창문은 정말 쉽게 열린다.

주의		
feliz → *felicísimo* 행복한 아주 행복한	*blanco* → *blanquísimo* 하얀 아주 하얀	*amigo* → *amiguísimo* 친한 아주 친한
antiguo → *antiquísimo* 오래된 아주 오래된	*amable* → *amabilísimo* 친절한 아주 친절한	*joven* → *jovencísimo* 젊은 아주 젊은

▶ 22과: 부정(不定)어 (3) Indefinidos (3)　　　104과: 수량 부사 Adverbios de cantidad

105 연습 문제 Ejercicios

105.1. Muy 또는 mucho를 추가하여 문장을 다시 쓰세요.
1. Esta novela es buena. _Esta novela es muy buena_.
2. Esther duerme. _____.
3. Mi casa está lejos. _____.
4. Raúl prepara bien la carne. _____.
5. Me parezco a mi madre. _____.
6. Hacer ejercicio es sano. _____.
7. Juan llega siempre tarde. _____.
8. Eva gasta poco. _____.

ACIERTOS ...../ 8

105.2. 괄호 안의 단어를 알맞은 형태로 사용하여 문장을 완성하세요.
1. Ernesto tiene (mucho) _muchos_ hermanos.
2. Felisa vive (bastante) _____ lejos.
3. Hoy hay (bastante) _____ estrellas en el cielo.
4. No me gusta Eduardo. Es (demasiado) _____ orgulloso.
5. Queda (poco) _____ leche. Hay que comprar.
6. Has comprado (demasiado) _____ fruta.
7. Gerardo habla (demasiado) _____. Siempre mete la pata.
8. Esteban sale (poco) _____. Estudia (mucho) _____.
9. He visto esta película (mucho) _____ veces.
10. Hemos llegado (demasiado) _____ temprano. Aún no han abierto.
11. Últimamente leo (poco) _____. No tengo (mucho) _____ tiempo.
12. No veo a Ruth. Hay (demasiado) _____ gente.

ACIERTOS ...../12

105.3. 밑줄 친 표현을 –ísimo를 사용하여 바꿔 쓰세요.
1. Alfonso es un chico muy aburrido. _Alfonso es un chico aburridísimo_.
2. Olga es una chica muy interesante. _____.
3. Roberto camina muy lentamente. _____.
4. Daniel me golpeó muy fuerte. _____.
5. Héctor es muy amigo mío. _____.
6. Este edificio es muy antiguo. _____.
7. Estoy leyendo una novela muy buena. _____.
8. Los hermanos de Lola son muy educados. _____.
9. Miriam explica muy claramente. _____.
10. Durante la semana tengo muy poco tiempo libre. _____.
11. Paula y Gloria son muy amables. _____.
12. Los padres de Aurora son muy jóvenes. _____.

ACIERTOS ...../12

106 bien, fácilmente...
양태 부사 Adverbios de modo

*Gema conduce **prudentemente***.
헤마는 신중하게 운전한다.

*Serafín toca el piano muy **bien***.
세라핀은 피아노를 매우 잘 친다.

Prudentemente 와 ***bien*** 은 양태 부사입니다. 어떤 일이 어떻게 일어나는지 또는 누군가가 무언가를 어떻게 행하는지 표현합니다. 양태 부사를 사용하여 *¿cómo?* 어떻게?로 묻는 질문에 대답할 수 있습니다.

• *Hans habla español (¿cómo?) **perfectamente***. 한스는 스페인어를 완벽하게 말합니다.

● 양태 부사의 형성

여성형 단수 형용사 + –mente → 부사			
형용사	여성형 단수		부사
maravilloso 훌륭한, 멋진, 굉장한	*maravillosa*	→	*maravillosa**mente*** 훌륭하게
fácil 쉬운	*fácil*	→	*fácil**mente*** 쉽게
prudente 신중한, 주의 깊은	*prudente*	→	*prudente**mente*** 신중하게, 주의 깊게

예외 *bueno* 좋은, 착한 → *bien* 잘, 좋게   *malo* 나쁜, 악한 → *mal* 나쁘게   *deprisa* 서둘러, 급히   *despacio* 천천히

(1) 일부 부사는 형용사와 동일한 형태를 가지며, 또 다른 경우에는 복수의 형태를 가지기도 합니다.

형용사	부사
alto 높은, 키가 큰 (크기)	*alto* 위에, 높게, 높은 소리로
bajo 낮은, 키가 작은 (크기)	*bajo* 낮게, 낮은 소리로
rápido 빠른	*rápido, rápidamente* 빠르게
lento 느린	*lento, lentamente* 느리게, 천천히
claro 밝은, 명확한	*claro, claramente* 명확히, 분명히
fuerte 강한, 힘이 센	*fuerte, fuertemente* 세게, 크게, 힘차게

(2) 형용사형은 특정 동사와 함께 사용됩니다.

hablar 말하다, *cantar* 노래하다 + *alto* 크게, *bajo* 작게, *claro* 명료하게 *explicar* 설명하다 + *claro* 명료하게 *andar* 걷다, *ir* 가다, *correr* 달리다, *conducir* 운전하다, *trabajar* 일하다 + *rápido* 빠르게, *lento* 느리게 *golpear* 치다, *empujar* 밀다, *tirar* 당기다 + *fuerte* 강하게, 세게	• *Habla **alto**, por favor*. 크게 말해 줘. • *Mis profesores explican **claro***. 나의 교수님들은 명료하게 설명하신다. • *Julia conduce muy **rápido***. 훌리아는 매우 빠르게 운전한다. • *¡Venga, empuja **fuerte**!* 어서, 강하게 밀어!

예외 *Se veía **claramente** la torre de la iglesia*. 교회의 탑이 명확하게 보였다.

● ***así*** 이렇게 = ***de este modo*** 이런 방식으로
• *Hazlo **así**; es más fácil*. 그것을 이렇게 해. 그게 더 쉬워.

● 양태 부사는 주로 동사 뒤에 위치합니다.
• *Alba vive **alegremente***. 알바는 즐겁게 산다.   • *No vayas **deprisa***. 서둘러서 가지 마.

–*mente*로 끝나는 부사가 두 개 이상 있는 문장에서는 마지막 부사에만 어미가 붙습니다.
• *Lo hizo rápidamente y eficazmente*. → *Lo hizo rápida y eficazmente*. 그는 그것을 빠르고 효율적으로 했다.

106 연습 문제 Ejercicios

106.1. 그림을 보고 주어진 부사를 사용하여 문장을 완성하세요.

1. Lorena conduce muy _deprisa_.
2. Diana escucha _____.
3. Rubén canta muy _____.
4. Elisa habla muy _____.
5. Gerardo escribe muy _____.

alto   atentamente   ~~deprisa~~   despacio   mal

ACIERTOS ...../5

106.2. 밑줄 친 부분을 양태 부사를 사용하여 바꿔 쓰세요.

1. Hazlo con tranquilidad, Norma. _Hazlo tranquilamente, Norma_.
2. Álvaro juega con inteligencia. _____.
3. Agustín actúa de una forma irresponsable. _____.
4. Ven con rapidez, Adela. _____.
5. Fran me llama de manera continua. _____.
6. Escribe de este modo, Luisa. _____.
7. Susana canta de forma maravillosa. _____.
8. Tatiana conduce con lentitud y con cuidado. _____.
9. Me golpeó con fuerza. _____.
10. Emilia nada de una forma extraordinaria. _____.
11. Arielina trabaja con tranquilidad pero con seriedad. _____.
12. Mis hijos aprueban con facilidad. _____.
13. Se ganan la vida con honradez. _____.
14. La profesora de Matemáticas explica con claridad. _____.
15. Se bajó del árbol con habilidad. _____.

ACIERTOS ...../15

106.3. 필요한 경우 변형하여 주어진 단어를 사용하여 문장을 완성하세요.

amable   amablemente   bien   ~~buen~~   egoístamente   exquisita   gravemente   perfectamente

1. Javier es un __buen__ estudiante.
2. María es una cocinera _____.
3. Manuel resultó herido _____ en el accidente.
4. A veces Alejandro se porta _____ con sus amigos.
5. Los hermanos de Adela son muy _____.
6. Esas flores huelen muy _____.
7. Un señor me cedió el asiento _____.
8. Noelia conoce Cuba _____.

ACIERTOS ...../8

107 *más rápido, mejor, peor...*
부사의 비교 구문 Comparación de adverbios

No te oigo. Habla **más alto**, por favor.
네 말이 안 들려. 부탁인데 더 크게 말해 줘.

No hay duda. Camila es la que **mejor** canta.
의심할 여지가 없어, 카밀라가 가장 노래를 잘하는 아이야.

*Más alto*와 *mejor*는 부사의 비교급 형태입니다. 이는 강도의 다양한 정도를 나타내거나 한 그룹 내에서 두 사람, 두 동물 또는 두 사물 사이를 비교하는 데 사용됩니다.

- *No te entiendo. Habla **más claro**, por favor.*
  나는 네 말이 이해가 안 돼. 더 명확하게 이야기해 줘.
- *Susana dibuja **mejor que** yo.*
  수사나는 나보다 그림을 더 잘 그린다.

● 부사: 비교급의 형태

(+) 상위	*más* + 부사 (+ *que*)	• *Habla **más alto**, por favor.* 부탁인데 더 크게 말해 줘. • *El agua avanza **más rápido que** el fuego.* 물은 불보다 더 빨리 퍼진다.
(−) 하위	*menos* + 부사 (+ *que*)	• *Hoy hemos llegado **menos tarde que** ayer.* 오늘 우리는 어제보다 덜 늦게 도착했다.
(=) 동등	*tan* + 부사 (+ *como*)	• *Este tren corre **tan rápido como** el AVE.* 이 기차는 AVE 만큼이나 빠르게 달린다.
불규칙 형태		
(+) *bien* 잘 →	*mejor* (+ *que*)	• *Hans habla español **mejor que** yo.* 한스는 스페인어를 나보다 더 잘 말한다.
(+) *mal* 나쁘게 →	*peor* (+ *que*)	• *Comes **peor que** antes.* 너는 전보다 더 나쁘게 먹는다.
(+) *mucho* 많이 →	*más* (+ *que*)	• *José Luis está trabajando **más que** nunca.* 호세 루이스는 그 어느 때보다 더 열심히 일하고 있다.
(=) *mucho* 많이 →	*tanto* (+ *como*)	• *Hablas mucho en clase. No hables **tanto**.* 너는 수업에서 말을 너무 많이 해. 그렇게 많이 말하지 마.
(+) *poco* 적게 →	*menos* (+ *que*)	• *Esteban corre **menos que** yo.* 에스테반은 나보다 덜 달린다.

(1) *que/como* + 주격 인칭 대명사 (*yo* 나, *tú* 너...)
• *Ustedes hablan más que ~~mí~~.* → *Ustedes hablan más **que yo**.* 당신들은 나보다 더 많이 말한다.

(2) 열등 비교급 형태는 많이 사용되지 않습니다. 그 대신, 동등 비교급의 부정 형태가 더 많이 사용됩니다.
• ~~*Félix suele llegar menos tarde que yo.*~~ → *Félix **no** suele llegar **tan tarde como** yo.*
펠릭스는 보통 나만큼 늦게 도착하지는 않는 편이다.

● 부사: 최상급의 형태

(+) 상위	*el, la, los, las* + *que* + *más* + 부사 (+ *de*) • *¿Quién ha sido **el que** ha llegado **más tarde**?* 누가 가장 늦게 도착한 사람입니까?
(−) 하위	*el, la, los, las* + *que* + *menos* + 부사 (+ *de*) • *Anita es **la que** se porta **menos mal**.* 아니타는 가장 덜 나쁘게 행동하는 아이다.
불규칙 형태 *bien* 잘 → *mejor* *mal* 나쁘게 → *peor* *mucho* 많이 → *más* (+) *poco* 적게 → *menos*	• *Laura es **la que mejor** canta.* 라우라는 가장 노래를 잘 부르는 아이다. • *Nacho es **el que peor** baila del grupo.* 나초는 그룹에서 가장 춤을 못 추는 아이다. • *Gabriel es **el que más** estudia de toda la clase.* 가브리엘은 반에서 가장 공부를 많이 하는 아이다. • *Manuel y Alfonso son **los que menos** corren del equipo.* 마누엘과 알폰소는 팀에서 가장 적게 달리는 아이들이다.

주의	*más tarde, mejor, peor, más, menos...* + 동사	• *Rodolfo es el que **menos** estudia.* 로돌포는 가장 공부를 적게 하는 아이다.
	동사 + *más tarde, mejor, peor, más, menos...*	• *¿Quién ha sido el que ha llegado **más tarde**?* 누가 가장 늦게 도착한 사람입니까?

107 연습 문제 Ejercicios

107.1. 주어진 부사의 최상급 또는 동급 비교 형태를 사용하여 문장을 완성하세요.

1. No hables tan alto, por favor. Habla _más bajo_.
2. Vas muy rápido. No vayas _tan rápido_.
3. No vayas tan rápido. Ve _____.
4. No trabajen tanto. Trabajen _____.
5. Gritáis mucho. No gritéis _____.
6. Os levantáis demasiado temprano. No os levantéis _____.
7. A: No puedo abrir la puerta. B: Empuja _____.
8. Este ejercicio está muy mal. Tienes que hacerlo _____.
9. No seas alocada. Tienes que hacer las cosas _____.

~~bajo~~   bien
despacio
fuerte
mucho
poco   ~~rápido~~
temprano
tranquilamente

ACIERTOS ...../9

107.2. 괄호에서 지시한대로 비교문을 쓰세요.

1. Sofía vive cerca del cine. (+ nosotros) _Sofía vive más cerca del cine que nosotros_.
2. Hoy hemos llegado tarde. (− de costumbre) _____.
3. Susana corre mucho. (= Eloísa) _____.
4. Julián cocina bien. (+ Vicente) _____.
5. Arnaldo gasta mucho. (+ Jesús) _____.
6. Jorge se levanta temprano. (= yo) _____.
7. Sara y Eva conducen bien. (= ustedes) _____.
8. Hablo poco. (+ mi padre) _____.

ACIERTOS ...../8

107.3. 동등 비교를 사용하여 문장을 다시 쓰세요.

1. Héctor corre menos rápido que tú. _Héctor no corre tan rápido como tú_.
2. Lucas habla menos que yo. _____.
3. Sonia se acuesta menos tarde que nosotros. _____.
4. Silvia explica menos claro que Laura. _____.
5. Camino menos lentamente que David. _____.
6. Ernesto juega menos inteligentemente que Carlos. _____.

ACIERTOS ...../6

107.4. 괄호 안 부사의 최상급 및 동사를 사용하여 문장을 완성하세요.

1. ¿Quién es (estudia, + poco) _el que estudia menos / el que menos estudia_ de la clase?
2. ¿Quién es (habla, + mucho) _____ de tus amigas?
3. ¿Quién es (vive, + lejos) _____ de tus amigos?
4. ¿Cuál de tus hermanos es (levanta, + temprano) _____?
5. Beti y Victoria son (bailan, + mal) _____ del grupo.
6. Serafín y Adrián son (corren, + mucho) _____ del equipo.
7. ¿Quién es (trabaja, + poco) _____ en tu oficina?

ACIERTOS ...../7

108 no, nunca, jamás...
부정 부사 Adverbios de negación

No, gracias. No tomo café.
고맙지만 괜찮아. 나는 커피를 마시지 않아.

Josefina nunca tiene tiempo para nada.
호세피나는 그 어떤 것도 할 시간이 없다. (정말 바쁘다.)

Jamás he montado a caballo.
나는 한 번도 말을 타 본 적이 없다.

*No, nunca, jamás*는 부정 부사로, 행동 또는 상황을 부정하기 위해 사용됩니다.

● **No** …이 아니다

*No*는 가장 흔하게 사용되는 부정 부사입니다. 단독으로 사용되거나 동사와 함께 사용될 수 있습니다.
- A: *¿Vas a venir mañana?*   B: **No, no puedo.** *Lo siento.*   • A: *¿Estás cansado?*   B: **No.**
  너 내일 오니?   아니, 나 못 가. 미안해.   너 피곤하니?   아니.

위치:
(1) *No* (+ 목적격 대명사) + 동사
- **No tengo** *hambre.* 나는 배가 고프지 않아.
- *A Felipe* **no le gustaría** *verte así.* 펠리페는 너를 그런 식으로 보고 싶어 하지 않을 것이다.
- *Todavía* **no he leído** *el periódico.* 나는 아직 신문을 읽지 않았다.
- *Preferiría* **no hacerlo.** 나는 그것을 안 하고 싶어.

(2) *No* (+ 목적격 대명사) + 동사 + 부정어
- *Ayer* **no hice nada.** 어제 나는 아무 것도 하지 않았다.
- *¿Has visto mis gafas?* **No las encuentro por ninguna parte.** 너 내 안경 봤니? 그걸 어디에서도 찾을 수 없어.

(3) 부정어가 동사의 앞에 올 때는 *no*를 사용하지 않습니다.
- **Nadie me quiere.** 아무도 나를 사랑하지 않는다.
- **Nada es** *imposible.* 불가능은 없다.
- **En ninguna parte hay** *tranquilidad en esta ciudad.* 이 도시 어디에도 평온함은 없다.

(4) 주어가 부정어일 때는 두 가지 구조가 가능합니다.
부정 주어 + 동사   • **Nadie quiere** *hacerlo.* 아무도 그것을 하길 원하지 않는다.
No + 동사 + 부정 주어   • **No quiere** *hacerlo* **nadie.** 아무도 그것을 하길 원하지 않는다.

● **Nunca** 절대, **jamás** 결코   ▶ 103과: 빈도 부사 및 표현 Adverbios y expresiones de frecuencia

*Nunca*와 *jamás*는 단독으로 사용되거나 *no*와 함께 사용될 수 있습니다.
(1) *Nunca/jamás* (+ 목적격 대명사) + 동사
- **Jamás como** *carne.* 나는 절대 고기를 먹지 않는다.
- **Nunca se levantan** *antes de las nueve.* 그들은 절대 9시 전에 일어나지 않는다.

(2) *No* (+ 목적격 대명사) + 동사 + *nunca/jamás*
- **No he visitado nunca/jamás** *el Museo de América.* 나는 아메리카 박물관에 한 번도 방문한 적이 없다.

● **Tampoco** …도 (… 아니다)   ▶ 109과: 동의 또는 비동의의 표현 Expresión de coincidencia o no coincidencia

(1) *Tampoco*는 이미 제시된 부정에 더해, "…도 아니다"라는 의미를 덧붙입니다.
- A: *Alberto no quiere ir a la playa.*   B: *Y* **tampoco** *quiere ir a la piscina.*
  알베르토는 해변에 가길 원하지 않아.   수영장에도 가길 원하지 않아.

(2) 단독으로 사용되거나 *no*와 함께 사용될 수 있습니다.
- A: *No ha venido Carlos.*   B: *Y* **no** *ha venido Lidia* **tampoco.** / *Y* **tampoco** *ha venido Lidia.*
  카를로스가 오지 않았어.   리디아도 안 왔어.

108 연습 문제 Ejercicios

108.1. No를 사용하여 다음 문장들을 부정문으로 만드세요.
1. Adela quiere ayudarnos. — Adela no quiere ayudarnos.
2. A Sara le gustaría vivir en Santiago. — _____.
3. Me ha llamado Andrea. — _____.
4. Me he duchado después del partido. — _____.
5. Nos gusta la música rock. — _____.
6. Preferiría trabajar. — _____.
7. Hemos leído Martín Fierro. — _____.
8. Roberto se acuesta tarde. — _____.

ACIERTOS ...../8

108.2. 괄호 안의 단어를 사용하여 다답을 완성하세요. 오직 필요한 경우에만 no를 사용하세요.
1. A: ¿Conoces a alguien en la fiesta. B: No, (conozco, a nadie) no conozco a nadie.
2. A: ¿Tienen coche tus amigos? B: No, (tiene, ninguno de mis amigos) _____ coche.
3. A: ¿Quién había en casa de Lucía B: (había, nadie) _____.
4. A: ¿Qué te han dicho del examen? B: (me han dicho, nada) _____.
5. A: ¿Dónde está Alberto? B: (sabe, nadie) _____ dónde está.
6. A: ¿Qué le pasa a Carmina? B: (está a gusto, en ningún sitio) _____.
7. A: ¿Qué quieres? B: (quiero, nada) _____.
8. A: ¿Cuál te gusta? B: (me gusta, ninguno) _____.
9. A: ¿Os ha visto alguien? B: No, (nos ha visto, nadie) _____.
10. A: ¿No quiere ayudarte Eva? B: No, (quiere hacerlo, de ninguna manera) _____.

ACIERTOS ...../10

108.3. 필요한 경우 변형하여 표시된 위치에 nunca 또는 jamás를 추가하여 문장을 쓰세요.
1. Voy ↑ al fútbol. (nunca) — No voy nunca al fútbol
2. ↑ Salimos los lunes. (jamás) — _____.
3. He visto ↑ un jaguar. (jamás) — _____.
4. ↑ Desayuno antes de ducharme. (nunca) — _____.
5. He estado ↑ en Potosí. (nunca) — _____.
6. Sofía nos espera ↑. (jamás) — _____.
7. De pequeño, ↑ comía pimientos. (jamás) — _____.
8. ↑ Te olvidaré. (jamás) — _____.

ACIERTOS ...../8

108.4. Tampoco를 사용하여 두 문장을 결합하세요.
1. Fermín no nos llama. Fermín no nos escribe. — Fermín no nos llama y tampoco nos escribe.
2. Teresa no ha venido. Teresa no ha llamado. — _____.
3. Olga no trabaja. Olga no estudia. — _____.
4. A Armando no le gusta viajar en avión. A Armando no le gusta conducir. — _____.
5. Beatriz no fue a trabajar ayer. Beatriz no ha ido a trabajar hoy. — _____.

ACIERTOS ...../5

109. yo sí, yo no, yo también, yo tampoco
동의 또는 비동의의 표현 Expresión de coincidencia o no coincidencia

● ***También*** …도, 역시, 또한 **과 *tampoco*** …도 (… 아니다)

También 과 ***tampoco*** 는 다음과 같은 구문을 사용하여 다른 사람의 상황이나 의견에 대해 동의하거나 일치함을 표현할 때 사용됩니다.

Yo 나, *tú* 너, *usted* 당신, *él* 그, *ella* 그녀 등 *A mí* 나에게, *a ti* 너에게, *a usted* 당신에게, *a él* 그에게, *a ella* 그녀에게 등 (*A +*) 명사 (*Elena* 엘레나, *José* 호세, *mi hermana* 나의 언니/여동생 등)	+ *también, tampoco*

(1) 긍정문 뒤에는 *también* 을 사용합니다.
- A: *Juegas muy bien.* 너 게임 정말 잘 하네.   B: *Tú también.* 너도야.
- A: *A Pablo le duele la cabeza.* 파블로는 머리가 아파.   B: *A mí también.* 나도 마찬가지야.

(2) 부정문 뒤에는 *tampoco* 를 사용합니다.
- A: *No hablo ruso.* 나는 러시아어를 못 해요.   B: *Yo tampoco.* 저도 마찬가지예요.
- A: *A Marcos no le gusta viajar.* 마르코스는 여행을 좋아하지 않아.   B: *A Luisa tampoco.* 루이사도 마찬가지야.

● ***Sí*** 네 **와 *no*** 아니오

'*Sí* 와 *no*'는 다음과 같은 구문을 사용하여 다른 사람의 상황이나 의견과 다르거나 불일치함을 표현할 때 사용됩니다.

Yo 나, *tú* 너, *usted* 당신, *él* 그, *ella* 그녀 등 *A mí* 나에게, *a ti* 너에게, *a usted* 당신에게, *a él* 그에게, *a ella* 그녀에게 등 (*A +*) 명사 (*Elena* 엘레나, *José* 호세, *mi hermana* 나의 언니/여동생 등)	+ *sí, no*

(1) 긍정문에 대한 응답으로는 *no* 를 사용합니다.
- A: *Tengo calor.* 나 더워.   B: *Yo no.* 나는 덥지 않아.
- A: *A Sergio le encanta viajar.* 세르히오는 여행을 정말 좋아해.   B: *Pues a Gema no.* 음, 헤마는 그렇지 않아.

(2) 부정문에 대한 응답으로는 *sí* 를 사용합니다.
- A: *No estoy cansada.* 나는 피곤하지 않아.   B: *Nosotros sí.* 우리는 피곤해.
- A: *A Esteban no le gusta el deporte.* 에스테반은 운동을 좋아하지 않아.   B: *Pues a Alba sí. Mucho.* 음, 알바는 좋아해. 아주 많이.

● *Yo sí/no, a mí sí/no, yo también/tampoco, a mí tambien/tampoco* 는 여러 사람에게 동시에 질문이 제기된 경우, 짧은 대답으로 종종 사용됩니다.
- A: *¿Os ha gustado la película?* 너희들 영화가 마음에 들었니?   B: *A mí sí.* 나는 좋았어.   C: *A mí no.* 나는 아니야.
- A: *¿Queréis jugar a las cartas?* 너희들 카드놀이를 하고 싶니?   B: *Yo sí.* 나는 좋아.   C: *Yo también.* 나도.   D: *Yo no.* 나는 싫어.

109 연습 문제 Ejercicios

109.1. También 또는 tampoco를 사용하여 동의를 표현하는 대답을 완성하세요.

1. A: Julia está contenta.   B: Yo ___también___.
2. A: No nos gusta el fútbol.   B: A nosotras ___tampoco___.
3. A: A Ramón no le gusta viajar en avión.   B: A su mujer _____.
4. A: No sé conducir.   B: Yo _____. Tengo que aprender.
5. A: Eres una persona encantadora.   B: Tú _____, Marisa.
6. A: Estamos resfriadas.   B: Nosotras _____. Es que hace mucho frío.
7. A: Erika habla español muy bien.   B: Ulrich _____.
8. A: No tenemos entradas.   B: Laura y Sonia _____.
9. A: A Miguel le gustaría visitar el Amazonas.   B: A mí _____. Debe de ser precioso.

ACIERTOS ....../9

109.2. Sí 또는 no를 사용하여 비동의를 표현하는 문장을 완성하세요.

1. A: Tengo sueño.   B: Yo ___no___. Anoche dormí bien.
2. A: Luis no sabe jugar al tenis.   B: Pues Ramón _____. Es bastante bueno.
3. A: No me gusta el frío.   B: A nosotros _____. Es muy sano.
4. A: Mañana no trabajo.   B: Yo _____. Trabajo todos los días.
5. A: A Arturo le encanta estudiar.   B: Pues a Leo _____. Es un poco vago.
6. A: No sé tocar ningún instrumento.   B: Yo _____. Sé tocar la guitarra.
7. A: No conozco España.   B: Nosotros _____. Estuvimos allí hace tres años.
8. A: Me encanta madrugar.   B: Pues a mí _____.

ACIERTOS ....../8

109.3. 기호 =은 동의, –는 비동의를 의미합니다. 단서에 알맞게 동의 또는 비동의를 표현하는 대화를 완성하세요.

1. A: Me encanta el chili con carne.   B: (yo, –) ___A mí no___. Es muy picante.
2. A: Adrián conoce muy bien Guatemala.   B: (Charo, =) _____.
3. A: Anoche no vi el partido.   B: (yo, =) _____. Me acosté pronto.
4. A: Yo, de pequeña, era muy tímida.   B: (mi hermana, =) _____.
5. A: No conozco a ese chico.   B: (nosotras, =) _____.
6. A: No comes mucho.   B: (tú, =) _____. Tienes que comer más.
7. A: A Rosendo le encanta el rock.   B: (Diana, –) _____. Prefiere música más suave.
8. A: Este año no tengo vacaciones.   B: (yo, –) _____, pero en septiembre.

ACIERTOS ....../8

109.4. (v)는 긍정 대답, (x)는 부정 대답을 의미합니다. 단서에 알맞게 대답을 완성하세요.

1. A: ¿Sabéis jugar a la canasta?   B: (v) Yo ___sí___.   C: (x) Yo ___no___.
2. A: ¿Tenéis coche?   B: (x) Yo _____.   C: (x) Yo _____.
3. A: ¿Están cansados?   B: (v) Rosa _____.   C: (v) David _____.
4. A: ¿Trabajáis mucho?   B: (x) Yo _____.   C: (v) Yo _____.
5. A: ¿Os ha gustado el concierto?   B: (x) A mí _____.   C: (x) A mí _____.   D: (v) A mí _____.
6. A: ¿Os gusta el dulce de leche?   B: (x) A mí _____ pero (v) a Héctor _____.

ACIERTOS ....../6

110 a las cinco, por la mañana…
전치사 (1) Preposiciones (1)

일부 전치사들은 시간 관련 표현을 위해 사용됩니다.

● **a** + 시간
- *Te espero **a las cinco**.* 5시에 너를 기다릴게.
- *La fiesta acabó **a medianoche**.* 파티는 자정에 끝났다.
- *He quedado con Amalia **a mediodía**.* 나는 아말리아와 정오에 약속했다.

● **por** + 하루 중의 일부
- *Ahora estoy trabajando **por las tardes**.* 현재 나는 오후에 일을 하고 있다.

*Margarita se suele levantar **a las seis**.* 마르가리타는 보통 6시에 일어난다.

예외 *por la /de noche* 밤에, *de día* 낮에, *de madrugada* 새벽에, *a las siete de la mañana* 오전 7시에

● **en** + 달, 계절 및 년도
- *Elisa y Armando se casan **en enero**.* 엘리사와 아르만도는 1월에 결혼한다.
- *Colón llegó a América **en 1492**.* 콜럼버스는 1492년에 아메리카에 도착했다.
- *Mi cumpleaños es **en verano**.* 내 생일은 여름이다.

예외 **de** + 날짜에서 달과 년도: *Colón llegó a América el 12 **de** octubre **de** 1492.* 콜럼버스는 1492년 10월 12일에 아메리카에 도착했다.

en + *momento* 순간
- *En este momento no puedo atenderte.* 지금은 너를 응대해 줄 수 없어.
- *Nuria va a llegar **en cualquier momento**.* 누리아는 불시에 도착할 것이다.

● **hasta** …까지는 한 행동 또는 상황의 마지막 순간을 가리킵니다.
- *Estaré en casa **hasta las ocho**.* 나는 8시까지 집에 있을 것이다.
- *Teresa vivió en Cuba **hasta 1987**.* 테레사는 1987년까지 쿠바에 살았다.

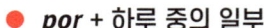
●------- hasta -------► x
　　　　…까지
ahora　　　las ocho
현재　　　　8시

● **desde** …에서, …부터는 한 행동 또는 상황의 최초의 순간을 가리킵니다.
- *Amanda no me llama **desde Navidad**.* 아만다는 크리스마스부터 나에게 전화를 하지 않는다.
- *No me siento bien **desde ayer**.* 나는 어제부터 몸/기분이 좋지 않다.

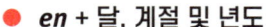
x------- desde -------●
　　　…에서, …부터
Navidad　　　ahora
크리스마스　　현재

(1) **de… a** …에서/부터 …까지와 **desde… hasta** …에서/부터 …까지는 어떤 행동이나 상황의 최초 순간과 마지막 순간을 가리킵니다.
- *Lucía vivió en Panamá **de 1999 a 2001**.* 루시아는 1999년부터 2001년까지 파나마에 살았다.
- *Trabajo solo **de lunes a jueves**.* 나는 월요일부터 목요일까지만 일한다.
- *Natalia tiene clases **desde las cinco hasta las siete**.* 나탈리아는 5시부터 7시까지 수업이 있다.

(2) **de… a** …에서/부터 …까지를 사용할 때 시간에 관사가 필요하지 않습니다.
- *Este dentista tiene consulta los viernes **de cinco a siete**.* 이 치과 의사는 금요일 5시에서 7시까지 진료가 있습니다.

● **durante** … 동안, **antes de** … 전에, **después de** … 후에

antes del partido
경기 전에

durante el partido
경기 중에

después del partido
경기 후에

- *Estuvieron hablando **durante** toda la película.* 그들은 영화 내내 이야기를 했다.
- *Dimos una vuelta **después de** la cena.* 우리는 저녁 식사 후에 한 바퀴 돌았다.

• **durante** + 기간:
- *Estuvimos afónicos **durante dos días**.* 우리는 이틀 동안 목이 쉰 상태였다.

● **dentro de** … 후에 + 미래의 어떤 기한을 가리키기 위한 기간
- *Te llamo **dentro de dos días**.* 이틀 후에 너에게 전화할게.
- *Vuelvo **dentro de cinco minutos**.* 5분 후에 돌아올게.

●------- dentro de dos días -------►
　　　　이틀 후에
ahora　　　　　　　jueves
현재　　　　　　　　목요일
martes
화요일

110 연습 문제 Ejercicios

110.1. 적절한 전치사를 사용하여 2 열을 연결하세요.

1. Despiértame — a
2. Los domingos solo trabajo
3. Mi cumpleaños es el 31
4. Natalia nació
5. Podemos quedar
6. Lo siento. No puedo salir
7. Ana no puede estudiar
8. A veces vamos a esquiar
9. Llegaron a las dos

| a | de | en | por |

a. octubre.
b. la noche. Se duerme.
c. la mañana.
d. invierno.
e. este momento.
f. la tarde, cuando estábamos comiendo.
g. las siete.
h. el año 1987.
i. mediodía para tomar algo.

ACIERTOS ...../9

110.2. A, hasta, de, desde 또는 dentro de를 사용하여 문장을 완성하세요.

1. Manuel vivió en Venezuela __de/desde__ 1993 __a/hasta__ 1998.
2. Trabajé en una empresa mexicana _____ el año pasado.
3. Patricia vive en Madrid _____ 2001.
4. Los bancos abren _____ ocho _____ dos.
5. Quiero ir a Bolivia _____ dos meses.
6. Anoche no me pude dormir _____ las tres.
7. Tengo mucho trabajo. No estoy libre _____ el jueves.
8. Olga lleva enferma _____ el lunes.
9. A: ¿Cuándo regresa Sebastián? B: _____ unos días.

ACIERTOS ...../9

110.3. De, desde, a, hasta, dentro de, durante와 괄호 안의 표현을 사용하여 문장을 완성하세요.

1. Darío estuvo con nosotros (*el principio, el fin del verano*) __Darío estuvo con nosotros desde el principio hasta el fin del verano__.
2. Emilia vivió en Honduras (*1999–2002*) _____.
3. Eva y Mario se casan (*tres meses*) _____.
4. Trabajo en esta oficina (*el mes pasado*) _____.
5. Voy a un gimnasio (*siete, nueve*) _____.
6. Me voy. Ya no nos vemos (*la semana que viene*) _____.
7. Gracias por todo. He estado muy a gusto (*estos días*) _____.

ACIERTOS ...../7

110.4. De, durante 또는 después de와 주어진 표현을 사용하여 문장을 완성하세요.

1. Gabriel estuvo hablando __durante toda la clase__.
2. Estábamos agotados _____.
3. Mónica estaba muy nerviosa _____.
4. Me quedé muy relajada _____.
5. Hay que tener los móviles apagados _____.
6. Tengo que acabar este trabajo _____.

caminata por la sierra
el viernes
la entrevista
la ducha
los conciertos
~~toda la clase~~

ACIERTOS ...../6

a Tijuana, desde la playa...
전치사 (2) Preposiciones (2)

전치사는 이동, 방향 장소와 관련하여서도 사용될 수 있습니다.

- **a**는 목적지와 거리를 가리킵니다.
  - A: ¿*Adónde vas*? B: *Voy **a** la academia.* • *El pueblo está **a** seis kilómetros.*
  너 어디 가니? 나 학원에 가. 시골은 6킬로미터 거리에 있다.
  - *a + el → al*: • *Voy **al** mercado. Necesitamos fruta.* 나 시장에 갈게. 우리는 과일이 필요해.

- **hacia** …쪽으로는 방향을(= 방향으로 향함을) 가리킵니다.
  - *Esta autopista va **hacia** el sur.* 이 고속도로는 남쪽으로 향한다.

- **hasta** …까지는 이동 경로의 종착점을 가리킵니다.
  - *Corrimos **hasta** la parada del autobús.* 우리는 버스 정류장까지 달렸다.
  - *Hicimos una marcha y llegamos **hasta** Aranjuez.* 우리는 행진 해서 아랑후에스까지 도착했다.

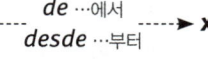

- **de** …에서, **desde** …부터는 출발지 또는 경로나 이동의 시작점을 가리킵니다.
  - *Han venido **de/desde** la playa en bicicleta.*
  그들은 해변에서부터 자전거를 타고 왔다.
  - A: ¿*De dónde vienes*? B: *De casa de Eva. Está mejor.*
  너 어디에서 오니? 에바의 집에서. 그녀는 이제 나아졌어.
  - *de + el → del*: • *Regreso **del** instituto a las tres.* 나는 3시에 학교에서 돌아온다.

(1) 출발점 자체가 중요하고 경로는 중요하지 않을 때는 *desde*를 쓰지 않고, 보통 *de* + 장소를 씁니다.
  - *Venimos desde el cine.* → *Venimos **del** cine. Hemos visto una película fabulosa.*
  우리 영화관에서 왔어. 우리는 아주 멋진 영화를 봤어.

(2) 이동을 표현하지 않는 동사와 함께 어떤 행위나 현상이 도달하는 범위의 기준점을 나타내기 위해 *desde*를 사용합니다.
  - *Se ve el mar **desde** la terraza.* 테라스로부터 바다가 보인다.

- **de/desde... a/hasta** …에서/부터 …까지는 경로의 시작점과 종착점을 가리킵니다.
  - *Hay mucho camino **de/desde** la iglesia **a/hasta** el restaurante.* 교회에서/부터 식당으로/까지 가는 길이 많이 있다.

- **en** …에는 일반적인 의미에서의 위치를 가리킵니다.

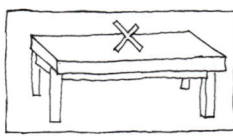   

***en** la mesa* ***en** la caja* ***en** el jardín* ***en** Ecuador*
탁자에 상자에 정원에 에콰도르에

- *Tengo sellos **en** el cajón.* 나는 서랍에 우표를 가지고 있다. • *Teresa vive **en** el quinto piso.* 테레사는 5층에 산다.

예외 *a*는 어떤 기준점에 대한 상대적 위치를 나타내며, 이 때 기준점은 언급되지 않을 수도 있습니다.

***a** la entrada (del museo)* ***a** la derecha (de la Gran Via)*
(박물관의) 입구에서 (그란비아의) 오른쪽에서

- *Se sentaron **a** la puerta de la casa.* 그들은 집의 문 앞에 앉았다.

- **sobre**는 다른 사물 또는 사람의 위쪽에 있음을 가리킵니다.
  - *Hay muchos papeles **sobre** el televisor.* 텔레비전 위에 종이가 많이 있다.
  - *A veces pasan aviones **sobre** la ciudad.* 이따금씩 비행기들이 도시 상공으로 지나간다.

- **entre**는 두 대상 사이나 중간 지점을 가리킵니다.
  - *La farmacia está **entre** el supermercado y el banco.* 약국은 슈퍼와 은행 사이에 있다.

111 연습 문제 Ejercicios

111.1. 알맞은 전치사를 고르세요.

1. Vengo (hasta/*de*) casa de Juana.
2. Ven (a/hasta) casa esta noche.
3. ¿Van a ir (a/de) Calpe este verano?
4. (De/Desde) aquí se ve muy bien la obra.
5. No mires (a/hacia) abajo. Te puedes marear.
6. (Al/Del) instituto (a/hacia) mi casa hay más de diez kilómetros.
7. ¡Ánimo! Tienes que llegar (a/hacia) la meta.
8. A: ¿(A/Hasta) dónde hay que llegar?   B: (Hasta/Hacia) el árbol que está en la esquina.

ACIERTOS ...... / 8

111.2. A, hacia, hasta, de 또는 desde를 사용하여 문장을 완성하세요. 일부 경우에는 복수 정답이 있습니다.

1. ¿Nos puede llevar ___a___ la estación?
2. ¿Vosotras podéis nadar _____ la orilla?
3. Este autobús no llega _____ el centro.
4. Para ver esa estrella hay que mirar _____ el Este.
5. _____ Santiago _____ Lima hay una buena carretera.
6. El Ebro fluye _____ el Este.
7. _____ aquí _____ casa de Lola hay solo dos kilómetros.
8. ¿Cuántos kilómetros hay _____ Valencia?
9. A: ¿_____ dónde vienes?   B: _____ una conferencia sobre los mayas.
10. _____ aquí arriba no se oye nada.
11. ¿Cómo se va _____ el estadio?

ACIERTOS ...... / 11

111.3. 그림을 보고 de, a, sobre, en 또는 entre를 사용하여 문장을 완성하세요.

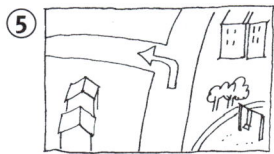   

1. Hay una foto ___sobre___ el piano.
2. Bibiana está _____ su madre y su padre.
3. Asunción está _____ Paraguay.
4. Hay un quiosco de flores _____ la puerta de los almacenes.
5. Tuerce por la primera _____ la izquierda.
6. Hay unas nubes _____ el pueblo.
7. Costa Rica está _____ Nicaragua y Panamá.
8. Solo hay dos alumnos _____ el aula.

ACIERTOS ...... / 8

112 encima de la mesa, dentro de la caja...
전치사 (3) Preposiciones (3)

Encima de 와 ***dentro de*** 는 복합 전치사입니다. 다른 사람, 동물, 사물과 맺는 공간적 관계를 나타낼 때 사용됩니다.

- ***Los documentos*** están ***encima de la mesa***.
  서류들은 탁자 위에 있다.

● ***encima de*** … 위에, ***debajo de*** … 아래에
  - No dejéis nada ***encima de las sillas***.
    너희들 의자 위에 아무것도 두지 마.
  - Enrique guarda sus juguetes ***debajo de la cama***.
    엔리케는 그의 장난감들을 침대 밑에 보관한다.

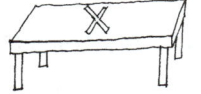

● ***dentro de*** … 안에, ***fuera de*** … 밖에, … 바깥에
  - El abrigo está ***dentro del armario***.
    외투는 옷장 안에 있다.
  - Te has dejado la leche ***fuera de la nevera***.
    너는 우유를 냉장고 밖에 놔두었어.

● ***cerca de*** … 근처에, … 가까이에, ***lejos de*** … 멀리에
  - Rosa vive ***cerca del centro***. 로사는 중심지 근처에 산다.
  - El estadio está ***lejos de aquí***. 경기장은 여기에서 멀다.

● ***frente a*** … 정면에, … 맞은편에 /***enfrente de*** … 정면에, … 맞은편에
  - Aurelio vive ***enfrente de un parque***.
    아우렐리오는 공원 앞에 산다.

● ***junto a*** … (바로) 옆에 /***al lado de*** … 옆에
  - Hay una papelería ***junto a la academia***.
    학원 바로 옆에 문구점이 있다.

● ***alrededor de*** … 주변에, … 주위에
  - Hay muchas tiendas alrededor de la plaza.
    광장 주변에 가게가 많이 있다.

● ***delante de, detrás de*** … 앞에
  - No me dejas ver. Estás siempre ***delante del televisor***.
    넌 내가 (텔레비전을) 보게 놔두지 않아. 네가 항상 텔레비전 앞에 있거든.

● 전치사 + 인칭 대명사

▶ 34과: 주격 인칭 대명사 Pronombres personales de sujeto

전치사 + ***mí, ti, usted, él, ella, nosotros, –as, vosotros, –as, ustedes, ellos, –as***
  - ¿Quién está ***detrás de mí***? 내 뒤에 누가 있어?

112 연습 문제 Ejercicios

112.1. 주어진 단어를 배열하여 문장으로 만드세요. 필요한 경우 변형하세요.

1. un bar / hay / el cine / frente a __Hay un bar frente al cine__.
2. el suelo / los cables / debajo de / van _____.
3. una estación de metro / mi casa / hay / cerca de _____.
4. se sienta / junto a / Alfonso / mí _____.
5. el televisor / no pongas / encima de / nada _____.
6. te espero / el hotel / frente a _____.

ACIERTOS ...... / 6

112.2. 그림을 보고 필요한 경우 변형하여 문장을 완성하세요.

| alrededor de | debajo de | delante de | dentro de | detrás de |
| encima de | fuera de | frente a | ~~junto a~~ | lejos de |

1. Hay un banco (cine) __junto al cine__.
2. Hay muchos árboles (museo) _____.
3. Las zapatillas están (cama) _____.
4. Hay un parque (colegio) _____.
5. La estación está (hospital) _____.
6. Saturno está (Tierra) _____.
7. Hay una mosca (botella) _____.
8. Se han dejado la leche (nevera) _____.
9. He dejado el coche (tienda) _____.
10. Tengo una foto (mesa) _____.

ACIERTOS ...... / 10

112.3. 주어진 전치사를 사용하여 문장을 완성하세요.

1. No podemos ir andando a la playa. Está __lejos de__ aquí.
2. La cola es muy larga. Hay casi cien personas _____ nosotros.
3. Eduardo no se sienta nunca _____ Cristina.
4. No hace falta ir en coche. El cine está _____ mi casa.
5. Las tijeras están _____ uno de esos cajones.
6. Trae mala suerte pasar por _____ una escalera.
7. Por favor, no pongáis los pies _____ la mesa.
8. Hay una parada de autobús justo _____ mi casa.
9. Ponte _____ mí. Yo he llegado primero.
10. En las fiestas colocan puestos _____ la plaza.
11. Deja el paraguas _____ la casa.

alrededor de
cerca de
debajo de
delante de
dentro de
detrás de
encima de
enfrente de
fuera de
junto a
~~lejos de~~

ACIERTOS ...... / 11

113 a Pedro, de Elvira, en autobús...
전치사 (4) Preposiciones (4)

● **전치사 a의 용법**

(1) 간접 목적어 앞에 사용합니다.
- *Le he regalado mi portátil **a Pedro**.*
  나는 페드로에게 내 노트북을 선물했어.
- *Tienes que dar la comida **a los gatos**.*
  너는 고양이들에게 먹이를 줘야 해.

(2) 직접 목적어가 사람, 동물, 의인화된 사물을 가리킬 때 직접 목적어 앞에 사용합니다.
- *Anoche vimos **a Elena** en el concierto.*
  어젯밤에 우리는 콘서트에서 엘레나를 봤다.
- *Tengo que lavar **a Fifí**. Está sucísimo.*
  나는 피피를 씻겨야 해. 아주 더러워.
- *Algunas personas quieren mucho **a sus perros**.*
  일부 사람들은 그들의 개를 무척 사랑한다.

예외 직접 목적어가 의인화되지 않은 동물이나 사물을 가리킬 때, 불특정한 대상을 가리킬 때, 또는 동사 *haber* 뒤에서는 *a*를 사용하지 않습니다.
- *¿Has visto **las vacas** que hay en el establo?*
  너 우리에 있는 암소들을 보았니?
- *Necesito **un médico**.*
  나는 의사가 필요합니다.
- *Hoy hay **poca gente** en el concierto.* 오늘은 콘서트에 사람이 적다.

(3) 이동 동사와 함께 쓰여 목적이나 의도를 나타냅니다. ▶ 117과: 목적 구문 Oraciones finales
- *El fontanero ha venido **a arreglar** el baño.* 배관공은 욕실을 수리하려고 왔다.

(4) 방식, 방법 또는 도구를 나타내기 위해 사용합니다.
- *Hoy hemos comido calamares **a la romana**.*
  오늘 우리는 로마식 오징어 요리를 먹었다.
- *Estas sandalias están hechas **a mano**.*
  이 샌들은 손으로 만들어진 것이다.

● **전치사 de의 용법**

(1) 소유를 나타냅니다.
- *Este es el despacho **de Elvira**.* 이곳은 엘비라의 사무실이다.

(2) 출신지를 나타냅니다
- *Esos señores son **de Costa Rica**.* 그분들은 코스타리카 출신입니다.

(3) 재료, 주제 또는 내용을 나타냅니다.
- *Me encantan las tartas **de chocolate**.* 나는 초콜릿 케이크를 정말 좋아한다.
- *Necesito una gramática **de español**.* 나는 스페인어 문법 책이 하나 필요하다.

(4) 목적을 나타냅니다.
- *Necesito gafas **de sol**.* (gafas para protegerme del sol)
  나는 선글라스가 필요하다. (태양으로부터 나를 보호하기 위한 안경)

(5) 특성이나 속성을 나타냅니다.
- *La chica **de la falda amarilla** es argentina.*
  노란색 치마를 입은 여자는 아르헨티나인이다.
- *Fernando tiene una **niña de diez años**.* 페르난도는 10살의 딸이 있다.

*Este jarrón es **de porcelana**.*
이 꽃병은 도자기로 만들어진 거야.

● **전치사 en의 용법**

(1) 교통 수단에 사용합니다.
- *El viaje al Machu Picchu se hace **en tren** y **en autobús**.* 마추픽추로의 여행은 기차와 버스를 타고 이루어진다.

예외 *a pie* 걸어서, *a caballo* 말을 타고 • *Voy a trabajar **a pie**. Vivo muy cerca de la oficina.*
나는 걸어서 일하러 간다. 사무실에서 매우 근처에 산다.

(2) 방법 또는 방식을 나타낼 때 또는 언어와 함께 사용합니다.
- *Me gusta trabajar **en silencio**.*
  나는 조용히 일하는 것을 좋아한다.
- *No me hables **en ruso**. No te entiendo.*
  내게 러시아어로 말하지 마. 너를 이해할 수 없어.

● **전치사 sobre의 사용**

(1) 근사치를 나타내기 위해 사용합니다.
- *El cartero suele llegar **sobre las diez**.* (aproximadamente) 우체부는 보통 10시경에 도착한다. (대략적인 시간)

(2) 주제 또는 화제를 나타내기 위해 사용합니다.
- *Mañana hay una conferencia **sobre la globalización**.* 내일은 세계화에 대한 강연이 있습니다.
- *Estoy escribiendo un libro **sobre Miguel Ángel Asturias**.* 나는 미겔 앙헬 아스투리아스에 대한 책을 쓰고 있다.

113 연습 문제 Ejercicios

113.1. 필요한 경우 적절한 위치에 **a**를 써 넣으세요.
1. No he oído los niños todavía. No he oído a los niños todavía.
2. Todavía no he oído esa canción. Todavía no he oído esa canción.
3. ¿A qué hora has llamado Enrique? _____.
4. Begoña está regalando sus gatitos. _____.
5. ¿Has visto alguien de nuestro grupo? _____.
6. Tengo que saludar Bárbara. _____.
7. ¿Hay alguien en el aula? _____.
8. En mi oficina necesitan una secretaria. _____.

ACIERTOS ...... / 8

113.2. 그림을 보고 주어진 단어와 알맞은 전치사를 사용하여 명사를 완성하세요.

baño   fútbol   oro   ~~sol~~

① gafas ___de sol___   ② reloj _____   ③ cuarto _____   ④ campo _____

ACIERTOS ...... / 4

113.3. 전치사 a, de, en 또는 sobre를 사용하여 문장을 완성하세요.
1. ¿Sabes escribir ___a___ máquina?
2. Estrella va a clases _____ alemán.
3. Arístides es _____ Santo Domingo.
4. Mi abuelo siempre se hacía los trajes _____ medida.
5. Me encanta la tortilla _____ patatas.
6. Algunas ciudades tienen muchos problemas _____ tráfico.
7. No me siento _____ gusto con estos zapatos.
8. Estoy leyendo un libro _____ los pueblos caribes.
9. Creo que Antonio y Marta se han casado _____ secreto.

ACIERTOS ...... / 9

113.4. 전치사 a, de, en 또는 sobre와 주어진 단어를 사용하여 문장을 완성하세요.
1. Mañana tengo una entrevista ___de trabajo___.
2. Me encanta pasear _____ por el campo.
3. Copiad los ejercicios _____.
4. Lorena siempre viene a la universidad _____.
5. John, ¿cuándo has empezado las clases _____?
6. ¿Quién es la chica _____?
7. Dijeron que vendrían _____.
8. He recibido una revista escrita _____.

caballo
español
lápiz
las diez
metro
pelo largo
portugués
~~trabajo~~

ACIERTOS ...... / 8

235

114 para ti, por amor...
전치사 (5) Preposiciones (5)

● **전치사 para의 용법**

(1) 목적지나 목적을 나타낼 때 사용됩니다.
- *Mañana salimos para Londres.* 내일 우리는 런던으로 떠난다.
- *Toma, un regalo para ti.* 받아, 너를 위한 선물이야.
- *He comprado unos altavoces para el ordenador.* 나는 컴퓨터용 스피커를 샀다.

Estas flores son para usted. 이 꽃은 당신을 위한 것이에요.

(2) 'Para + 동사 원형'은 행위의 목적이나 용도를 나타냅니다. ▶ 117과: 목적 구문 Oraciones finales
- *¿Tiene un cuchillo para pelar patatas?* 감자 껍질을 벗기기 위한 칼이 있습니까?

(3) 기한의 종료 시점을 나타내기 위해 사용됩니다.
- *He comprado unos pollos para el domingo.* 나는 일요일에 사용할 닭고기를 샀다.
- *Necesitamos un apartamento para este verano.* 우리는 이번 여름에 머물 아파트가 필요하다.

(4) 'Para + 명사/목적격 대명사'는 의견을 표현하기 위해 사용합니다.
- *Para Julio, su hermana es perfecta.* 훌리오에게 있어 그의 누나는 완벽하다.
- *Para mí, eso no tiene importancia.* 나에게 그것은 중요하지 않아.

● **전치사 por의 용법**

(1) 행동의 원인이나 동기를 나타낼 때 사용합니다.
- *Se suspendió el partido por la lluvia.* 우천으로 경기가 중단되었다.
- *Lo he hecho por amor.* 나는 사랑 때문에 그것을 했어.

Gracias por el reloj. 시계 고마워.

(2) 행위를 하는 수단이나 매개체를 나타냅니다.
- *Llámame por teléfono esta noche.* 오늘 밤에 내게 전화해 줘.
- *Envíale la factura por fax.* 그에게 팩스로 송장을 보내.

(3) 어떤 장소의 부근이나 통과하는 길을 나타냅니다.
- *Tiene que haber un banco por aquí.* 여기 근방에 은행이 있을 거야.
- *Fuimos a Sevilla por la autopista.* 우리는 고속도로를 타고 세비야에 갔다.

(4) 가격을 나타낼 때 사용합니다.
- *Hemos comprado un apartamento por cien mil euros.* 우리는 십만 유로에 아파트를 매수했다.

● **전치사 con의 용법**

(1) 동반 또는 동행을 나타낼 때 사용됩니다.
- *José sale con Tina los fines de semana.* 호세는 주말에 티나와 데이트한다.
- *¿Has probado el chili con carne?* 너는 칠리콘카르네 먹어 봤니?

(2) 도구나 수단을 나타내기 위해 사용됩니다.
- *Pagó las entradas con la tarjeta de crédito.* 그/그녀는 신용 카드로 입장권을 결제했다.

● **전치사 sin은 사물이나 사람의 결여나 부재를 나타낼 때 사용됩니다.**
- *Me he acostumbrado a beber cerveza sin alcohol.* 나는 무알콜 맥주를 마시는 것에 익숙해졌다.

● **전치사 contra는 반대나 대립을 나타낼 때 사용됩니다.**
- *Este domingo juega el Real Madrid contra el River Plate.* 이번 일요일에 레알마드리드는 리베르플라테를 상대로 경기한다.
- *Ayer fuimos a una manifestación contra el paro.* 어제 우리는 실업에 대항하는 시위에 갔다.

● **전치사 'según + 주격 인칭 대명사/명사'는 관점이나 견해를 나타낼 때 사용됩니다.**
- *Según tú, ¿quién tiene razón?* 네 생각에 누가 옳은 것 같니?

114 연습 문제 Ejercicios

114.1. 알맞은 전치사를 고르세요.
1. Te felicito (para/**por**) tu trabajo.
2. Hay que comprar comida (para/por) el domingo.
3. Me he comprado una blusa preciosa (para/por) treinta euros.
4. ¿(Para/Por) quién es esto?
5. Me han regañado (para/por) culpa tuya.
6. No pudimos salir (para/por) el frío.
7. No tengo las instrucciones (para/por) instalar el ordenador.

114.2. 알맞은 전치사를 사용하여 문장을 결합하세요.
1. Quiero un café
2. No os podéis ir
3. ¿Te gustan las patatas
4. No puedes cortar esa tela
5. No veo ese cartel
6. Mañana hay una manifestación
7. No podemos pintar el techo
8. Es pesado conducir

con / contra / sin

a. la pena de muerte.
b. escalera.
c. tijeras.
d. carne?
e. lluvia.
f. leche.
g. permiso.
h. gafas.

114.3. Por, para, sin, con, contra 또는 según을 사용하여 문장을 완성하세요.
1. Alfonso y Anselmo viven todavía ___con___ sus padres.
2. No podrás encender el gas _____ cerillas.
3. Hay pocos remedios _____ el dolor de muelas.
4. Me encantaría inventar una máquina _____ tender la ropa.
5. ¿Es esto delito, _____ la ley?
6. Carlota no se fue a México _____ sus padres.
7. Fernando invitó a Josefina _____ mi voluntad.
8. _____ vosotros, ¿quién va a ganar el partido?

114.4. 주어진 전치사와 명사를 사용하여 문장을 완성하세요.
1. He recibido los documentos _por correo_.
2. Es difícil hacer esa traducción _____.
3. Necesitamos cortinas _____.
4. Hay que atravesar el río _____.
5. Me he dado un golpe _____.
6. Mándame el paquete _____.
7. Martina hace muchos gestos _____.
8. Hace frío. No salgas _____.
9. Están buscando una vacuna _____.

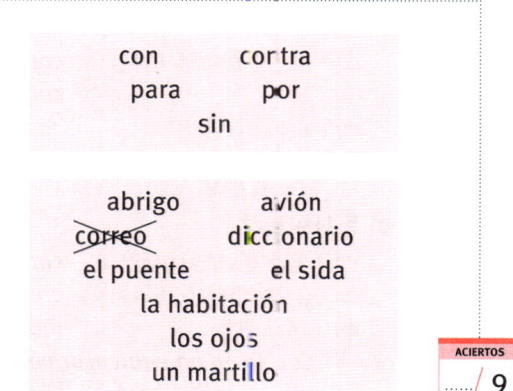

con   contra
para   por
sin

abrigo   avión
~~correo~~   diccionario
el puente   el sida
la habitación
los ojos
un martillo

115 *Pienso en ti*
전치사와 함께 사용하는 동사들 Verbos con preposiciones

¿Me **ayudas a** recoger?
치우는 것 좀 도와줄래?

Pienso en ti todos los días.
나는 너를 매일 생각해.

Ayudas와 **pienso**는 다음 단어와 연결되기 위해 각각 전치사 **a**와 **en**을 필요로 합니다. 이처럼 일부 동사들은 다른 동사, 명사 또는 대명사와 연결되기 위해 전치사를 필요로 합니다.

● **동사 + 전치사**

(1) 일부는 동사 원형, 명사 또는 대명사가 그 뒤를 따릅니다.
동사 + 전치사 + 동사 원형 → ¿Me **ayudas a limpiar** la casa? 내가 집 청소하는 것을 도와줄래?
동사 + 전치사 + 명사 → Estamos **ayudando al padre** de Andrea. 우리는 안드레아의 아버지를 돕고 있다.
동사 + 전치사 + 대명사 → ¿Quién me **ayuda a mí**? 누가 나를 도와줄거니?

(2) 오직 동사 원형만 뒤에 올 수 있는 경우도 있습니다.
• Tengo que **acabar de pasar** esto a máquina esta noche. 나는 오늘 밤 이 글의 타이핑을 끝내야 한다.

(3) 일부 대명사는 전치사 뒤에 올 때 특별한 형태를 가집니다.

▶ 41과: 전치격 대명사 Pronombres personales con preposiciones

• Se parece **a ti**. 그/그녀는 너를 닮았어.   • No me puedo comparar **contigo**. 나는 너와 비교가 안 돼.

● **동사 + a**

a + 동사 원형/명사/대명사   *acostumbrarse* …에 익숙해지다, 습관이 들다, *aficionarse* …에 열중하다, *ayudar* …을 돕다, *dedicarse* …에 헌신하다, 전념하다

a + 동사 원형   *aprender* …을 배우다, *atreverse* 감히 …하다, *comenzar* …을 시작하다, *decidirse* …을 하기로 결심하다, *enseñar* …하는 것을 가르치다, *esperar* …을 기다리다, *negarse* …하는 것을 부인하다, *volver* …로 돌아오다, 돌아가다, *ir* …에 가다, *venir* …에 오다

a + 명사/대명사   *oler* …한 냄새가 나다, 냄새를 맡다, *parecerse* …을 닮다

• **Nos** hemos **acostumbrado a las comidas** de Toni. 우리는 토니의 음식에 익숙해졌다.
• Tenéis que **venir a ver** nuestro piso. 너희들은 우리 아파트를 보러 와야 해.
• Tu hijo mayor **se parece a ti**. 네 큰아들은 너를 닮았어.

● **동사 + de**

de + 동사 원형/명사/대명사   *acordarse* …을 기억하다, *arrepentirse* …을 후회하다, *cansarse* …에 대해 지치다, *reírse* …에 대해 웃다
de + 동사 원형/명사   *alegrarse* …로 인해 기쁘다
de + 동사 원형   *dejar* …을 그만두다, *tratar* …하려고 애쓰다, 노력하다
de + 명사/대명사   *desconfiar* …을 불신하다, *disfrutar* …을 즐기다, *divorciarse* …와 이혼하다, *enamorarse* …에 사랑에 빠지다
de + 명사   *morir* …로 죽다

• ¿**Te acuerdas de Constantino**? 너 콘스탄티노를 기억해?
• Javier siempre **trata de ser** amable. 하비에르는 항상 친절하려고 노력한다.
• ¿**Desconfías de nosotros**? 너 우리를 못 믿니?
• Dionisio **murió de un ataque** al corazón. 디오니시오는 심장 마비로 사망했다.

● **동사 + con**

con + 동사 원형/명사/대명사   *conformarse* …에 적합하다, 만족하다, *contar* …을 가지다, 고려에 넣다, *contentarse* …에 만족하다, *soñar* …을 꿈꾸다
con + 명사/대명사   *casarse* …와 결혼하다, *compararse* …와 비교하다, *enfadarse* …에게 화내다, 화가 나다

• **Me contento con ser** feliz. 난 (그저) 행복한 것만으로 충분하다.
• Iván **se** va a **casar con una boliviana**. 이반은 볼리비아 여자와 결혼할 것이다.

● **동사 + en**

en + 동사 원형/명사/대명사   *confiar* …을 신뢰하다, 확신하다
en + 명사/대명사   *creer* …을 믿다, *fijarse* …에 주목하다, 주의하다, 시선을 쏟다, *transformarse* …로 바꾸다
en + 동사 원형   *molestarse* 일부러 …하다, *quedar* (약속)정하다, *tardar* …을 하는 데 시간이 걸리다

• **Confío en no equivocarme** mucho. 나는 크게 실수하지 않을 거라고 확신한다.
• ¿**Te has fijado en ese hombre**? 너는 저 남자를 눈여겨 본 적 있어?

115 연습 문제 Ejercicios

115.1. 적절한 전치사를 사용하여 각 열을 연결하세요.

1. Valentín se dedica
2. Sara no cree
3. Siempre hemos soñado
4. Arturo se parece
5. Alba se ha enamorado
6. ¿Puedes ayudarme
7. Con Pablo te mueres
8. Esta televisión tarda mucho

| a | con | de | en |

a. risa.
b. su madre.
c. encenderse.
d. la existencia de extraterrestres.
e. llevar estas cajas?
f. su profesor.
g. exportar fruta.
h. visitar la isla de Pascua.

ACIERTOS ...../8

115.2. A, de, en 또는 con을 사용하여 문장을 완성하세요.

1. ¿Confías __en__ nosotros?
2. Lina se ha divorciado _____ su marido.
3. ¿Te atreves _____ tirarte desde aquí?
4. Esther se ha enfadado _____ Amelia.
5. ¿Cuándo van a comenzar _____ pintar la casa?
6. Tengo que aprender _____ conducir.
7. ¿Crees _____ las supersticiones?
8. Me alegro mucho _____ verte.
9. Bruno y Adela no se deciden _____ casarse.

ACIERTOS ...../9

115.3. A, de, en, con과 주어진 표현을 사용하여 문장을 완성하세요.

1. Esta noche vienen unos amigos __a cenar__.
2. Aquí huele _____.
3. Yo me conformo _____.
4. No te molestes _____.
5. Ya me he acostumbrado _____.
6. Hay que disfrutar _____.
7. Carlos cuenta siempre _____.
8. ¿Quién te enseña _____?
9. Lucio se arrepiente _____.

acompañarme a casa
~~cenar~~
ganar para vivir
hacer yoga
la ayuda de mis amigos
la vida
levantarme temprano
perfume
su pasado

ACIERTOS ...../9

115.4. 필요한 경우 변형하여 괄호 안의 단어를 알맞은 대명사로 바꿔 쓰세요.

1. Ayer me acordé de (tú) __ti__ en el concierto.
2. Confío en (mi hermano) _____.
3. No se quiere casar con (yo) _____.
4. No me gusta que se rían de (mis amigos y yo) _____.
5. Mis padres no desconfían de (yo) _____.
6. ¿Por qué se ha enfadado Tere con (tú) _____?

ACIERTOS ...../6

116 y, o, pero...
접속사 Conjunciones

Y와 *pero*는 접속사입니다. 접속사는 문장 또는 문장의 일부를 연결하고 관련 짓는 데 사용됩니다.

- *Trabajo en un banco. Estudio Económicas.* → *Trabajo en un banco y estudio Económicas.*
  나는 은행에서 일한다. 나는 경제학을 공부한다. 나는 은행에서 일을 하고 경제학을 공부한다.
- *Tengo dos hermanas. Tengo un hermano.* → *Tengo dos hermanas y un hermano.*
  나는 여자 형제가 두 명 있다. 나는 남자 형제가 한 명 있다. 나는 여자 형제 두 명과 남자 형제 한 명이 있다.

● **Y와 ni는 다음과 같이 요소나 생각을 연결합니다.**

(1) *y*는 긍정적 요소나 생각을 연결합니다.
  - *Me gusta la carne. Me gusta el pescado.* → *Me gustan la carne y el pescado.*
    나는 고기를 좋아한다. 나는 생선을 좋아한다. 나는 고기와 생선을 좋아한다.
  - *Gloria es mexicana. Rosario es mexicana.* → *Gloria y Rosario son mexicanas.*
    글로리아는 멕시코인이다. 로사리오는 멕시코인이다. 글로리아와 로사리오는 멕시코인이다.

(2) *y* → *e*: 접속사 *y* 다음에 오는 단어가 *i-/hi-*로 시작할 때, *y*는 *e*로 바뀝니다.
  - *Sara e Isabel son madre e hija.* 사라와 이사벨은 어머니와 딸이다.

(3) 2개 이상의 요소가 있을 때 *y/e*는 마지막 요소의 앞에 배치합니다.
  - *Fernando, Paco y María son españoles.* 페르난도, 파코 그리고 마리아는 스페인 사람들이다.

(4) *ni*는 부정적 요소나 생각을 연결합니다.
  - *No me gusta el té. No me gusta el café.* → *No me gusta el té ni el café.*
    나는 차가 싫다. 나는 커피가 싫다. 나는 차도 커피도 싫다.
  - *Alberto no habla inglés. Alberto no habla francés.* → *Alberto no habla inglés ni francés.*
    알베르토는 영어를 못 한다. 알베르토는 프랑스어를 못 한다. 알베르토는 영어도 프랑스어도 못 한다.

(5) 연결된 요소들이 동사 앞에 올 때, *ni... ni*를 사용합니다.
  - *Diana no habla inglés. Tere no habla inglés. Ni Diana ni Tere hablan inglés.*
    디아나는 영어를 못 한다. 테레는 영어를 못 한다. 디아나도 테레도 영어를 못 한다.

(6) 2개 이상의 요소가 있을 때, 각 요소 앞에 *ni*를 배치합니다.
  - *Ni Ana, ni Laura ni Agustín quieren ver esta película.* 아나도 라우라도 아구스틴도 이 영화를 보기를 원하지 않는다.

● **O는 선택적 요소를 연결하거나 근사치를 나타냅니다.**

- *¿Quieres fruta o un dulce?* 너는 과일이나 사탕을 원하니?
- *Había nueve o diez personas en la sala.* 응접실에 9~10명의 사람이 있었다.

- *o* → *u*: 접속사 *o* 다음에 오는 단어가 *o-/ho-*로 시작할 때, *o*는 *u*로 바뀝니다.
  - *No sé si siento amor u odio.* 나는 사랑을 느끼는지 미움을 느끼는지 모르겠다.
  - *Había siete u ocho platos sobre la mesa.* 식탁 위에 7~8개의 접시가 있었다.

● **Pero와 sino는 반대되는 요소나 생각을 연결합니다. 경우에 따라서 앞 문장과 구두점(쉼표)으로 구분되기도 합니다.**

- *Enrique es inteligente. Enrique es perezoso.* → *Enrique es inteligente, pero perezoso.*
  엔리케는 똑똑하다. 엔리케는 게으르다. 엔리케는 똑똑하지만 게으르다.
- *Enrique no estudia mucho. Enrique aprueba.* → *Enrique no estudia mucho, pero aprueba.*
  엔리케는 공부를 많이 하지 않는다. 엔리케는 시험에 합격한다. 엔리케는 공부를 많이 하지 않지만 시험에 합격한다.

(1) *sino*는 부정 표현 뒤에서 앞의 내용을 수정하거나 보완할 때 사용됩니다.
  - *Adriana no es argentina, sino peruana.* 아드리아나는 아르헨티나인이 아니라 페루인이다.

(2) 절을 연결할 때는 *sino que*를 사용합니다.
  - *No solo no vino, sino que tampoco llamó.* 그/그녀는 오지 않았을 뿐만 아니라 전화조차도 하지 않았다.

116 연습 문제 Ejercicios

116.1. O/u 또는 y/e를 사용하여 문장을 완성하세요.
1. ¿Es usted peruano ___o___ boliviano?
2. ¿Tienes lápiz _____ papel?
3. No recuerdo si dijo septiembre _____ octubre.
4. Mis meses preferidos son julio _____ agosto.
5. No recuerdo si me dieron diez _____ once.
6. Solo conozco dos países europeos, Francia _____ Italia.
7. A: ¿Son tuyos _____ de Carlos? B: Son míos _____ de Carlos.
8. Gabriel _____ Ignacio trabajan en la misma empresa.

ACIERTOS ...../8

116.2. 필요한 경우 변형하여 y/e, ni 또는 ni... ni를 사용하여 문장을 결합하세요.
1. Keiko habla inglés. Keiko habla español. _Keiko habla inglés y español_.
2. No hablo inglés. No hablo alemán. _____.
3. No me gusta la fruta. No me gustan las verduras. _____.
4. A Juan le gusta bailar. A Diana le gusta bailar. _____.
5. A Juan no le gusta el fútbol. A Diana no le gusta el fútbol. _____.
6. Héctor estudia idiomas. Héctor estudia informática. _____.
7. Luisa trabaja en la universidad. Luisa trabaja en una academia. _____.
8. Luis no tiene coche. Luis no sabe conducir. _____.
9. Mi hermano no quiere salir. Mi hermana no quiere salir. _____.

ACIERTOS ...../9

116.3. Y/e, ni, ni... ni 또는 pero를 사용하여 친구 그룹에 대한 두 문장을 한 문장으로 만드세요.
1. Raquel es española. Irene es española. _Raquel e Irene son españolas_.
2. Raquel juega al baloncesto. No es muy alta. _____.
3. Pedro no es muy guapo. Pedro es muy simpático. _____.
4. A Pedro le gusta Raquel. A Raquel no le gusta Pedro. _____.
5. Raquel no trabaja. Pedro no trabaja. Irene no trabaja. _____.
6. A Raquel le gusta la música clásica. A Irene le gusta la música clásica. A Pedro le gusta la música clásica. _____.

ACIERTOS ...../6

116.4. Pero, sino 또는 sino que를 사용하여 문장을 완성하세요.
1. Hugo no vive en La Paz, ___sino___ en Cochabamba.
2. Está casado, _____ no conozco a su mujer.
3. Trabaja en un taller, _____ no gana mucho.
4. No solo no trabaja, _____ tampoco estudia.
5. Juana no es mexicana, _____ guatemalteca.
6. Nació en Quezaltenango, _____ vive en San Cristóbal de las Casas.
7. No solo trabaja, _____ además va a clases por la noche.
8. Quiere poner un negocio, _____ no tiene dinero.

ACIERTOS ...../8

241

117 para, para que
목적 구문 Oraciones finales

Necesito tiempo **para estudiar**.
나는 공부할 시간이 필요해.

He traído una foto de mi hijo **para que lo conozcáis**.
나는 너희들이 나의 아들을 알 수 있도록 사진을 하나 가지고 왔어.

Para estudiar와 ***para que lo conozcáis***는 목적을 나타내는 구문입니다. 목적 구문은 어떤 행동이 왜 행해지는지, 어떤 목표나 목적을 가지고 행해지는지를 나타냅니다.

- *Tengo que verte. Quiero contarte algo.* → *Tengo que verte **para contarte** algo.*
  나는 너를 만나야 한다. 너에게 말하고 싶은 것이 있어.   나는 너에게 뭔가 말하기 위해서 널 만나야 해.
- *Se vistió deprisa. No quería llegar tarde.* → *Se vistió deprisa **para no llegar tarde**.*
  그는 급히 옷을 입었다. 늦게 도착하고 싶지 않았다.   그는 늦게 도착하지 않기 위해 급히 옷을 입었다.

● 목적 구문

para + 동사 원형	• *Anoche me llamó Juan **para quedar** el domingo.* 어젯밤에 후안은 나에게 일요일에 만나자고 전화했다.
para que + 접속법	• *Me gustaría ver a Dolores **para que me cuente** la fiesta.* 나는 돌로레스를 만나서 파티에 대한 이야기를 듣고 싶어.

● 보통 두 문장의 주어가 같을 때 'para + 동사 원형'을 사용합니다.
- *Llamé (yo) a Antonio **para invitarle** (yo) a la fiesta.* 나는 안토니오를 파티에 초대하기 위해 그에게 전화했다.
- *Sonia, Hans y yo nos reunimos (nosotros) todos los viernes **para practicar** (nosotros) español.*
  소니아, 한스 그리고 나, 우리는 스페인어를 연습하기 위해 금요일마다 모인다.
- *Fito ha cerrado (él) la puerta **para no molestar** (él) a sus padres.* 피토는 그의 부모님을 방해하지 않기 위해 문을 닫았다.

● 보통 두 문장의 주어가 다를 때 'para que + 접속법'을 사용합니다.
- *Juan ha escondido (él) el chocolate **para que no lo veas** (tú).* 후안은 네가 초콜릿을 못보게 하려고 그것을 숨겼다.
- *He traído (yo) un CD nuevo **para que lo escuchéis** (vosotros).* 나는 너희들이 새 CD를 듣도록 그것을 가지고 왔다.
- *Elvira ha cerrado (ella) la puerta **para que no les molesten** (ellos) los niños.*
  엘비라는 아이들이 그들을 방해하지 못하도록 문을 닫았다.

(1) 현재 또는 미래를 말할 때는 접속법 현재형을 사용합니다.

▶ 79과: 접속법 현재: 규칙 동사 Presente de subjuntivo: verbos regulares

- *Estoy esperando a Lupe **para que me explique** este problema.*
  나는 루페가 나에게 이 문제를 설명하도록 그를 기다리고 있다.
- *Vamos a ir a León este verano **para que Martita conozca** a sus tíos.*
  우리는 마르티타가 그녀의 삼촌들을 만나도록 이번 여름에 레온에 갈 것이다.

(2) 과거를 말할 때 접속법 불완료 과거형을 사용합니다.

▶ 82과: 접속법 불완료 과거: 규칙 동사 Pretérito imperfecto de subjuntivo: verbos regulares

- *Ayer quedé con Jesús **para que me enseñara** las fotos de las vacaciones.*
  어제 나는 헤수스가 나에게 휴가 사진들을 보여 주도록 그와 만났다.
- *El domingo fuimos al Museo de la Ciencia **para que lo conocieran** los niños.*
  일요일에 우리는 아이들이 과학 박물관을 알 수 있도록 그곳에 갔다.

> **주의** *ir, venir, salir* 등과 같은 이동 동사와는 *para* 대신 *a*를 사용합니다.
> - A: *¿Dónde está Lola?* 롤라가 어디에 있니?   B: *Ha salido un momento **a comprar** leche.* 우유를 사러 잠깐 나갔어.
> - *Uschi viene a casa todos los lunes **a que le ayude** con el español.*
>   우스치는 내가 그의 스페인어 (공부)를 돕도록 월요일마다 집에 온다.

▶ 114과: 전치사 (5) Preposiciones (5)

117 연습 문제 Ejercicios

117.1. 두 열의 요소를 결합하여 문장을 만드세요.

1. Tengo que ver a María para
2. Tengo que ver a Carlos para que
3. Habla bajo para que
4. Habla bajo para
5. Llama a casa de Elisa para
6. Llama a Jesús para que
7. Pablo trabajó mucho para
8. Rosana trabajó mucho para que
9. No aparques aquí para
10. No aparques aquí para que

a. no obstaculizar la salida.
b. comprarse la furgoneta.
c. hablar con su madre.
d. no nos oigan.
e. darle un recado.
f. no despertar a los niños.
g. venga a las siete.
h. no te multen.
i. sus hijos pudieran estudiar.
j. me explique algo.

117.2. 예시와 같이 문장을 다시 쓰세요.

1. Lleva un paraguas o te mojarás. _Lleva un paraguas para no mojarte_.
2. Préstales el libro o no podrán estudiar. _Préstales el libro para que puedan estudiar_.
3. Pon la radio o no oirás las noticias. _____.
4. Daos prisa o llegaréis tarde. _____.
5. Baja la televisión o no se dormirá el niño. _____.
6. Venid a casa o se enfadará mi hermano. _____.
7. Tengo que ahorrar o no me compraré la moto. _____.

117.3. 알맞은 형태를 고르세요.

1. Tienes que venir a casa para que te (**conozcan**/conocieran) mis padres.
2. Tuve que llamar a Raquel para que me (abra/abriera) la puerta.
3. Cierra la ventana para que no nos (vean/vieran) los vecinos.
4. Abre la ventana para que (entre/entrara) el aire.
5. Llama a Víctor para que (vaya/fuera) preparando la cena.
6. Llamé a Sara para que (vaya/fuera) a recoger las entradas.
7. Me escondí detrás de un árbol para que no me (vea/viera) nadie.

117.4. 괄호 안의 동사를 사용하여 목적 구문 완성하세요.

1. Hice las camas (tú, descansar) _para que descansaras_.
2. Vinieron a Madrid (ellos, ver) _____ la final del campeonato.
3. Luis quiere dar una fiesta (nosotros, conocer) _____ a su novia.
4. En verano vamos a pasar por Quito (nosotros, ver) _____ a tu prima.
5. Saldremos de noche (los niños, no, pasar) _____ calor.
6. Ayer salimos (nosotros, tomar) _____ un poco el aire.
7. Voy a comprar unos huevos (Manu, hacer) _____ un flan.
8. Llamé a Ricardo (él, recoger) _____ a Marga en la estación.

118 cuando, antes de que, siempre que...
시간 구문 Oraciones temporales

Cuando era joven, hacía mucho deporte.
내가 젊었을 때 나는 운동을 많이 했어.

Tengo que recoger la cocina antes de que lleguen todos.
나는 모두가 도착하기 전에 주방을 정리해야 해.

***Cuando era joven**과 **antes de que lleguen todos**는 시간 구문입니다. 시간 구문은 어떤 행위나 상황이 일어나는 시점에 대한 정보를 제공합니다. ¿**cuándo**? 언제?, ¿**desde cuándo**? 언제부터?, ¿**hasta cuándo**? 언제까지?로 묻는 질문에 대해 대답할 수 있습니다.*

- *Daniel se puso bien (¿cuándo?) **en cuanto tomó la medicina**.* 다니엘은 약을 먹자마자 괜찮아졌다.

● 시간절

antes de/(de) que …하기 전에		• *Quiero irme **antes de que** llegue Andrés.* 나는 안드레스가 오기 전에 가고 싶어.
después de/(de) que …한 후에		• *Podemos ir al cine **después de** cenar.* 우리는 저녁 식사 후에 영화관에 갈 수 있다.
cuando …할 때		• ***Cuando** veas a Silvia, dale recuerdos.* 실비아를 보면 그녀에게 안부를 전해 줘.
desde que …이래로, …부터	+ 직설법 + 동사 원형 + 접속법	• *La conozco **desde que** era pequeña.* 나는 그녀가 어렸을 때부터 그녀를 안다.
hasta que …까지		• *Se quedaron **hasta que** acabó la fiesta.* 그들은 파티가 끝날 때까지 머물렀다.
en cuanto (que) …하자마자		• *Mis hijas meriendan **en cuanto** llegan a casa.* 나의 딸들은 집에 오자마자 간식을 먹는다.
siempre que …할 때마다		• *Javi se enfada **siempre que** llego tarde.* 하비는 내가 늦게 도착할 때마다 화를 낸다.
mientras …하는 동안, …하는 사이에		• *No pienso salir **mientras** esté enfermo.* 나는 아픈 동안에는 나가지 않을 생각이다.

● 과거 또는 현재에 대해 말할 때는 직설법(현재, 불완료 과거 또는 부정 과거)이 사용됩니다.
- ***Cuando** era joven, comía mucho.* 내가 젊었을 때, 나는 많이 먹었어.
- *Insistió **hasta que** su padre le **perdonó**.* 그는 그의 아버지가 그를 용서해 줄 때까지 역설했다.
- *Me fui **en cuanto** empezó a llover.* 나는 비가 내리기 시작하자마자 갔다.
- *Suelo escuchar música **mientras** leo.* 나는 읽으면서 보통 음악을 듣는다.

● 미래에 일어날 일이나 아직 실현되지 않은 상황에 대해 말할 때는 접속법이 사용됩니다.
- *Tengo que recoger la casa **antes de que lleguen** todos.* 나는 모두가 도착하기 전에 주방을 정리해야 한다.
- ***Cuando cobre** mi primer sueldo, te invitaré a cenar.* 내가 나의 첫 월급을 받으면 너에게 저녁을 대접할게.

ahora 현재 ——————— x
recoger   llegada de todos
정리하다   모두의 도착

> 주의 (1) *Mientras*가 '*al tiempo que* …하는 동안'의 의미로 쓰일 때에는 직설법을 사용합니다.
> - *Voy a ducharme **mientras** haces la cena.* 나는 네가 저녁을 만드는 동안 샤워를 할 거야.
> (2) *Mientras*가 '*durante todo el tiempo que* …하는 한, …하는 동안 내내'의 의미로 쓰일 때에는 접속법을 사용합니다.
> - *No pienso salir **mientras** esté enfermo.* 나는 아픈 동안에는 나가지 않을 생각이다.
> (3) *antes de que*는 절대 직설법과 사용되지 않습니다.
> - *Normalmente me despierto **antes de que** suene el despertador.* 보통 나는 알람 시계가 울리기 전에 잠에서 깬다.
> (4) 일반적으로 *antes de, hasta, después de*는 두 절의 주어가 같을 때 동사 원형과 함께 사용됩니다. 주어가 다를 때는 '*que* + 접속법'의 구문으로 사용됩니다.
> - *Te llamaré (yo) **antes de salir** (yo).* 나가기 전에 내가 너에게 전화할게.
> - *Te llamaré (yo) **antes de que salgan** (ellos).* 나는 그들이 나가기 전에 너에게 전화할게.

118 연습 문제 Ejercicios

118.1. 주어진 시간 표현을 사용하여 문장을 완성하세요.

1. Luis, espera aquí __hasta que__ llegue Charo.
2. _____ llegue a casa, me ducho.
3. Por favor, no bebas _____ conduzcas.
4. Podemos ir a la bolera _____ cenar.
5. _____ veo a Marta me da recuerdos para ti.
6. Hans estudia español _____ tenía catorce años.
7. _____ acostarte, apaga la tele, por favor.
8. Si estás cansada, siéntate un rato _____ preparo la cena.

> antes de
> cuando
> desde que
> después de
> en cuanto
> ~~hasta que~~
> mientras
> siempre que

118.2. 알맞은 형태를 고르세요.

1. Cuando (vendo/*venda*) el coche, me compraré una moto.
2. Cuando (serás/seas) mayor, podrás salir de noche.
3. Ramón no quiere jubilarse hasta que no (tiene/tenga) sesenta y cinco años.
4. Llámame en cuanto (terminas/termines) el examen.
5. Cuando (vienen/vengan) tus amigos, lo pasamos muy bien.
6. Sonia no piensa irse hasta que no le (das/des) el dinero.
7. Cuando (veo/vea) a Orestes, me pongo nerviosa.

118.3. 괄호 안의 동사를 알맞은 형태로 사용하여 문장을 완성하세요.

1. Te compraré la bici cuando (tú, aprender) __aprendas__ a montar.
2. Antes de (tú, hablar) _____, piensa en lo que vas a decir.
3. Suelo desayunar después de (yo, ducharse) _____.
4. No queremos casarnos hasta que (yo, acabar) _____ la carrera.
5. Mándame un correo electrónico en cuanto (tú, saber) _____ algo.
6. Me gusta cantar mientras (yo, afeitarse) _____.
7. Cuando (nosotros, ser) _____ jóvenes, hacíamos muchas excursiones.
8. Siempre que (yo, ir) _____ a la playa, llueve.
9. Estoy trabajando, desde que (yo, levantarse) _____ hasta que (yo, acostarse) _____.

118.4. 주어진 시간 표현을 사용하여 두 문장을 연결하세요. 필요한 경우 변형하세요.

1. Cenaremos. Iremos a dar un paseo. Después de __cenar, iremos a dar un paseo__.
2. A veces me duele la cabeza. Me tomo una aspirina. Siempre que _____.
3. Seré abogado. Trabajaré en esta empresa. Cuando _____.
4. Adela vendrá. Le daré la noticia. En cuanto _____.
5. Empezó a llover. Nos fuimos a casa. _____ cuando _____.
6. Me quedaré aquí. La fiesta acabará. _____ hasta que _____.
7. Llegaréis a casa. Llamadme. _____ en cuanto _____.
8. Tendrás 18 años. No podrás votar hasta entonces. Hasta que _____.

245

119 porque, como, puesto que...
이유 구문 Oraciones causales

Hoy no salimos **porque** hace mucho frío.
날씨가 매우 춥기 때문에 오늘 우리는 나가지 않을 거야.

Como es alta, a Marta se le da bien el baloncesto.
마르타는 키가 크기 때문에 농구를 잘한다.

Porque hace mucho frío와 **como es alta**는 이유 구문입니다. 이유 구문은 어떤 행동이나 상황의 원인을 나타냅니다. ¿por qué? 왜?로 묻는 질문에 대해 대답할 수 있습니다.

- Hoy no salimos. Hace mucho frío. (원인) → Hoy no salimos **porque** hace mucho frío.
  오늘 우리는 나가지 않는다. 날씨가 매우 춥다.   날씨가 매우 춥기 때문에 오늘 우리는 나가지 않을 것이다.

- A Marta se le da bien el baloncesto. Es alta. (원인) → **Como es alta**, a Marta se le da bien el baloncesto.
  마르타는 농구를 잘한다. 그녀는 키가 크다.   마르타는 키가 크기 때문에 농구를 잘한다.

● 인과를 표현하는 방법

porque … 때문에	+ 직설법	• Nos quedamos en casa **porque** estábamos cansados. 우리는 피곤했기 때문에 집에 머물렀다.
ya que …이므로, …이니까		• **Ya que** te levantas, enciende el televisor. 네가 일어난 김에 텔레비전을 켜라.
puesto que … 때문에, 왜냐하면		• **Puesto que** me lo pides tú, lo haré. 네가 내게 그것을 부탁했기 때문에 난 그걸 할 거야.
como …해서, … 때문에		• **Como** tenían hambre, se compraron unos bocadillos. 그들은 배가 고팠기 때문에 보카디요 몇 개를 샀다.
por …으로, … 때문에	+ 동사 원형	• Le regañaron **por** llegar tarde. 그는 늦게 도착했기 때문에 혼났다.
por …으로, … 때문에	+ 명사	• Los aeropuertos están cerrados **por** la niebla. 공항은 안개로 인해 폐쇄되었다.
a causa de …로 인해서, … 때문에		• Han suspendido el partido **a causa de** la lluvia. 우천으로 인해 경기가 중단되었다.

주의 *Como*는 항상 문장의 시작 부분에 옵니다.
• ~~No quedan entradas como la película es buena.~~ → **Como** la película es buena, no quedan entradas.
영화가 훌륭하기 때문에 표가 남지 않는다.

(1) *Porque*는 보통 문장의 중간 부분에 옵니다.
• Lo hice **porque** me lo había pedido Aurora. 나는 아우로라가 내게 요청했기 때문에 그것을 했다.

(2) *Ya que*와 *puesto que*는 문장의 시작 부분이나 중간 부분에 올 수 있습니다.
• **Ya que** estás aquí, ¿por qué no me ayudas? /
¿Por qué no me ayudas, **ya que** estás aquí?
너 여기에 있는 김에 날 돕는 게 어때?

(3) *Es que*는 질문이나 부탁에 대한 답변으로 원인을 설명하거나 변명할 때 사용됩니다.
• A: ¿Por qué no viniste ayer? 너 어제 왜 안 왔어?
B: **Es que** tuve mucho trabajo. 일이 많았거든.

¿Por qué no me llevas a dar una vuelta en la moto?
나 왜 오토바이로 한 바퀴 안 태워 주니?

Es que no tienes casco.
그게 네가 쓸 헬멧이 없어.

119 연습 문제 Ejercicios

119.1. 올바른 순서로 단어를 배열하세요.
1. el accidente / llegaron tarde / por __Llegaron tarde por el accidente__.
2. porque / no se oye nada / hay mucho ruido _____.
3. ya que / cómprame el periódico / sales _____.
4. cogimos el coche / como / estaba lloviendo _____.
5. Inés está resfriada / se ha quedado en casa / como _____.
6. por / terminar la carrera / le hicieron un regalo _____.
7. estaba lloviendo / Menchu no salió / porque _____.
8. ustedes me lo piden / puesto que / tocaré otra pieza _____.

ACIERTOS ...../8

119.2. 주어진 표현을 사용하여 빈칸을 채우세요.
1. Félix está cansado __porque__ trabaja mucho.
2. Se han inundado las calles _____ la lluvia.
3. A Arturo lo despidieron _____ llegar siempre tarde.
4. _____ no habla mucho, la gente cree que Rafa es tímido.
5. Me quedaré a cenar. _____ insisten.
6. Perdió la voz _____ gritar.
7. Ramiro no sacó al perro _____ se quedó dormido.
8. _____ estaba navegando en Internet, me olvidé de cenar.

a causa de
como
como
por
por
~~porque~~
porque
ya que

ACIERTOS ...../8

119.3. 괄호 안의 표현을 사용하여 문장을 연결하세요. 필요한 경우 변형하세요.
1. Nadie quería ir al cine. Me fui sola. (como) __Como nadie quería ir al cine, me fui sola__.
2. Estáis aquí. Quedaos a cenar. (ya que) _____.
3. Fui el primero en entregar el trabajo. Me felicitó el profesor. (por) _____.
4. Mañana es domingo. No tengo que ir a la oficina. (como) _____.
5. No querían despertar a los niños. Apagaron la televisión. (porque) _____.
6. Los aeropuertos están cerrados. Hay nieve. (a causa de) _____.
7. Rosa es muy generosa. Tiene muchos amigos. (porque) _____.
8. Lee sin luz. Le duele la cabeza. (por) _____.

ACIERTOS ...../8

119.4. Es que와 주어진 구문을 사용하여 대답을 쓰세요.

| está enfadada | ~~estoy cansado~~ | tenía el móvil descargado |
| tengo que estudiar | | no tengo mucha hambre |

1. A: ¿Damos una vuelta? B: __Es que estoy cansado__.
2. A: Come más pollo. B: _____.
3. A: ¿Por qué no vamos al cine esta noche? B: _____.
4. A: ¿Por qué no me llamaste anoche? B: _____.
5. A: ¿Por qué no ha venido Anita? B: _____.

ACIERTOS ...../5

120 aunque, a pesar de que...
양보 구문 Oraciones concesiva

Aunque llueva mañana, yo voy a la playa.
내일 비가 온다고 해도 나는 해변에 갈 거야.

¡Qué suerte tiene Ronaldo! A pesar de que no estudia, aprueba.
로날도는 얼마나 운이 좋은지! 공부를 안해도 시험에 합격해.

Aunque llueva mañana와 **a pesar de que no estudia**는 양보 구문입니다. 양보 구문은 특정한 행위에 대해 실제적이거나 가상의 장애물이나 반대 이유를 제시하지만, 그럼에도 불구하고 그 행위의 실현을 막지는 못할 때 사용합니다.

- *Aunque llueva mañana, yo voy a la playa.*
  (Puede que llueva mañana o puede que no, pero de todos modos pienso ir a la playa.)
  내일 비가 온다고 해도 나는 해변에 갈 거야. (내일 비가 올 수도 있고 안 올 수도 있지만, 어쨌든 나는 해변에 갈 생각이다.)
- *A pesar de que no estudia, aprueba.* (No estudia pero aprueba.)
  그는 공부를 하지 않는데도 불구하고 시험에 합격한다. (그는 공부를 하지 않지만 시험에 합격한다.)

● 양보 구문

| aunque …이지만, …일지라도
a pesar de que …이라도, …에도 불구하고
por más que 아무리 …하더라도
por mucho que 아무리 …라도 | + 직설법
+ 접속법 | • *Aunque Clara es muy simpática, no tiene muchos amigos.*
클라라는 매우 상냥하지만 친구가 많지 않다.
• *A pesar de que trabajes mucho, no te subirán el sueldo.*
아무리 네가 열심히 일해도 네 월급을 올려 주지 않을 거야.
• *Por más que busca, no encuentra trabajo.*
그가 아무리 구해 봐도 일자리를 찾지 못한다.
• *Por mucho que corran, no me alcanzarán.*
그들이 아무리 뛰어도 나를 따라잡지 못할 것이다. |

● 양보 구문에서 표현된 행위나 상황이 사실이라고 여겨질 때는 직설법을 사용합니다. 이 경우 제시되는 장애물이나 반대 이유는 실제적인 것이며, 현재나 과거의 사실에 해당합니다.
- *¡Pobre Ronaldo! Por más que estudia, no aprueba.* (Sé o considero cierto que estudia.)
  불쌍한 로날도! 아무리 공부해도 시험에 합격을 하지 못해. (그가 공부한다는 것을 알고 있거나 사실로 간주한다.)
- *Aunque trabajó mucho, nunca se hizo rico.* (Sé o considero cierto que trabajó mucho.)
  그는 열심히 일했지만 절대 부자가 되지 못했다. (그가 열심히 일했다는 것을 알고 있거나 사실로 간주한다.)
- *Aunque Alicia no me quiere, yo la quiero a ella.* (Sé o considero cierto que Alicia no me quiere.)
  알리시아가 나를 사랑하지 않을지라도 나는 그녀를 사랑한다. (알리시아가 나를 사랑하지 않음을 알고 있거나 사실로 간주한다.)

● 반대로, 양보 구문에서 표현된 행위나 상황이 가능할 수는 있으나 확실하지 않을 때는 접속법을 사용합니다. 이 경우 제시되는 장애물이나 반대 이유는 가설적입니다.
(1) 접속법 현재는 현재 또는 미래의 가정을 가리킬 때 사용됩니다.
- *Aunque corras mucho, no me ganarás.*
  (Es posible que corras mucho, pero no lo sé o no lo considero seguro.)
  네가 아무리 뛰어도 나를 이길 수 없을 것이다. (네가 열심히 뛰고 있을 가능성이 있지만 나는 그것을 모르거나 확신하지 못한다.)
- *Aunque Alicia no me quiera, yo la quiero a ella.*
  (Es posible que Alicia no me quiera, pero no lo sé o no lo considero cierto.)
  알리시아가 나를 사랑하지 않을지라도, 나는 그녀를 사랑한다. (알리시아가 나를 사랑하지 않을 가능성도 있지만 나는 그것을 모르거나 확신하지 못한다.)

(2) 접속법 불완료 과거는 과거의 가정을 가리킬 때 사용됩니다.
- *No sé si comiste mucho o poco, pero, aunque comieras poco, te sentó mal.*
  네가 많이 먹었는지 적게 먹었는지 모르지만 네가 적게 먹었다고 해도 너는 체했다.

● 또한, 어떤 반대 이유가 사실이라는 것을 인정하면서도, 그것에 대응해 말할 때도 접속법을 사용합니다.
- A: *No me gusta la sopa.* 나는 수프가 싫어.
  B: *Aunque no te guste la sopa, tienes que comértela.* 네가 수프를 싫어한다고 할지라도 넌 그걸 먹어야 해.

● 두 문장의 주어가 같을 때는 '*a pesar de* + 동사 원형'을 사용합니다.
- *A pesar de estar agotados (nosotros), tuvimos (nosotros) que levantarnos temprano.*
  우리는 지쳐 있었지만 일찍 일어나야 했다.

120 연습 문제 Ejercicios

120.1. 두 열의 선지를 올바르게 연결하세요.

1. Tengo que trabajar — d. a pesar de no tener muchas ganas.
2. Elena tiene que trabajar
3. Tenemos que comer patatas
4. Tendréis que comer la sopa
5. No me podré comprar esa casa
6. No me puedo comprar un coche
7. Algo te sentó mal
8. Esta comida te puede sentar mal

a. aunque no os apetezca mucho.
b. por mucho que ahorre.
c. aunque comieras poco.
d. a pesar de no tener muchas ganas.
e. a pesar de que no tiene muchas ganas.
f. aunque comas poco.
g. aunque no nos apetece mucho.
h. por mucho que ahorro.

ACIERTOS ...../8

120.2. 괄호 안의 동사를 알맞은 형태로 사용하여 문장을 완성하세요.

1. Aunque me (*llamar*) __llame__ Roberto, no le contestaré.
2. A pesar de (*trabajar*) _____ mucho, ganamos poco.
3. Por mucho que (*correr*) _____, llegaréis tarde.
4. Aunque hoy (*levantarse*) _____ tarde, tengo sueño.
5. A pesar de (*jugar*) _____ bien, perdieron el partido.
6. Tengo frío a pesar de que (*hacer*) _____ sol.
7. Aunque normalmente (*ir*) _____ andando, hoy prefiero ir en autobús.
8. Por más que (*gritar*) _____, no les van a oír.
9. Aunque (*hacer*) _____ muy buen tiempo, no pudimos bañarnos.
10. A pesar de que (*llover*) _____ intensamente, tuvimos que jugar el partido.

ACIERTOS ...../10

120.3. 주어진 양보 표현을 사용하여 문장을 다시 쓰세요.

1. Estuvimos en Escocia en julio. Hizo muy mal tiempo, pero lo pasamos muy bien.
   Aunque __hizo muy mal tiempo, nos lo pasamos muy bien__.
2. No sé si Mariana come mucho, pero no creo que engorde.
   A pesar de que _____.
3. No sé si Arturo va a esperar mucho a Amelia, pero no creo que venga.
   Por mucho que _____.
4. Normalmente duermo mucho, pero estoy siempre cansado.
   A pesar de _____.
5. No sé si anoche era muy tarde. Me molestó que me despertaran.
   Aunque no _____.
6. No sé si Silvio madrugó mucho ayer. Llegó tarde al trabajo.
   Por mucho que _____.

ACIERTOS ...../6

120.4. **Aunque**를 사용하여 문장을 완성하세요.

1. A: No quiero ir al cole.   B: __Aunque no quieras__, irás.
2. A: No salgas. Está lloviendo.   B: _____, tengo que salir.
3. A: No queremos hacer este ejercicio. B: _____, debéis hacerlo. Es útil.
4. A: No les gusta el pescado.   B: _____, tendrán que comerlo.
5. A: Dice que no sale, que hace frío. B: _____, tiene que salir.

ACIERTOS ...../5

249

121 por eso, así que, tanto... que
결과 구문 Oraciones consecutivas

Luis hace mucho ejercicio, por eso está en forma.
루이스는 운동을 많이 해서 건강하다.

Había tanta gente que no pudimos entrar en el museo.
사람이 너무 많아서 우리는 박물관에 들어갈 수 없었다.

*Por eso está en forma*와 *(tanta gente) que no pudimos entrar en el museo*는 결과 구문입니다.
결과 구문은 어떤 행동이나 상황의 결론 또는 결과를 나타냅니다.

　　　　(원인)　　　　　　　(결과)
- *Luis hace mucho ejercicio. Está en forma.* → *Luis hace mucho ejercicio, por eso está en forma.*
  루이스는 운동을 많이 한다. 루이스는 건강하다.　　　　루이스는 운동을 많이 해서 건강하다.

　　　(원인)　　　　　　　　　　(결과)
- *Había mucha gente. No pudimos entrar en el museo.* 많은 사람이 있었다. 우리는 박물관에 들어갈 수 없었다.
  → *Había tanta gente que no pudimos entrar en el museo.* 사람이 너무 많아서 우리는 박물관에 들어갈 수 없었다.

● 결론 또는 결과를 표현하는 방법

por eso 그래서, 그러니까, 그러므로 *así que* 그래서, 그 결과 *por (lo) tanto* 그래서 *de modo que* 그러므로, 그래서 *de manera que* 그래서, 그러므로, 그러니까	+ 직설법	• *La semana pasada estuve muy ocupado, por eso no te llamé.* 지난주에 너무 바빠서 너에게 전화를 못했어. • *No vi a nadie conocido en el club, así que me volví a casa.* 클럽에서 내가 아는 사람을 한 명도 만나지 못해서 집에 돌아갔다. • *Empecé a trabajar en junio, por tanto no he tenido vacaciones este año.* 나는 6월에 일을 시작해서 올해는 휴가가 없었다. • *No había plazas en el vuelo, de modo que tuvimos que ir en tren.* 비행기에 좌석이 없어서 우리는 기차를 타야 했다. • *Hay mucha gente, de manera que será mejor que te des prisa.* 사람이 많으니까 네가 서두르는 것이 좋겠어.
tanto 너무 *tanto, -a, -os, -as* (+ 명사) 너무 많은 (명사) *tan poco* 너무 적게 *tan poco, -a, -os, -as* 너무 적은 (명사) *tan* + 형용사 너무 (형용사) 해서 *tan* + 부사 너무 (부사) 해서	(+ 명사) + *que* + 직설법	• *Corre tanto que gana todas las carreras.* 그는 너무 빨리 달려서 모든 경주에서 우승한다. • *Maite tiene tantos amigos que nunca está en casa.* 마이테는 친구가 너무 많아서 절대 집에 있는 경우가 없다. • *Come tan poco que va a enfermar.* 그는 너무 적게 먹어서 몸이 상할 지경이다. • *El río tenía tan poca agua que no pudimos bañarnos.* 강에 물이 너무 적어서 우리는 수영할 수 없었다. • *Lourdes es tan culta que entiende de todo.* 루르데스는 정말 박식해서 모든 것을 이해한다. • *Me siento tan mal que me voy a acostar.* 나 너무 몸이 안 좋아서 자러 갈 거야.

● *Tanto, -a, -os, -as*와 *tan poco, -a, -os, -as*는 그것이 지시하는 명사와 동일한 형태(남성형 또는 여성형, 단수형 또는 복수형)여야 합니다.
- *Hay tanta gente en la fiesta que prefiero irme.* 파티에 사람이 너무 많아서 나는 돌아가고 싶다.
- *Había tan pocos espectadores que suspendieron la función.* 관객이 너무 적어서 공연이 보류되었다.

121 연습 문제 Ejercicios

121.1. 괄호 안의 표현을 사용하여 두 문장을 연결하세요. 이때 문장의 순서에 주의하세요.

1. No podremos quedar con Pedro. Esta noche hay partido. (*así que*) __Esta noche hay partido, así que no podremos quedar con Pedro__.
2. Nos acostamos. Era muy tarde. (*de manera que*) _____.
3. Me levanté tarde. No sonó el despertador. (*por eso*) _____.
4. Estábamos aburridos. Nos fuimos a dar una vuelta. (*así que*) _____.
5. No te puedo decir nada. Aún no ha llamado Teresa. (*por tanto*) _____.
6. No me funcionaba el móvil. No pude llamarte. (*por eso*) _____.
7. Será mejor cenar fuera. No hay mucha comida en casa. (*así que*) _____.

ACIERTOS ...../7

121.2. 알맞은 형태를 고르세요.

1. Hizo un día (**tan**/tanto) bueno que comimos en el jardín.
2. Estaba (*tan/tanto*) cansado que me acosté temprano.
3. Estudia (*tanto / tan poco*) que no puede aprobar.
4. Hablas español (*tan/tanto*) bien que pareces española.
5. Tengo (*tanta/tanto*) sed que me bebería toda la botella de agua.
6. La sopa estaba (*tan/tanto*) salada que no se podía tomar.
7. Teníamos (*tanto / tan poco*) tiempo que no pudimos preparar las maletas.
8. Ruperto estudia (*tan/tanto*) que va a enfermar.
9. Había (*tanta/tanto*) gente que no pudimos ver nada.
10. Somos (*tantos/tan pocos*) en clase que practicamos muchísimo.

ACIERTOS ...../10

121.3. 주어진 단어를 사용하여 문장을 완성하세요.

1. Había __tanto__ tráfico que tuvimos que coger el metro.
2. Lucas habla _____ que aburre a todo el mundo.
3. Han llegado _____ turistas que no hay camas en los hoteles.
4. Había _____ niebla que tuvimos que parar en la autopista.
5. Estábamos _____ cansados que nos acostamos sin cenar.
6. Tenían _____ clientes en mi empresa que tuvieron que cerrar.
7. Hay _____ luz en esta habitación que no deberíais leer.

tan
tan poca
tan pocos
tanta
~~tanto~~
tanto
tantos

ACIERTOS ...../7

121.4. Tan, tanto, -a, -os, -as; tan poco, -a, -os, -as... que의 구문을 사용하여 두 문장을 연결하세요. 필요한 경우 변형하세요.

1. No se oye nada. Hay mucho ruido. __Hay tanto ruido que no se oye nada__.
2. La obra es muy buena. No quedan entradas. _____.
3. No salimos. Hacía demasiado frío. _____.
4. Había pocas sillas. No me pude sentar. _____.
5. Le gustan mucho los gatos. Tiene seis. _____.
6. Parece enfadado. Habla poco. _____.

ACIERTOS ...../6

122 Aquí se trabaja mucho
비인칭 구문 Oraciones impersonales

비인칭 구문은 특정한 인물이나 주체를 지칭하지 않는 절입니다.
- *Aquí se trabaja mucho.* 여기서는 일을 많이 한다.
- *Es importante saber idiomas.* 언어를 아는 것은 중요하다.

비인칭 구문

● **Se와 함께 사용**

se + 3인칭 단수 동사	• *Aquí **se vive** muy bien.* 이곳에서의 삶은 매우 좋다. • *Antes **se trabajaba** mucho en el campo.* 예전에 시골에서는 일을 많이 했다.

(1) *Acostarse* 눕다, 자다, *divertirse* 즐기다 동사와 같이 원래 동사에 이미 *se*가 포함된 경우에는 이 구조를 쓰지 않고, *la gente*나 *uno*를 사용합니다.

~~Aquí se acuesta muy tarde.~~ → • *Aquí **la gente se acuesta** muy tarde.* 이곳에서 사람들은 매우 늦게 잠자리에 든다.
• *Aquí **se acuesta uno** muy tarde.* 이곳에서 사람들은 매우 늦게 잠자리에 든다.

se + 3인칭 단수 동사 + 동사 원형	• *En España **se suele cenar** muy tarde.* 스페인에서는 저녁을 매우 늦게 먹는 편이다.

(2) 이 구조는 *soler* …하곤 하다, *poder* …할 수 있다, *deber* …해야 한다, *necesitar* …할 필요가 있다 등과 같은 특정 동사들과 함께 사용됩니다.
- *Desde mi casa **se puede ver** el mar.* 내 집에서는 바다가 보인다.
- *No **se debe hablar** con la boca llena.* 입에 음식을 가득 담은 채로 말해서는 안됩니다.

se dice que + 동사 + 직설법 동사 se espera + que + 접속법 동사	• ***Se dice** que Arlindo está enfermo.* 아를린도가 아프다고 한다. • ***Se espera** que ganen sin problemas.* 그들이 아무런 문제없이 우승할 것으로 예상된다.

(3) 어떤 사람이나 사물에 대한 정보를 말할 때, 출처, 즉, 누가 말하는지를 밝히지 않고 비인칭적으로 소개하기 위해 사용하기도 합니다.
- ***Se sospecha*** *(no se indica quién lo sospecha) que el ladrón estaba escondido allí.* 도둑이 거기에 숨어 있었을 것으로 의심된다. (누가 그것을 의심하는지는 언급하지 않습니다.)

(4) *se ve, se dice, se piensa, se supone, se sospecha*는 직설법 동사와 사용되며, *se espera*는 접속법 동사와 함께 사용됩니다.
- ***Se supone** que el Presidente lo **sabe**.* 사장님이 그것을 알고 있는 것으로 추정된다.
- ***Se esperaba** que **llegasen** todos juntos.* 그들 모두가 함께 도착할 것으로 예상되었다.

● **Ser 동사의 3인칭 단수형 + 형용사 + 동사 원형**

(1) 이 구조는 일반적인 상황을 평가하거나 가치를 판단할 때 사용됩니다.
- ***Era inútil explicárselo.** No lo entendían.* 그들에게 그것을 설명하는 것은 헛된 일이었다. 그들은 이해하지 못했다.
- ***Sería injusto castigar** a todos.* 모두를 벌하는 것은 불공평합니다.

(2) 이 구조는 *bueno* 좋은, *malo* 나쁜, *mejor* 더 좋은, *peor* 더 나쁜, *fácil* 쉬운, *difícil* 어려운, *útil* 유용한, *inútil* 무익한, *justo* 정당한, *injusto* 불공평한, *importante* 중요한, *imposible* 불가능한, *necesario* 필요한 등과 같은 형용사와 함께 사용됩니다.

● **특정 동사의 3인칭 단수형**

haber	• *Hoy **hay** niebla.* 오늘은 안개가 있다. • *Ayer **había** mucha gente.* 어제 많은 사람들이 있었다.	▶ 46과: 무인칭 *haber* 동사의 직설법 현재 Presente de indicative de *haber* impersonal
haber + que + 동사 원형	• ***Hay que preparar** la comida.* 음식을 준비해야 한다.	▶ 95과: 동사 원형을 사용하는 표현들 (2) Expresiones con infinitivo (2)
hacer + 날씨 표현 (예: *frío/calor/viento*)	• *Ayer **hizo** mucho frío.* 어제 매우 추웠다.	
hacer + 시간 표현	• ***Hace** dos semanas que no veo a Pili.* 나는 필리를 못 본 지 2주 되었다.	▶ 52과: 기간을 표현하기 위한 현재 시제 Presente para expresar períodos de tiempo
ser + 시간 표현	• ***Es tarde.** Vámonos a casa.* (시간이) 늦었어. 집에 가자.	
자연 현상을 나타내는 동사들	• *En verano **amanece** pronto.* 여름에는 일찍 동이 튼다.	

llueve 비가 온다.　　**nieva** 눈이 온다.　　**amanece** 동이 튼다.　　**anochece** 해가 진다.

122 연습 문제 Ejercicios

122.1. 주어진 동사를 se 또는 uno와 함께 사용하여 문장을 완성하세요.

1. En un pueblo pequeño __se vive__ mejor. _____ más tranquilo, _____ más tiempo libre, _____ más con la gente y _____ menos dinero.

   necesitar   relacionarse   tener   vivir   ~~vivir~~

2. En una gran ciudad _____ más libertad y _____ más, aunque a veces _____ solo. Antes _____ mejor en las ciudades, pero ahora _____ bien en todas partes.

   divertirse   sentirse   tener   vivir   vivir

122.2. 주어진 표현으로 시작하는 문장으로 다시 쓰세요.

se dice   se espera   se necesita   se puede   se sospechaba   se suele   se supone   ~~se veía~~

1. Estaba claro que Olga estaba contenta. __Se veía que Olga estaba contenta__.
2. En Chile es costumbre bailar la cueca en las fiestas populares. _____.
3. Alguien dice que Norma no se encuentra bien. _____.
4. Es posible hablar por teléfono desde aquí. _____.
5. Alguien sospechaba que Andrés había causado la discusión. _____.
6. La gente supone que Nacho es muy inteligente. _____.
7. Para jugar bien al baloncesto no es necesario ser alto. _____.
8. Algunas personas esperan que el Presidente hable mañana. _____.

122.3. 필요한 경우 변형하여 예시와 같이 두 문장을 결합하세요.

1. La gente se equivoca. Es fácil. __Es fácil equivocarse__.
2. No hay que equivocarse. Es importante. __Es importante no equivocarse__.
3. Hay que ser abiertos. Es mejor. _____.
4. Hay que saber cocinar. Es útil. _____.
5. Hay que hacer ejercicio. Es bueno. _____.
6. No hay que ser egoísta. Es malo. _____.
7. No se puede estudiar con tanto ruido. Es difícil. _____.
8. No se puede salir con este tiempo. Es imposible. _____.

122.4. 다음의 동사들(amanecer, anochecer, haber, hacer, nevar, ser)을 알맞은 형태로 사용하여 문장을 완성하세요.

1. __Hizo__ bastante frío durante la noche.
2. _____ que acostarse temprano. Mañana salimos a las siete.
3. Ya _____ dos meses que no voy a la piscina.
4. A: ¿A qué hora _____ en esta parte de México?   B: Pronto. A las cinco de la tarde.
5. Abre la ventana. _____ calor.
6. ¿Cuánto tiempo _____ que no nos veíamos?
7. Hoy _____ en la sierra. Las cumbres están blancas.
8. _____ temprano. Aún no _____ luz. En invierno _____ muy tarde.

253

기타 문법 사항
Otras cuestiones

- 강세 규칙 (1)
- 강세 규칙 (2)
- 대문자의 사용 규정
- VOS 동사의 활용법

123 médico, árbol, inglés
강세 규칙 (1) Reglas de acentuación (1)

'Hermano'의 음절 'ma', 'Ángel'의 음절 'Án', 'médico'의 음절 'mé'에는 강세가 있습니다. 따라서 단어의 다른 부분보다 더 강하게 발음합니다.

El hermano de Ángel es médico.
앙헬의 남동생은 의사야.

일부 단어들은 악센트(´)로 강세를 나타냅니다: **árbol** 나무, **café** 커피, **hábil** 유능한, **médico** 의사

● **1음절 이상인 단어의 강세**

(1) *n* 또는 *s*를 제외한 자음으로 끝나는 대부분의 단어들: 마지막 음절에 강세가 있습니다.
　　español 스페인어, *hotel* 호텔, *salud* 건강, *usted* 당신, *amar* 사랑하다, *beber* 마시다, *reloj* 시계

(2) 모음이나 *n* 또는 *s*로 끝나는 대부분의 단어들: 마지막에서 두 번째 음절에 강세가 있습니다.
　　casa 집, *libro* 책, *restaurante* 식당, *amas* 'amar 사랑하다'의 2인칭 단수형, *aman* 'amar 사랑하다'의 3인칭 복수형,
　　bebo 'beber 마시다'의 1인칭 단수형, *bebe* 'beber 마시다'의 3인칭 단수형

(3) 위의 규칙을 따르지 않는 단어들은 강세 표시(´)를 사용하여 강세를 표시합니다.
　　policía 경찰, *café* 커피, *ratón* 쥐, *inglés* 영어, *fútbol* 축구, *árbol* 나무, *azúcar* 설탕, *lápiz* 연필, *bolígrafo* 볼펜,
　　médico 의사, *sábado* 토요일

> **주의** *inglés* 영국인 → *inglesa* 영국 여자　*autobús* 버스 → *autobuses* 버스들　*ratón* 생쥐 → *ratones* 생쥐들
> 　　　*examen* 시험 → *exámenes* 시험들　*joven* 청년 → *jóvenes* 청년들　　*jersey* 스웨터 → *jerséis* 스웨터들

(4) 1음절의 단어들은 악센트를 가지지 않습니다: *pan* 빵, *tren* 기차, *luz* 빛, *sol* 태양, *sal* 소금, *dos* 숫자 2

● **때때로 형태는 같지만 의미가 다른 단어를 구별하기 위해 강세 표시를 사용합니다.**

él (주격 인칭 대명사)	Hans y Uta son alemanes. **Él** es de Hamburgo. 한스(남성)와 우타(여성)는 독일 사람들이다. 그는 함부르크 출신이다.
el (관사)	**El** coche de Andrés está mal aparcado. 안드레스의 차는 잘못 주차되어 있다.
sí (긍정, 찬성)	**Sí**, quiero. 응, 좋아.. 네, 원합니다. (특히 결혼식에서 혼인 의사를 밝히는 대답으로 흔히 쓰입니다.)
si (가정)	**Si** quieres, **cómpratelo**. 네가 원한다면, 그걸 사.
mí (인칭 대명사)	¿Es para **mí**? 이거 내 거야?
mi (소유 형용사)	Es **mi** padre. 이 분은 나의 아버지다.
tú (주격 인칭 대명사)	Y **tú**, ¿dónde vives? 그럼 너는, 어디에 사니?
tu (소유 형용사)	¿Quién es **tu** profesor? 누가 너의 교수님이니?
dé (dar 동사)	Dile que te **dé** las llaves. 그에게 너한테 열쇠를 달라고 말해.
de (전치사)	Es el padre **de** mi novia. 그는 내 여자 친구의 아버지다.
sé (saber 동사)	**Sé** hablar español. 나는 스페인어를 말할 줄 안다.
se (재귀 대명사)	**Se** levanta muy temprano. 그는 매우 일찍 일어난다.
té (명사)	No me gusta el **té**. 나는 차를 좋아하지 않는다.
te (목적격 대명사)	¿**Te** gusta el café? 너 커피를 좋아하니?

의문사와 감탄사를 관계 대명사와 구별하기 위해 사용됩니다.

- ¿**Dónde** vives? 너 어디 사니?
- ¿**Qué** quieres? 너 뭘 원하니?
- Esta es la casa **donde** nací. 이것이 내가 태어난 집이다.
- Ese es el coche **que** quiero. 그것이 내가 원하는 자동차다.

123 연습 문제 Ejercicios

123.1. 강세가 있는 음절에 밑줄을 치세요.

1. bal<u>ón</u>
2. ca<u>be</u>za
3. <u>Sán</u>chez
4. Ma<u>drid</u>
5. Ecua<u>dor</u>
6. Pe<u>rú</u>
7. Guate<u>ma</u>la
8. e<u>ne</u>ro
9. <u>ca</u>ma
10. mexi<u>ca</u>no
11. oc<u>tu</u>bre
12. <u>llo</u>ro
13. llo<u>ró</u>
14. <u>cár</u>cel
15. a<u>zul</u>
16. que<u>rer</u>
17. capi<u>tán</u>
18. ba<u>lo</u>nes
19. <u>Chi</u>le
20. <u>co</u>mes
21. hos<u>pi</u>tal
22. Es<u>pa</u>ña
23. ar<u>gen</u>tino
24. portu<u>gués</u>
25. <u>vi</u>ven

ACIERTOS ...../25

123.2. 필요한 경우에 악센트를 표시하세요.

1. me**lón**
2. fran**ces**
3. ale**ma**na
4. marro**qui**
5. ama**ri**llo
6. **ca**sa
7. **Pe**pe
8. Gon**za**lez
9. Pa**na**ma
10. **A**frica
11. ale**man**
12. me**lo**nes
13. **la**piz
14. **la**pices
15. ac**triz**
16. **u**til
17. **ar**boles
18. Bo**go**ta
19. **pa**jaro
20. Bra**sil**
21. vi**vis**
22. co**mi**
23. **vi**vo
24. A**me**rica
25. es**tas**

ACIERTOS ...../25

123.3. 알맞은 형태를 고르세요.

1. No (se/**sé**) nadar.
2. Esta carta es para (mi/mí).
3. ¿(Tu/Tú) vienes?
4. ¿(Que/Qué) quieres?
5. (Si/Sí), tienes razón.
6. Es el sombrero (de/dé) Ana.
7. Lo siento, no (te/té) quiero.
8. A: ¿Es ese Pepe? B: Sí, es (el/él).
9. ¿Quién es (tu/tú) profesora?
10. Alberto (se/sé) acuesta siempre muy tarde.

ACIERTOS ...../10

123.4. 필요한 곳에 누락된 악센트를 추가하세요.

1. ¿Se acuerda de <u>mí</u>?
2. Felipe se ducha por las mañanas.
3. ¿A que hora te levantas?
4. A mi no me gusta el te.
5. Es el coche de mi padre.
6. ¿Te gusta el zumo de piña?
7. Prefiero que me de comida.
8. Si te gusta mi reloj, te lo regalo.
9. No se tocar el piano.
10. Es la chica que vive con Marisa.

ACIERTOS ...../10

124 adiós, león, continúa
강세 규칙 (2) Reglas de acentuación (2)

모음군의 강세 규칙

● *i/u*와 *e/a/o*로 이루어진 모음군은 보통 한 음절을 형성합니다.

| a-**gua** 물 | **ai**-re 공기 | aus-tra-**lia**-no 호주인 | can-**ción** 노래 | **cien**-to 숫자 100 | **cruel** 잔인한 | die-ci-**nue**-ve 숫자 19 |
| em-**pie**-za 'empezar 시작하다'의 3인칭 단수형 | **ju**-lio 7월 | jus-**ti**-cia 정의 | **nues**-tro 우리의 | **pei**-ne 빗 | lim-**piáis** 'limpiar 청소하다'의 2인칭 복수형 | |

> **주의** 단어 마지막의 *y*는 *i*와 같습니다.　　Para-**guay** 파라과이　　**buey** 수소, 황소

(1) 다음 단어들은 일반 강세 규칙을 따릅니다.　　▶ 123과: 강세 규칙 (1) Reglas de acentuación (1)
- *n* 또는 *s*를 제외한 자음으로 끝나는 단어들: 마지막 음절에 강세가 있습니다.
　　reme**diad** 'remediar 교정하다'의 2인칭 복수형
- 모음이나 *n* 또는 *s*로 끝나는 단어들: 마지막에서 두 번째 음절에 강세가 있습니다.
　　em**pie**za 'empezar 시작하다'의 3인칭 단수형　**cien**to 숫자 100　**nues**tro 우리의　**ju**lio 7월
- 일반적인 규칙을 따르지 않는 단어들은 *e/a/o* 위에 악센트를 사용하여 강세를 표시합니다.
　　huésped 하숙인　can**ción** 노래　dieci**séis** 숫자 16　a**diós** (작별할 때) 안녕!　far**macéu**tico 약제사
　　lim**piáis** 'limpiar 청소하다'의 2인칭 복수형

> **예외** 어미 –*ay*, –*ey*, –*oy*, –*uy*에는 절대 악센트가 표시되지 않습니다.
> 　　es**toy** 'estar 이다, 있다'의 1인칭 단수형　　Para**guay** 파라과이　　Uru**guay** 우루과이

(2) 단일 음절 단어는 악센트를 가지지 않습니다.

| **dio** 'dar 주다'의 3인칭 단수 부정 과거형 | **vio** 'ver 보다'의 3인칭 단수 부정 과거형 | **fui** 'ir/ser 가다/ 이다'의 1인칭 단수 부정 과거형 |
| **rey** 왕 | **seis** 숫자 6 | **soy** 'ser 이다'의 1인칭 단수형 |

● *i*와 *u*로 이루어진 모음군은 한 음절을 형성하며 일반 강세 규칙을 따릅니다.

　　cir-**cui**-to 회로, 서킷　　**rui**-do 소음　　**viu**-do 아내를 잃은 남자

악센트가 있는 경우에는 두 번째 모음 위에 표시됩니다.
　　cuí-da-los (너) 그들을 돌봐라.　vein-**tiún** 숫자 21

● *a*, *e*, *o*로 이루어진 모음군은 별개의 두 음절을 형성하여 일반 강세 규칙을 따릅니다.

| a-**é**-re-o 공기의, 대기의 | a-**ho**-ra 지금, 현재 | a-**ma**-os (너희들) 서로 사랑하라. | le-**ón** 사자 | **lí**-ne-a 선 | mo-**ve**-os (너희들) 움직여. | o-**a**-sis 오아시스 | re-ha-**cer** 다시 만들다 |

● 일부 단어에서는 강세가 있는 *i*, *u*와 *e*, *a*, *o*로 이루어진 그룹이 두 음절을 형성합니다.

| Ma-**rí**-a 마리아 (여자 인명) | a-**brí**-ais 'abrir 열다'의 2인칭 복수형 | dor-**mí**-os (너희들) 자라. | **huí**-a 'huir 도망치다'의 1/3인칭 단수 부정 과거형 |

다음 단어들은 일반 강세 규칙을 따릅니다.
　　re-**ís** 'reír 웃다'의 2인칭 복수형　　con-ti-nu-**a**-mos 'continuar 계속하다'의 1인칭 복수형

> **예외** 강세가 *i* 또는 *u*에 있을 때는 항상 악센트가 표시됩니다.
>
> | o-**ír** 듣다 | **dí**-a 날, 일 | ha-**bí**-a 'haber 있다'의 1/3인칭 단수 불완료 과거형 | **bú**-ho 부엉이 | **rí**-o 강 | Ra-**úl** 라울 (남자 인명) | ma-**íz** 옥수수 | son-**rí**-o 'sonreír 미소를 짓다'의 1인칭 단수형 |

con-ti-nu-**ar** 계속하다, 계속되다		re-**ír** 웃다		prohi-**bir** 금지하다	
con-ti-**nú**-o	con-ti-nu-**a**-mos	**rí**-o	re-**í**-mos	pro-**hí**-bo	prohi-**bi**-mos
con-ti-**nú**-as	con-ti-nu-**áis**	**rí**-es	re-**ís**	pro-**hí**-bes	prohi-**bís**
con-ti-**nú**-a	con-ti-**nú**-an	**rí**-e	**rí**-en	pro-**hí**-be	pro-**hí**-ben

124 연습 문제 Ejercicios

124.1. 두 음절 이상의 단어를 음절 분리하세요.

1. camión
   ca-mión
2. cien
3. diez
4. cuerno
5. ciudad
6. viuda
7. océano
8. hoy
9. egipcio
10. junio
11. hay
12. vídeo
13. Ignacio
14. sentaos
15. diciembre
16. dieciocho
17. Ruiz
18. hablabas
19. cambiáis
20. cuídate

ACIERTOS ...../20

■ 이제 두 음절 이상의 단어에서 강세가 있는 음절에 밑줄을 치세요.

1. ca**mión**
2. cien
3. diez
4. **cuer**no
5. ciu**dad**
6. **viu**da
7. o**cé**ano
8. hoy
9. e**gip**cio
10. **ju**nio
11. hay
12. **ví**deo
13. Ig**na**cio
14. sen**ta**os
15. di**ciem**bre
16. die**cio**cho
17. Ruiz
18. ha**bla**bais
19. cam**biáis**
20. **cuí**date

ACIERTOS ...../20

124.2. 강세가 있는 음절에 필요한 경우 악센트를 표시하세요.

1. est**áis**
2. **cuí**date
3. habita**ción**
4. Eu**ro**pa
5. Co**lom**bia
6. acos**ta**os
7. Ja**mai**ca
8. baca**lao**
9. **rui**nas
10. levan**ta**os

ACIERTOS ...../10

124.3. 필요한 경우에 악센트를 표시하세요.

1. **tí**-a
2. o-**í**-do
3. ra-**íz**
4. re-lo-je-**rí**-a
5. **o**-le-o
6. ha-**cia**
7. a-**hí**
8. **hé**-ro-e
9. ve-**hí**-cu-lo
10. su-**bí**-os
11. **frí**-o
12. en-**ví**-an
13. a-cen-**tú**-o
14. a-cen-tu-**ar**
15. ba-**úl**
16. en-vi-**a**-mos
17. **mí**-o
18. ves-**tí**-os
19. reu-**nir**
20. son-re-**ír**

ACIERTOS ...../20

124.4. 필요한 곳에 악센트를 표시하세요.

1. **oi**go, **oy**es, **oy**e, o**í**mos, o**ís**, **oy**en
2. re**í**, re**ís**te, r**ió**, re**í**mos, re**ís**teis, **rie**ron
3. act**ú**o, act**ú**as, act**ú**a, actu**a**mos, actu**áis**, act**ú**an
4. re**ú**no, re**ú**nes, re**ú**ne, reu**ni**mos, reu**nís**, re**ú**nen

ACIERTOS ...../4

125 Arturo Sánchez
대문자의 사용 규정 Uso de mayúsculas

A, S, C, M → *mayúscula* 대문자
a, c, d → *minúscula* 소문자

● **첫 글자가 대문자로 쓰이는 경우는 다음과 같습니다.**

(1) 글의 첫 단어와 마침표 (.) 뒤에 오는 단어
- "*En un lugar de La Mancha,…*" 라만차의 한 장소에서,…
- A: *He visto a Jaime. Me ha dado recuerdos para ti.*
  나 하이메를 봤어. 너에게 안부를 전해 달래.
- B: *¿Dónde lo has visto?* 그를 어디에서 봤어?

(2) 편지를 시작할 때 쌍점 (:) 뒤에 오는 첫 번째 단어

Querida Luisa:
　　Espero que….
친애하는 루이사에게:
　　나는 …이길 바라.

Muy Sres. míos:
　　Como les indiqué…
존경하는 여러분들께:
　　당신들에게 말씀드린 바와 같이…

(3) 사람, 장소 또는 기관의 고유 명사
- *Arturo Sánchez* 아르투로 산체스
- *Museo del Prado* 프라도 미술관
- *Bolivia* 볼리비아
- *Ministerio de Educación* 교육부

고유명사에 관사가 붙는 경우, 관사 역시 대문자로 시작합니다.
- *Mi hermana vive en La Paz.* 내 여동생은 라파스에 산다.
- *El Escorial* 엘에스코리알
- *Las Palmas* 라스팔마스

(4) 존칭 및 직함, 그리고 호칭의 약어
- *el Rey* 왕
- *el Papa* 교황
- *el Jefe de Gobierno* 정부의 수장
- *Sra. Allende* 아옌데 여사님
- *Dr. Blanco* 블랑코 박사님(의사 선생님)

[예외] 이름과 함께 쓰일 때, 특정 인물을 지칭하지 않을 때, 또는 존칭어를 약어가 아닌 완전하게 적을 때는 소문자가 사용됩니다.
- *la reina Isabel II* 이사벨 2세 여왕
- *Los reyes son personas privilegiadas.* 왕들은 특권을 누리는 사람이다.
- *la señora Allende* 아옌데 여사

(5) 책, 영화, 그림, 신문 또는 잡지 이름의 첫 번째 단어
- *La vida es sueño* 인생은 꿈 (페드로 칼데론 데 라 바르카의 희곡 명)
- *Cien años de soledad* 백년 동안의 고독 (가브리엘 가르시아 마르케스의 소설 명)

(6) 역사적 사건의 명칭
- *Segunda Guerra Mundial* 제2차 세계 대전

(7) 약어로 형성된 대부분의 단어들

ONU UN	*Organización de las Naciones Unidas* 유엔 기구
OEA OAS	*Organización de Estados Americanos* 미주 기구
RAE RAE	*Real Academia Española* 스페인 왕립 학술원
UE EU	*Unión Europea* 유럽 연합
UVI ICU	*Unidad de Vigilancia Intensiva* 중환자실
ONG NGO	*Organización No Gubernamental* 비정부 기구

주의 (1) *ch* 또는 *ll*로 시작하는 단어들은 첫 번째 문자만 대문자로 표기합니다.
- *Chile* 칠레
- *Ernesto Llamas* 에르네스토 야마스

(2) 요일명과 월의 명칭은 소문자로 표기합니다.
- *Nos vemos el domingo.* 우리 일요일에 보자.
- *Mi cumpleaños es en enero.* 내 생일은 1월이야.

(3) 대문자에도 필요한 경우에는 반드시 강세 부호를 붙입니다.
- *Ayer estuve con Ángel.* 어제 나는 앙헬과 함께 있었다.

125 연습 문제 Ejercicios

125.1. 필요한 곳에 대문자를 사용하여 문장을 다시 쓰세요.

1. mi padre nació en holanda. _Mi padre nació en Holanda_.
2. ayer fue dos de enero. fue el cumpleaños de manuel. _____.
3. hay una exposición sobre los incas en el museo de américa. la ha inaugurado el rey Felipe VI. _____.
4. el martes estuve en la fundación san carlos con el señor arroyo. _____.
5. la ciudad de las columnas es un libro de alejo carpentier sobre la habana. _____.
6. ¿quién pintó la maja desnuda? _____.
7. muchas ong colaboran con la onu en países del tercer mundo. _____.
8. ¡qué impresionantes son las cataratas de iguazú! _____.

ACIERTOS ..../8

125.2. 대문자와 소문자 사용 오류를 수정하세요.

1. Gerardo nació El 23 de Enero. _Gerardo nació el 23 de enero_.
2. Queremos ir a CHina en Diciembre. _____.
3. ¿has leído El Siglo de las Luces? _____.
4. don Julio LLopis vivió muchos años en la Paz. _____.
5. ¿Cuándo fue la Guerra de la independencia? _____.
6. La Reina Sofía es Griega. _____.

ACIERTOS ..../6

125.3. 대문자 사용 오류를 수정하여 글을 다시 쓰세요.

querida Hermana:
LLevo una semana en Buenos aires. Estoy alojado en el hotel sur, en la avenida rivadavia, muy cerca del Centro.
Me gusta mucho la Ciudad. Ayer visité la casa rosada, donde vive el presidente del País. Esta noche voy a ir a escuchar Tangos al famoso Barrio de la boca. El Domingo próximo salgo para CHile.
¿cuándo llegas Tú?
besos

Querida hermana:
_____
_____
_____
_____
_____
_____
_____
_____
_____

ACIERTOS ..../19

125.4. 다음 명칭들을 알맞은 약어 연결하세요.

1. Instituto Nacional del Libro Español — b. INLE
2. Fondo Monetario Internacional   a. COI
3. Objeto volador no identificado   c. SIDA
4. Comité Olímpico Internacional   d. FMI
5. Síndrome de Inmunodeficiencia Adquirida   e. OVNI

ACIERTOS ..../5

126 el libro, la mesa
Vos 동사의 활용법 CONJUGACIÓN VERBAL CON VOS

아르헨티나, 파라과이, 우루과이 등 라틴 아메리카의 일부 지역에서는 *tú* 대신 *vos*가 사용되며, 이는 동사 활용에 있어서 몇 가지 변화를 수반합니다. 이와 더불어 *vos*의 복수형은 *vosotros*가 아닌 *ustedes*라는 점도 유의해야 합니다.

● **직설법 현재형: 규칙 동사**
- (*tú*) trabaj-as → (*vos*) trabaj-ás (너는) 일한다
- (*tú*) com-es → (*vos*) com-és (너는) 먹는다
- (*tú*) viv-es → (*vos*) viv-ís (너는) 산다

● **직설법 현재형: 불규칙 동사**
- (*tú*) cierr-as → (*vos*) cerr-ás (너는) 닫는다
- (*tú*) quier-es → (*vos*) quer-és (너는) 원한다
- (*tú*) sient-es → (*vos*) sent-ís (너는) 느낀다

- (*tú*) pid-es → (*vos*) ped-ís (너는) 주문한다

- (*tú*) sueñ-as → (*vos*) soñ-ás (너는) 꿈꾼다
- (*tú*) pued-es → (*vos*) pod-és (너는) 할 수 있다
- (*tú*) duerm-es → (*vos*) dorm-ís (너는) 잔다

- (*tú*) d-as → (*vos*) d-as (너는) 준다
- (*tú*) tra-es → (*vos*) tra-és (너는) 가져온다
- (*tú*) hac-es → (*vos*) hac-és (너는) 한다
- (*tú*) sab-es → (*vos*) sab-és (너는) 안다
- (*tú*) v-es → (*vos*) v-es (너는) 본다

- (*tú*) pon-es → (*vos*) pon-és (너는) 놓는다
- (*tú*) conoc-es → (*vos*) conoc-és (너는) 안다
- (*tú*) sal-es → (*vos*) sal-ís (너는) 나간다

- (*tú*) vien-es → (*vos*) ven-ís (너는) 온다
- (*tú*) dic-es → (*vos*) dec-ís (너는) 말한다

- (*tú*) huy-es → (*vos*) hu-ís (너는) 도망친다
- (*tú*) oy-es → (*vos*) o-ís (너는) 듣는다

- (*tú*) eres → (*vos*) sos (너는) …이다
- (*tú*) tien-es → (*vos*) ten-és (너는) 가진다

● **명령법: 규칙 동사**
- trabaj-a (*tú*) → trabaj-á (*vos*) (너) 일해라.
- com-e (*tú*) → com-é (*vos*) (너) 먹어라.
- viv-e (*tú*) → viv-í (*vos*) (너) 살아라.

● **명령법: 불규칙 동사**
- cierr-a (*tú*) → cerr-á (*vos*) (너) 닫아라.
- quier-e (*tú*) → quer-é (*vos*) (너) 원해라.
- sient-e (*tú*) → sent-í (*vos*) (너) 느껴라.

- pid-e (*tú*) → ped-í (*vos*) (너) 주문해.

- tra-e (*tú*) → tra-é (*vos*) (너) 가져와.
- haz (*tú*) → hac-é (*vos*) (너) 해.
- pon (*tú*) → pon-é (*vos*) (너) 놔.
- sal (*tú*) → sal-í (*vos*) (너) 나가.
- di (*tú*) → dec-í (*vos*) (너) 말해.
- ven (*tú*) → ven-í (*vos*) (너) 와.

● **명령법: se 재귀 동사**
- levántate (*tú*) → levantate (*vos*) (너) 일어나라.
- atrévete (*tú*) → atrevete (*vos*) (너) 과감히 해라.
- súbete (*tú*) → subite (*vos*) (너) 올라가라.

- sueñ-a (*tú*) → soñ-á (*vos*) (너) 꿈꿔.
- pued-e (*tú*) → pod-é (*vos*) (너) 할 수 있어.
- duerm-e (*tú*) → dorm-í (*vos*) (너) 자.
- jueg-a (*tú*) → jug-á (*vos*) (너) 놀아.
- ten (*tú*) → ten-é (*vos*) (너) 가져.
- sab-e (*tú*) → sab-é (*vos*) (너) 알아.
- ve (*tú*) → andá [1]
- sé (*tú*) → sé (*vos*) (너) …가 되어라.
- ve (*tú*) → ve (*vos*) (너) 봐.
- obedec-e (*tú*) → obedec-e (*vos*) (너) 복종해.

[1] 이 동사의 해당 변화형은 보통 *andá* (너) 가, 걸어, 어서로 대체됩니다.

어휘 및 문법 색인
Índice analítico

각 어휘 및 문법 옆에 표시된 숫자는 해당되는 단원을 의미합니다.

a …에, …로 41, 110, 111, 113
a causa de … 때문에 119
a pesar de que …에도 불구하고 120
aburrirse 지루하다 53
acabar de 막 …를 끝내다, 마치다 94, 115
acentuación 강세 123, 124
acordarse de …을 기억하다 115
acostarse 눕다, 잠자리에 들다 53
adjetivos 형용사
   calificativos 품질 형용사 13
   de nacionalidad 국적 형용사 14
   forma comparativa 형용사의 비교급 15, 16
   forma superlativa 형용사의 최상급 17
adonde …하는 곳에, …하는 곳으로 (관계사) 29
adónde 어디에, 어디로 (의문사) 32
adverbios 부사
   de cantidad 수량 부사 104
   de frecuencia 빈도 부사 103
   de lugar 장소 부사 100
   de modo 양태 부사 106
   de negación 부정 부사 108
   de + tiempo 시간 부사 101, 102
ahí 거기에 100
al lado de …옆에 112
alegrarse de …에 대해 기뻐하다 86
algo 어떤 것, 무엇인가, 얼마간, 약간 23
alguien 어떤 사람, 누군가 23
algún, alguno, alguna, algunos, algunas 어떤 20
allí 저기에 100
alrededor de … 주위에 112
antes de … 전에 110
antes (de) que …하기 전에 118
aprender a …하는 것을 배우다 115
aquel, aquella, aquello, aquellos, aquellas 저것(들) 12
aquí 여기에 100
arrepentirse de …에 대해 후회하다 115
artículo 관사 5
   ausencia de~ 관사의 생략 5

contraste entre ~ determinado e indeterminado
정관사와 부정 관사의 대조 7
   determinado 정관사 6, 8-11
   indeterminado 부정 관사 4, 11
así que 그래서 121
atreverse 감히 …하다 53
aún 아직 (… 아니다) 102
aunque …일지라도 120
ayer 어제 101
ayudar a …하는 것을 돕다 115
bastante, bastantes 상당한, 꽤 22, 104
   contraste entre formas de expresar grados de cualidad o cantidad 정도의 표현(성질·양) 비교 105
bien 잘 106
caer 떨어지다, 쓰러지다 83
cansarse de …로 피곤하다 115
cardinales 기수 25, 26
causales (oraciones) 이유 (구문) 119
cerca de … 가까이에 112
cerrar 닫다 75, 126
como …처럼, …같이, …하는 대로 119
cómo 어떻게 (의문사) 32, 33
comparación 비교 15, 24, 107
comparativo 비교급 15, 16
con …와 함께, …으로 114
concesivas (oraciones) 양보 (구문) 120
condicional simple 단순 조건법
   verbos irregulares 단순 조건법: 불규칙 동사 72
   verbos regulares 단순 조건법: 규칙 동사 71
condicionales (oraciones) 조건 (구문) 91, 92
conducir 운전하다 50, 59, 76
confiar en …을 신뢰하다 115
conmigo 나와 함께 41
conocer 알다, 알고 있다, (학문이나 기술에) 정통하고 있다 50, 81, 126
consecutivas (oraciones) 결과 (구문) 121
contigo 너와 함께 41
contra …에 반대하여 114
creer en …을 믿다 115
cuál, cuáles 어떤 것, 어느 것 31

cualquier, cualquiera 어떤 …이라도 21
cuando …할 때, …하면 29, 118
cuándo 언제 32
cuánto 얼마나 많은 32, 33
cuyo, cuya, cuyos, cuyas 소유 관계 형용사 29
dar 주다 50, 83, 126
de …의 111, 113
de manera que 그래서, 그러므로 121
de modo que 그러므로 121
de vez en cuando 가끔, 이따금씩 103
de… a …에서 …로 110, 111
deber …해야 한다 95
decidirse a …하기로 결심하다 115
decir 말하다 49, 59, 68, 76, 81, 83, 88-90, 126
dejar + infinitivo …하게 하다/두다 97
dejar + que + subjuntivo …하게 하다 97
dejar de …하는 것을 그만 두다 94
delante de … 앞에 112
demasiado, demasiada, demasiados, demasiadas
  너무 많은, 지나친, 과도한 22
demostrativos 지시 대명사 12
dentro de … 안에 110, 112
desconfiar de …을 의심하다, 믿지 않다 115
desde …에서, …부터 52, 110, 111
desde hace … 전부터 52
desde que …이래로 118
desde… a/hasta …부터 …까지 110, 111
después de … 이후로 110
después (de) que …한 후에 118
determinado 정관사 6-11
detrás de … 뒤에 112
discurso indirecto 간접 화법 88-90
divertirse …을 즐기다 53
donde …하는 곳, …하는 곳에 29
dónde 어디에 32
dormir 잠자다 49, 59, 75, 80, 83, 126
durante … 동안 110
echarse a 갑자기 … 하다 94
el que, la que 이것, 이 사람 28
él, ella, ellos, ellas 그, 그녀, 그들 그녀들 34, 41
el, la 정관사 el, la 6-11
elegir 고르다, 선택하다 75
en …에 110, 111, 113
en cuanto (que) … 하자마자 118

encantar 무척 좋아하다 55
encender 불을 켜다 75
encima de … 위에 112
enfadarse con/por …에게 화가 나다 115
enfrente de … 앞에 112
entonces 그때, 그러면 101
entre … 사이에 111
ese, esa, eso, esos, esas 그것(들) 12
estar (상태가) 이다, (장소에) 있다 43, 59, 83
  contraste entre haber y estar
    Haber 동사와 estar 동사의 대조 47
  contraste entre ser y estar Ser 동사와 estar 동사의 대조 44
  presente de indicativo de estar Estar 동사의 직설법 현재 43
estar + gerundio estar + 현재 분사 56
  contraste con el presente de indicativo
    직설법 현재와 대조 57
  contraste con el pretérito indefinido 부정 과거와 대조 65
estar harto de …에 진절머리가 나다 86
este, esta, esto, estos, estas 이것(들) 12
estilo indirecto 간접 화법 88-90
exclamativos 감탄사 33
explicar 설명하다 88-90
fácilmente 쉽게 106
femenino 여성형 1, 2, 13, 14
finales (oraciones) 목적(절) 117
frente a … 앞에 112
fuera de … 밖에 112
futuro simple 단순 미래
contraste entre las diversas formas de expresar futuro
  미래를 표현하는 다양한 방법의 대조 70
  verbos irregulares 단순 미래: 불규칙 동사 68
  verbos regulares 단순 미래: 규칙 동사 67
género 성 1, 2, 13, 14
gerundio 현재 분사 98
gustar 좋아하다 55, 86
haber que … 해야 한다 95
haber 있다, 존재하다 59, 68, 72, 81, 83
  contraste entre ~ y estar Haber 동사와 estar 동사의 대조 47
  formación del pretérito perfecto de indicativo
    현재 완료 60
  formación del pretérito pluscuamperfecto 과거 완료 66
  presente de indicativo de ~
    impersonal 무인칭 haber의 직설법 현재 46
hace …한 지 …되다 52
hace mucho que …한 지 오래되다 52

hacer 하다 50, 59, 68, 76, 81, 83, 126
hacia … 쪽으로 111
hasta …까지 110, 111
hasta que …할 때까지 118
hay 있다 46, 47
hoy 오늘 101
huir 도망치다 50, 81, 83, 126
igual de … 같은 16
imperativo 명령형
    verbos con se se 동사의 명령형 77, 78
    verbos irregulares 명령형: 불규칙 동사 75, 76, 78
    verbos pronominales 명령형: 대명 동사 77, 78
    verbos regulares 명령형: 규칙 동사 73, 74, 78
impersonales (oraciones) 비인칭 (구문) 122
indefinidos 부정(不定)어 20-23
indeterminado 부정 관사 4, 7, 11
indicativo 직설법
    contraste entre ~ y subjuntivo 직설법과 접속법의 대조 87
infinitivo 동사 원형 93-97
    verbos + ~ 동사 + 동사 원형 97
interrogativos 의문사 30-32
ir 가다 50, 59, 63, 76, 81, 83, 126
ir a + infinitivo Ir a + 동사 원형 69, 94, 115
    contraste entre las diversas formas de expresar futuro 다양한 미래 표현의 대조 70
-ísimo 최상급 -ísimo 105
jamás 결코 (…이 아니다) 108
jugar 놀다, 게임을 하다 75, 80
junto a 같이, 바로 옆에 112
la, las (artículos) la, las (관사) 6-10
la, las (pronombres) la, las (대명사) 35-39, 78
    confusión entre pronombres personales de complemento 목적격 인칭 대명사의 혼동 38
la que 관계사 la que 28
le, les 간접 목적격 인칭 대명사 le, les 36-39, 78
    confusión entre pronombres personales de complemento 목적격 대명사의 구별과 사용 38
leer 읽다 59, 83
lejos de … 멀리에 112
levantarse 일어나다 53
llevar sin … 하지 않고 시간을 보내다 96
lo, la, los, las (pronombres) lo, la, los, las (대명사) 35, 37-39, 78
    confusion entre pronombres personales de complemento 목적격 대명사의 구별과 사용 38

lo que …한 것, …한 일 28
los, las (artículos) los, las (관사) 6-10
luego 그후에, 나중에 101
mañana 내일 101
más 더 15, 24, 107
masculino 남성형 1, 2, 13, 14
mayor 연상의, 성인의 15, 17
mayúsculas 대문자 125
me 직·간접 목적어 me 35-37, 40, 78
mejor 더 좋은 15, 17, 107
menor 연하의, 더 작은 15, 17
-mente 부사 어미 –mente 106
mentir 거짓말하다 75
mí 전치사격 인칭 대명사 mí 41
mi, mis 나의 18
mientras …하는 동안 118
mío, mía, míos, mías 나의 것(들) 19
mis 나의 18
mover 움직이다 75
mucho, mucha, muchos, muchas 많은 22, 104
    contraste entre formas de expresar grados de cualidad o cantidad 정도의 표현(성질·양) 비교 105
muy 매우 104
    contraste entre formas de expresar grados de cualidad o cantidad 정도의 표현(성질·양) 비교 105
nada 아무것도 23
nadie 아무도 23
ningún, ninguno, ninguna, ningunos, ningunas 어떤(아무런) …도 아니다 20
no 아니오 108, 109
nombres 명사 1, 2, 3, 11, 24
nos 직·간접 목적어 nos 35-37, 40, 78
nosotros, nosotras 우리들 34, 41
nuestro, nuestra, nuestros, nuestras 우리의 18, 19
número (singular, plural) 수 (단수, 복수) 3, 13, 14
números 수
    cardinales 기수 25, 26
    ordinales 서수 27
nunca 절대 108
o 또는 116
obedecer 복종하다 126
oír 듣다 50, 81, 83, 126
ojalá 부디 … 하기를 84
oler 냄새를 맡다 80
oraciones 구문

(ver causales) (인과 구문 참조)
(ver concesivas) (양보 구문 참조)
(ver condicionales) (조건 구문 참조)
(ver consecutivas) (결과 구문 참조)
(ver finales) (목적 구문 참조)
(ver impersonales) (비인칭 구문 참조)
(ver temporales) (시간 구문 참조)

ordinales 서수 27
os 간접 목적격 인칭 대명사 os 35-37, 40, 78
otro, otra, otros, otras 다른 21
para …을 위해 41, 114, 117
parecerse a …을 닮다 115
participio 과거 분사 99
　formación del pretérito perfecto de indicativo 직설법 현재 완료 60
　formación del pretérito pluscuamperfecto 과거 완료 66
pedir 요청하다 49, 59, 75, 80, 83, 90, 126
peor 더 나쁜 15, 17, 107
pero 하지만 116
plural 복수의 3, 13, 14
poco, poca, pocos, pocas 적은 22
contraste entre formas de expresar grados de cualidad o cantidad 정도의 표현(성질·양) 비교 105
poder 할 수 있다 59, 68, 72, 80, 83, 95, 126
poner 놓다 50, 59, 68, 72, 81, 83, 126
ponerse 입다 53
ponerse a (…하기) 시작하다 94
por …으로, … 때문에, …을 위해 41, 110, 114, 119
por eso 그래서 121
por más que 아무리 … 하더라도 120
por mucho que 아무리 … 하더라도 120
por (lo) tanto 그러므로 121
porque 왜냐하면 119
posesivos 소유사 18, 19
posiblemente 아마도 85
preferir + infinitivo 선호하다 (+ 동사 원형) 97
preguntar 물어보다 88-90
preposiciones 전치사 110-114
　pronombres personales con ~ 전치사를 사용하는 인칭 대명사 41
　verbos con ~ 전치사와 함께 사용하는 동사들 115
presente de indicativo 직설법 현재 48, 49, 50, 51, 52
contraste entre las diversas formas de expresar futuro 미래를 표현하는 다양한 방법의 대조 70

　contraste entre ~ y estar + gerundio 직설법 현재형과 'estar + 현재 분사'의 대조 57
　verbos con me, te, se… me, te, se…를 사용하는 동사들 53, 54
　verbos irregulares 직설법 현재: 불규칙 동사 42, 43, 45-47, 49-52
　verbos regulares 직설법 현재: 규칙 동사 48
presente de subjuntivo 접속법
　verbos irregulares 접속법 현재: 불규칙 동사 80, 81
　verbos regulares 접속법 현재: 규칙 동사 79
pretérito imperfecto de indicativo 직설법 불완료 과거 63, 64
pretérito imperfecto de subjuntivo 접속법 불완료 과거
　verbos irregulares 접속법 불완료 과거: 불규칙 동사 83
　verbos regulares 접속법 불완료 과거: 규칙 동사 82
pretérito indefinido 부정 과거
　contraste entre ~ y pretérito imperfecto 부정 과거와 불완료 과거의 대조 64
　contraste entre ~ y pretérito perfecto 부정 과거와 현재 완료의 대조 62
　estaba + gerundio y contraste con el ~ 'Estaba + 현재 분사'와 부정 과거와의 대조 65
　verbos irregulares 부정 과거: 불규칙 동사 59
　verbos regulares 부정 과거: 규칙 동사 58
pretérito perfecto de indicativo 직설법 현재 완료 60, 61
　contraste entre pretérito perfecto y pretérito indefinido 현재 완료와 부정 과거의 대조 62
pretérito pluscuamperfecto 과거 완료 66
primer, primero 첫 번째의 27
probablemente 아마, 어쩌면 85
pronombres personales 인칭 대명사
　complemento directo 직접 목적격 인칭 대명사 35, 37-39
　complemento indirecto 간접 목적격 인칭 대명사 36-39
　con preposición 전치사를 사용하는 인칭 대명사 41
　recíprocos 상호 인칭 대명사 40
　reflexivos 재귀 인칭 대명사 40
　sujeto 주격 인칭 대명사 34
puede que 아마 (…일지도 모르다) 85
puesto que …이기 때문에 119
que 관계사 que 28
qué 의문사 qué 30, 31, 33
que + subjuntivo que + 접속법 84, 97
querer 원하다 59, 68, 80, 83, 84, 126
querer + infinitivo 원하다 + 동사 원형 97
quien, quienes 관계사 quien, quienes 28
quién, quiénes 의문사 quién, quiénes 30
quizá, quizás 아마도 85
recíprocos 상호 동사 40

reflexivos 재귀 동사 40
reír 웃다 83
reírse 웃다 53
reírse de …를 비웃다 115
relativos 관계사 28, 29
saber 알다 50, 59, 68, 81, 83, 126
salir 나가다 50, 68, 72, 76, 81, 126
se 간접 목적격 대명사 / 비인칭의 se 37, 38, 40, 78, 122
seguir 계속하다 75
según …에 따르면 114
seguramente 아마도 85
sentir 느끼다 80, 126
ser …이다 42, 59, 63, 76, 83, 126
    contraste entre ~ y estar Ser 동사와 estar 동사의 대조 44
si 만일 …이면 91, 92
sí 네 109
siempre 항상 103
siempre que …할 때마다 118
siglas 약어 125
sin … 없이 114
singular 단수형 3, 13, 14
sobre … 위에 111, 113
soler …하곤 하다 96
soñar 꿈꾸다 75, 126
su, sus 그의, 그녀의, 그들의, 그녀들의 18
subjuntivo 접속법 84-86
    contraste entre indicativo y ~ 직설법과 접속법의 대조 87
    verbos + ~ 동사 + 접속법 97
suficiente, suficientes 충분한 22
superlativo 최상급 17
suyo, suya, suyos, suyas 그의, 그녀의, 그들의, 그녀들의 19
tal vez 아마, 어쩌면 85
también …도 역시, 또한 109
tampoco …도 (… 아니다) 109
tan 그렇게 16
tan, tanto 그렇게 많은 121
tan… como (…만큼) 그렇게 … 107
tanto, tanta, tantos, tantas 그렇게 많은 24
tanto, tanta, tantos, tantas… que 너무 …해서 …하다 121
te '너'의 직간접 목적격 대명사 35-37, 40, 78
tener 가지다 45, 59, 68, 72, 76, 81, 83, 126
tener que …해야 하다, …할 필요가 있다 95
tercer, tercero 세 번째의 27
ti '너'의 인칭 대명사 41

tilde 악센트 부호 123, 124
todavía 아직 102
todo, toda, todos, todas 모든 20
traducir 번역하다 83
traer 가져오다 50, 59, 76, 81, 83, 126
tú 너 34
tu, tus 너의 18
tuyo, tuya, tuyos, tuyas 19
un, uno, unos, unas 4, 7, 20, 21, 25
usted, ustedes 당신, 당신들 34, 41
valer 68, 72
venir 오다 49, 59, 68, 72, 76, 81, 83, 126
ver 보다 63, 126
verbo 동사
    (ver condicional simple) (단순 조건법 참조)
    (ver futuro simple) (단순 미래 참조)
    (ver gerundio) (현재 분사 참조)
    (ver imperativo) (명령형 참조)
    (ver indicativo) (직설법 참조)
    (ver infinitivo) (동사 원형 참조)
    (ver participio) (과거 분사 참조)
    (ver presente de indicativo) (직설법 현재 참조)
    (ver presente de subjuntivo) (접속법 현재 참조)
    (ver pretérito imperfecto de indicativo) (직설법 불완료 과거 참조)
    (ver pretérito imperfecto de subjuntivo) (접속법 불완료 과거 참조)
    (ver pretérito indefinido) (부정 과거 참조)
    (ver pretérito perfecto de indicativo) (직설법 현재 완료 참조)
    (ver pretérito pluscuamperfecto) (과거 완료 참조)
    (ver subjuntivo) (접속법 참조)
verbos con me, te, le… me, te, le …를 사용하는 동사들 55
verbos con me, te, se… me, te, se …를 사용하는 동사들 53
verbos con preposiciones 전치사를 함께 사용하는 동사들 115
volver a 다시 …하다 96, 115
vos 너 126
vosotros, vosotras 너희들의 34, 41
vuestro, vuestra, vuestros, vuestras 너희들의 18, 19
y 그리고 116
ya 이제, 이미 102
ya que …이기 때문에 119
yo 나 34

연습 문제 정답 및 번역
Soluciones y traducciones de los ejercicios

Notas

Notas

GRAMÁTICA
DE USO DEL ESPAÑOL
Teoría y práctica 한국어판 A1-B2

지은이 Luis Aragonés, Ramón Palencia
번역 감수 및 해설 정혜윤
펴낸이 정규도
펴낸곳 (주) 다락원

초판 1쇄 인쇄 2025년 9월 18일
초판 1쇄 발행 2025년 10월 1일

편집장 이숙희
편집 오지은
디자인 김나경, 윤미정

ⒹⒶ다락원 경기도 파주시 문발로 211, 10881
내용 문의 (02) 736-2031 (내선 420~426)
구입 문의 (02) 736-2031 (내선 250~252)
Fax (02) 738-1714
출판등록 1977년 9월 16일 제406-2008-000007호

Título Original: Gramática de uso del español A1-B2
Del texto@ Luis Aragonés y Ramón Palencia, 2005
@Ediciones SM, 2005

Korean translation copyright © 2025, DARAKWON
All rights reserved. This Korean edition published by arrangement with Ediciones SM.

이 책의 한국어판 저작권은 Ediciones SM과 독점 계약한 다락원에 있습니다. 저자 및 출판사의 허락 없이 이 책의 일부 또는 전부를 무단 복제·전재·발췌할 수 없습니다. 구입 후 철회는 회사 내규에 부합하는 경우에 가능하므로 구입 문의처에 문의하시기 바랍니다. 분실·파손 등에 따른 소비자 피해에 대해서는 공정거래위원회에서 고시한 소비자 분쟁 해결 기준에 따라 보상 가능합니다. 잘못된 책은 바꿔 드립니다.

ISBN 978-89-277-3354-6 13770

http://www.darakwon.co.kr
다락원 홈페이지을 방문하시면 상세한 출판 정보와 함께 MP3 자료 등 다양한 어학 정보를 얻으실 수 있습니다.